[西方日本研究]

刘东 主编

明治维新

[英]威廉·G.比斯利 著

张光 汤金旭 译

江苏人民出版社

图书在版编目(CIP)数据

明治维新/(英)威廉·G. 比斯利著;张光,汤金旭译. 一南京:江苏人民出版社,2017.7
书名原文:The Meiji Restoration
ISBN 978 - 7 - 214 - 19925 - 6

Ⅰ.①明… Ⅱ.①威…②张…③汤… Ⅲ.①明治维新(1868)—研究 Ⅳ.①K313.41

中国版本图书馆 CIP 数据核字(2017)第 044427 号

江苏省版权局局著作权合同登记:图字 10 - 2009 - 205

书 名	明治维新	
作 者	[英]威廉·G. 比斯利	
译 者	张 光 汤金旭	
责 任 编 辑	周晓阳 曾 偲	
责 任 校 对	鲁从阳	
责 任 监 制	王列丹	
装 帧 设 计	刘葶葶	
出 版 发 行	江苏人民出版社	
出版社地址	南京市湖南路 1 号 A 楼,邮编:210009	
出版社网址	http://www. jspph. com	
照 排	江苏凤凰制版有限公司	
印 刷	江苏凤凰新华印务集团有限公司	
开 本	880 毫米×1 230 毫米 1/32	
印 张	15.875 插页 5	
字 数	400 千字	
版 次	2017 年 7 月第 1 版 2020 年 7 月第 3 次印刷	
标 准 书 号	ISBN 978 - 7 - 214 - 19925 - 6	
定 价	68.00 元(精装)	

(江苏人民出版社图书凡印装错误可向承印厂调换)

目 录

总序:西方日本研究丛书

这又会是一个卷帙浩繁的移译工程!而且,从知识生产的脉络上讲,它也正是上一个浩大工程——"海外中国研究丛书"的姊妹篇,也就是说,它们都集中反映了海外学府(特别是美国大学)研究东亚某一国别的成果。

然而,虽说两套书"本是同根生",却又完全可以预料,若就汉语世界的阅读心理而言,这后一套丛书的内容,会让读者更感生疏和隔膜。如果对于前者,人们还因为禀有自家的经验和传统,以及相对雄厚的学术积累,经常有可能去挑挑刺、较较劲,那么对于后者,恐怕大多数情况下都会难以置喙。

或许有人要争辩说,这样的阅读经验也没有多少不正常。毕竟,以往那套中国研究丛书所讲述的,乃是自己耳濡目染的家常事,缘此大家在开卷的过程中,自会调动原有的知识储备,去进行挑剔、补正、辩难与对话。而相形之下,眼下这套日本研究丛书所涉及的,却是一个外在文明的异样情节,人们对此当然只会浮光掠影和一知半解。

不过,设若考虑到这个文明距离我们如此之近,考虑到它在当今国际的权重如此之大,考虑到它跟传统中华的瓜葛如此之深,考虑到它对中国的现代化历程产生过如此严重的路径干扰与路径互动,那我们至少应当醒悟到,无论如何都不该对它如此陌生——尤其不该的是,又仅仅基于一种基本无知的状态,就对这个邻近的文明抱定了先入为主的态度。

还是从知识生产的脉络来分析,我们在这方面的盲点与被动,至少在相当大的程度上,是由长期政治挂帅的部颁教育内容所引起的。正如上世纪50年代的外语教学,曾经一边倒地拥抱"老大哥"一样,自从60年代中苏分裂以来,它又不假思索地倒向了据说代表着全球化的英语,认定了这才是"走遍天下都不怕"的"国际普通话"。由此,国内从事日本研究的学者,以及从事所有其他非英语国家研究的学者,就基本上只能来自被称作"小语种"的相对冷门的专业,从而只属于某些学外语出身的小圈子,其经费来源不是来自国内政府,就是来自被研究国度的官方或财团。

正因此才能想象,何以同远在天边的美国相比,我们反而对一个近在眼前的强邻,了解得如此不成正比。甚至,就连不少在其他方面很有素养的学者和文化人,一旦谈起东邻日本来,也往往只在跟从通俗的异国形象——不是去蔑视小日本,就是在惧怕大日本。而更加荒唐的是,他们如此不假思索地厌恶日本人,似乎完全无意了解他们的文化,却又如此无条件地喜欢日本的产品,忽略了这些器物玩好的产生过程……凡此种种,若就文化教养的原意而言,都还不能算是完整齐备的教养。

与此同时,又正因此才能想象,如此复杂而微妙的中日关系,如此需要强大平衡感的困难课题,一旦到了媒体的专家访谈那里,往往竟如此令人失望,要么一味宣扬一衣带水,要么一味指斥靖国神社。很少见到这样的专门家,能够基于自己的专门知识和专业立场,并非先意承旨地去演绎某些话语,而是去启迪和引导一种正确的阅读。

那么,除了那两种漫画式的前景,更广阔的正态分布究竟是怎样的?总不至于这两个重要邻邦,除了百年好合的这一极端,就只有你死我活的另一极端吧?——由此真让人担心,这种对于外来文明的无知,特别是当它还是极其重要的近邻时,说不定到了哪一天,就会引发代价惨重的、原本并非不可避免的灾祸。确实,要是在人们的心理中,并不存在一个广阔的理解空间,还只像个无知娃娃那样奉行简单的善恶二元论,那就很容易从一个极端走向另一个极端。

作为一介书生，所能想出的期望有所改善的手段，也就只有号召进行针对性的阅读了，并且，还必须为此做出艰苦的努力，预先提供足够的相关读物；此外，鉴于我们国家的大政方针，终将越来越走向民主化，所以这种阅读的范围，也就不应仅限于少数精英。正是诸如此类的焦虑，构成了这套丛书的立项理由——正如在上一套丛书中，我们曾集中引进了西方自费正清以降的、有关中国研究的主要学术成果，眼下我们在新的丛书中，也将集中引进西方自赖肖尔以降的、有关日本研究的主要研究成果。

我们当然并不指望，甫一入手就获得广泛的反响和认同。回想起来，对于大体上类似的疑问——为什么满足理解中国的精神冲动，反要借助于西方学界的最新成果？我们几乎花去了二十年的不倦译介，才较为充分地向公众解释清楚。因而，我们现在也同样意识到，恐怕还要再费至少十年的心血，才能让读者不再存疑：为什么加强理解日本的途径，也要取道大洋彼岸的学术界。不过我却相信，大家终将从这些作者笔下，再次体会到怎样才算作一个文化大国——那是在广谱的意义上，喻指学术的精细、博大与原创，而并非只是照猫画虎地去统计专著和论文数量，而完全不计较它们的内在质量。

我还相信，由于这套丛书的基本作者队伍，来自我们二战时期的盟国，所以这些著作对国内读者而言，无形中还会有一定的免疫力，即使不见得全信其客观公正性，至少也不会激起或唤醒惯性的反感。此外，由于这些著作的写作初衷，原是针对西方读者——也即针对日本文化的外乡人——所以它们一旦被转译成中文，无意中也就有一种顺带的便利：每当涉及日本特有的细节和掌故时，作者往往会为了读者的方便，而不厌其烦地做出解释和给出注释；而相形之下，如果换由日本本土学者来处理，他们就不大会意识到这些障碍，差不多肯定要一带而过。

不待言，这面来自其他他者的学术镜子，尽管可以帮助我们清洗视野和拓宽视角，却不能用来覆盖我们自身的日本经验，不能用来取代我们基于日文材料的第一手研究——尤其重要的是，不能用来置换中日双边的亲历对话，以及在此对话中升华出来的独自思考。而最理想的情况应当是，一旦经由这种阅读而引起了兴趣和建立了通识，大家就会追根究底地上溯到原初语境去，到那里以更亲切的经验，来验证、磨勘与增益它们。

无论如何，最令人欣慰的是，随着国力的上升和自信的增强，中华民族终于成长到了这样一个时刻，它在整个国际格局中所享有的内外条件，使之已经不仅可以向其国民提供更为多元和广角的图书内容，还更可以向他们提供足以沉着阅读和平心思考这些图书的语境。而这样一来，这个曾在激烈生存竞争中为我国造成了极大祸害的强邻，究竟在其充满曲折与陷阱的发展道路上，经历了哪些契机与选择、成功与失败、苦痛与狂喜、收益与教训，也已足以被平心静气地纳入我们自己的知识储备。而借助于这样的知识，我们当然也就有可能既升入更开阔的历史长时段，又潜回充满变幻偶因的具体历史关口，去逐渐建立起全面、平衡、合理与弹性的日本观，从而在今后同样充满类似机遇的发展道路上，既不惮于提示和防范它曾有的失足，也不耻于承认和效仿它已有的成功。

我经常这样来发出畅想：一方面，由于西方生活方式和意识形态的剧烈冲击，也许在当今的世界上，再没有哪一个区域，能比我们东亚更像个巨大的火药桶了；然而另一方面，又因为长期同被儒家文化所化育熏陶，在当今的世界上，你也找不出另一块土地，能如这方热土那样高速地崛起，就像改变着整个地貌的喜马拉雅造山运动一样——能和中日韩三国比试权重的另一个角落，究竟在地球的什么地方呢？只怕就连曾经长期引领世界潮流的英法德，都要让我们一马了！由此可知，我们脚下原是一个极有前途的人类文化圈，只要圈中的所有灵长类动物，都能有足够的智慧和雅量，来处理和弥合在后发现代化进程中曾经难免出现的应力与裂痕。

　　此外还要提请注意,随着这套丛书的逐步面世,大家才能更真切地体会到,早先那套连续出版了一百多种,而且越来越有读者缘的"海外中国研究丛书",在其知识创化的原生态中,实则是跟这套"西方日本研究丛书"相伴而生的。作为同一个区域研究的对象,它们往往享有共通的框架与范式,也往往相互构成了对话基础和学术背景。而由此也就不难联想到,尽管西方的区域研究也在面临种种自身的问题,但它至少会在同一个地区谱系中,或在同一个参考框架下,把中日当作两个密不可分的文明,来进行更为宏观的对比研究——这就注定要启发我们:即使只打算把中国当作研究对象,也必须蔚成一种比对日本来观察中国的宽广学风,因为确有不少曾经百思不得其解的难题,只要拿到中日对比的大框架下,就会昭然若揭,迎刃而解。

　　最后,由于翻译此套丛书的任务特别艰巨,既要求译者通晓英文,又要求他们了解日本,也由于现行的学术验收体制,不太看重哪怕是最严肃的翻译工作,给这类唯此为大的学术工作平添了障碍,所以,对于所有热心参赞此项工程的同侪,我既要预先恳请他们随时睁大眼睛,也要预先向他们表达崇高的敬意;并且——请原谅我斗胆这样说——也为他们万一有什么"老虎打盹"的地方,预先从读者那里祈求谅解。当然,这绝不是一个"预先免责"的声明,好像从此就可以放开手脚去犯任何错误了。可无论如何,我们想要透过这套书提供的,绝不是又有哪位译者在哪个细节上犯下了哪类错误的新闻,而是许多译者经由十分艰苦的还原,总算呈现在图书中的有关日本文明的基本事实——无论知我罪我,我还是把这句老实话讲出来,以使大家的目力得以穿透细枝末节,而抵达更加宏大、久远和深层的问题!

刘　东

2009 年 8 月 16 日于静之湖·沐暄堂

译者的话

英国学者 W. G. 比斯利于 1972 年出版的《明治维新》,可视作西方史学界研究日本明治维新的典范之作。该书出版一年后即获美国历史学会颁发的费正清奖,费正清奖一年只奖励一本被美国历史学会认定为有关 1800 年以来中国、日本、朝鲜和越南历史的最佳历史著作。

比斯利生于 1919 年。在伦敦大学学院获得本科学位后,适逢第二次世界大战,进入英国海军服役。期间,他获得了在美国海军语言学校学习日语的机会。在战争的最后阶段,他参与了对南太平洋岛屿日本战俘的审讯工作。战争结束后比斯利来到横滨,在横须贺海军基地和位于东京的英国联络团参与了盟军对日的占领工作。因此机缘,比斯利选择了日本研究作为自己终身的学术追求。

比斯利于 1950 年以《英帝国与日本之开国,1834 - 1858》(1951年出版)为题的论文获得博士学位,并于 1954 至 1983 年间在伦敦大学东方和非洲研究学院担任远东史教授。从 1950 年代到 1970 年代,比斯利发表了大量有关晚期幕府和明治维新的学术论文,于 1955 年发表了《日本外交政策文件选编,1853 - 1868》,而他于 1963 年出版的《日本近代史》更是在西方知识界享有盛誉。因此,当他于 1972 年出版《明治维新》时,有学者评论道,这是"一个集四分之一世纪多的研究和反思的成果"。比斯利于 1967 年被任命为英国科学院院士,在 1983 年退休后仍笔耕不辍,出版了多部著作,《日本帝国主义,1894 - 1945》(1987)、《现代日本的兴起》(1990)、《日本遭遇野蛮

人：在美国和欧洲的日本旅人》(1995)、《日本经验》(1999)和自选集
(2001)。比斯利于 2006 年去世。

比斯利的《明治维新》是一部史论结合的历史著作。它的导论
以简明的方式讨论了到 1970 年为止的有关如何解释和评价明治维
新的性质、地位和历史影响的主要学说以及代表学者和著作。然
后，它大体上按照历史发展的时间顺序，依次探讨了维新政治的各
个阶段。第 1 至 4 章展现了日本政治的中心如何从幕府政权的问题
（内忧）转向对外政策的问题（外患），而这依次导致了"改革的大名"
（第 5 章）、"不满的武士"（第 6 章）、攘夷运动（第 7 章）、攘夷的失败
（第 8 章）以及恐怖主义的失败（第 9 章），在这诸多尝试失败后，日本
最终选择了维新运动（第 10 章），其后的四章探讨了明治新政府的主
要改革。在结论部分，比斯利总结道，日本明治维新是一场"民族主
义运动"。他认为，贯穿幕府末期到明治初年诸多政治事件始终的
"红线"，是从对外来威胁的意识走向国家认同的意识，并以要求国
家统一和独立的方式表现出来。伴随这一进程的，是因经济快速发
展而产生的大量出自中下级武士的"有才之人"(man of talent)进入
日本的统治阶级。而正是这些"有才之人"选择了"明治维新"，主持
了明治初年的改革。所有这一切等于一场革命吗？比斯利明言他
不愿意使用革命一词来描述明治维新的性质，因为在明治维新运动
中，武士扮演了统治的角色，而在运动结束之后建立的明治政权中，
他们仍然占据统治地位。在明治社会中，"封建主义"和"资产阶级"
元素，在为国家富强而奋斗的旗号下共生共存。鉴于此，比斯利反
对把明治维新定性为"资产阶级"、"农民"、"绝对主义"或"右翼分
子"运动。

中国是比斯利写作这部著作过程中不时观望的参考系。它的
导言也是全书的第一句话是："在 19 世纪中期的几十年里，中国和日
本都面临着来自西方扩张的威胁和压力。"这些威胁和压力使两国
都陷入政治和军事的危局，对两国的传统政治文化都形成了致命的

挑战。两国对这些威胁和压力的最初的反应也多有相似之处："不分青红皂白地一概敌视、文化上盲目自大，不情愿地承认自身在'财富和力量'的上的劣势"。然而，这些反应在中日两国所引发的后果却大相径庭。在前者那里，对内保守主义联手，对外节节退让，直至王朝覆灭和革命到来；但在后者那里，"以夷制夷"却获得了成功，一系列建立"现代"国家的政策的实施使它最终成为一个与西方平起平坐的强国。"于是，与日趋贫困、内战不已的中国不同，日本走向了帝国与发展工业之路"。紧接着这段话，比斯利斩钉截铁地写道："明治维新乃是这一反差的核心所在。"

或许，仅仅冲着这句话，这本书就值得中国读者驻足一览。

张　光

2012年春天于厦大校园

致 谢

在过去的 15 年间，我一直——至少是断断续续地——就本书所涉及的话题进行研究。在这个过程中，我得益于许多人的帮助，人数之多，我在这里远远无法妥当地列举出来。对于他们当中的许多人，我已在别的场合表示了我的谢意。因此，在这里我不打算一一列举他们的名字（除了少数例外），而是以更加一般的语言描述我的谢意。

首先，如果没有许多日本学者的帮助，这本书的写作是不可能的，这不仅是因为他们的著作和论文（尽管它们是非常重要的），还因为他们愿意与我讨论问题，回答我的提问，在史料上进行指导。我特别需要感谢我经常工作于其中的东京大学史料编纂所的朋友们，其中的几位，尤其是森田次郎教授和小西四郎教授，从我开始研究日本史起就是我的导师。另外，我还要向那些在我访问高知和鹿儿岛时提供了帮助的朋友表示特别的谢意，他们是那么慷慨地让我占用他们的资源和时间。

在英国，我也得到各种帮助：来自档案学家和图书管理员（在公共记录办公室、英国博物馆和东方与非洲研究学院）；来自我所在的学校的同事和学生，他们提出问题并参与讨论（虽然有时仅仅是表示不解，但迫使我必须澄清我的思想）；来自东方与非洲研究学院，它提供了财政和行政上的支持，并给予我充足的学术假。对于以上种种，我都不胜感激。我还要感谢我的妻子，她不仅以

多种耗时费力的方式帮助我的工作，而且，还不得不与我的工作
共同生活，这是一件比什么要求都要高的要求。

W. G. B.

伦敦

1971 年 12 月

相关用法解说①

日文姓名是按通常的日文形式给出的,即姓在前名在后,如 Matsudaira Keiei(松平庆永)。许多名有多种读法,例如,Keiei 也可读作 Yoshinaga。再者,大多数藩主和武士都有多个别名,有时是同一类的,但用于不同的年月;有时则是不同类的,用于不同的场合。因此,Matsudaira Keiei 更常见的名字是 Matsudaira Shungaku(松平春岳)。对于每个个人,我将在全书中使用一个名字,尽管这样做会付出时间错置的代价。部分人物可见于书后附录的"人名注释"。

在 1873 年 1 月 1 日之前,日本使用阴历来表示月和日,而年则使用年号加数字的方式表示。只要有可能,我会给出相应的格里高利历的对应日期,例如,安政 5 年 6 月 19 日为 1858 年 7 月 29 日。在日文文献中只有年和月出现的场合下,我给出格里高利年,然后是阴历月份,格里高利的对等月份用括弧标出,如安政 5 年 6 月变成 1858 年 6 月(7 月 11 日-8 月 8 日)。

作者、著作名和出版日期的完整信息可见于书后的参考文献。我在注释中使用了两个缩略语:F. O. 用来指 British Foreign

① 本书注释中所出现的参考文献人名及书名多为简写,详细信息请参考文末"注释性文献目录"。——编者注

Office documents(英国外交部档案)，BGKM 指 *Dai Nihon Komon-jo：Bakumatsu Gaikoku Kankei Monjo*(《大日本古文书：幕末外国关系文书》)。

1860 年的主要藩国

这张表包含了所有 20 万石和更多石高的藩国(domains),以及明治时期政治上重要的一些其他藩国。它们大致自北向南,按照地理位置排列。第二列给出的是国(provinces)名,在指代那些特别大的藩时,通常使用它们来代替城下町的名字。不过,这是一种约定俗成的用法,因为藩和国的边界并不必然重合:金泽藩涵盖了加贺、能登和越中国的大部分领地;名古屋包括了尾张,以及美浓和信浓的部分地区;和歌山包括了纪伊和南部伊势;鸟取包括因幡和伯耆;广岛包括安芸和半个备后;山口包括长门和周防,合起来就是我们所知道的长州;鹿儿岛包括了萨摩、大隅和日向的部分地区。福井、冈山、德岛、高知、福冈和熊本各自包括了对应的国或国的大部地区,而佐贺只有东边半个肥前。地图上的边界大致是藩的边界,不是国的边界。大名家名称后面括号里的字母表示大名家的类型:S 表示御三家;K 是家门;F 是谱代;T 是外样。

城下町	别名	领地估计（石）	大名家
东北本州岛			
秋田（久保田）		20.5 万	佐竹（T）
盛冈		20 万	南部（T）
仙台		62.5 万	伊达（T）
会津（若松）		23 万	松平（K）
金泽	加贺	102.2 万	前田（T）
关东和中部本州岛			
水户		35 万	德川（S）
佐仓		11 万	堀田（F）
福井	越前	32 万	松平（K）
名古屋	尾张	61.9 万	德川（S）
彦根		35 万	井伊（F）
津		32.3 万	藤堂（T）
桑名		11 万	松平（K）
和歌山	纪伊（纪州）	55.5 万	德川（S）
姬路		15 万	坂井（F）
西部本州岛			
鸟取	因幡	32.5 万	池田（T）
冈山	备前	31.5 万	池田（T）
广岛	安芸	42.6 万	浅野（T）
萩或山口	长州（长门）	36.9 万	森（T）
四国			
德岛	阿波	25.7 万	蜂须贺（T）
高知	土佐	24.2 万	山内（T）
宇和岛		10 万	伊达（T）
琉球			
福冈	筑前	52 万	黑田（T）
久留米		21 万	有马（T）
佐贺	肥前	35.7 万	锅岛（T）
熊本	肥后	54 万	细川（T）
鹿儿岛	萨摩（萨州）	77 万	岛津（T）

导 论

在 19 世纪中期的几十年里,中国和日本都面临来自西方扩张的威胁和压力。首先,这些威胁和压力不可避免地置两国于政治和军事的危险境地,表现为两次鸦片战争以及其他多次的武力冲突,无不威胁着两国的独立;其次,它们还是外来文化对两国传统文化的挑战,这些外来文化不仅在科学技术上远优于中日两国,在许多基本理念上也与两国格格不入。中国和日本对于这些威胁的反应,无论是从情感还是从理智上都多有相似之处:不分青红皂白地一概敌视,文化上盲目自大,不情愿地承认自身在"财富和力量"上的劣势。然而,这种反应在中日两国所引起的效应却大相径庭。在中国,儒家秩序是如此之强,它能够遏制政治上或观念上的变革,结果形成对内保守主义联手、对外妥协退让的局面,最终导致(清)王朝衰落和革命时代的来临。在日本,"以夷制夷"却获得了成功,日本人提出并实施了一系列建立"现代"国家的政策,这个国家最终将是一个能够与西方平起平坐的强国。于是,与日趋贫困、内战不已的中国不同,日本走向了帝国和发展工业之路。

明治维新乃是这一反差的核心所在,因为,正是通过明治维新,日本获得了一个愿意并能够实施改革的领导集团。因此,对于日本来说,明治维新的重要性有如英国革命之于英国、法国革命之于法国;明治维新可以说是日本近代史的起点。也由于这一原因,关于明治维新的研究甚多。同样地,明治维新一直是一个争议不断的议题,关于它的历史地位的问题,以及当以何种方式解释它的

问题,从来都是随着人们对明治维新所造就的社会的态度的变化
而变化。

如何解释明治维新的问题与如何定义它的问题密切相关。曾
有一段时间,当人们说到明治维新时,觉得那不过是1868年1月8
日发生在京都的一场武力夺取政权的政变,日本西部和西南部封建
强藩的统治者们夺取了朝廷的控制权。在他们的强力要求下,一道
法令得以颁布。该法令终止了德川将军世袭统治,重新赋予天皇以
统治国家的直接责任,即"天皇统治权的恢复"或所谓"王政复古"。
这个法令后来通过一场内战的胜利得到确认。

然而,即便是在这个对"维新"的最狭义的定义中,也蕴含着深
厚的内涵。尤论如何,从明治维新中崭露头角的领导者们正是新日
本的缔造者。正是在他们的生命周期之中,在他们的领导下,日本
经历了一系列重大变革:封建割据让位于中央集权;社会秩序得以
重构;征兵制的军队取代家族武士,成为政权最终可以诉诸的工具;
工厂得以开设,贸易得到奖励;西式教育经过国立学校系统的建立
而得以推广。结果,日本仅仅在一代人的时间里,就能在世界文明
强国中占有一席之地。"富国强兵"和"文明开化"这两个口号概括
了那个时代的特征。至少到1880年为止,这两个口号被视为最能表
达维新精神的口号。

对19世纪晚期的日本学者们来说,"王政复古"("复古")和"维
新"("革新")之间的关系简单而明了。对于他们来说,权力转移之
后出现了改革有如定理一般确实。而且,在他们看来,这一说法并
不止于决策机制的变动。那么,在这些学者眼里,王政复古所创造
的社会究竟具有哪些显著特征呢?特征之一是其"天皇"统治的性
质,强调天皇作为统治者的角色,强调天皇是国家奋斗的中心。另
一个特征是它的新颖性,在许许多多的观念、习惯和制度上推陈出
新,以西方外来代替传统日本的变化。于是,历史学家需要做的,就
是对这些变化做出解释。这些变化显然是同一个整体的不同侧面,

是对在一个充满敌意的世界里"国家重生"过程不可或缺的贡献,因此,历史学家的解释需要做的就是把这些变化联系起来。最简单而又让人满意的解释是把这些变化视作同一因果链条上的组成部分,并把那些使"复古"得以实现的力量,与那些塑造了复古后"维新"的力量之间的关系理清楚。

田口卯吉于 1877 年到 1882 年之间出版的《日本文明简史》(原名《日本开化小史》),是阐发这一观点最早且最具影响力的著作之一。[1] 这本书的观点与今天持有传统保守思想框架的历史学家的主张并没有大的不同,故在此值得用些篇幅总结一下。

田口表示,在长期和平的德川时代,忠义成为日本的基本美德,并得到儒学的正式推崇。一些著名的文学作品都将忠义作为主题,而戏剧和小说等流行文学又将其推广到社会的各个层面。当然,这是一种封建的忠义关系,是家臣对其领主的忠义;但在一定条件下,这种忠义可以从对领主的忠义转变为对领主的领主的忠义,将军对天皇的忠义;在德川时代后期,在国学家的影响下这一转化过程就已开始了。

尽管有这些变化,但从封建忠义向对天皇忠义(勤王)的转变本身并不足以推翻德川幕府。这必须等到外部威胁的出现,英国在中国的所作所为便被视作主要的外部威胁。由于这一外部威胁,爱国主义的焦点从藩国转向了国家,以与从对领主的忠义转向对天皇的忠义相匹配。这种转变至少存在于那些更有能力、更活跃的武士,即"志士"们身上。田口解释说,德川幕府(即将军的政府)自身没有能力实施那些志士们认为是关系国家生死存亡的政策。同样地,德川幕府也没能镇压或阻止那些在这一问题上挑战它权威的人,它便因此丧失了统治的权利。另外,大多数的封建藩主也没有表现出多大热情或实力,结果只剩下天皇可以团结日本,或许可能成功抵御西方。幕府的倒台以及随后藩国的倒台,必然是与天皇"王政复古"相伴随而来的。

在所有这些观点中,田口所言不过反映了他那个时代的官方观点:谴责过去,赞美现在,这符合作为一场成功革命的记录者的身份。但是,我们不可由此便断定他的态度只不过是出于对胜利的明治政府的奉承与顺从。首先,他没有把德川幕府说得一无是处。①更重要的是,他对已发生事件的看法,毫无疑问是与其著作的通篇主题(如其题名所暗示的)相一致的:即人类从野蛮到文明的进步主题。明治维新对他来说,是迈向文明的关键一步,使日本在社会进化的阶梯上上升到了下一个高级阶段。

就其根本而言,田口对王政复古和明治维新都持肯定态度,认为两者都是有益之事。他的 20 世纪早期后继研究者也持同样的看法。井野边茂雄是他们中间最杰出的学者,他更深入地研究了天皇的拥护者和排外主义者的态度的性质,澄清了两者之间的关系,阐明了改革的起源。但是他并没有在任何基本理念上挑战田口的理论。同样,对井野边来说,"王政复古"和"维新"是对外国威胁最终不得不做出的反应,是他自己的(也是令人满意的)理想社会得以创建的手段。②

这一点,甚至对那些在政治上采取更具批判的观点来评价明治维新结果的学者而言也是如此。举个例子来说,《自由党史》(日本

---

① 对此,田口提出了两点,而这两点都源于幕府自己的辩护者所提出的论断:首先,通过开放港口,即使这么做是由于它的软弱无能,而不是远见卓识,幕府仍为国家做出了重大贡献;其次,最后一任将军庆喜,通过辞职以免国家陷入给外国以干涉的可乘之机的内战。这两点也常见于其他历史著作,如福地源一郎与 1892 年首次发表的《幕府衰亡论》和涩泽荣一的《德川庆喜传》(1918),而且在其他方面这两本著作都与田口的观念相近。

② 关于井野边的观点最简洁的陈述见于他的 1929 年的论文"从政治史看明治维新"。其解读此后一直很有影响力。例如,他的观点就体现在冈义武的著作中,特别是他的《近代日本的形成》(1947),该书仍然是关于德川晚期与明治早期历史的最清晰也是最公允的描述。

最早的政党之一的历史)的作者们费尽心力主张维新运动是下级贫穷武士领导，并在富农至少是默许的支持下推进的。因此，明治维新全面地打击了德川幕府的权力垄断以及支撑该垄断的门阀制度。他们说，明治维新的目的是既要"恢复天皇的统治权"，又要"恢复人民的自由"。① 而第二个任务尚未完成。因此，像自由党这样的团体便被赋予了去完成它的使命，去实现最初下级武士在面对外来威胁时提出的愿景。这种愿景是什么？ 它是建立这样一个国家，在这个国家里，天皇的权威和人民的自由紧密结合，使日本成为一个真正的整体；依靠这个国家，日本能够以平等的地位同世界打交道。这个观点虽然否认明治维新完全实现了它的目的，但是在其他方面与田口的观点并没有大的不同。它绝对不是对明治社会中心价值观的否定。

事实上，促使学者们对日本刚刚过去的事件(即明治维新)做大量重新评价的力量，首先并非因为政治上的反对，而是工业的发展。在1914年到1930年间，日本经济进入了一个人们可以称之为工业化和资本主义占统治地位的国家阶段。于是，适应这种变化的有关明治维新的学说适时出现了。这些学说的焦点不在政治结构和改革上，而在从封建社会到资本主义社会的转变上。这些学说始自于如土屋乔雄等对德川时代的详细研究。② 这些研究证明了封建经济是如何在商业增长的压力下瓦解的。由此，日本学者发展了一套完整的经济因果关系的理论。这一理论同当代西方历史学家在对晚期中世纪和早期近代欧洲研究基础上所使用的理论相似。

这一新的理论在高桥龟吉于1929年发表的论文中得到了妥帖

---

① 《自由党史》，1:4。自由党版本的维新史大体上可以在上引书第3至第14页找到。
② 尤其是他对封建财经的研究：土屋乔雄，《封建社会崩坏过程的研究》。

的概括。① 据高桥说,资本主义因素在19世纪中期的德川经济中就已经出现,但是其发展受到了日本经济孤立的限制。在这一局面下产生的结果是封建主义被削弱,但并没有完全瓦解;出现的是动荡不安,而不是革命。然后,这样一种局面受到来自西方在政治和经济上的挑战,揭露出幕府和上层武士统治集团的软弱无能,由此引起人们对现存社会秩序的怀疑。西方的挑战还带来了幕府或藩无力承担的财政负担(如防御工事、赔偿等项目)。难以承受的财政负担推动物价疯涨,给了业已存在的不满一个新的刺激和方向,激起一场导致"王政复古"在先、"维新"随后的政治运动。维新反过来又加速了日本成长为一个成熟资本主义社会的进程,而这个社会的种子在旧的德川社会中早已播下。

对明治维新此类经济学解释的引入,留给日本人三种不同的,甚至彼此无关的关于他们国家近代史的解释。有些人仍然认为国家的根本是天皇政体,其他所有元素都源于此,而天皇政体得以恢复,是勤王者的道德义愤对德川幕府的失德败政取得压倒性胜利的结果。这一观点为19世纪30年代时人批判当下的社会提供了理论基础,这一批判在那个年代将发挥至关重要的作用(尽管与其说它与明治维新历史编纂有关,倒不如说与国家主义政治相关)。第二种学说追随田口,主要将"王政复古"和"维新"视为政治事件链条上的环节,认为通过"王政复古"和"维新",一个以追求国家尊严和强大为目的的明治国家得以诞生。因此,这种学说强调外国威胁和日本的成功应对以及它的国际后果。然而,在那些提出了另一种观点的经济史家那里,外来威胁更多的是一种催化剂而不是原因。在考察这段始于18世纪,延伸至20世纪的历史进程时,这些经济史家关注的是制度变革而非日常政治,而且,他们

---

① 高桥:"从经济史上看明治维新"。

意欲寻求的最终产物,出现于大正时代(1912-1925)而非明治时代(1868-1912)。换言之,在他们眼里,日本取得的成就,就其本质而言,是资本主义和资产阶级的兴起,而非军事和外交的强势。

马克思主义的历史著作在以上三种争论成型后不久后,在日本登场。这些著作否认上述经济史家所做的区别,强调明治和大正是同一个且令人无法接受的社会政治整体的组成部分。和其他观点不同,这种观点来自真正的持不同政见者,他们拒绝接受近代以来的日本社会,并意欲改造这个社会。尽管这种观点的源头可以追溯至19世纪30年代的学者,①其全面发展还是要归功于二战中日本的战败以及战后日本知识分子对他们的国家近来所作所为的反省批判。他们斥之为把国家拖入毁灭的人物和制度被确认为具有帝国主义、资产阶级、专制主义和官僚制的性质。这些东西才是人们在研究19世纪时必须加以解释的东西。这个故事甚至有其现成的批判对象:天皇、官僚、寄生地主、垄断资产阶级,这些对象事实上在战后突然出现的民主气氛中成为人们愤怒谴责的对象。

这一对明治维新的激进再评价的最后结论是明治"绝对主义"(absolutism)的概念。这个概念说的是,明治"绝对主义"之所以兴起,是因为在德川末期,衰退中的封建力量和蓄势待发的资产阶级力量之间出现了一种平衡。少数人利用了这种平衡,以天皇的名义建立起一个由强大常备军保卫的专制国家。新的领导者声称同时代表(或超越)这两方的利益,但一旦掌权之后,便利用其地位维持

---

① 通常认为这始于羽仁五郎对"客观"研究近代日本历史的呼吁。他认为一个对近代日本史的客观研究,不仅仅要研究从封建向资产阶级—资本主义转变的各个阶段,而且要把它作为从封建走向资本主义再走向无产阶级的进步的一部分加以研究。他在"明治维新史解释的变迁"一文中论证了这一点。他的另一部重要著作是关于日本资本主义历史的论文集《日本资本主义发展史讲座》;该书于1932-1933年在东京出版,它开启了对前明治经济发展的性质及其对日本资本主义的影响的旷日持久的争论。

社会上业已存在的分立，以此保持自己的权力。这样，封建领主成为官僚政府供养的对象，地主和实业家则成为其服务对象。两方结成联盟，以遏制、破坏民主的"自然"成长，无论那民主是资产阶级的还是无产阶级的。

简而言之，明治维新被视作使这样一种社会成为现实的过程。这一观点将维新置于一种新的分析框架之下，以期在德川晚期日本的阶级关系中确认出专制主义的起源。远山茂树在 1951 年出版的书中第一次出色地完成了这一分析。① 远山的出发点是由幕府和一些藩国在 19 世纪 30 年代和 40 年代进行的所谓的天保改革。他认为，天保改革并不局限于财政。同时，即便天保改革是因畏惧农民起义而进行的改革，也不可把它们仅仅视作封建反动的表现。更确切地说，天保改革是下级封建官员为应对经济变化所带来的难题而进行的一个尝试。这个尝试引领他们一再寻求与乡豪（豪农 [gōnō]，他们事实上控制着农村）的合作。正是在这一合作中孕育了既反对封建领主，又压制农民造反的"绝对主义者"种子。

这一联盟在资本主义的西方咄咄逼人的入侵威胁下，获得了进一步发展。远山认为，西方的入侵不仅威胁日本，而且也威胁封建体制，促使上层武士和下层武士均转向要求改革。前者——幕府和藩主——在 19 世纪 60 年代的所作所为就已表明他们互相之间无法进行长期的合作以保住政权。后者——下级武士和一些非武士的支持者——起初在"尊皇攘夷"的要求下寻求政治认同，但是当事实证明这是一个无效的政策后，他们转而通过控制少数强大的藩国，特别是萨摩、长州，来推翻幕府。这一时期他们还提出"富国强兵"政策，以替代不合现实的攘外政策。

在远山看来，1868 年 1 月政变之后，新政权便采取了把统治阶

---

① 远山，《明治维新》。我的这一关于远山的简短的概述远不能反映他的学术成果的复杂性和原创性，对此，我有充分的自觉。

级的各方面因素尽可能多地包容进来的措施。然而，随着政府军事地位的强化，它的人员构成变得更加单纯统一，行动变得更加不妥协。面对封建分离主义（feudal separatism）卷土重来的势头，面对农民起义再度兴起，新政府于 1871 年断然废藩，这事实上构成了二次政变。它为一系列改革铺平了道路，这些改革不但旨在增强日本抵御西方的力量，而且旨在使明治领导集团得以从对明治前社会结构的依赖中解放出来。它们包括：土地税改革——给予国家可靠的财政收入，并确认其地主同盟在乡村的地位；征兵制——为国家提供一个镇压骚乱的手段，而且同时让民众感到有机会参与国事；教育改革——使得灌输正确的公民道德和培养科学技术能力成为可能。这些改革导致的结果，是一个由官僚寡头掌权且在本质上无需与其他力量分享权力也能够推进现代化甚至是经济增长的国家。

远山的观点对后来的学者，包括和他观点有分歧的人，都有深远的影响。他关于天保改革的某些观点已被证明至少是过于简单化了。[1] 关于地主的进一步研究揭示出其经济和政治影响的性质和程度，存在着很大的区域差异。[2] 事实证明，"尊王攘夷"和"倒幕"之间的关系，已被证明远比远山所论要复杂得多。[3] 尽管如此，在左派历史学家看来，远山研究的基本观点完全经得起时间的考验。

然而，有一些学者坚决反对远山的观点。随着日本摆脱战后的长期萧条，进入一个更富足和自信的时期，这些人的呼声日益高涨起来。在他们之中很有声望的是坂田吉雄，其作品的特征是细节精

----

[1] 例如参见堀江保藏；以及关顺也，《藩政改革》。

[2] 例如《明治维新和地主制》；福岛正夫；以及关顺也，《明治维新》。

[3] 见 Shibahara。

准、忠于原文,而不偏好构建理论。① 坂田更多地从反抗幕府和排外的感情角度,而非社会变革的角度,追寻明治维新的起源。他强调左右天宝年间(以及之后)改革者行为的,是一种防范预期将要来临的外来侵略的愿望。他还强调对幕府的抨击来自那些谴责幕府没有能力使国家强大从而实现保卫国家目标的人们。正是出于这个理由,幕府的抨击者寻求一种新的政治体制。坂田认为,这些人许多(如果不是大多数的话)来自下级武士并不奇怪,因为下级武士占武士阶级的80%以上;农村精英尽管在维新运动起了重要的作用,但他们并非作为农村精英,而是作为准武士、学徒剑客和持不同政见的知识分子参与运动。社会经济因素也不是明治政策的主要决定因素。在坂田看来,1868年之后成立的官僚政治国家,其实是政治妥协而非社会压力的产物。它的产生,是因为需要避免出现一个由萨摩或长州领导的新幕府;或者,是为了避免出现必然是无效率的封建藩国集合体。这个国家在其早期发起的一系列影响深远的社会改革,代表了一群接受过西方教育的现代化推进者对一套已广为接受的观念的成功运作;在这套观念中最重要的是国家必须强大。

于是,坂田主张我们必须区分两种不同的发展。一种发展是因畏惧西方而激起的政治运动。运动所追求的目标,既有国家统一,为此须推翻幕府;又有军事上的强大,为此需要采纳西式组织和技术。另一种发展是意义更加深远的改革运动。运动的灵感和动力源自西方,但唯有"天皇统治"方能实现。社会和经济变动尽管作为背景对两场运动都很重要,但并不是决定运动成功的因素。

---

① 坂田关于这一主题的主要著作是《明治维新史》,但在他后来编辑的一部书的导言中,对他的观点做了有益的概括:《明治维新的问题点》。他们的部分观点还可见于与 J. W. Hall 合著的英文论文"The Motivation of Political Leadership in the Meiji Restoration"。

近年来,许多学者都在关注外来压力的论题。这些学者和坂田不同,认为外来压力无论在性质还是在结果上自始至终都是资本主义,即西方通过军事和经济手段对日本的侵略,该侵略导致日本走上资本主义国家道路。① 一方面,这一新视角部分是对现代世界的反映,在这个世界中,帝国主义被理解为一种经济现象,而美国是其主要的支持者。另一方面,它也来自对日本成功创立一个工业国家自身成就的认可。这样我们就必须从维新而不是"王政复古"的观点重新评价明治维新的起源。② 这两种元素引起人们对 20 世纪日本帝国主义进行批判性检讨,而很显然,20 世纪的日本帝国主义乃是明治维新的产物。在这个检讨中,思想的禁忌越来越少,可用的史料越来越多,尽管明治维新发生的年代离我们越来越远了。

一个非日本人的历史学家在探讨日本的历史的时候,能够带有较少的感情色彩。因此,他在一定程度上,能够摆脱因对现代日本的认识而谴责日本的过去抑或为其开脱的心态。然而不得不说,他对日本学者著作的依赖,可能既给他提供了论据,也给他带来了偏见。此外,他还会把他自己的先入之见带入研究。一个常见的先入之见是他自然而然地会对西方的影响力和观念扩展到世界其他地区的进程感兴趣。③ 对这一兴趣的追随,如果草率行事的话,则可能低估社会因素和日本因素的作用。而近乎与其相反的是对比较研究和体制研究的学术偏好。在这个偏好下,研究日本的经验是为了更好地了解普遍现象:"现代"社会的性质、革命的类型以及现代化

---

① 一个值得注意的例子是石井孝,《明治维新的国际环境》。这部著作的一些论点最初出现于石井对德川晚期对外贸易的研究:《德川贸易史的研究》。

② 关于维新的著述的现状,包括它的这一侧面在内,近来成为小西四郎主持的、包括远山和石井在内的顶尖日本学者参与的一场有趣的大讨论的主题。讨论的成果载于《明治维新研究讲座》,补编,1969,第 3—19 页。

③ G. B. Sansom 的《西方世界与日本》对此作了非常精彩的论述,虽然该书并非专门研究维新。

自身的决定因素。① 协调这两类兴趣并不容易,其难度不亚于解决我们此前讨论过的有关明治维新解释之大问题难度。

然而,本书必须在这样的背景设定下展开。而且,由于本引言的目的不是提供相关文献的回顾,而是确认我们将要处理的问题,因此,让我们就此打住,不再进行相关文献讨论,而是对我们的研究问题做一简要概括。

首先,关于在历史事件中内部和外部因素的作用以及两者孰重孰轻的问题。西方列强的行为,究竟是促使日本发生了它依靠己力不可能发生的变化,抑或仅仅促进了一个业已发生的现象的进程?同样,西方文明究竟是给予日本一个新的发展方向,抑或不过是给日本自身正在进行的变化提供某种外在的形式?它到底是变化的源泉,抑或仅仅是明治日本输入西方思想和制度的一份购物清单?

其次,近代日本的变迁在多大程度上是某种意义上的"不可避免"?明治社会的主要特征是否在天保改革中已经得到暗示,只是等待一次适时的触发得以显现?更具体地说,明治体制的特征由反德川运动的社会基础所决定,还是来源于幕府被推翻后成型的社会形态?这就提出了日常政治和长期社会经济变革之间关系的问题。我们可以像远山那样,认为外交事务的政治争端提供了使基本的社会经济因素得以发挥作用的手段,或者我们也可以和坂田一道认为,社会经济变化的相关性仅在于它帮助决定了解决外国威胁所带来的一系列政治问题的方式方法。两者强调点的不同显而易见。

最后,历史学家近来倾向于挖掘观念背后的东西。他们是否会因对作为观念的观念的相对忽视,而对某些重要的东西视而不见?

---

① 我们或许可以把 E. H. Norman 的开创性著作 *Japan's Emergence as a Modern State* 以及 Barrington Moore 的 *Social Origins of Dictatorship and Democracy* 归入这个范畴。在关于现代化的许多研究中,应该提及重要的普林斯顿系列,特别是 M. B. Jansen 编辑的 *Changing Japanese Attitudes Toward Modernization* 和 W. W. Lockwood 编辑的 *The State and Economic Enterprise in Modern Japan*。

或者,我们也许应该停止把对天皇的忠诚仅仅视为其他东西的表现？毕竟,我们所研究的那些人是非常认真地看待忠诚的,如果他们不把忠诚当作信仰看待的话,他们无疑至少将其视为一种政治手腕。①

注释

ⅰ 我使用的是岩波文库版的田口著作(东京,1934),书中关于维新的章节出现在第243-261页。

---

① 自我写下了这段话后,观念与德川末期政治的互动问题已经在一本重要的新著作中得到论述:H. D. Harootunian, *Toward Restotation*。

第1章

德川的政治社会

　　欲知德川统治垮台的原因,须先了解他们具有的优势。他们最突出的特点,说到底,还是他们的生存能力,因为他们的统治,虽然不能说毫无变化,但就本质上而言,250余年间几乎没有发生什么根本性的变革。其间,共有15位来自德川家族的人相继成为将军,其权力之大令到访的欧洲使者视其为日本的皇帝,而视日本的天皇为教皇。但这种权威在幕府统治倾覆之前就已露出破绽。

　　一旦幕府权威出现破绽,这个基本上是封建性质、等级森严、忠于儒教伦理与规范的国家,就出现了转型为一个中央集权的、"天皇制"和官僚化国家的机会。这个新的国家以追求现代化目标为己任,并向它的公民开放生涯发展的机会。对新旧两个国家做如此鲜明的对比,当然过于简略。但它却有助于我们认清旧政权的特征,必须改变这些特征,否则明治国家不能诞生。所以,我们需要从这些特征开始讨论。它们包括德川政治体系及其所体现的权力分配,以世袭地位为基础的社会结构,以及支持整个政治经济体制的意识形态。在本书的第1章中,我们将对这三个因素的性质做一简要的考察。

幕府与藩国

　　幕府政治稳定与否的关键在于中央政府(称之为幕府)与地方

藩国的关系。① 幕藩关系起源于 1467 年至 17 世纪初之间断断续续的战争时期。在这一时期,新一代封建领主即大名崛起,他们瓜分大片土地,并对所占土地以及在那里生养的人民实行专制统治。势力较强的大名,会依靠其根据地支持具有一定规模、由武士陪臣构成的军队,卷入争霸全日本的战争。每一个潜在的霸主,都依次遭到敌对联盟的挑战并被他们推翻,如此循环战乱不已,直到德川家康(1543－1616)先是依靠武力优势,然后凭借持久的制度安排,最终成功地终止了这一循环。

德川家康一生主要关注的是夺取权力和维持权力。为达此目的,他试图通过天皇朝廷来使其地位合法化,从而将其武力所得合法化;他设计一定的制度机制来保持他对新近被击败的大名的优势;他确保他的家臣始终是他自己及其家族意志的代理人,而不去追求他们各自的野心。德川家康设计的制度确立了统治日本长达250 多年的政体模式。

同之前的其他封建统治者一样,德川家康于 1603 年获得"征夷大将军"头衔。这样,德川家康成为名义上的朝廷命官,天皇的军事代理人,武士阶级的统领和日本真正的统治者。如此,家康可以控制朝廷甚至天皇本人。天皇和朝廷都受到尊崇,且都颇具重要意义。两者都被给予比以往更多的收入,为此目的划给他们的土地从1601 年的 1 万石增至该世纪末的 9.9 万石,明治维新时期达 13 万石。ⁱ 但是,作为交换,天皇和朝廷必须放弃数百年封建统治遗留下的仅存的政治影响力。朝廷要员特别是官阶最高的关白任免必须与幕府官员协商。ⁱⁱ 为防止朝廷与大名密谋,幕府将朝廷官员与外界严厉隔绝,天皇也被禁足于皇宫之内。作为天皇首都京都行政长官

---

① 关于幕藩体制最新也是最权威论述的英文文献包括:Totman, *Politics*;以及由 Hall 和 Jansen 主编的多作者论文集。在关于这个主题的众多的日文研究成果中,我在这本导论性著作中用得最多的是金井圆的《藩政》及《维新史》第一卷。

的所司代,由德川家陪臣担任。

如 19 世纪发生的变故将要证明的那样,这些安排对于德川幕府来说具有一定的潜在危险。在这些制度中,没有任何因素公开否认天皇的主权或将军对天皇正式的臣服关系。因此,对德川权威的挑战,一旦足够强大,就可能因诉诸天皇庇护而获得合法化,正如德川家康之前所做的一样。但是,当这种局面最终发生时,它已是幕府衰弱的**结果**而非其衰弱原因。实际上,只要将军握有实权,他就能在与封建大名的关系中利用天皇的威望,"挟天子以令诸侯"。例如,通过精心安排朝廷官阶等级和头衔,彰显自己地位的特别。

然而,必须指出,德川家族的权力并不依赖于这一制度安排,一如它不依赖(除了在初期)它在内战中的胜利一样。其实,它所依赖的是它对藩国土地的重新分配,而这一影响深远的举措因其在内战中的获胜而成为可能。到 1650 年,经过三代将军以种种借口和手段进行的操作,在全国总共约 2,600 万石的稻米中,将军本人控制的土地估值相当于 420 万石。他的封地,加上嫡系家臣所领的 260 万石,合计占全国土地 25% 以上。余数土地,除数十万石为朝廷和众多寺院神社所有外,皆为大名所有。其中,约 36%(约 930 万石)由德川家族及其旁支家族(亲藩大名)和德川家臣谱代大名(1614 年 82 人;1853 年 145 人)所领。其余 980 万石分属百名家康取胜后才归降德川幕府的外样大名。换言之,只有不到 40% 的土地留给了外样大名,即那些最有可能挑战占统治地位家族的封建领主。

而且,这还不是全部。德川和谱代的土地均集中于战略要地:它们位于围绕将军自己的都城江户地区;围绕京都的地区;以及连接江户和京都的著名交通要道东海道沿线地区。前往中央地带的交通要道,以及中央区域内部的战略要地皆有巨大城池护卫。另外,16 世纪后期的最大封地,在全国各地遭到拆分。至幕府第八代将军吉宗(1716 - 1745 年在位)时,封地 30 万石以上的大名仅余 16 位。其中 5 位是德川家族及其旁系,1 位是高级谱代大名——彦根城的井伊。余者为外样大名,其中至少7家位于德川家系和谱代大名势力最弱的日本西部。它们包括萨摩岛津氏(77万石),长州毛利氏(36.9万石),肥前锅岛氏(35.7万石);以上三藩的家臣将在19世纪政治中扮演领导角色。

维持谱代大名和外样大名的势力均衡,并不单单依靠调整他们的封地大小。外样大名尽管持有的封地[Ⅲ]平均而言显著高出谱代大名的封地,但其封地均远离政权中心,而且被排除于将军政府的官僚体系之外。将军最近的亲戚(亲藩大名)按规定不能在幕府做官,但是他们的封地位于中心地区,占据较好的战略地位。最重要的三家亲戚是御三家:尾张德川家(61.9万石)、纪伊德川家(55.5万石)和水户德川家(35万石)。与此相反,谱代大名各家的封地很少有超过10万石的,但却垄断了幕府的高级行政官职。此举显然意在将谱代大名的利益同德川幕府政权的维持捆绑在一起。

所有的大名,不论是外样还是谱代,都受制于详细的规章的管束。他们之间的联姻需要得到将军的许可。领地城郭修建、修葺等事宜,也需要得到将军的准许。从1649年起,一则政令规定了每个大名依其封地规模可以拥有的军力上限。另外,每次新大名继位都需要呈递誓言书重申忠诚,并由将军颁发文书逐项确认大名享有的领地。每到新年或寿辰、婚庆的场合,众大名均需按规定呈送贺礼以示臣服。不过,除了在德川吉宗短暂、失败的改革时期之外,大名并不向幕府缴纳税赋。大名分担幕府执政成本做出的唯一有分量的贡献——它往往可以是惩罚性的——是完成分派的公共工程(如水利灌溉、防御设施或修缮宫殿)。

然而,幕府对大名最有效的控制工具是所谓参觐交代,即"交替居住"制度。这个制度由德川幕府时期要求大名在首都履行封建义务并留下人质的实践发展而来。① 这些实践于1635年得以制度化

---

① 关于这个体系的详细论述,见塚平利夫的《德川日本的封建控制:参觐交代制度》。

并强制外样大名遵行，1642年扩及谱代大名。此后，大名每两年中应有一年必须住到江户，一年留守封地，并且离开江户时须将妻子儿女留下作为人质。但也有少许例外：一些谱代大名每年中有半年住在江户，有些大名因财政困难或紧急事务临时延误。但是，在大多数情况下（除德川吉宗统治中八年的例外），这个制度保持不变，直到1862年。"参觐交代"让江户成为世界级的繁华之都。它还使大名以及众多的大名家臣体验到城市的繁华，由此产生重大的经济影响。而且，在以地方分治、强调上下等级关系为特征的社会中，"参觐交代"提供了为数不多的在领地之外思想交流和人际交往的可能。基于这些理由，如我们将看到的，"参觐交代"对明治维新的政治具有重要影响。

监督"参觐交代"的执行，更为一般地说，监督将军与大名的关系，是江户政府即幕府的职责之一。这些事务通常在四到五位参议官即老中的指示下执行，这些老中是从石高2.5万-5万石的谱代大名中选出。不过，在危机之际，摄政或大老可能会短暂地位居老中之上。大老通常由亲藩大名或资深的谱代大名担任。在老中之下，有许多官职分管财政、江户城行政、长崎等幕府港口管理等事务，这些官职由旗本即地位仅低于大名的德川家臣担任。此类职位往往出现真正的有才之人①，因为它是出身一般的官员所能企及的最高官位。但是，他们才能的发挥会因如下事实受到限制：任一重要部门，包括老中，均同时由两个或更多的人执掌，他们轮流行使该官职的权责。另外，对官员权力的限制还体现在侦查谋反和政府失职行为的独立部门目付的设置上。所有这些措施都有助于保护德川不受自己官员的侵害（毫无疑问这也

---

① 日文"才子"（直译），本书通译"有才之人"。——译注

是这些制度设计的初衷），但却使政务冗杂拖沓。①

将军不仅选用家臣担任幕府官员，而且用自己封地的财政收入为幕府提供财政保障，这些收入由执事和其他地方官员组成的小型军队征收。这些官员中，许多人控制的土地面积大小与大名的藩国相当。这些人与江户的官员相似，以封建义务的名义履行职责。他们的报酬是世袭的，报酬的多寡取决于其世袭地位而非承担的官职的大小。然而，实际上，尽管选官任职的规则十分繁杂，但个人世袭的等级地位高低与他所负的责任大小并无直接联系。如此一来，俸禄制逐渐成为通行的报酬给予方式。18世纪标准的俸禄制是这样的：根据特定官职给付定额的薪酬，若为官者的世袭采邑收入或津贴达不到该额度的话，幕府补足差额。例如，一名采邑200石的武士担任薪俸500石的官员，幕府在其任职期间将补足300石俸禄差额。大多数大名的领地也采用类似的俸禄制度。由于俸禄对个体生活质量影响巨大，许多武士（尤其在幕府后期）卷入本质上是官僚的而非封建的升迁斗争。他们从中获得的经验和态度，与明治政府的性质息息相关。

尽管将军的权力名义上来自天皇，但幕府自身实际上并不关心全体日本国民或他们的所有作为，甚至在将军自己的领地上也是如此。在那里，除了税收这类大事，村镇政务很少得到幕府官员的注意。征税以村子或地区为单位。税额被分配到各家各户，地方居民之间的民事纠纷，有关农田灌溉和道路修建的安排等事宜，均由从当地有威望的家族成员中选任的村长（或城里的对等人物）负责处理。只有拒绝交税或出现民变时，才可能由地位高于村长的武士出

---

① 关于幕府行政管理的困难和复杂的论述，特别参见 Totman, *Politics*, pp.181-186，在该书中，作者描述"垂直朋党"的出现。这个概念指的是在官僚机器中处于不同层次的若干官员，他们共同控制了政策制定和执行的主要方面。这样的机制成为必要本身就说明幕府的政府决策和实施程序是何等的笨拙、拖沓、冗余。

面干预。[1]

从更高的层级来看,将军与大名的关系也符合同样的原则。将军以参觐交代等制度机制控制大名个人。如果一个大名没有履行其管理职责(特别是在德川幕府早期),将可能受到转封至更小的封地、在原有封地中削减部分封地、勒令其传位于其继承人等处分。但是,除惩罚或彻底没收封地的方式外,没有任何先例表明幕府会部分地或完全地承担大名领地的行政事务。[2] 这一点,对幕府晚期政治格局也十分重要,因为它意味着江户没有任何直接简明的干预手段使幕府可以在大名的领地内行使其权力。即使大名在其领地内无力或无意镇压倒幕运动,或者,即使大名的武士因自己的政治理念而行将颠覆大名的政权时,只要大名和武士对幕府所能施加的常规压力视而不见或处之泰然,幕府除了诉诸武力之外别无其他改变现状的手段。最终,幕府只能在视而不见和内战之间做出抉择。

或许有人由此会认为幕府统治下的日本并非只有一个政府,而是并存着多个政府,每个政府都在封地范围内行使权力。或者说,每个藩都是一个小幕府。[3] 确实,幕藩体制的分立效应很容易被夸大。实际上,在一般情况下,江户的权威没有挑战者,它的示范做法,无论是政策还是制度,在日本各地都得到效仿追随。这一状况直到19世纪的一场剧变才有所改变。尽管如此,大名确实在一定程

---

① 关于乡村管理,参见 Befu,"Duty"。

② 但是,在一些谱代大名领地,其领地被用于支持高级官员而非旧有的、既有的私人采邑。在这些藩国,幕府的干预权力相当大。堀田正睦的佐贺藩就是一个好例。参见 Totman,*Politics*,第 154–162 页。

③ 关于一些藩国政府(文中挑选的都是对明治维新政治有重要影响的藩国)的详细论述见以下著作:萨摩,《鹿儿岛县史》,2:95–119;长州,Suematsu,*Bocho*,1:49–68,Craig,*Chōshū*,pp. 107–110。土佐,*Kochi-ken shiyo*,pp. 264–265,Jansen,*Sakamoto*,pp. 23–24。

度上拥有真正的自主性,在他自己的藩国内行使着类似将军的权力,甚至到了迫使他的势力较强的陪臣也实行参觐交代的地步。大名的家臣和江户的陪臣一样,担任相仿的职位,履行类似的职责。大名的亲属或最信任的家臣在需要时,出任与老中相似的家老一职。其下一级的武士则担任重要的中层官僚职位;还有一帮身份更低的人,个个声称有至少跟武士沾边的身份,从事出纳、信差、守卫等职业。在行政管理上,幕府与藩国十分相似。而且,封建政府与平民事务的关系在大名的封地和将军的领地上没有任何差异:政府只管税赋的收缴与秩序的维护。

幕府与藩国还有其他相似之处。15-16世纪内战开启了武士脱离土地的进程,尽管脱离程度因地而异,但日本各地无一例外均开始了这一进程。战争中大名若要建立一支常备军,必然要求随从住在统治中心的周围。武士聚居的城下町,往往成为城郭中心地区。当和平在德川幕府的统治下得以恢复后,这一实践部分因为行政管理的需要,部分因为它增强了领主对其臣民的控制而延续下来。因此大多数武士都变成居住在城郭或城郭周围的城镇居民,除非被派遣至江户(江户是一座更大更豪华的城堡型城市),或受雇在农村做官。大多数武士甚至不再是任何意义上的土地持有者。在1690-1691年间,仅有约1/6的藩国仍旧保持武士领有土地的情况。① 在其他藩国,武士或者是享受着准封地,从藩国财政那里取得一笔在理论上仍源自土地的收入,尽管武士与那土地没有任何私人的关联;或者干脆获得纯粹的俸禄,在名义上也与土地毫不相干。即使是武士土地采邑最为常见的长州,也有证据表明它的重要性在降低:1625年,采邑占武士收入57%,19世纪降至28%。② 到1800

---

① 关于这些藩国的名单,见金井圆,《藩政》,第60-74页。关于武士采邑和津贴制度,参见新见吉治,《下级士族の研究》,第15-21页。

② 参见Craig, *Chōshū*, pp.102-106;另见Seki, *Hansei Kaikaku*, pp.15-19。

年,除特殊情形外,仅有少数高级家臣还持有土地采邑,余者皆和土地脱离直接联系。

武士脱离土地产生了巨大的政治后果(经济后果同样巨大,请容后述)。武士不再住在乡村使得他们难以控制农村,农民暴动和农村新精英的出现将很快证明了这一点。德川幕府之前的政权曾犯过同样的错误,让一个新兴的领导阶层插足于政权和土地之间,其后果对政府影响总是致命的。而在19世纪,当德川幕府急于控制武士时,同样的错误将再度发生。

阶级结构

以世袭为基础,高度固化的社会等级秩序是幕府统治长久的原因之一。等级金字塔顶端是天皇、朝廷贵族,还有将军与大名。社会的其余部分依重要性划分为四个不断下降的等级:武士、农民、工匠、商人。这四个等级同时存在,各个等级依次还可再细分。实际上,和平的时间愈长,等级内部的再划分愈细,且僵化得越厉害。一个人如何工作,如何生活和说话,因他所属的阶层不同而各异。因此,理想地说,他的财富与权力也应和地位相当。但在实践中,从一开始这一平衡就有一定的反常,而200年经济发展使反常愈来愈多。这些反常,对于任何关于明治维新的分析来说都很重要。因此,我们需要对它们略加分析。

朝廷贵族(公家),倚天皇威仪,地位高于其他集团。① 19世纪,上层公家约有150户,其地位仅次于皇室王子,均可出席有天皇出席的庆典仪式。上层公家中地位最高者是藤原家族5户,其成员可出任关白,采邑从1,500到3,000石不等。其次是可出任总理(太政大

---

① 关于公家的论述,见 Fukaya,pp. 92 - 101;Webb,*Japanese*,pp. 89 - 99。

臣)的9户公家。其中包括明治维新运动中赫赫有名的三条家族（469石）。再次有五等公家，采邑从100到300石不等，但亦有少数采邑更多者。其中也有一些在明治维新中耳熟能详的名字，如嵯峨家（正亲町三条家）和岩仓具视。其余的公家构成了更低的层级，他们没有出席皇家庆典的资格，而且穷困潦倒，人数众多，在历史上默默无闻。他们主要从事三类工作：宫廷杂役、官员大臣（早已是无权虚职）的秘书助理、上层公家的私人陪臣，与武士相当。

朝廷公家中许多人尽管经济不济，但具有与封建大名一样高的宫廷等级。^{iv}实际上，在封建贵族中，虽然许多大名（绝非全部）的地位至少与中等级别的公家平级，但只有将军及少数亲藩大名的地位足以使他们能与京都上层公家走动。这一局面助长了朝廷的傲慢——与它的无权状态极不相称的傲慢。

对众大名来说，衡量地位高低的标准不是与朝廷的关系，而是与将军的关系。^①这一关系的正式表现方式是大名在江户城受到召见时被安置的不同的诘所。^v德川家族地位最尊的御三家在最高级别的大廊下诘觐见。然后，其他德川分家亲藩大名以及主要谱代大名在溜间诘觐见；在第三层级，一等外样大名（拥有最高级别的外样大名）和其他谱代大名在大广间诘觐见；余者依次还有四等诘所；最后一组大名的待遇则是"无席"。

就像公家的地位高于大名一样，诘所安排所体现的差序也不依赖于财富。如上所述，只有极少数亲藩大名和一位谱代大名石高超过30万石，远远低于在这个等级体系中与他们处于同一地位的一等外样大名（各藩石高数详见本书第2页）。从经济和军事角度看更具现实意义的是另一种分类方法，它大体上依据封地大小和藩国实力

---

① 简短的相关论述见金井圆的《藩政》，第30－35页，另见 Totman, *Politics*, pp.34－37,110－30,153－178。

进行排序。据此藩国可划分为五等。最高一级是国持（kunimo-
chi），[vi] 它包含 18 个（不包括御三家）大名，其封地至少覆盖整整一个
地区或多个地区，且其统治中心为一城堡。在幕府晚期扮演重要角
色的藩国，有五个属于国持：萨摩、长州、土佐、肥前、越前。另外，还
有一种非正式的以石高为标准的划分方法，以封地为 40 万石及其以
上者为"大"藩，封地低于 10 万石者为小藩。

让我们转入对武士的讨论。在此，我们或许应当从强调他们的
总人数开始。我们到此为止考察过的上层公家和大名总共不过几
百户。武士阶级，包括妻儿在内，在 19 世纪大约 3 千万的总人口中
所占的比重高达 5% 或 6%。[①] 1649 年幕府颁布政令限制大名军事
力量，定下了每千石领地大约供养 22 名武士的标准。[②] 据此做平均
数估计，日本全国应共有约 57 万武士，与明治时期武士户总人口（包
括武士本人及其妻儿）约 200 万人的估算相吻合。

但是，武士在各藩国的分布并不如这一估算所意味的那样均
匀。将军及其陪臣共有 680 万石高领地，却只有 8 万武士，平均每千
石 12 人。德川分支尾张藩及其亲戚会津（亲藩大名）藩的数据大体
也是如此。与此相反，萨摩藩每千石领地有武士 30 人，长州略低。[③]
事实上，如果按 1826 年的收入的名义价值计算的话，几乎 1/3 的萨

---

① 关于德川日本的人口数据，参见 Honjo, *Social and Economic History*, pp. 145 -
158；Strayer(pp. 6, 9)。注意到当时的日本与中世纪英国的差异，当时欧洲官方供
养骑士最高 6,000 人，然而实际人数比 6,000 还要低。由此，可以解释日本较之欧
洲更结构化、体制化、官僚化的统治特点。也意味着明治时期日本不需要在庞大的
武士阶级之外去寻找现代官僚。

② Hall, *Government*, p. 371.

③ Craig, *Chōshū*, pp. 13 - 17. 这些数据未能覆盖所有的武士，而我们将看到，这是由
于分类的原因。因此，供养比率只能作为各藩武士数量相对于其总人口比率的变
化的大体的知识。我在拙文"日本封建财政"第 265 - 266 页中论述了这种百分比
的地区差异。

摩居民属于那些有某种资格(不管其资格多么微弱)声称自己是武士的家庭。①

这些平均水平的差异反映了历史经验的不同。其中的一方是在内战中获胜的德川家族和谱代大名,他们据此力图控制尽可能多的土地。因此,他们的力量不可避免地被分摊变弱。而萨摩、长州等战败方的部分封地被削减,但其家臣却未得到相应的削减,因此,他们不得不挤在变小了的国土之中,因而聚集了高于平均的武士人口。这一点部分地解释了他们经济上的困难,也说明了他们为什么对德川幕府有挥之不去的怨恨。符合做官条件的人过剩,或可有助于解释这些藩国的武士在明治维新时期所表现出的高度的政治活跃性。

由于声称有武士身份者甚多,所以有必要分析一下这个阶级的次级划分。② 当代人说到"上层"和"下层"武士时语义含糊;在他们那里,这些术语并非始终指示同样的东西,两个术语之间的界限也未清晰界定。藩国政府则倾向于(通常是不言而喻地)把武士分作三个部分,我们可把它们称之为"上"、"中"、"下"三级。这一区分,在某种意义上,使得讨论变得方便起来,我们在此也将使用这一区分。但读者需了解,不论是德川时代还是当代的学者都未曾就武士分类的标准达成一致意见。这个问题仍然疑问重重。

我们能够有相当信心做出区分的是处于武士阶级顶尖的那个集团,对于他们,大家都同意可归为上层武士。如我们所期待的那样,他们的数目相对而言很小。例如,在萨摩和长州,这个集团共

---

① 关于 1826 年的完整数据参见 *Sappan seiyō roku*,一种萨摩官方手册。另见《鹿儿岛县史》,2:10-17 页。把城下町武士和其他各类武士及其家庭成员加在一块合计241,157 人,而当时萨摩的总人口(不包括琉球)为 724,592 人。

② 关于这个话题一个很好的讨论,见 Craig,"Restoration",pp. 363-367。

计 70 户,其中一些是大名家族分支,另一些是大名的高级家臣。①
他们大多数仍然保有封地。他们在同大名的关系中享有诸多仪式
上的特权。在幕府前半期,这些家族垄断了高级行政官职,而在 19
世纪,他们仍然在大多数藩国保持接近垄断的优势。在这一点上,
如同在其他方面一样,他们的地位类似于上层旗本在幕府中的地
位。② 幕府中有大约 5,200 名旗本武士(他们享有御目见[viii]的资格),
其中的少数即皇大寄合和寄合持有 3,000 石或更多的封地。大约
1/3 的旗本石高达 500 石或更多,几乎全部都是以封地而非俸禄的
形式获得收入。这些武士可视为狭义上的上层武士。

其下处于中层的是平侍("普通"武士),又称兵士。平侍拥有完
全的武士身份,亦可面见大名,但与上一段所论的武士有多方面的
区别。在萨摩,有平侍近 3,900 户,并细分为三个等级。在长州有平
侍 2,500 户,至少又细分为 11 个等级。若严格依照幕藩各自体系中
的地位进行比较,与平侍地位相当的幕府武士是中级旗本,即那些
地位低于寄合的武士;但或许更为现实的是拿他们与人数较少的石
高不足 500 石的旗本进行比较,这些旗本人数约为3,500。一个更为
直接的比较是拿德川家系的尾张藩为对象。该藩按石高测量,规模
与萨摩相当,是长州的两倍。尾张约有 2,500 平侍,与长州相当,而
萨摩却有平侍3,900人。这个观察支持了相对于藩国封地价值而
言,德川封地的平侍通常较少的观点。[viii]

平侍家庭都在城下町社会中有一定地位,他们有时被相当松散

---

① 文中讨论涉及的关于萨摩和长州的资料主要来自下述著作:萨摩,《鹿儿岛县史》,
  2;18 - 25;Hayashi 第二部,第 19 - 26、113 - 140 页。Craig, Chōshū, pp. 98 - 102,
  261;Suematsu, Bocho,1;35 - 47。另外,在这个问题上《藩制一览》也很有用,它提
  供了 1868 - 1869 年日本藩国的人口和税收收入数据。
② 关于德川时代武士的论述,见 Fukaya, pp. 50 - 55。Totman, Politics, pp. 131 -
  145。

地归之为"上层"武士的一部分。平侍充任藩国中级官职,享有俸禄(偶尔为封地)300 石左右。有时,如在幕府和土佐,他们的俸禄可高达五六百石。① 平侍最低限度的俸禄,在长州和土佐为 20 石,在尾张为 30 石(后提高至 50 石),在萨摩为 50 石。我无法确定旗本武士的最低限度俸禄。

在平侍之下——撇开极其难以分类的某些准武士小群体不言,局面更为复杂。事实上,下层武士需要放在三个独立的名称下加以处理。最常见的是足轻,他们可视为上述武士系统的向下延伸:在战场上为步兵;在政府的文职部门为信差和秘书。足轻数目各藩不一,但一般而言就像在长州那样,足轻的数目与平侍相当。足轻俸禄在土佐在 3 石到大约 7 石之间,在长州最高 10 石,尾张最高 12 石。在幕府中相当于低级武士的陪臣中,除了旗本外,有 1.7 万余名御家人。由于御家人没有面见将军的权利,而且人们一般用适用于藩国低级武士的等级术语来描绘他们,所以,人们容易视他们与足轻同级。但是,御家人的俸禄少则 15 石,多则 230 石,这使他们在经济上——从而也在一定程度上在社会上显著优越于足轻。

余下两类与中层武士有所交叉。陪臣,即内臣,是那些仍然拥有封地的上层家族的家臣。他们或许包括某些地位略低于平侍的武士,也包括某些无疑属于足轻的武士。例如,长州 6,000 余名陪臣中约有一半拥有完全的武士身份待遇,虽然他们的俸禄没有超过 150 石。② 与此形成鲜明对比的是,萨摩陪臣人数众多(约 1.1 万名),也更穷(每户约 4 石),这使他们与足轻的地位大致相当。关于其他地方的陪臣情况,我们所知甚少。

① 关于土佐武士的论述,见 Jansen, *Sakamoto*, pp. 24 - 26; *Kochi-ken shiyo*, pp. 256 - 266; Irimajira, pp. 111 - 129。
② Kimura, pp. 1 - 5。

最后一类是乡士,即"乡村"武士。乡士的类型、地位和收入差异很大。① 所有的乡士在名义上都居住在农村,而非城下町,因此得名。但除此之外,乡士的特点很难概述。有的乡士是早期武士和农民还未分化时的幸存者。大多数乡士的家境比农民好不到哪里去。萨摩藩提供了最有名的例子。它有2.5万名乡士(在1826年),加上家庭人口共计10万人。虽然平均每家乡士俸禄不过5石,但他们作为地方防卫力量和预备役战士扮演重要的军事角色,因而他们的地位显然高于那些单纯耕田的人。与萨摩乡士相似的群体也存在于日本的其他地方,如大和藩,那里的乡士参与了1863年尊皇派叛乱。

土佐乡士也同样有名,但却与萨摩和大和的乡士类型十分不同。有的乡士原本是前大名家庭的陪臣,被恩准以准武士身份定居乡村。然而,最多数量的乡士,是那些因开垦土地或对藩国财政做出贡献而被赐予乡士称号的人。其中的一些甚至从位于社会底层集团、居住在城下町的商人那里起步。所以,土佐许多乡士收入颇丰。有关19世纪土佐7个区域中6个区域的数据表明,749个乡士家庭平均收入为54石。在这中间,又有89家的收入达100石或更多,②这一收入水平大约与平侍持平。

由此可见,本章到此为止所使用的"下层武士"这一术语覆盖了境遇迥异的一类人。事实上,藩政官员自己也发现这个群体难以界定。1868年之后,当明治政府要求藩国把人口划分为三大类即士族、卒和平民(前两者大致对应武士和足轻,第三者是"普通人"),然后又要求缩减为两类(士族及平民)时,就因各地的现实差别很大而

---

① 关于乡士最全面的研究见小野武夫的《郷士制度の研究》。关于萨摩乡士的论述,
   见此书第73 - 90页。关于土佐的论述,见Jansen, *Sakamoto*, pp. 27 - 30。另见 Iri-
   majira, pp. 76 - 141。

② 基于 *Tosa-han gōshi chōsha-sho* 列示的数据。

出现了许多分歧。① 虽然当时在划分过程中采取了对压力群体适度让步的做法，而且这一做法获得了不同程度的成功，但它仍然表明即使对当时的人们来说，各级武士之间的界线已经模糊。

总之，德川时代日本的武士阶级，比我们在欧洲——不论是中世纪的还是近代欧洲——贵族那里可能发现的要大得多。武士分作三类：上层武士——占武士家庭的 1/50，且包括大名；中层武士——或许占武士总数的一半；以及下层武士。[ix] 下层武士还须再细分为足轻（步兵）、陪臣（家臣的随从）和乡士（乡村武士）。

现代学者有时曾试图采用一个仅仅基于经济标准之上的分类方式以简化问题。他们主张把 100 石封地或俸禄作为上层武士下限的标志（在一个把这个阶级分成两个部分的分类中），这应当是合理的，因为德川时代以 100 石为维持富足的最低标准，达到这一标准，一个家庭就不再有恼人的财务烦恼。但是这一分类也有其问题。一方面，一个人的收入不仅因地位而异，而且还因他大名藩国规模的大小而不同。因此，一个担任家老（与幕府的老中相对）的人，如果在萨摩或尾张的话，俸禄将为 1 万石或者更多；在土佐为 2,000 石到 1 万石之间，而在像柳河藩那样的中等藩国里或许仅 1,000 石。在一个真的很小的藩里，他将只有区区几百石。同样的差异，如前所述，在较低的等级那里也存在。话虽如此，我们还必须承认收入对于衡量一个家庭在社区的真正地位是不可缺少的。例如：一个仅有微薄俸禄即约 20 石收入的平侍，将发现难以让他的家庭吃饱、穿暖和住好，更不用说支付与其地位相称的仪式性支出和军事开销了。实际上，很有可能大多数平侍家庭都感到他们的地位受到财政风险的压迫，因为只有相对少数的平侍达到了 100 石的安全水平。在长州 1858 年总共约 2,600 个平侍中，只有 661 个平侍有 100 石或

---

① 新见吉治在《下级士族の研究》第 3 - 10 页中举出划分阶层的不同做法。土佐在划分士族身份时十分慷慨，尾张则相反。

更多的收入。另有 541 人收入在 50 石到 100 石之间,472 人在 40 到
50 石之间,925 人低于 40 石。长州并非最糟糕的个案。萨摩 1639
年的一份名单显示,在近 4,000 名平侍中仅有 320 人收入达到或超
过 100 石。①

　　尽管如此,一个平侍所具有的可面见大名的权利,虽然与其收
入无直接关联,但在其真正的意义上,把他与那些在正式层级上低
于他的人区分开来。它规定了他有资格出任藩政官职,包括那些重
要性足以在藩政结构图中得到标示的官职。它往往是不同俸禄或
不同俸禄支付方式的分界线;它还影响到像继承和过继一类的问
题。没有这项权利,一个人无论多么富有,也不能被划入中层或上
层武士。再者,当代人亦承认这一区别具有真正的意义。土佐平侍
佐佐木高行在他的笔记中对这个问题做了相当长的评论。② 出身于
中津藩一个下层武士家庭的福泽谕吉也是如此。在自传中,福泽评
论说大多数人都接受这些社会分隔而不加质疑,"仿佛它们是自然
之法,而非人为规定"③。

　　在这样一种结构下,社会流动显然微乎其微,虽然并非完全没
有。④ 一个人可因各种缘由向下流动:因贫穷或疾病不能陪同领主

---

① 长州数据来自 Suematsu, *Bōchō*, 1:41 – 47;萨摩数据来自《鹿儿岛县史》,2:
78 – 79。*Sappan seiyō roku*, 第 97 – 102 页所列的表表明 1826 年萨摩只有 125 户石
高超过 200 石。Totman, *Politics*, 第 134 – 135 页所列的表表明德川幕府有 22,547
名旗本武士和御家人,其中只有 6,234 人采邑或津贴超过 100 石。Craig, *Chōshū*,
第 75 页引用村田清风的家庭财务预算计划表明,石高 100 石的武士也入不敷出。
② 见《勤王秘史:佐佐木老侯昔日谈》,第 130 – 138 页。佐佐木是当代为数不多的将
平侍划分为武士三级分层系统中的中层的学者。
③ Blacker, *Japanese Enlightenment*, p.2.
④ 在此很难列举出关于社会流动论述的文献。主要基于我在撰写以下论文所查阅的
许多个人传记。这些论文包括《早期明治政府中源于武士阶层的首相,1868 –
1869》;《土佐的政治群体论述,1858 – 1868》;以及《萨摩藩政局与武士阶层,1858 –
1868》。

去江户参觐;因缺乏男性继承人,只得临终收养以续家门;甚至因政治活动获罪。向上的流动无疑更加困难,因为德川幕府的和平景象已经消除了流动的首要润滑剂——内战。有能力的非长子可通过联姻、过继实现向上流动。有野心的人可以通过政绩攀爬晋升阶梯,如果停留于正常的官僚等级制中则爬升缓慢,但若赢得领主或领主管家的赏识,则有平步青云的可能。^x个人的身份将上升至与他担任的最高官职相应的等级已成常规。但是,在这些场合下,**世袭**等级往往滞后,甚至保持不变。在萨摩藩,祖孙三代的个人提升方可带来家庭等级的永久性提升。[1] 幕府中从御家人提升至旗本也按相似的章法处理。[2] 事实上,从下层武士地位升至中层武士或从中层武士升至上层武士,通常要比在这三个等级的某个等级内获得提升困难得多。

同样的考虑也适用于从其他阶级进入武士阶级的问题。从武士转变成商人或农民相对比较容易,尽管鲜有武士愿意这样做。相反的过程在理论上只能以例外的方式发生;而这一进程,即便只是在一个有限的程度上,因19世纪相当多的人的行为而成为事实,也仍被广泛视作国家濒临大乱的证据。毕竟,它代表了日本社会最重要的界限的模糊化。我们须记住,理论上武士是构成"人民"的四个等级中的最高一级。在实际上他们是包括农民、工匠和商人在内的二元体中的统治部分。像明治法律将要规定的那样,这些人构成了一个可称之为"平民"的实体。因此,他们应该对武士统治表示顺从。

不过,在这一点上,我们必须强调武士与其他阶级的关系并不尽然是封建性的。如前所述,大多数武士已经脱离了土地。这削弱了每个武士个人相对其大名的地位,因为它剥夺了真正拥有封地而可能给他们所带来的独立自主性。但是,它极大地增强了作为一个

---

① Hayashi,Part 2,p.138.

② Fukaya,p.53.

集体的武士相对于其他人口而言的力量;对于这些人口,武士不是作为一群小庄园领主的集合体,而是作为一个强大的行政机器的准官僚代表与之对抗。

因为这个身份,武士最关心的是作为税收来源地的村庄。传统上,村庄的核心是本百姓(hombyakushō),那些持有大约5石或10石(有时会稍多一些)土地、居住在村子并全额缴付村庄所欠大名租税中分摊至其名下部分的自耕农。在自耕农之下是不持有房屋和土地的雇农或是佃农。在自耕农之上则是少数长者家庭(families of elders),村长就从这些家庭里挑选出来。维护这一模式,尤其是巩固自耕农的地位——这被视作维持乡村秩序的基础,乃是政府的目标之一。

然而,经济的变迁使这一传统结构的维持十分艰难。[1] 两百年来,大量新的土地被开垦耕种,但开垦耕种者并不一定是那些在乡村中享有最大既得利益的人。另外,新的经济活动的出路,出现于地方贸易和制造业或准制造业。从这些活动中获益的人们最终构成了一个"富农"阶级,他们的世袭地位并不必然与其财富相称:他们生活富足;他们教自己的儿子像武士一般地穿戴和行为;他们自然而然力图获得某些正式的特权,以使挣来的地位得到官方的认可。他们当中那些能够证明自己是武士的后代,即使是遥远的后代的人,能够从很早时期开始就获得乡士身份。这种情形就发生在土佐和长州,在那里这类人被任命为村长。[2] 其他的人,主要是在18世纪和19世纪初,通过慷慨认购每个大名都一而再再而三地发行的债券,而获得象征武士阶级成员资格的基本徽章、佩刀和使用家姓的权利。更多的人则使用金钱,通过联姻或过继,贿赂出一条进入

---

[1] 关于这个问题的论述,见 Smith, *Agrarian Origins*, pp. 166 - 179。

[2] Jansen, *Sakamoto*, pp. 30 - 32; Seki, *Hansei Kaikaku*, pp. 19 - 22; Jansen, "Tosa"。关于乡村管理,见 Befu, "Village"。

现存武士家族(通常是下层武士家庭)的通道。实际上,在某些藩国存在着明码标价的出售武士地位的市场。①

结果,1850年的日本农村社会已显著地不同于幕府掌权人和御用哲学家希冀的理想状况。以后来政治发展的角度来看,最重要的一点是在全国的许多地方,都已存在着一个把"富农"和下层武士连接起来的网络。于是,土佐许多乡士的朋友和亲属的名单中,有一些仍旧是农民,另一些在当村长,或许还有些是乡村医生或僧侣。另外,他们往往还有这样的亲戚:获得了某种低微的武士等级,还在地方官的职员队伍中占有一席之地,而这个地方官本身则是来自城下町的平侍。尽管身份卑微,他们以这样的地位,却并非不可能获得作为领主的随从去江户参觐的荣耀。

这种网络往往亦会扩展到城下町的商人那里。与德川日本的其他阶级一样,商人内部也有阶层可分。有的商人拥有住所和建造住所的土地;有的拥有住所但建造住所的土地却是租借的;还有的住所和土地二者都系租借。广义上来说,与这些区别相对应是参与城市管理的不同权利。但是,与日本封建统治者的情况一样,官方的区分远不及财富的差异重要。

对于商人来说,我们也可以期待经济变迁也起到了打破财富与地位平衡的作用。经济变迁制造了富商(一如它制造了富农那样),有的商人与幕府或他们所在的藩地形成了特殊的关系,成为后者财政、垄断贸易的代理人。② 他们常常因这些服务而受到奖赏,被授予武士身份。其他的商人则把他们的利润投资于购买或开垦土地,从而获得申请乡士身份的资格。这样,他们在官方意义上成为地主。

---

① 《维新史》,1:337-341 给出了许多相关例子。亦参见本庄荣治郎,《社会经济史》,第202-210页。

② 这个议题更深入的讨论,参见 Sheldon, pp.25-63,144-149。亦见第2章。

但是，并不少见的一个情形是，他们仍然住在城下町，持续不断地通过亲属或代理人管理他们在农村的家业。①

于是，在表面上农村的乡士和城市商人之间就有了一种链接。然而，无论是在政治上还是在经济上，这并不能说明这两个阶级具有一致的利益；或者他们会采取共同的行动。大城市如江户、大阪的商人，在某些方面，是城下町商人的敌手，虽然两者都对保持垄断地位、应对来自农村的挑战方面持有一样的关切。乡士可能来自这两类商人中的任何一类，或者来自于其他群体。实际上，有的乡士代表旧有的土地利益，对商业行为侵入乡村充满敌意。换言之，即便某些商人、富农，包括乡士在内的下层武士可被放在日本社会等级结构中的同一位置看待，但这并不必然意味着他们会作为一个单一的阶级行动，或者愿意结成为一个政治联盟进行合作。

当然，对于任何关于晚期幕府政治的讨论而言，认识到社会结构现实不再与传统说教相匹配这一点是至关重要的。幕府政权力量世世代代赖以为基的地位等级差序，变得不那么清晰了，而幕府政权本身也随着等级差序的模糊而虚弱起来。再者，为维持等级差序或重新强调它们所做的努力——那些感到自己地位遭到威胁的人不可避免会做出这样的反应——势必导致把反对派团结起来的结果，这些反对派来自那些认为其地位低于凭自己的财富或能力应得地位的人。不过，如我们将看到的，这一发展的结果并非简单地把所有的武士集合在一边，把所有的非武士集合在另一边，无论这两组人群之间的关系有多么紧张。归根到底，社会结构并不是决定政治联盟的唯一因素。

---

① 小野武夫在《乡士制度の研究》第 155－157 页引用日本北方酒田藩本间家族的例子来阐释。本间用大米贸易赚得的利润购买土地，到明治维新前土地达 10 万石。该家族之首因对藩国的财政贡献而获得乡士身份；但乡士身份意味着他不可从事贸易。然而，这个规则可以因允许他以他死去的父亲的名义来做贸易而被绕过。

政治态度

因为德川体系的主要目标是维持武士对农民、大名对武士、将军对大名的权威,所以,毫不奇怪,幕府有一个与这些目的相适应的意识形态。这个意识形态的成分之一是忠诚——封建责任之首。然而,忠诚是一种高度个人化的束缚,如此,它未必一定有助于维持国家秩序,如早期封建史中大量的记录所显示的那样。此外,德川政体的性质也带来了它自己的一些特殊问题。举例来说,如果对领主尽忠与对将军尽忠出现矛盾,该当如何? 更严重的情况是如果天皇与将军政见不一时,该支持天皇还是该拥护将军? 这些矛盾成为幕府晚期政治的中心议题。

德川统治者通过发展一套等级制的政治结构学说部分回应了上述矛盾。用 19 世纪学者藤田幽谷的话来说,这个结构表现为:"如果将军(幕府)尊崇天皇,所有大名将尊敬将军。如果大名尊敬将军,各级官员将尊敬大名。如此上下等级有序,国家和谐安定。"[1]这种形式的忠诚与武士道即武士准则合成一体。[2] 如上述引文的语言所表明的,这一学说受到了一套取自宋代学者朱熹的新儒家社会伦理的支持。朱熹的哲学在德川幕府初期传入日本,很快获得官方支持。朱熹哲学中有个成分与幕府意识形态高度相关,即强调服从:臣对君的服从,子对父的服从,妻对夫的服从,幼对长的服从。朱熹哲学中另一个与幕府意识形态高度相关的成分是孝道,它也同样与服从的习惯相关。更宽泛地说,儒家提供了一套哲学框架,在这个

---

① Webb,"Development,"p. 177. 第 6 章中将会讨论此种态度对于将军与天皇关系的影响。

② 关于日本武士道的论述,详见 Bellah, pp. 90 - 97。

框架中,武士在日本社会的新角色——即从事治理而非战争——得以确立;换另一种方式说,用伦理领导来取代赤裸裸的武力。中国的传统主张"为政以德"①。

当然,有必要让武士自身接受并信奉这种意识形态,这个任务愈来愈由官办藩学实现。在这些官办学校里统治阶级接受儒家经典教育。ⁱ 到19世纪,大多数武士都进入藩校,尽管有少数上层武士在家接受教育,而在一些地区足轻等下层武士被刻意排除于藩校之外。事实上,社会等级区分也清晰地反映在学校里面:反映在坐席的安排上,反映在不鼓励不同等级之间学生的竞争上,反映在教学内容上。

尽管如此,教育是当时日本屈指可数的社会流动的工具之一。荻生徂徕等武士改革家认为应有官员任职的最低教育程度标准;幕府晚期少数藩国把教育测试运用于诸如过继和家族继承权等事务;甚至在幕府中出身寒微但有能力的学者,仍可担任要职。这一过程被称为"学而优则仕"。② 因此,与大部分人不同,教师可以在国内自由游历,为不同的藩国服务。实际上,学生也可四处求学,而且,如果他们显示出有前途的话,还被鼓励这样做,继续到江户、大阪、长崎深造。这些游学的知识分子对日本文化同一性发展有重要影响,而文化同一性对19世纪日本民族主义发展有重要作用。这些知识分子也让大多数日本国民熟知源于中国儒学经典的政治术语。③

这些福利中的一部分也为一些平民分享,而且,这些平民也不是非武士阶级边缘群体(如村长、富商)不可。他们虽然极少有机会进入藩校,但却有机会进入城镇中具有较高学术地位的私校学习。④

---

① Dore,p.42.

② Dore, p.293. 也见于上书第84 - 89页、115 - 121页;以及McEwan, pp.84 - 94, 132 - 144。

③ Dore,pp.276 - 277,303 - 304.

④ Dore,pp.219 - 226.

与藩校相比，这些学校的课程选择往往更有活力，教学方法更具启发性，但与藩校一样，它们几乎没有任何意愿去挑战武士社会的信条。在藩校，包括老师和学生的多数成员觉得自己属于统治阶级，或至少以后有望成为统治阶级。这使他们对社会底层接受过多教育感到警惕。1817 年有人曾撰文道，若下层民众"有些笔墨"，他们就会骄傲自大，"将瞧不起同伴，轻视长者和上级，并质疑权威的指示"①。

既存的价值更不可能遭到那些在幕府晚期由武士、僧侣、村长建立的众多地方学校（寺子屋）的挑战。这些学校仅提供读、写和算术等初级训练，并稍微讲授一些为社会所追求的服从和孝道美德。尽管如此，这些学校的工作从长远来看有重大影响，甚至与其初衷相悖。一方面，它们为相当数量的人口扫盲：1868 年，40%的男孩和10%的女孩在寺子屋接受基础教育。② 这对明治维新时期的科技发展、公共意识提高有很大促进作用。另一方面，这些学校使政令和信息的传播变得畅通起来，同时也对民众灌输服从权威的观念，使统治日本变得容易。在这个意义上，这些学校，无论是在 1868 年之前，还是在此之后，都充当了日本"绝对主义"的辅助者。

事实上，在德川时代的大多数时间里，各种学校都是统治阶级在社会宣扬其价值观念的工具，从而使民众，甚至包括那些富裕而且野心勃勃的平民，都接受武士规范。ⅻ 我们已经看到，那些有实力的人，不论生活在城市还是乡村，尽管有困难，还是有可能获得一定级别的武士资格。这激励了他们接受武士的行为准则。为此，他们继而决定了那些身份地位更低之人的奋斗目标。克莱格以论述西方科学的学者山片蟠桃（1748－1821）为例，尽管后者本人是富商，但依然在自己的著作中接受将商人置于武士、农民之下的阶级结构。③

---

① Dore，p. 217.

② 关于德川日本文化普及之难题，见 Dore，pp. 317－322。

③ Craig，"Science，"pp. 147－148.

甚至石田梅岩(1685－1744)亦是如此。他一直被认为是商人的辩护人,反对那些斥责商人为寄生虫的人。但是,他的著作清楚地表明,他以为商人只有忠诚地服务于国家,符合国家的准则,而非依据一套新的价值观,才能获得尊敬。①

事实上,令人惊讶的是,德川时代的著述中鲜见对政治和社会结构的公开批判。② 显然,诸如本多利明、佐藤信渊③等激进经济改革家,和兰学家(或"荷兰"学者,其著作中不时颂扬欧洲政体及其先进科技)所倡导的观念对现存秩序具潜在的颠覆性危险。神道复兴的拥护者也是如此,他们对儒家思想腐朽影响的攻击,伴随着强调天皇神圣这一显而易见的危险论调。尽管如此,可以认为,这些人都无意于推翻他们生存的社会。而且,他们不这样做也非完全出于对幕府警察的恐惧,而是由于他们自己不会主动去争什么东西——至少在与政治问题相关的方面上。他们作为反叛者的名声,完全是由于后人对他们学说的重新阐释。

关于这些学者及其政治影响我们在本书的后面还将回头论及。在此,作为本节的结论,对明治维新前的意识形态的影响,尤其是其中与幕府的衰落有最大关联的方面的影响,做一简短的考察,更有益处。因为,非常奇怪的是,从儒教学者那里,从这群大家一致以为最愿意维护现存社会秩序的学者那里,出现了对早期维新运动产生最大影响的批判。

造成这个明显悖论的理由之一可在把儒家当作封建阶级正统的努力中发现。在中国,不管怎么说,儒家是对由士大夫统治的社

---

① Bellah,pp. 157－160.

② 例如 E. H. Norman 提出他很难找到公开反对封建主义的著作,见他的《安藤昌益》,1:3－10。最终他很欣慰地发现一位 18 世纪无名作家的作品有相关论述,尽管该作者的主要作品没有完整流传下来。

③ 文中提到的这些人物在之后的章节会有深入探讨。这些作者以及德川时期主要思想家的信息可以参见角田等人的著述,第 16－18 章、21－23 章。

会和政治结构的理想描述，而士大夫的功能由官僚制的语言定义。儒家给士大夫的权力提供了合法性依据，同时也为他们是否适合统治提供了标准。攻击儒家，就是攻击传统和现存秩序。但是，这些观点无一可适用于日本。对于武士来说，儒家的用处不过是去强化一种在根本上基于其他理由之上的对权力的声称。因此，在迫不得已之时，儒家可被置于仅仅是一个伦理学说的地位，因为它并没有覆盖整个社会的信仰。例如，在日本，儒家可以与西方科学思想共荣共存，而不至于像在中国那样，使整个思想体系受到考验。在中国，这套思想体系构成了社会框架所依据的基础。

与我们的目的具有更加密切关系的一点是，儒学在日本被采纳，带来了种种无法令人一直视而不见的怪异结果。对于日本的儒者而言，如中国儒者一样，哲学的内容是历史。但那是**中国的**历史。因此，日本儒者不得不时常处理如天命和朝代更替那样的概念，即关于皇帝统治合法性和王朝兴衰的中国理论。例如，天命观认为君权受命于天，上天要求君主励精图治。若天下不治（依据儒家标准），上天则剥夺其君权。君主失去天命常以民众起义和天谴为前兆。熟悉中国历史典籍的日本学者难以回避日本将军和天皇各自的角色问题。他回应这一问题的方式可能有很多种。他可以像德川的支持者有时做的那样，主张将军是忠诚有能的治世良才，在一度的腐败和衰败之后"恢复"了天皇的秩序。[①] 或者，他可以用天命观解释将军统治的根源，认为天皇在与将军的关系中代表着天，授权将军统治日本（但也可能收回天命）。如我们将要看到很重要的一点是，后来对幕府进行攻击的水户尊皇主义者（Mito loyalism），就起源于这类儒教学说。

德川时代的学者因其研究的性质，还都被迫承认日本与中国制

---

① 关于新儒家对德川政治结构的影响，Harootunian 在 *Toward Restoration* 第 8－14 页对此有精彩论述。

度上有几处根本不同。最显然的一点是,日本是通过一套封建制度治理的,而中国很早就放弃了封建制,而采取了由皇帝任命官员治理国家的郡县制。批评这两个系统的优劣涉及到质疑中国文化整体优越性,或者质疑日本所作所为是否合乎道德的问题。对于任何一个同时既是武士又是儒学者的人来说,在这些选项之间做出选择并非易事。① 另外,这样选择的困难也延伸至对他自己在体系中地位的估量。在中国的理论中,权威和地位均系于才学,至少是根据一系列决定官职归属的科举考试所测量的才学而言。而在日本的实践里,尽管有儒家的装饰,权力分配在规范上是由出身决定的。幕府藩国的儒教学者,无论他如何视自己为"有才之人",基本上只有中级甚或卜级武士的身份。他确实能够有一定的影响力,但影响力鲜能达及最高层。他的武士职责使他乐于接受这一状况。但是,以儒学学说衡量,可以推出这样做是不对的结论,而到了这个地步,儒家对于幕府来说也变成颠覆性的东西了。确实,在 19 世纪,当他们生活的世界遭到来自国内和国外压力的威胁,从而迫切需要日本必须团结一致并让能者当政时,许多武士痛苦地意识到了他们价值体系中这两类成分之间的冲突。一类成分的作用是增强把社会合成一体的纽带力量,另一类成分则就它们给予"有才之人"以权力而言,起到了削弱这些纽带力量的作用。在这种情势下,尽管对于一些人来说,儒家是在为反对新生事物做辩护,但对于另一些人来说,儒家成为一套改革性(如果不是革命性)观念体系中的组成要素。

注释

ⅰ Webb,*Japanese Imperial Institution*,pp. 126 - 128。这些数据代表维持朝廷日常开支的估计数值,而非封地的实际产出。这是德川时代估算

① 关于此点的论述详见浅井清《明治维新と郡縣思想》一书中对于德川幕府的讨论,第 16 - 28 页。

土地占有或土地权利价值的通用做法,同等地适用于朝廷、将军、大名、武士和农民。在为官方目的进行估值时,行政官员对作物总产出进行估算,估计价值用稻米表示(其他农作物换算为稻米),并使用石(1 石等于 5 斗)进行测量。如此形成的数据被称为相关土地的石高。从一石高获得的收入会因多种因素而不同(例如,收入获得者对土地的控制程度,各地区地方农业条件的差异),但是对包括天皇和朝廷官员在内的大多数统治阶级成员来说,通常的收入方式是从将军或大名的财政收入中,按标准比率进行支付。这一比率一般为石高的 40%,也即推定 40%土地税税率产生的收入。

ii 关白这一官职是从公元 9 世纪藤原家族掌控下的朝廷所设的首席执政官发展而来的。对于成年天皇来说,关白的作用相当于摄政。而当天皇年幼时,由摄政来实施同样的功能。这两个官职只能由五个显赫的朝廷贵族(公卿)家族出任,这五个家族均是藤原氏的分支。此类技术性术语的简要解释见本书末《日文术语词汇》。

iii 尽管德川社会作为一个整体,能否被称为封建的——在这个词被运用于中世纪欧洲的完整意义上——尚有几分疑问,但很显然,它的某些制度可以使用封建制术语加以妥当描述。因此,大名的封地可以说来自于将军的授权,即便他的藩国,在许多场合下,都更近似于一个公国,而且无疑不含有任何与欧洲庄园主相似的东西。关于这个问题的一般讨论,见 Hall, "Feudalism"。

iv Webb 在 *Japanese Imperial Institution* 第 77‐99 页中指出大多数公家可以利用其政治地位赢得经济收益,故其实际收入高于名义石高。例如,教授传统书法或插花艺术;与富有但出身较低者联姻;做商家的庇护人等等。

v 诘所是大名觐见将军时的房间地点。诘所分为大廊下诘、溜间诘、大广间诘、帝槛间诘、柳间诘、雁间诘、菊间诘、无席八种。——译注

vi 以大名的领地大小、城的有无来划分,大名分国持、国持并、城持、城持并、无城五级。国持背拥有城池,并领有一国以上领地的大名。——译注

vii 御目见,是指江户时代,大名、旗本能直接谒见将军的这种资格。江户时代的武士,分有御目见资格的上士和没有御目见资格的下士。——译注

viii 关于尾张的论述，见《藩制一览》，1：287；新见吉治，《下級士族の研究》，特别是第 43 - 46 页。以三个藩国的表高，即公开的或正式的估算值为基准（萨摩藩 77 万石，尾张 61.9 万石，长州 36.9 万石），则我们能够计算出在尾张，每千石有 4 个平侍之家，在萨摩为 5 家，在长州接近 7 家。但是，以内高（即由藩国税务官估计的"私人"石高）为基准，则有截然不同的数据。根据《藩政一览》提供的数据（萨摩藩 86.9 万石，尾张 85.3 万石，长州 98.8 万石），每千石平侍比在尾张变成 3 家，萨摩 4.5 家，长州只有 2.5 家。这表明，武士分布的不均匀，在某些场合下，是表象多于实质；或者说，这一不均衡因可征税产出的增加而缓解，而可征税产出的变动方式，不同于政治关系变动模式。

ix Fuyaka 在 *Kashizoku* 第 154 - 157 页提供了 1872 年初士族与卒的数据：士族，258,952 户，共计 1,282,167 人；卒 166,875 户，共计 659,074 人。由于我们知道，至少在某些案例中，士族不仅包括了上层和中层武士，而且还包括一些曾为下层武士的人，因此，这样看来很有可能下层武士，即那些低于平侍等级的武士，在早先时候占武士总数的比重，要大于这些数据中的卒的数量所代表的比重。

x 在此，依然需要注意面见大名权利即平侍阶层能在大名家内获得职位的重要性。没有这项权利，个人连晋升阶梯的最底端都难以触及。

xi 1750 年，仅有 32 个藩国有官办学校。到 1800 年有藩校的藩国增至 107 个，到 1850 年在总共约 250 多个藩中，有 178 个开办了藩校。一般来说，强藩教育亦先行。1865 年，石高 2 万石以下的藩国中仍有半数以上没有开办学校。参见 Dore，*Education*，tables，p.71。

xii 虽然此处论证学校教育使得民众甘为被统治者，但很明显学校也培养了 19 世纪 50 年代和 60 年代的许多年轻的政治不安分子。然而，我不认为这一点与我的论述有矛盾，因为我相信那段时间的"危机"从根本上颠覆了许多日本人的世界观。但是，为谨慎起见，我想强调一下我以上所谈的德川教育的社会功用仅适用于 1853 年之前。

第 2 章
内　忧

　　对于许多生活在 19 世纪中期的日本人来说,他们的国家正经受着一种典型的内部动荡和外部侵略的共同困扰,在中国类似的局面则往往导致王朝的倾覆。"内忧外患"这个中国词,经常出现在日本人的书和其他作品里。关于内忧,他们指的是危及政治与社会秩序的经济变化所带来的日本社会不断加剧的动荡。外患则意味着这样一种观念,西方世俗强国在亚洲的扩张,迟早会达到企图征服日本的高潮。他们所熟悉的印度和中国的经验已经表明,这些企图能够得逞。

　　正是这两个方面的汇聚才赋予日本 1853 年以后的那段历史一种特质。它们构成了本书的主题。然而,在研究二者之间的关系以及孕育这种关系的政治背景之前,我们应该分别观察每条线索各自的背景和特质。因此,我们由内忧开始,首先将关注一个非常重要的现象,因为它发生于政治史和经济史相互作用的节点之上,即武士作为一个阶级和他们所效忠的政府都陷于贫困化。

财政危机

　　德川时期的日本是一个农业社会。武士自身原本是农民—战士(farmer soldier);他们正是从农民那里寻得自己的收入和维持政府运转的税收;而且,国家大多的财富和人口中的大多数都来自农业。与之相对,尽管在德川幕府统治前几个世纪就已经出现了贸易和商人,但是日本经济中的商业成分却是在德川时期发展到一定的规模。早在室町时代(1392-1573),它们的重要性就逐渐显现。不过,贸易却是在德川幕府的统治下受到了极大刺激并创造了巨额财富,这一发展被当时的人们视作国家种种弊端之根源。这也绝非偶然。商业的发展不仅是内战后和平与稳定得以恢复的结果,也是德川体系的自然结果。

自从武士被要求住在领主主要的据点周围,武士团体就往往成为城下町的核心,将工匠和商人吸引到身边为他们这个相对富足的统治阶层提供服务。① 作为管理中心,城下町建立起与周边农村的交流网络,成为该地的政治经济中心。它也与江户和大阪两个大城市连接在一起,构成更大综合体的一部分。

如上所述,参觐交代制度要求每个大名隔年在将军首府居住。在那里,大名随从众多,并要一直保有一定规模的建筑为家人和官员们提供住处。结果,江户变成了集城下町种种特色于一身的巨大的城下町。到18世纪,它的人口已经远远超过100万,其中一半来自武士家庭,而他们的日常开销使这座城市成为世界上最大的消费市场之一。由于他们的开销来自于200多个藩的税收,所以必须找到一种合适的途径来将这些资源从各藩运送到首都,最好是以现金的形式。而且,江户自身也需要得到衣食及其他货物的供应来满足居民的需要,而这些已经远远超过了它临近腹地的供应能力。因此,这座城市变成了两个相离却又相扣的经济系统的中心。其一是将藩国的剩余物资在大阪的批发市场上销售,并以此换得可以在江户使用的信用凭证。另一个则是一系列城市商店生产、运输和配销货物的精心安排。最后,后者也被扩散到了藩国城下町,因为江户的生活趣味很快传到了那里,为当地正在成长的商人阶层提供了一个有利可图的市场。

----

① 关于城下町的发展和特征,参见 Hall,"Castle Town"。

　　到1700年为止,日本的商人已经高度专业化了。其中一些主要经营藩国的财政业务,掌控着在大阪进行税收稻米的销售以及衍生的银行业务。通常,他们要为未来的谷物垫付大量资金。另外有些商人成了批发商,从事各种商品的批发业务,或者经营大规模的交通和仓储业务。他们之下是零售商和当地的经纪人,大多数与店主、当铺老板、熟练工、文书一样,成为了武士的财务代理人。城下町中有与所有这些职业群体相对应的人,且其中至少有一部分人与农村有着联系。那时,农村的人们也已经开始投入部分时间从事贸易活动。事实上,城镇居民的需求逐渐地给农村生活方式带来了根本的转变。肇端于为城市市场提供食物,很多地方的农民从自给自足农业转向种植经济作物:制作蜡烛用的蜡、纺织用的棉花和蚕丝以及印染用的木蓝。不久之后,农村的企业家们就像城市里的一样,也接受了某些形式的制造业。酿酒是最有利可图且分布最为广泛的制造业之一,菜籽油生产亦是如此,但用于纺织品交易的纺纱和织布早在这个时代结束前,就以家庭手工业的形式组织生产了。到19世纪,在比较先进的地区,一些生产工序甚至是在车间里进行的。

　　经济生活复杂到了如此地步必然有严密的组织。居于社会结构底层的商人试图通过集体行动寻求安全,组织起协会以保护自己免遭其武士领主的剥削。[①] 他们还尝试对一定的商品或服务建立垄断经营组织,往往以缴纳年费为代价获得官方对这类组织的认可。在大多数藩国,一两个大的商家被任命为藩国的财政代理。其他商家获得官方承包商和供货商的特权。事实上,无论在哪里,商业活动不但涉及技术细节,而且涉及到处理一个复杂的个人或商家的"权利"网络。

　　这是武士不愿进入商业这个行当的原因之一,并非仅仅出于对

---

① 参见 Sheldon, pp. 25 - 63。

次于其身份等级的生活的本能反感，还在于他完全缺乏必要的知识。比方说，在不同的地方或者在不同的情形下，价格可以以稻米石、以黄金两（ryo）、以匁银（momme）或者铜文（mon）表示。为了记账的需要，可能要给这些单位设定一套价值标准；在这一时代的多数时间里，1 石稻米约值 1 两金，或者 60 匁银，或者 1,000 文铜，其主要原因之一是铸币的周期性贬值。因此，稻米的价格经常在 60 匁银的标准上存在 10% 或 20% 的上下波动，并不时会受到更为剧烈的波动周期的影响。[①] 19 世纪在这个方面尤为"不正常"：在 1830 年代，每石稻米值 80 到 180 匁银；在 40 年代值 65 到 100 匁；在 50 年代值 75 到 120 匁；此后一场通货膨胀的最终爆发将价格从 1860 年的 150 匁提升到了 1864 年的 200 多匁，到 1867 年涨至将近 1,000 匁。还应记住，还存在另外两种对家庭和藩国的预算都有着重要影响的差异或变动：很大程度上由交通便利程度决定的地区差异，以及与收成相关的季节性价格变动。

稻米的市场价格对武士的生活水平至关重要。他们中的大多数靠固定的俸禄或者准封地上的名义产出维持生活，与耕地没有直接的联系。因此，他们难以通过改良农业生产管理的方式增加收入，也不能径直把他们从藩国得到的粮食用于食品，通过以物易物的方式来解决其他需求。所有城下町的武士都必须间或到江户服务。在那里，他们的工资只能以现金的方式支付，而江户的货币经济很快就传播到了各藩国的城镇与乡村。在这种情形下，武士处于很不利的位置。由于对商业实务相对无知，从作为他们俸禄的稻米的交易中产生的利润往往进了他们代理商人的口袋。而且，其他商

---

① 关于这个时期一直到 1825 年的详细价格表可见于《读史备要》，第 743–773 页，另有一个一直到 1866 年的不太详细的表见于 Borton（pp. 208–209）。最为新近的价格可见于《地方史研究必携》，第 157–159 页。这些价格表有细节上的差异，但是大体的模式是一样的。

品价格比稻米价格上升得更快,城市生活给了武士新的生活品位和机遇,浸染其中成为他生活方式的一部分,尽管他已难以负担得起对那些品位和机遇的消费。在"颜面"上的奢侈成为这个封建阶层日益贫困的主要原因。对于武士而言,保存颜面,如荻生徂徕谈及大名时所言,要顾及"他们在各种场合的穿着式样,他们的服装与饮食,他们的家具和住所,他们雇用的仆人,他们妻子的优雅,他们住所的规格,他们使者的地位,他们在城市中巡游时队伍的规模"。① 在这些项目上的攀比使很多人落入高利贷者的手中。之后,高利率又使他们难以从债务中脱身。

大量证据表明,从这一时期的早些时候开始,武士就不仅仅是负债,确切地说,是贫穷起来。例如,长州于 1669 年准许那些俸禄低于 200 石的武士住到农村以削减开支。明治维新领导人之一的井上馨的家庭似乎从中获益,因为在井上馨小的时候,他的家人显然在他自家的一些土地上耕作。② 萨摩有时也允许武士返回耕地以重新累积财富。在 17 世纪,大久保利通的先人延续这种做法长达七八十年。③ 并且,在很多地方,武士从事家庭手工业(比如,生产灯笼和伞)以弥补收入不足的个案屡见不鲜。有些武士甚至彻底放弃武士身份而变成了农民或商人。明治中期著名的财政大臣松方正义的家族就是这样;他的父亲是萨摩乡士出身,却放弃了自己的小封地,并在与南方岛屿的贸易上取得了事业上的成功。④

....

① McEwan, p.40.关于 18 世纪早期武士的贫困问题可见于第 35 - 56 页。《维新史》,1:321 -333 也给出了关于这一主题的有助益的描述。

②《世外井上公》,1:9 - 10。然而,必须澄清的是,有了平侍的身份和 100 石的石高,这样的家庭很难说是贫穷。关于长州武士贫困的大体情况可见于奈良本辰也,《近世封建社会史论》,第 111 - 113 页。

③ Katsuda, *Ōkubo*,1:6 - 8.也可见 Hayashi, Part 2,pp.127 - 129。

④ Tokutomi, *Kōshaku Matsukata*,1:59 - 64.这可能既是为了脱离贫穷也是为了追求富足。

使相当多的武士家庭赤贫或者至少是带来困难的因素,同样也作用于大名和藩国的财务状况,或许后者的过程要慢一些。参觐交代通过大量的现金开销不可避免地卷入货币经济,这一点对大名的影响甚至甚于对武士的影响。[①] 在 1801 年,到江户的一次旅行就花费萨摩藩 14,100 黄金两,相当于 3.5 万石封地一年的全部收入。诚然,这笔大的开销稍显例外——萨摩在所有藩中距离首都最远。但即使是相当小的藩,其参觐交代的总开销与其收入相比也相当庞大。除此之外,还要另算在江户维护一处府邸的花费,也许还不止一处。最富裕的外样藩主加贺,拥有四座总面积超过 250 英亩的建筑,幕僚达几千人。

幕府实施在首都居住政策的目的之一,恰恰在于确保藩国的财政不断流失以制止"过于强大的下属"(over-mighty subjects)出现。这项政策显然成功了。而且,除此之外,幕府还不时地要求大名承担公共工程建设,以进一步削弱他们的财力。大多数这种工程既非常昂贵又难以预测,因而难以为之预算。同样不可预测的是火灾、洪水和地震所带来的结果。虽然对于这些后果幕府不负有责任,但是,这些灾难经常发生,所以绝不能忽略。

为了满足如此超常的支出,藩国掌握的可支配收入相当之少,远不及它们强制施行的极高的税率的名声给人们留下的印象。到那个时候,大名土地的名义价值(石高)已经被调整,剔除了下一级封地(sub-fiefs)的价值,后者已不再向大名缴税,一如大名不再向将军缴税一样,且要考虑到日常的开销,比如武士的俸禄和行政管理人员的薪酬,这样一来,所剩**可支配**收入少得惊人。1840 年,长州将常规的和额外的收入加在一起,扣除后只剩下 75,000 石多一点的

---

① 这个主题曾被细致地考察,见于塚平利夫,《德川日本的封建控制:参觐交代制度》,第 88-102 页。关于这个环境中的藩国财政的最好的一般性讨论可见于土屋乔雄,《封建社会崩壊過程の研究》,第 4-51 页。

纯收入,而那里土地的估值为 895,000 石。① 19 世纪,在萨摩总估值为 89 万石的土地上,年平均收入在 12 万到 13 万石之间,这还没扣除薪金的开销。② 依照同样的计算方法,加贺于 1868 年在价值为 138 万石的耕地上得到了 25 万石稻米。③ 大名们可支配收入与其拥有的土地产出石高相比,在长州那里为 8.4%,萨摩为 14.6%,加贺为 18%。

　　这些可支配收入的大部可以用于江户的开销。其他一些种类的收入也是如此,这些收入大多数实际上是以现金的方式筹集,通过对商业活动直接或间接征税获得。事实上,藩国中那些以金银形式获得的收入和进行的支出,通常被记录于独立的账户之中,为此目的,土地税收中那些无法转化为金银的部分是可以忽略不计的。1834 - 1838 年土佐藩的数据就是一个例证。在这期间,该藩年平均税收为 14.17 万石稻米,减去有特定用途的项目,结余 4,56 万石。这兑换成 4,848 贯目(kamme)银,再加上各种应收项目,总额达 6,179 贯目。与之相对,支出达 7,169 贯目,年度赤字接近 1,000 贯目。④

　　非常重要的是,土佐的这些钱财中有不少于 4,465 贯目被用作了在江户的开支。塚平利夫(T. G. Tsukahira)的计算表明这一比例并非罕见。他以五个典型的谱代藩国为例,证明这些藩国在德川幕府后期花在参觐交代和相关项目上的费用大约占他们可用的现金收入的 80%。在同一时期,对于五大外样藩国而言,如果加上他们主要用于同一目的的在京都和大阪的开销,这个比例是 71%。⑤

① Craig, *Chōshū*, p. 39. 这里所说的估值是指内高(*uchidaka*)或者实高(*jitsudaka*),也即长州自己用于管理的数据,而非报告给幕府的数据。

②《鹿儿岛县史》,2:68 - 77. 同样,这里给出的总估值也是实高。

③ Tsuchiya, *Hoken shakai*, pp. 41 - 47.

④ Matsuyoshi, pp. 41 - 47. 贯目是一个重量单位,1 贯目等于 1,000 文目。

⑤ Tsukahira, pp. 96 - 102.

考虑到这种现金资源的流失,便很容易理解为什么那些让大多数武士官僚推崇的财政政策,不仅仅能增加整体收入,还能增加金银储备。

不过,这些沉重的支出的影响,在一定程度上,被土地税收收入的稳定增长抵消了。其主要原因在于所谓可征税价值的增长,而这又是因为新的土地被耕种并被登记在册。所有的藩国都有两套不同的土地估值(石高)体系。其一称之为本高("基本"价值)或者表高("公布"价值),是记入将军分封采邑的价值,通常也是德川幕府时代初期土地丈量得到的结果。这种估值虽然最初相当准确,但最终因为不能根据耕地面积和产量的增加做出相应的调整而变得不切实际。另一种通常被称作实高("真实"价值),内高("私有"价值)或者草高("总体"价值),是由税务官记录的价值。他的数据可以根据新增土地(新田)时时更新。它有时也能反映出丈量制度的变化或丈量过程中的效能差异。毫无疑问,它与幕府记录的数据在很多情况下都有显著的差异。

长州可能是所有记录价值差异中最为极端的一例,因为它的表高从一开始就造假:在 1610 年当其自我估值已经超过 50 万石的时候,其报告的估值仅仅为 36.9 万石。1625 年,新的测量使其自我估值上涨到 65.8 万石;1868 年,不低于 98.8 万石。到 1868 年,后者已经超过了 1610 年以来一直未变的表高的 2.5 倍。[①] 在土佐,二者也显示出巨大的差异,当时的实高超过 49 万石,而与之相对的表高仅为 24.2 万石。相比之下,萨摩是 87 万石对理论上的 77 万石,只增加了不到 13%,大大低于全国平均水平。

为了弄清楚全国范围内这种差异的幅度,我们从名义上高于 20 万石的最大的藩国中选出 16 个进行研究,因为它们在 1868 - 1869

---

① Craig, *Chōshū*, p. 42; Seki, *Hansei kaikaku*, pp. 2 - 10; Naramoto, *Kinsei hoken*, pp. 202 - 205.

年的数据可以在出版物中找到。那时,它们的"真实"价值(实高)与"公布"价值(表高)的对比如下:3 个真实价值高出 100%;2 个高出 50%-100%;4 个高出 20%-50%;剩下的 7 个高出不到 20%。①

加之于这些估值之上的税率很高,但无论在全国还是在地方都有很大的差异。当时的作家提到,19 世纪的农民将收成中超过百分之五六十,甚至七十的部分交给了他的藩主。然而,这些数字的真实性是值得怀疑的。1868 - 1869 年间明治政府土地收入的平均数显示,在日本多数地方,土地税收占实高的 35% 到 45%,但一些地区要比这个比率低一些,另一些地区略高一些。② 这个观点得到了一个事实的佐证:在大多数藩国,支付给武士的收入相当于他们的俸禄和封地石高的 40%,或者非常接近这个数字。③ 来自某些藩国和乡村的证据也表明了这一点,武士的实际收入就在这一范围之内。④

总的来说,德川时代的各藩国,似乎不太可能大幅度地提高他们所获得的、作为税收的那部分农作物在农作物总产量中所占的实际份额,尽管地方官员为此做了很大的努力。⑤ 他们的统治,即便是在 17 世纪,一直都不宽厚,以至于税率上升的空间非常小。再者,税

---

① 土佐和萨摩的数据见于《藩制一览》,1:151 - 152。其他可以在我的文章《日本的封建收入》第 256 - 261 页中找到,当时我也考虑到了地区差异。

② Beasly,"Feudal Revenue,"pp. 261 - 265.

③ 比如,关于这个 1690 - 1691 年的信息可见于 Kanai, pp. 60 - 74。

④ Ōe,第 15 - 22 页给出了熊本在 18 世纪税率低于 40% 的例子。Naitō, pp. 292 - 296,给出了同时期备中农村税率在 50%-55% 之间的例子。Chambliss, pp. 47 - 56,估计武藏的一个村庄在 1825 - 1973 年间的平均税率在 27%-29% 之间。亦可参见 Smith 在"Land Tax"中给出的例子。Smith 考察了在德川时期的大多数时间里从分布在日本不同部分的 11 个村庄得到的税收收入,发现除了有 3 例高一些的税率外,其他都分布在 35% 到 45% 之间。

⑤ Ōyama(pp. 300 - 328)给出了一个九州在这一阶段末期,在幕府控制的土地上这么做没能成功的例子。

收系统的实际管理也并未随时间的推移而变得更有效率。而且,正
如我们将看见的,对商业财富征税完全是通过其他手段实现的。例
如,从来没有哪个藩国会试图通过人为提高商用土地估价的方式来
对地方贸易的利润进行征税。

　　然而,在藩国和陪臣的财务状况中,前者确实属于相对改善较
多的一方。一方面,从藩国的常规收入中,相对于分配给武士的俸
禄而言,藩国留下越来越大的份额用于自己的开销。俸禄所值保持
不变,唯一的例外是奖赏或惩罚所带来的变化。因此,如果藩国整
体的石高上升了(在大多数藩国确实如此),则藩主占收入的比重,
而非武士俸禄所占比重,将随着整体收入的增长而提高。这一效果
可在萨摩看见。在1648到1849年之间,萨摩藩主收入占石高的比
重增加了60%左右,而用作俸禄的收入份额仅增长了15%左右。

　　除了这个长期的趋势外,藩国还能动用其权威要求武士捐款。
这些捐款往往以削减俸禄的形式出现。这些做法早在1700年就在
一些地区发生,到18世纪晚期已经变得非常普遍,尽管其程度在时
间和空间上都存在差异。例如,萨摩是最早尝试这一实践的地区之
一——在捐款于1704年被规范化之前很久,它就已经在那里被断断
续续地实施了。同时,萨摩藩属于那些捐款额度要求最低的藩国。
它规定的官方额度是8%上下,但在出现财政危机的年头里有时也
会上升到13%或15%。① 在加贺,捐款比例依俸禄规模大小而变
动,贫穷家庭的捐款比例较低。从1794到1866年期间,其比率在最
低的5%-10%和最高的8%-18%之间波动。② 土佐也实行捐款比
例依俸禄规模大小而变的做法,但它设置的比例要高得多。它于
1728年被制度化,形成了一个捐款比例最高者达50%的复杂递进体
系。尽管武士们的反对有时使最高捐款比重降到25%,但是,原初

---

① 《鹿儿岛县史》,2:87-90,250-254.

② Tsuchiya, *Hōken shakai*, pp.113-123.

的捐款体系似乎才是该藩国通常所图的目标。①

从这些论述中我们可以很清楚地看到,大名,或者更准确地说是作为实体的藩国,在应付不断上升的城市生活成本上,处于比他们的陪臣更加有利的地位。他们在相对和绝对两个层面上,从实高的上升中获益。他们还能向农民和武士施加压力,这解释了为什么藩国负债是发生在武士负债之后。尽管如此,藩国负债早在 1700 年就颇具规模,并成为此后 100 年内各级管理者主要关心的问题。诸如"政策"与"危机"和"改革"这样的词汇几乎完全是在财政的背景下而言的,而财政也在 19 世纪前半部分成了某些激烈斗争的焦点。

关于藩国所面临的问题,我们并不难找到例子加以说明。例如,庄内藩,一个有 14 万石封地的谱代藩国,在 18 世纪早期负债已经超过 8 万两,除支付利息不算,每年还有赤字 1.2 万两(大致相当于 1.2 万石)。② 加贺虽然有大得多的收入来源,但到 1800 年账户上保持经常的赤字;并在此后的 50 年里,经常年赤字高达 3 千贯目银(大约相当于 6.5 万石)。③ 萨摩在经历了一段时期的紧缩财政之后,到 1818 年负债总额仍高达 100 万两,并且很难从大阪得到贷款。到 1827 年,据说这个数字已经上升到了 500 万两,④尽管我们难免怀疑这样一个令人惊讶的增长真的能在如此之短的时间内实现。最后,长州 1840 年的负债总额已达 8.5 万贯目银,其利息和本金的偿付已经超过了藩国税收所得的所有现金收入。⑤ 差不多就是在这个时候,当时的一位作者指出,那时全国各藩的负债总额估计可达 6,000 万两金,仅利息等服务费一项就需要每年出售 300 万石稻米(即每年从各地运到大阪市场的数量的 3/4)。因此,他评论说大名

---

① Matsuyoshi, pp. 114 - 147.

② Tsukahira, pp. 84 - 85.

③ Tsuchiya, *Hōken shakai*, pp. 18 - 25,123 - 162.

④《鹿儿岛县史》,2:243 - 247,250 - 254。

⑤ Naramoto, *Kinsei hōken*, pp. 110 - 111. 亦可参见 Craig, *Chōshū*, pp. 38 - 42。

已经变成金融巨商的管家,而后者才是日本真正的"主人"。[1]

幕府也被与藩国一样的财政困难所困扰,虽然靠着将军更大的权威和更多的土地财富,这一过程发展得更为缓慢些。[2] 17 世纪下半叶奢侈与厄运的年份耗掉了他们继承下来的储蓄,并把政府拖入财政困境,因为这时以牺牲藩主利益来扩充幕府土地已不再容易。尽管如此,正如第八代将军吉宗所证明的那样,幕府的财政困境也绝非无可救药。依靠细致的管理,而非任何金融天分,吉宗同时实现了稻米与现金的年度结余。然而,在他 1751 年去世后,形势急转直下。在 18 世纪下半叶,稻米收入下降了,而与此同时,现金支出的增加远远快于现金收入的增长。结果,到 1800 年,按黄金两测算,幕府事实上已经出现小规模的年度赤字。19 世纪早期商业的异常增长进一步加速了这一倾向,以至于到 1837 - 1841 年为止,幕府的年度赤字已经超过 50 万两。

在某种意义上,由于农业生产的长期趋势,幕府似乎比很多强藩的境遇更差。在 17 和 19 世纪之间,估计税收价值(实高)在外样大名占统治地位的日本西南、西部和东北地区的增长,远高于大部分德川和谱代大名封地所在的中央地区。[3] 这反映了国家中心地带和边缘地带经济发展的不同特质。边缘地区在德川时期财富增长主要得益于传统农业生产的发展(实高的增长是耕种面积扩大的主要证据)。在税收方面,这意味着很多有实力的外样藩能够运用经过检验并为人熟知的方法大量增加收入。相反,中心地区出现了典型的商业发展(包括商品农业),并在设计新手段向这种新的财富形

---

[1] Tsuchiya,*Hōken shakai*,p.41.

[2] 关于幕府财政的最有助益的讨论见于堀江保藏的《三大改革》一文。亦可参见 Totman,*Politics*,p.79。

[3] 我在"Feudal Revenue"一文讨论了这一点,特别在 257 - 265 页。亦可参见 Hall,*Government*,pp.357 - 359。

式征税方面给幕府留下了诸多难题。而由于幕府未能有效地处理这些问题,一种反常现象出现了:尽管幕府控制着经济最发达的藩国,但是最终幕府没有比它的潜在对手在财政上占据更为有利的位置,反之甚至更差。[II] 实际上,我们甚至可以说幕府的力量被那些居住在其领土上的居民的财富增长削弱了,因为随之而来的社会变化带来了政治的和管理的难题,耗费了幕府很多精力。这一现象在外交领域也同样成立,**在失败的局面下**对公共政策负责绝不会成为力量之源。

幕府和藩国使用了很多严格来说不算税收的手段补充他们的日常收入,而这些手段的共同之处就在于它们尽可能地剥削经济中的商业成分。对幕府而言,最重要的是重铸货币,即货币贬值。这种方法于1695年被首次使用后便被经常地不定期使用。铸币收益巨大:例如,在1841-1842两年内收益就超过160万两。[①] 由于铸币为幕府垄断,藩国无法借此生财,但它们仍设法通过发行纸币从货币贬值中得到一些好处。

不论是幕府还是藩国都强行征集御用金(goyōkin)即"强制性贷款"。幕府在1761-1762年首次使用这一方法从大阪商人那里征集了70万两金。但是在19世纪这一做法成为常态。大山敷太郎记录道,从1853到1860年间,幕府积聚了140万两御用金,其中将近90万两来自于江户和大阪这两个城市。[②] 在1865年,御用金的征集更进一步,其征集对象的范围扩展到村长和农民,这表明它不仅向城市商业索取利润,还把触角伸向了农业。来自位于武藏某谱代大名领地血洗岛的资料证明了这个观点。在1868年之前的30年里,那里涩泽家族中的两支分别经营木蓝和蚕丝的买卖,他们向藩主提供

① Sheldon, p.128.
② Ōyama, pp.350-374,有关于捐款的形式和总额的详细分析。

的御用金似乎要比整个村的土地税估值还多很多。① 从很多关于农村家庭以此方法获得武士身份的历史纪录来看,这样的事肯定也在别处发生着。

收入也来自于商人组织和垄断经营,二者在德川时代的后半期越来越重要。② 吉宗曾赋予一些商人集团以特殊权利,其主要目的在于控制他们的活动,而他的继任者效仿这个做法却是为了征集钱财。而且,幕府自身也使用垄断——比如,银、铜和某些草本植物,而这些垄断都是由一些特许商人为其经营的。大一点的藩效仿这种做法,运用政治权威抬高那些对财政贡献大的企业的利润。

有时,藩国直接给某些商人垄断经营的特权并帮助经营垄断业务。比如,在姬路,藩国用自己的纸币从生产者那里买来所有的棉布并将其销往江户,而财政便可以从这种现金交易中获取利润。在另外一些情况下,政府的干预更加直接,比如土佐和宇和岛对纸的垄断。③ 虽然在大阪的销售由批发商经营,但是生产和运输却由当地的官僚控制。在这里,藩国同样是使用自己的纸币支付,但当它收取收益时必须收到现金。这些是最常见的垄断形式,但在少数情形下,包括销售在内的整个过程都被置于藩国的直接控制之下。同时,在后一种情形下把商人当作官员使用也绝非少见。所以不论垄断经营的外在形式如何,几乎总会涉及武士与商人某种形式的合作。通常,他们还会拉村长加入垄断行列,以确保对地方农作物如桑树、糖,甚至稻米的控制。

在所有这些举动中,都贯穿着重商的元素,因为它们的目标之一在于获得可以在江户使用的金和银。‖ 因此,往往是那些在藩外有现成市场的"出口"产品被垄断。确实,在官员们看来,这是垄断最

---

① Chambliss,pp.56-57,61.

② 关于藩国垄断的一般性描述见于堀江保藏,《我国近世の専売制度》,第16-104页。

③ Matsuyoshi(pp.224-278)给出了关于土佐纸垄断的详细描述。

有价值的功能。诚然,垄断产生的利润的相当大部分流入了帮助赚取利润的商人手中。但是,在某些场合下,垄断产生的利润非常少,要么因为垄断很容易被打破,要么因为垄断的执行是如此之严,以至于使作为垄断对象的贸易本身无法生存。然而,在垄断系统成功运作的地方,它对藩国财政而言是极其重要的。比如,在 19 世纪开端,萨摩的糖垄断估计每年能产生大约 12 万两金的利润,非常接近于萨摩土地税收减去俸禄支出后所剩的所有可支配收入的价值。①有这样的总量,难怪垄断成了武士官僚们的当务之急。

批评与骚乱

与其他完全为了税收收益而汲利于商业发展的政策一样,垄断制度的缺陷之一,在于它仅仅针对了经济变化带来的问题之一即政府财政问题。它没有触及到另一个同等重要的问题,即武士贫困的问题。事实上,虽然从某个角度看,为了征税而刺激商业发展符合政府的利益,但是,在做到这一点的同时,作为个体的武士依旧必须面对因在货币经济中持有固定稻米收入而产生的所有不利条件。而且,似乎对很多人而言,当商人变得更加富裕时,他的财富不但势必侵蚀武士的偿债能力,而且动摇武士对社会的统治。于是,商人的财富是一个不仅事关私人利益,还事关公共利益的问题。

这并非对既有秩序的唯一挑战。改变商人和武士之间关系的压力同样也在改变着农村的生活状态,②因为随着越来越多的农民

---

① Tsuchiya,*Hōken shakai*,pp.354-360.萨摩的稻米收入中,只有大概 1 万石可以在江户使用,但到 1830 年,销售糖、蜡和油菜籽等将这个数字提高了 6 倍。同上书,第 26-33 页。

② 关于这个主题的一般性论述,尤其可参见 Smith,*Agrarian Origins*,pp.157-179;亦可参见他的"Japanese Village"。Smith 新近发表了一项珍贵的关于这一时期的一个农业改革者的案例研究:"Okura Nagatsune and the Technologists"。

开始为市场生产农产品,他们在应对价格波动或改良其土地生产力上的差别,使贫富分化愈发严重。税收设计的笨拙,使那些使用肥料提高了产量或者种植产值较高的其他作物的人,得以大幅度地降低了他们的实际税率,留在他们手中的收入被用于储蓄与投资。[iv]同样的道理基本也能适用于从事地方贸易与生产的人,因为这些活动也从未被全额征税。[①] 在天平的另一端,那些没能抓住机会的人就被迫承担封建税收的全额负担,并且往往成为其周遭富裕邻人的债务人。这几乎不可避免地使有的人变成佃农,有时甚至丧失所有的土地。因此,在少数人变富的同时,大多数变得更穷,生计只够勉强依靠做兼职或全职农业劳动力,成为地方工业企业——比如清酒酿造企业——的雇员,或者逃难到城镇中去。佐藤信渊曾于1827年写道,已经有30%-40%的农民以这种方式失去了耕地。[②]

这一贫富分化的过程,在那些与城市经济联系最密切的地方(比如江户和大阪周围的藩国),以及那些土壤和气候适宜特定的经济作物生长的地方,进展得更为迅速。[③] 但是,即使是在最偏远的地方,这样的分化也不罕见。因此,几乎在每一个地方,中农即传统的税粮种植者,在数量上都开始下降。[v]同时,新的精英开始接管乡村政府,有时是通过与他们行将取代的人进行斗争才得以成功。[④] 这些新的精英出身复杂,且因地而异:例如,在熊本和土佐,商业财富

---

① 比如,尽管涩泽荣一从事木蓝贸易的父亲所拥有的土地不到2町,但他却可以认捐大量御用金(这是一种财富的标志)。2町只能产出20到30石,因此从土地的角度说他只能算是中农,或略高于中农。参见 Chambliss, p.36。

② Tsuchiya, *Ishin keizai-shi*, pp.11 - 14. 没必要去接受这个实际的数字,但是它作为一个精明的并去过很多地方的观察家的估计是具有重要意义的。

③ Naitō(pp.296 - 314)写到,在18世纪末期的备中的一个种植棉花的村庄那里,"富"农(30石)和"贫"农(3石以下)之间的差别已清晰可见了。

④ 例子可参见 Smith, *Agrarian Origins*;Naitō, pp.314 - 330。亦可参见 Furushima, pp.3 - 10, 21 - 27。

或土地财富都能为获得乡士身份与乡村官僚铺就道路;在会津,则是由雇用劳动力耕作土地的地主掌权;在长州,有的乡村由前商人统治,有的由靠收租获得收入的地主支配,还有的受新兴的中农阶级控制。①

1858 年后倒幕运动的普通战士中,有许多来自这些人以及跟他们往来密切的人。他们参与商业与乡村事务的管理,这使他们对国家需求和困难的实际认识,远远超过了大多数城下町中的武士,而他们相对较低的社会地位,使他们愿意在依靠能力而非等级的名义下进行社会改革。同时,他们绝非代表下层阶级的利益,他们害怕下层阶级的骚乱。所以,一旦他们为统治阶级认同就立刻站到当权者那边。② 与此相应,必须指出,在某些方面,他们的利益像他们的出身一样多元。他们中有些人的收入主要来自于土地,以粮食或租金的方式进账,因此主要关注土地税收的水平。另一些人依赖他们与垄断生意的关系致富,因此希望保持或者进一步发展垄断。还有一些人则对垄断充满敌意,他们或者是处在垄断圈子之外的商人,或者是欲寻求自由的(且更有利可图的)市场的生产者。

对于我们目前的论题而言,这些人的重要性在于,他们的兴起对农村骚乱起了推波助澜的作用。在历史学家所列日本德川幕府时期农民起义的众多事件中,有些现在只能视作大众抗议集会,其中的一些甚至显然是由村长领导的。ⅵ 但是,毫无疑问,在这一阶段的后期,村民越来越倾向于诉诸暴力以表达不满,不论他们的怨愤

---

① 熊本和土佐的情况参见 Ōe, pp. 27 - 32;Jansen, *Sakamoto*, pp. 30 - 32;会津的情况参见 Nagakura, pp. 107 - 117;长州的情况参见 Seki, *Hansei Kaikaku*, pp. 80 - 89, 110 - 119。
② Tōyama, pp. 37 - 39. 在后面我们还有必要回到这个问题,尤其见于第 6 章。

是源于征税者的苛刻,还是农村社会阶级关系变化所致。①

在1813年到1868年之间,有记录可查的事件就有近400起,其中一些有成千上万的农民参与。比如,有人估计(有点不太可能)有大约10万人参加了1823年和歌山的游行,这次游行转向了对稻米商人、当铺老板和乡村领导的袭击。高粮价是导致此次事件的主要原因。1836年发生在甲斐的事件有着相似的起因,幕府驻守该地的代表不得不从周边藩国寻求武装力量增援才得以恢复秩序。1842年,在幕府领地近江又发生了一次大规模起义,主要起因是当局试图增加土地税收。更令人震惊的是发生在1837年的一系列事件,这些事件是在大阪的一个幕府小官大盐平八郎的行动被披露后发生的。据说,大盐一直在密谋起义,以使他的上司受到人民的正义审判。大盐被出卖并自杀,这件事只在大阪引起了小规模的骚乱,到此似乎就告一段落了。但是关于它的新闻却推动了周边地区的起义,其影响远及日本海沿岸的越后国。而且,大盐提出了一些在以后的年份中愈发显示其重要性的问题。他自己入赘一个富裕的农民家庭,并召集这样家庭的子弟进入他创办的学校学习。在学校里,他狂热地指责幕府统治的道德邪恶性,呼吁用儒家伦理和天皇正义来反对它们,就像1860年代"志士"将要做的那样。② 换句话说,他的行为设立了一个新的模式,表明在幕府官僚与城市商人都备受质疑的背景下,农村的财富可以很好地与政治颠覆挂起钩来。

在谱代藩中,丰后国的武田和丹后国的宫津分别于1811-1812年和1822年爆发了起义。在这两次起义中,与垄断体系有关的商人

① 关于起义的频率和地理分布以及它们所表达的不满的总结,是建立在日本史学家的工作基础上的,最方便地可见于 Borton, pp. 17-28, 39, 88n, 121n, 205-207。这里很多的关于这方面的资料引自 Borton。亦可参见 Tōyama, pp. 25-32。

② 关于大盐的其他信息参见 Najita。

与地方官员都遭到袭击。在外样藩中,长州19世纪早期发生的各种起义不下9起,并在1831年的大起义中达到高峰,这次大起义据说迫使藩主进行改革。

关于这次长州起义有大量的研究成果。[①] 事实上,它正好说明难以对这些起义的原因和性质做出概括。这次起义和很多其他起义一样,肇始于一次反对藩国垄断的抗议,具体而言,是反对延长一项一年前开始实施的计划。然而,参与抗议的人所反对的绝非是同一件事。在骚乱源头濑户内海沿线的经济发达地区,怨愤之一在于稻米价格上涨。因为那里的农民不再种植水稻,转而种植油菜籽和木蓝等农作物,所以稻米价格的上涨使他们生活艰难。另外,垄断自身(它妨碍了这些经济作物的销售并限制了生产者的利润)和垄断执行过程中权力的滥用也是产生抱怨的原因。我们或许可以说在这些地区,起义具有"资产阶级"性质。其他地方,特别是动乱迅速扩散到的落后山区,起义所反映的则更多地是农民对商人剥削之非正义性的模糊认知,表现为呼吁藩国减税以缓解农民的苦难。

就整个日本而言,动乱的原因更加多样。有时,就像在长州那样,藩国的垄断经营成为人们憎恶的对象。有时是因为税收太重,或地方弊政,或官僚没能很好处理收成特别差时的状况。经常出现的情形是,一些相当琐碎的地方性不满,就可把那些被贫穷逼得走投无路的人推向暴力。毫无疑问,这些"骚乱"不是革命性的,因为,尽管在骚乱中官员经常遇袭,但它们并没有导向推翻或改变政权的迹象。其实,如果要说存在某种线索贯穿所有事件的话,那就是农民的怨愤。无论这种怨恨最初的起因是什么,通常都把它们最近的敌人——"富农",作为直接的攻击对象。这些富农往往是

---

① Borton, pp. 84 - 86; Craig, *Chōsh*, pp. 55 - 57; Naramoto, *Kinsei hōken*, pp. 114 - 116; Seki, *Hansei kaikaku*, pp. 89 - 101; Tanaka Akira, pp. 31 - 38.

典当行老板和村长,后者或者是地主,或者是藩国垄断的代理人。而起义农民为寻求公正或救济所诉诸的对象不是别人,正是他们的藩主。

这一切——商人的富裕和武士的贫穷,农民叛乱与农村社会变革——所蕴含的危险,对于日本德川幕府的封建管理者来说已足够明朗了。从 17 世纪开始,他们就在探索既可以维持他们的阶级特权又可以满足他们领主的财政需求的对策;他们为此采取的措施,往往着眼于约束或者抑制商业的发展。而这有时是与将武士重归土地的计划联系在一起的。[①] 熊泽蕃山(1619－1691)是第一个主张这项政策的人,他视此为重振军队士气并降低武士家庭开销的手段。他指山,也应该同时放松参觐交代制度的要求以减少在江户的花费。另一个武士阶层改革者荻生徂徕(1666－1728)也支持这项政策,但却比熊泽更清楚地看到了这给幕府控制藩国带来的威胁。因此,他在主张恢复藩国经济自给自足性改革计划的同时,强调还须采取相应的措施重申社会中的身份差异,特别是武士之于商人和农民的优越地位。以后的文人大体追随同一条线索,以至于此类"重农主义"成为改革文献中为人所熟知的一个成分。

没有证据表明有哪个"回归农田"(back-to-the-land)的企图完全付诸实施。[②] 然而,真正发生了的是,对城市生活的敌意在这一阶段的后期成为改革概念中的一个元素。人们觉得,如果武士不能回到农田,他们至少不能在城镇中随心所欲地消费。因此,禁奢令(sumptuary laws)成为普遍的现象。与此相应地,商人也应该被置于严密监视之下,以限制他们在武士身上牟利,而且要逼迫他们为

---

① 参见 Ono, pp.39－61;Tsukahira, pp.106－113, 119－203;McEwan, pp.57－74。

② Ono(pp.12－18)援引了在佐贺(肥前)、熊本(肥后)和米泽的有限实验的例子。很清楚,在萨摩和长州贫困的武士都被允许在某段时间内返回农地。然而,所有这些例子都是为了解决无法偿债的问题而为特定的群体设计的解放武士的策略,并没有任何一个设想要分散整个城下町的人员。

武士和农民的利益贡献部分财产。乡村自身回归自给自足农业。正司考祺在 19 世纪曾写道："真正的好农民是不知道谷物价格的农民。"①事实上，任何用于限制城市发展、强迫人们回到农村以提高土地生产力的计划，都被视为有助于社会问题的解决。正如山片蟠桃在一本于 1820 年出版的书里所言，"好的政府要鼓励农业发展，而不要鼓励工商业，以使城区衰退。"②

然而，并不是所有的武士都同意这样做。很多武士喜欢城市的生活，没有要去农村践行节俭美德的欲望。而且，他们陷入了债务与付息、薪金与兼职（side-employment）的网络中难以自拔，与之共存似乎比摧毁来得容易。于是，他们支持那些主张让封建阶级更有效地剥削商业经济以治疗社会弊病的官员，而不支持以重农主义的名义来限制或者废除商业经济。③ 这也成为德川幕府后期改革的元素之一。

武士对那些号称改善他们状况的政策无一奏效、屡屡失败而怨愤不已，这也成为幕府后期改革的元素之一。德川时代的文献记载中充满了他们对贫穷的抱怨，对商人的愤恨，以及对那些富起来就得意忘形的平民（既有农村的，也有城市的）的行为的轻蔑恶言。同时，有关这些局面隐含的政治危险的警告，包括武士不忠作乱的暗示，随处可见，不绝于耳。

早在 17 世纪熊泽蕃山就曾写道："如果大名破产、武士赤贫，他

---

① 本庄荣治郎，《经济理论与德州时期日本历史》，第 101－102 页。

② 同上书，第 105－106 页。关于山片对商业怀有敌意的其他方面，参见上书第 98－99、205－206 页。

③ 例如，可参见上书第 108－110 页所引的海保青陵（1755－1817）的论断。民族主义学者本居宣长（1730－1801）尽管谴责无限制地唯利是图，但却也认识到了贸易的重要性，并认为减少农民起义的策略不仅仅在于镇压，还在于去除怨愤的根源。同上书，第 96－98 页、103－105 页。

们从人民那里强征的税收就会加重,农民就会受难。如果农民赤贫,商人和工匠同样会受损失,继之出现的是大批饥寒交迫的无业武士(浪人)。于是,整个社会都将苦于贫困,而天亦将不佑将军。"①这一段话的最后一句,含蓄地将中国的"天命"之说运用于幕府统治:对于统治者而言,不能匡济子民则其权柄危矣。荻生徂徕作为一个坚定的将军拥护者,不愿意走得这么远。但他仍旧写道:"当一个人贫穷到衣食难保的时候,他就会抛弃所有对规矩礼仪的顾虑。除非底层民众尊崇规矩礼仪,否则必然发生动乱,最后便是内战。"②

在另一个文人本多利明(1744 - 1821)那里,可以看到极力批判当局以至于显得颇有颠覆性的观点。他说,农民被藩主剥削了收成中的大部分,只能眼睁睁地看着"他们一整年血泪和劳作的结晶"被直接交了作为大名债主的商人手里。③ 然而,其结果,即"农民因为饥饿而濒临死亡且良田正在变成荒地"的局面,却并不是大名的责任,而是将军的责任。④ 因此,最终必须面对后果的不是别人,正是将军:"现在大名全部赤贫且没有能力为他们的陪臣支付俸禄。农民被沉重的税赋搞得精疲力竭,并要杀婴以不增加吃饭的压力。于是,可以肯定的是,领主和农民都仇恨统治者……除非商人被置于统治者的控制之下,否则武士和农民的愤怒以及被压抑的怨恨将会喷发出来,任何事情都可能发生。"⑤

这种怨恨的产物之一便是德川幕府后期要求"提拔有才之人"的呼声变得越来越强。选贤任能也是儒家的传统信条,但与大多数

---

① Tsukahira, p.105.

② McEwan, p.31.

③ Keene,p.189;修订版(1969),p.199。

④ Keene,p.182;修订版(1969), p.193。

⑤ Keene,pp.197 - 198;从修订版(1969)删去的部分。

其他儒家信条相比，它与日本这个以出身决定地位的国度相容性较低。①获生徂徕在讨论这个问题时比他在探讨幕府将军的统治权时更富激情（这可能是因为作为一个能力强但地位低的人，对此有更加切身的感受）。他对上层武士做了如下刻薄的描述：“他们与地位不及他们的人相脱离，因而并不了解百姓的情况。他们一直生活在周围人的谄媚之中，对自己事实上并不拥有的智慧沾沾自喜。”②获生认为有能者必然从上层社会中消失，因为能力只有在有实践需要时特别是在逆境中才能提高。而且，如果社会上层中不再有有能者，而且没有提升来自社会下层的有能者进行弥补，那么政权将落入险境：

> 如果处在高位的人试图推迟自己被他人取代的时间，并且愚蠢到企图通过规定处在高位和低位的人永远保持阶级状态来维持现状，他们就违反了自然规律。这必将导致有能力的人在上层阶级中消失，并且总有一天动乱的年代会到来，那时有能力的人会在下层阶级中出现，并要推翻这个朝代。③

这一分析看起来像是中国历史的教训，如果它算不上一种威胁的话，那它更像是一种预兆。它提供了一个很好的例子，证明由那些对幕府政权满怀忠诚之人鼓吹的儒家正统思想，在日本的情境下，却成为革命理性的起源。

---

① 参见 Harootunian，"Jinsei"，pp. 87 - 94。那里指出，正统信条与实际状况的明显反差与选贤任能成为一个政治问题有莫大的关系。关于这个问题亦可参见 Dore，pp. 190 - 193，198 - 213。
② Tsunoda et al.，p. 433.
③ 引自 McEwan，p. 78。

　　这类儒家著述导致的一个结果是,到19世纪,"选贤任能"值得追求这一点,已经成为一个众所周知的常识,尽管它可能与等级体系相冲突。[vii]而且,随着骚乱和政府危机的恶化,人们越来越倾向于把它付诸实践。一些藩国的学校引进了实用的管理训练,并给予才能超群者更多赏识。因此,长州一份1840年的文件写道:"一所学校的成败完全取决于它出了多少能人。"[①]

　　而且,特别是1853年之后,大批武士被幕府和藩国提升到比其世袭等级重要得多的岗位。[②] 另一些武士得到支持去学习西方军事科技以便进入那些通常为世袭"专家"预留的领域。正如细井平洲(1728-1801)所观察到的:"既有动乱也有和平……动乱时,不论其等级高贵与否,那些能派上用场且有助于赢得未来战争并促进藩国强盛的人会得到提升。"[③]其实,对于多数武士而言,这正是政治的本质:"如果可以由能人担任实职的话,不确定的明天自然会很好。"[④]这其中所暗含的对"程序"缺乏兴趣的特点,却道出了未来维新运动的几多特征。

天保改革

　　诚如上文所述,到19世纪为止,日本的经济变化已经衍生了很多具有重大政治意义,实际的和潜在的社会冲突。新的"资产家"(men of substance)、富商和农民——他们的利益既与武士不一致,

① Dore,p.210.

② 中级武士爬上藩国官僚体制较高职位的过程,似乎在某些地区——如土佐和熊本——在18世纪后半叶已经开始了。参见福岛成行,《吉田东洋》,第254-255页和大江志乃夫,《藩政改革の研究》,第20-23页。我们将会有机会在后面的章节讨论19世纪的形势,特别是与土佐、萨摩和长州相关的形势。

③ Dore,p.197。

④ Harootunian,"Jinsei,"p.113.

也相互不一致——所从事的活动,使农村大众在封建义务的负担之上,又增加了租金、高利贷和商业利润的新负担。而且,虽然一些武士偏爱他们的安逸生活,愿意与城市富人保持本质上共生的关系;但另一些武士则试图恢复武士的统治地位,并认为这一地位必须建筑在重农主义的基础上。此外,在后一群武士中,又有必要做进一步的区分:一部分人鼓吹 17 世纪的理想,即自给自足的农业;另一部分人则与新生的农村上层阶级拥有共同的经济野心。

这种状态的后果之一是混乱。另一个后果是"改革",即那些旨在改变日本现有的经济和社会,而非仅是维持政府之平衡运转的政策。在 18 和 19 世纪的多个场合下,幕府和很多藩国的行政官僚开始寻求解决那些可能威胁他们生活方式的这样或那样的问题,尤其是财政问题的方法。他们为此使用了不同的手段;给予若干不同的社会群体以支持,并为他们自己的行动提供各种理由,因此也给历史学家提供了很多可供选择的"解释"。最后一次这种改革的尝试发生在天保年间。[viii] 因为在后人看来,很多那时发生的事情所奠定的模式,对维新运动的本质有着重要意义,所以我们必须讨论它。不过,在对它做概括论述之前,我们应该了解一下到底发生了什么。我们从幕府开始。

于 1716 - 1745 年间担任将军的德川吉宗为其继任者开创了很多"改革"的先例:削减开支、颁布节制法、重铸货币、控制价格、提高征税效率、鼓舞士气,任何一方面可增加幕府收入,另一方面可限制武士消费的政策都在考虑之内。他的孙子松平定信是 1786 - 1793 年间的首席大臣,也是这个国家的下一个主要改革者。他将注意力放在了控制公共与私人开销上,但这对于改善政府的偿债能力和武士的习性并没有产生任何长远的影响。因此,当浜松的谱代藩主(6万石)水野忠邦于 1841 年 7 月成为首席老中,并宣布要在吉宗和定信的基础上设法减少年度赤字的时候,他不仅仅是在宣布改革的计划,还指明了改革可能的特征,即以各种名义打击铺张浪费。①

在接下来的两年里,各种法令络绎不绝,规定了武士的衣食、发型和礼物赠送的标准,剧院和妓院世界里让武士禁不住受诱惑的所有奢侈行为习惯均在管制之下。此外,还通过禁止新移民进入江户、命令没有固定工作的人回到农村务农等政策,限制流入江户的人口;为德川的武士所欠的债务设置了最高每年 10% 的利率限度;发起了一场大规模的运动来降低城市里的商店价格。这其中最后一项得到了一些空前的干预商业经济运作的行动的支持,包括以垄断经营迫使价格上升为由命令解散商人协会(株仲间)。

这些措施与那些直接针对武士消费的措施有相同的缺陷——治标不治本。无论商人们多么关心他们的利益最大化,价格上升的根源其实在于产量相对静止而需求上升了,而非江户商会的操纵。因此,水野的政策能否达到他预期的结果从一开始就令人怀疑。事实上,他也没有管理机器来保证恰当的政策执行。武士默许了超过法律规定的利率,因为没有贷款他们无法生活。商人们逃避价格管制或者干脆不把货物带到市场来交易。而且,幕府对江户赖以获得资金和供给的复杂系统的干预打断了信贷和流通的正常过程,因此这几乎使商业停顿下来。

所有这些都意味着失败。水野基于重铸货币和强制贷款的财政政策在短期内取得成效,却不得人心。他严酷的节制法也同样不受欢迎,因为它触怒了江户的大多数居民,特别是那些住在将军城堡里的人。而且,水野对特定问题缺乏判断力,这使他与德川家族成员争吵不休。如果水野是一个出身地位很高的人,或者是一个善于结交朋友的人,他与德川家族之争或许无关紧要。然而,实际上他的个人出身地位并不高,也不善于结交朋友,所以他只能依赖于

---

① 我关于水野的改革的描述主要根据 Horie Yasuzo, "Sandai-kaikaku," pp. 67 - 78;
Honjō, "Tempō"; Miyamoto, "Tempō"。

改革的结果；然而，由于他自身的能力不足，预期的结果并未出现。1843 年 11 月，天保改革以水野被解职而告终。

水野尝试为幕府做的事，也被别人在藩国尝试着做，有时候甚至连手段都是一样的。例如，土佐的改革者直接受到了水野方法的激励，并遭遇了相似的命运。① 相反，在肥前，新大名锅岛直正的陪臣于早些年发动了改革。他们采用的是常见的节制政策，目的是为了限制武士和藩国的开销。除此之外，他们还打击乡村的地主土地所有制，以巩固自耕农的地位。这被认为既有利于封建制度的稳定，又有利于肥前主要经济作物稻米的生产。而且，至少在短期内，它似乎也起到了维持农村传统生活方式的作用。②

水户，另一个注定要在 19 世纪中期的政治中扮演重要角色的藩国，提供了一个可与肥前比拟的个案。那里的改革是由新大名德川齐昭的继位引发的，其改革措施包括通过土地调查来限制富足地主的财富。然而，与肥前不同，水户保留且增强了藩国垄断（在纸张和烟草上）；给那些参与垄断经营和土地调查的村长以乡士身份；开始将武士安顿于农村，用作民兵力量的核心，以承担维持乡间秩序的责任。此外，还照着水野忠邦——齐昭在幕府自身改革中的合作者——的样子设法改善藩国的财政管理，并逐步地提高武士的教育和士气。③

长州的天保改革是这个传统派议题的另一种变体。在整个 18 世纪以及 19 世纪早期，在长门和周防（两个组成长州的藩国），特别

---

① Jansen，*Sakamoto*，pp. 43 - 46.

② 关于肥前的改革，参见 Shibahara，pp. 28 - 75。

③《维新史》，1：384 - 387 以相当传统的史学视角对水户的改革进行了总结。Shibahara（pp. 133 - 164）更详细地探讨了这些改革并给这些改革的社会背景以更多的注意。

是在濑户内海海岸沿线，商业活动持续增长。① 这导致萩的城下町中出现了有权的商人集团，并形成了不同时期对诸如纸、蜡、棉布和菜籽油等物品的垄断；但是长州藩却一步一步地陷入债务，到 1830 年代欠了约 8 万或 9 万贯目银，大致相当于 150 万两金。在 1830 年，长州藩试图通过实行一个野心勃勃的垄断计划来削减债务，这个计划将把众多不同类别商品的所有贸易交予五个特权商人集团之手，以换取每年 360 贯目的贡款。然而，这个计划引起了大量的农民骚乱，不得不很快放弃。即使这样，以后的几年仍不断有零星的农民起义爆发。

正是在这种情况下，新的大名毛利敬亲于 1838 年指派了一个平侍村田清风实施财政改革。② 村田的第一批措施很传统，包括节约开销，改善预算程序和改进财政管理。但在 1840 年他发动了一场意义更为深远的改革，包括废除一些垄断，并改变另一些垄断的性质，也包括节制法和重塑武士军事责任感的措施。总之，只要在藩国的财政利益所能承受的范围内，村田就会支持传统道德和自耕农，而反对"堕落"和垄断商人。

诚然，村田并没有显著地减少藩国的负债。不过，显而易见地，他成功地拒绝偿付部分债务，并以应急基金的方式建立起了现金储备，后来，这些储备成为长州军费开支的主要财源。[ix] 而且，取消藩国对多数垄断经营的支持，在一定程度上减轻了农民的负担。此外，行政节约的部分收益也惠及农民和武士：农民的附加税从 5% 减到 3%，藩国削减武士俸禄的程度也逐渐减小。这两项措施有助于提高士气并解释为何长州在此后的 40 年内只发生了 4 次农民起义。

---

① 关于长州的经济发展，参见 Seki, *Hansei kaikaku*，pp. 24 - 54，66 - 79；Craig, *Chōshū*，pp. 38 - 43，62 - 67；Tanaka Akira，pp. 31 - 38。

② 关于村田的改革的讨论见于 Craig, *Chōshū*，pp. 54 - 67；Seki, *Hansei kaikaku*，pp. 98 - 107；Naramoto, *Kinsei hōken*，pp. 117 - 123。

确实,村田留下的长州,在许多方面,都比他接手前的长州要强得多,不论它在严格的财政意义上会处于什么地位。

同样的评价也适用于萨摩的改革者调所广乡,虽然他与村田在政策方面大相径庭。[①] 1831 年,当调所开始改革时,萨摩不仅要为已有的债务每年支付大约 35 万两金的利息,而且还在经常账户上出现每年 5 万两金的赤字。大阪的钱屋对继续向萨摩提供贷款踌躇不决。然而,其中的两家最后决定支持调所,提供资金以供急用。此外,在他们的帮助下,一份主要以垄断贸易收益逐渐偿还对城市商人债务的计划得以出台。调所的这个计划扮演的角色是确保贸易有效运转,而他成功地完成了这个任务。确实,对既有财源管理的改善是他总的来说获得成功的关键。通过改善那些将运送到大阪市场销售的稻米的品质,改进稻米的经营管理方式,调所把这些稻米的市场价格翻了一番。同时,更加细心地提炼蜡(这时也成为垄断商品)也取得了同样的效果。最重要的是,来自琉球和大岛的食糖贸易被重组,产生了更多的利润。

从 18 世纪末之前很久开始,这些岛上的糖就被当作税征收。到 18 世纪末,大岛上所有不被当作税上缴的农作物都由藩国垄断经营。[②] 调所的贡献在于:强化了禁止私自交易的禁令,违令者犯死罪,要被处以极刑;调整了对生产者的付款机制和在大阪销售农产品的方法,以使萨摩财政的收益最大化。武士官僚们密切监视着农产品的去向,所有农产品都必须以固定的价格卖给他们。反过来,他们以某种与糖的价格挂钩的固定价格为岛民提供所需的其他各种物品,以此确保糖的实际收购价格能维持在很低的水平。由于藩

---

① 关于调所的改革的细致的研究可见于 Tsuchiya, *Hōken shakai*, pp.389 - 455。亦可见于 Tōyama, pp.35 - 36; Skata, *Meiji ishin shi*(1960), pp.58 - 61。
② 关于萨摩的糖贸易,参见 Tsuchiya, *Hōken shakai*, pp.446 - 480; Craig, *Chōshū*, pp.69 - 72。

国是用自己的船将糖运送到大阪，并在那里以招标的方式售出，所
以很显然收益的相当大部分归藩国所有。虽然我们没有关于真实
收益的完整数据，但是从我们能找到的资料来看，调所每年取得大
约 10 万两金获利的估计并非不合理。他的继任者沿用他所采取的
措施，其成绩远远超过了这一数字。毫无疑问，他的整个工作业绩，
包括从其他垄断得到的收益，不仅在一定程度上减少了武士的债
务，还积累了大量的现金储备，这与长州村田所做的相似。萨摩后
来的领导者可以将这些资金用于军事改革，购买西方武器，进行一
系列使用现代技术的昂贵实验。

　　长久以来，这一直被看作是天保改革的重要政治影响之一，即
通过自身相对成功的改革，一些藩国，特别是萨摩和长州，增强了自
己对抗幕府的力量，并使自己能在时机降临时挑战幕府的权威。据
说，水野失败是因为幕府控制了这个国家富裕的核心地带，这里的
商业发展更加充分，因此更难屈从于封建阶级的需求；而村田和调
所之所以成功，是因为他们的土地除了更加紧凑因而更加容易管理
之外，还在经济上处于相对不发达状态，从而使武士的控制权得以
在那里重申、商业发展可被用于为藩国利益服务。①

　　当然，这个论断是有根据的。如果没有相当规模的战争基金，
萨摩和长州就无法把它们的军备打造到了敢与幕府较量的水平。
然而，这种论述过于简单化了。在决定何者的军力变强、何者变弱
的问题上，采用西方制度和技术的意愿与用于引入这些制度和技术
的资金同等重要。而这一点不是天保改革的主要特征，但却是那些
在安政年代（1854－1859）及其后发生的改革的主要特征。②

---

① 例如，参见 Tōyama，pp. 25－44；Craig，*Chōshū*，pp. 72－73，353－354，360。
② 参见 Tōyama，p. 35；Skata，*Meiji ishin shi*（1960），pp. 61－63；Umetani，pp. 310－
　　317。

在天保改革中,幕府与藩国之间出现的一个显著的不同点是政治性的:即在藩国而非在江户,中层地位的武士获得了权力和管理经验。甚至在萨摩这个在这些方面保守的藩国,调所仍然能够以平侍身份,经由任职于藩主宅内,最后升为家老(首席咨议),俸禄达1千石。继他之后成为萨摩政治中心人物的武士(尽管不可否认是大名家族的远亲)也有相同的经历。① 阿尔伯特·克莱格(Albert Craig)证明,1840年左右以后的大多数长州政治领袖,从村田开始,都是俸禄在40石到200石之间的平侍。② 齐昭在水户主要支持者的身份等级也大致如此,尽管他们的俸禄更高一些(200石到300石之间)。③ 而肥前的改革亦由大名随员中的平侍发动并实施。④

鉴于藩国政治结构的特征,这些人晋升的关键自然是他们与藩主的关系。无论实际上藩主是怎样的人,在理论上他总是个独裁者,因此多数职位需要他来任命。因此,他个人的偏好(或许通过提名其家臣担任要职体现出来),乃是那些出身卑微的人克服世袭身份局限或者一个集团把它所反对的另一个集团赶下台的最常用的方式。主要出于这个原因,继承权纷争成了派系斗争中最常见的情况,而这在缺乏明确长子继承规则的情况下更容易发生。因此,水户身后无嗣的藩主德川齐修于1829年去世后,他的弟弟齐昭在中层武士改革集团的支持下,赢得了与上层武士保守集团的斗争才成为其继承人,这些上层武士欲立家齐将军的一子为水户藩主。⑤ 萨摩的岛津齐彬是1850年代另一个伟大的改革藩主,他也是在一场政治

① Tanaka Sōgorō, *Kindai Nihon*, pp.80-82;《鹿儿岛县史》,2:278。
② Craig, *Chōshū*, pp.110-111.
③ Shibahara, pp.133-134.
④ Shibahara, pp.42-46.
⑤ Tōyama, pp.42-43; *Ishin-shi*, 1:145-146.

纷争后掌权的,这一政治纷争与他批评调所的政策有关。① 在这场斗争中,其对手为他的同父异母兄弟久光。齐彬得到了大久保利通的父亲所属的中层武士的支持,也牵涉到幕府领导阿部正弘的干预。

在包括我们刚刚讨论到的某些藩国中发生的政治事件表明,上层武士与中下层武士之间存在着相互斗争的关系。这种分裂并不奇怪。大多数上层武士,因为掌握政权,所以对政治和经济事务的态度都很保守。因此,改革的计划,或者任何其他群体试图分享权力的尝试,都包含打击上层武士的成分。然而,我们切不可由此推论所有身份较低的人会团结起来要求改革,或者对改革作同样的理解。例如,在长州,村田清风及其作为"开明"派领导人的继任者周布政之助都鼓吹回归重农主义理想,而他们"保守"的对手坪井九右卫门和椋梨藤太则鼓励城下町中的武士与特权商人互利合作。然而,这四个人出身平侍,经济地位大体相当。村田的俸禄是 91 石,周布的是 68 石;坪井的是 100 石,椋梨的是 46 石。由此可见,至少很难得出结论说上述政策之争是阶级斗争的表现,甚或为一个阶级内部上层和下层之间斗争的表现。②

然而,故事到此并没有结束,有关天保改革的社会背景,尚有一些重要的问题仍然悬而未决。所有的现代研究者都同意,天保改革中的一个要素是官方对垄断以及从中渔利之人的仇恨;而这一敌意或者导致垄断被废除,显然是为了达到降低价格和利率的目的;或者导致对垄断更加严厉的控制以服务于封建财政。研究者们还一

---

① *Kagoshima-kenshi*,2:272 - 279; Katsuda,*Ōkubo*,1:29 - 33,43 - 47; Sakai, pp. 224 - 232.

② Craig 在 *Chōshū* 第 78 - 83 页和 94 - 98 页比较详细地讨论了长州 1840 年以后的政治; Naramoto, *Kinsei hōken*, pp. 123 - 130; Seki, *Hansei kaikaku*, pp. 119 - 127; Umetani, pp. 318 - 322。

致认为,天保改革是对 19 世纪上半叶所形成的局面的反应,正是在这一时期,垄断贸易增长迅速。从这里距离做出如下的断言只有一步之遥:天保改革是藩国与农村中反对垄断的群体(如中农——在像长州这样的地区为经济作物生产者)结成"同盟"的产物,而这个同盟取代了此前存在的藩国与特权商人之间的同盟。

关顺也提出了此说的一个版本。他认为当封建阶级发现它的商人盟友变得过于强大时,就产生了寻找力量较弱而无法挑战其权威的替代性支持者的需要。堀江英一提供了另一种解释。在他看来,天保改革是藩国抛弃与旧的农村领导者的同盟关系,而转向与那些开始以经济自由为名攻击旧同盟的人结盟的过程。两种解释都将下层武士视作新同盟自然而然的代言人,因为正是他们,同中等农民一样,因商人阶级壮大而受损最多。出于不同的关注点,芝原拓自和远山茂树认为改革意味着农村和城下町中惧怕农民起义风潮的人走到了一起。①

这种研究方法所提出的问题,不是关于武士阶级内部分化的问题,而是关于武士与非武士群体的关系在多大程度上给予城下町政治以阶级斗争意义的问题。这是一个难以解决的问题。我们或可从质疑在此背景下"同盟"一词的适用性入手,因为这个词意味着在具有自我意识和彼此独立的实体之间,存在着一定程度的合作,而这些合作并未在相关史料(它们只描述了武士的主动行为)中反映出来。更重要的是,如我们关于天保改革的概述已经证明的,在改革中幕府和各藩国所处的环境和实施的政策有相当大的差异,为此,对于任何声称可运用于整个日本的普遍性解释,我们都必须持怀疑的态度。实际上,天保改革的研究之缺乏共识,也体现在日本历史学家的分歧上。他们的分歧往往是因为他们研究的是不同的

----

① 又可参见 Horie Hideichi;Seki, *Hansei kaikaku*;Shibahara;Tōyama。

藩国。因此，在这里，田中彰的看法基本是正确的。他认为，尽管所有的天保改革都志在维持或恢复封建权威，但是由于各地封建权威受到挑战的本质各异，因此各地封建权威做出的反应也不一样。①以我们现有的知识，几乎不可能再找到一个比此说更为周全的学说，它确实适用于所有的藩国模式。

尽管如此，以社会经济因素解释天保改革的方法也不可完全抛弃。乡村社会**正在**变化，而且是以可能影响政治力量平衡的方式变化着。封建制度正面临危机，因为它的政治形式已经落后于经济基础。随着经济商品化而发生的价格革命，**已经**制造出一系列在一个井然有序的德川社会毫无生存空间的现象：受债务逼迫的武士，或成为野心勃勃的求官者，或成为穷困潦倒的制伞工；富裕的城市商人享有封建庇护，并在某种程度上享有封建身份；农民要不抓住新的机会，变身为生产者与经营者走上致富之道，要不没能抓住机会而沦为佃农和雇农。这些现象都同既存的规则格格不入。它们意味着实际与理想的脱节。而这一脱节远则具有**潜在的**革命性，近则立即引发了不满与动乱。这些现象未必能证明"同盟"说是解释德川幕府倒台的合理假说，但它们与明治维新后才可能发生的若干主要政策行为有显著的关系：废藩、地税改革和新的社会结构。因此，任何关于维新的概论都应该把它们纳入其中。

注释

i 《鹿儿岛县史》，2：68 - 81. 有趣的是在这整个时期内城下町中武士的俸禄只增长了 8%，且都发生在 1771 年之前，而乡士的俸禄却增长了 36%，且非常平稳地分布在这段时间里。这表明前者因与土地分离而严重受损。

ii Totman 也指出到 19 世纪，幕府的土地已经变得相当分散且支离破

① 依据田中彰《明治维新政治史研究》第 27 - 53 页概括写成。

碎，为此旧的"中部地区城堡"（central fortress）几乎都被摧毁。这一局面因其引起行政管理的困难，在军事和经济上削弱了幕府。参见 Totman，*Politics*，pp. 62 - 63.

ⅲ 长州的村田清风曾说："财政的第一原则是将长州生产的所有产品销往其他藩国以交换金银，并且不让长州生产的任何金银流出去。"（Craig，*Chōshū*，p. 74）

ⅳ 关顺也在《藩政改革》第 56 - 66 页中指出，出于这个原因长州在山口和三田尻附近的经济发达地区的实际税率不超过 40%，而在其他地方的税率为 50% 或 60%。更为突出的是，古岛，"成立期寄生地主制的性格"，第 18 - 19 页举证说一个在河内藩（Kawachi）从事棉花种植的家庭只需为他们自己种植棉花所用的耕地（以区别于出租给佃户的土地）缴占收入 11% 的税。

ⅴ 然而，在一些地区，商业性种植行为导致村子里富农和无地农民双双消失殆尽，剩下的几乎全是一种新型的中等农民—生产者。例如，可参见芝原拓自引用的关于水户一个生产纸的村庄的数据，芝原拓自，《明治维新》，第 120 - 123 页。

ⅵ 我们不应过度强调这个事实，因为村长在官僚和大众之间处于两难的位置，前者要求他对打破安定的动乱负责，而后者则把官员的行动归咎于他。参见 Befu，"Duty"，pp. 28 - 46。而且，有证据表明到 19 世纪，事实上有很多村长对他们的处境不满。参见 Jansen，"Tosa"，pp. 331 - 347。

ⅶ 应该记住这种表达可能被理解成——也确实被像松平定信这样的保守主义者理解成——只不过是要在出身够资格的人中选取最有能力的。

ⅷ 日本人习惯性地选择一系列有吉祥含义的年号来称呼年份。天保（"上天庇佑"）就是其中之一，指 1830 年到 1843 年（这两年分别是天保年号的头一年和最后一年）。年号经常被用作那些发生在被谈论时期或与之相关的重大事件的年代标签。因此，这里所讨论的这些改革被称作"天保改革"，就像那些于安政年间（1854 - 1859）在 1854 - 1858 年间缔结的条约被称作"安政条约"，以及发生在明治时代（1868 - 1912）的皇权恢复就被称作"明治维新"一样。

ix 这些储备主要来源于一个为了利用长州接近并控制日本的主要航道（经过关门海峡）的优势而设立的机构。在这个例子上——可能是因为利润丰厚——村田对垄断的所谓敌意并没有显示出来。参见 Craig，*Chōshū*，p. 69。

第 3 章
外　患

　　17 世纪初,日本统治者决定切断他们的国家与外部世界的关系
(那些能够通过处于谨慎管制之下的,与荷兰人和中国人在长崎进
行的贸易而维持的关系除外),这样做是坚信外国宗教和对外贸易
隐藏着危险。两者都可能成为外国侵略的推手,成为觊觎将军地位
的大名手中有价值的武器。因此,他们认为,其中一个(外国宗教)
应该加以镇压,另一个(对外贸易)则需严格控制。

　　这些态度在 19 世纪仍然存在,不过它们之所指乃是外部威胁,
而非国内威胁。会泽正志斋的《新论》(1825)——一部德川幕府晚
期最有影响的政治著作——对此做了如下阐述:"当那些蛮夷计划
征服一个不属于他们的国家时,他们会从开放贸易开始,密切留意
趁虚而入的机会。一有机会,他们就会传播他们的异教以获取当地
人的信任。"[1]受 1853 - 1854 年佩里远征的推动,在关于外交政策的
辩论中,这种观点被反复提及。从经济上反对外贸的观点也是如
此。这些观点部分根源于儒家的重农主义,以谴责任何纯粹追求利
润的活动为特征;部分根源于重商主义者对出口黄金换取货物的疑
虑。正如会泽正志斋的藩主德川齐昭在 1853 年所说:"将我们贵重
的物品如金、银、铜和铁换成毫无用处的外国货物如毛纺织品和丝
缎,我们所失巨大,所得甚微。"

------

[1] Tsunoda et al. , p.602.关于闭关政策的总体介绍,参考冈义武《近代日本的形成》
中简短而有益的讨论,第 14 - 17 页。

这些反对与西方恢复关系的具体观点被一种文化沙文主义强化了,这个文化沙文主义来自于中国的文化沙文主义,却又比中国的文化沙文主义更甚。对儒家学者来说,不论他们是中国人,还是日本人,或者是朝鲜人,世界乃是由一个包含了"文明"到"野蛮"的自然等级体系构成的。在这种体系中,中国与那些已经接受其文化的国家一道,成了"文明"的代表,而西方则取代草原游牧民族成为了"野蛮"的代表。这样推算,日本属于文明国家。然而,就日本这个国家而言,还有另一种独属于日本人的自豪来源:一种关于它们的土地、人民和统治者来源于神的恩赐的意识,这种意识来源于古代的神话并体现在神道学说中。这一意识引导平田笃胤(1776 - 1843)断言:"日本不同于并优越于中国、印度、俄国、荷兰、新罗、柬埔寨以及世界上所有国家的人民",因为日本是"诸神之乡"。① 然而,尽管这个传统源于神道,但是,如此表示的人绝不仅限于像平田笃胤那样视这一信念与中国的学说毫无调和之处的人。实际上,在阐述晚期的武士准则即武士道观念上做出重大贡献的儒家学者山鹿素行(1622 - 1685)在谈到日本时,就使用了与平田笃胤相似的语言:"日本人民的素质在地球上无与伦比。"② 在将近两个世纪之后,另一位儒家学者会泽正志斋在写作《新论》的序言时宣称:"位于世界之巅,将使日本成为世上其他国家的标准。"③

经历了一段锁国时期的日本产生这种态度并不奇怪。在这段时期日本已经自我封闭地发展了好几个世代了,它的制度,除了曾经受到与中国的制度进行比较的压力外,没有经历任何其他外部的考验。然而,这个事实必须加以强调,因为它对理解19世纪的危机至关重要。一旦锁国政策遭到那些不仅拥有压倒性的军事优势,还

---

① Tsunoda et al. , p.544.

② Earl, p.46.

③ Tsunoda et al. , p.595.

有着与日本的思维基础完全相反观念的国家的挑战，‖那么，像中国一样，日本将卷入到一场不但事关政治存亡而且事关文化兴衰的斗争中。对于这双重威胁的意识，一种毕竟是**军事**统治阶级的屈辱感所引起的意识，使外交政策一度成为日本政治的焦点。可谓外患压倒内乱。

对锁国的挑战

日本的闭关锁国很长时间都没有受到挑战，主要是因为它的邻国专注于其他地方，欧洲的扩张又是通过其他渠道进行的。然而，在 18 世纪的后半叶，这些条件不复存在了。在北方，俄国开始探索现在已是它最东国土的可能，并将它的权力逐渐延伸到北太平洋的岛上。在南方，英国已经在印度建立了自己的殖民地，进入了马来西亚并打开了中国的贸易大门。新建立的美国也开始在中国沿海寻求贸易利益。所有这些对日本都是不祥的预兆。日本人对它们也很熟悉：既借助于中国书籍的描写，也借助于荷兰人每年在长崎提交的报告。并且，这些传闻也被日本港口出现的越来越多要求开展贸易和建立外交关系的外国船只所证实。①

俄国的问题最先出现，它在很多方面对于日本也最为熟悉。它源于俄国人在虾夷（即北海道）岛北方岛屿的定居，而虾夷岛乃是那时日本政治权威的地理极限；并且它提出了防御和划定边界的问题，对于所有这些问题，德川幕府的官员们都没有直接的经验。历史记录了太多的例子。1793 年来到松前（Matsumae）的一位俄国使节和 1804 年另一位来到长崎的使节都遭遣返，不留任何余地。俄国

---

① 关于在 1853 年前的时期内，俄、英和美国的活动影响日本的记录，参考 Lensen；Beasley，*Great Britain*；Sakamaki。

人在 1806 到 1807 年间对那些岛上零星的日本哨所的攻击,遭到了日本于 1811 年逮捕一支俄罗斯勘探队的报复。为了确保合适的军事监管,虾夷岛被置于幕府的直接管理之下长达 20 年之久。

随着时间流逝,这些措施,尽管非常微小,却足够防止俄国极具试探性的蚕食,其结果是在 1813 年之后,俄日之间几乎没有发生什么冲突事件,这样的局面一直持续到 19 世纪 50 年代。英国的行动属于另一类型。一方面,它们是海洋和贸易型的。另一方面,它们的言语威胁远多于实际行动,至少在早先时候是这样。1808 年英国的驱逐舰——一只混在荷兰商船中的商用快艇——驶进了长崎港,并以蛮横方式要求获得食物和水的补给;1813 - 1814 年,托马斯·斯坦福德·拉弗尔斯(Thomas Stamford Raffles)——英国占领下的爪哇岛副总督——试图将长崎与荷兰的贸易置于英国的控制之下,结果以失败告终;1837 年一支由商人和传教士组织并带有半官方背景的英美联合舰队借口将一些遭遇海难的日本人送回家时,试图趁机进入浦贺。而且,英国(和美国)的捕鲸者会不时与日本村民发生冲突,如他们 1824 年在水户海岸发生的冲突一样。尽管这些事件加深了日本人的恐惧,但从这些事件中看不出那些印度的征服者有染指日本领土的迹象。

确切地说,这种迹象直到 1839 年才终于开始显现。从那一年开始,导致了香港的割占,以及北至长江的通商口岸被迫开放的中英鸦片战争改变了整个格局。英国海军调查舰队开始出现在日本海附近。关于英国人——以及法国人——觊觎琉球群岛的报告,早在 1843 年就开始在日本流传了。1844 年,日本官员收到了一封来自荷兰国王的信。该信很显然受到了这些事件的鼓舞,敦促日本对发生在它周边的事件给予关注,并在外部世界强迫日本采取措施结束闭关锁国政策之前,主动开国。两年以后,一个由詹姆士·比德尔(James Biddle)准将率领的美国官方使团到达江户湾,并要求日本开放通商口岸。确实,比德尔像荷兰人一样,毫无异议地接受了幕府对其示好的无礼拒绝;但是就在这几年之中,就有两次类似的外国政府与日本的正式外交交涉,这清楚地表明,外国政府能安然接受这样的答复的日子已经不多了。实际上,当时的日本尚不知道,英国政府已在 1845 年批准了一项派遣使团到日本建立贸易条约关系的提案,一旦一支足以支持这个使团的海军力量部署完毕,这项提案就将付诸实施。

因此,美国将派遣佩里将军率领舰队远征日本的计划——该计划于 1852 年由荷兰人公开宣布并报告给江户政府——绝对不乏先例。在日本也不缺乏关于如何应对佩里到来必定带来的更多问题的讨论。从 1790 年开始,已有为数不少关于外国事务的书和小册子出现,渐成常规,它们或被出版,或以手抄本形式流传。诚然,了解并关心这些问题的人仍十分有限,一般局限于官员、学者和封建大名。尽管如此,他们都是有影响力的人,在一些情况下还是握有权力的人;如此,当日本最终需要做出抉择的时候,他们的观点便举足轻重,尽管这些观点互不相同而且经常冲突。

在这些年形成的观念中,有一大部分是建立在对西方技术和军事科学的兴趣之上的。这部分观念主要兴起于 18 世纪的最后 25 年,是对当时的正统观念和不加质疑而接受的中国模式的部分反应,从这里产生了诸如"神道复兴"(一种恢复日本本土宗教的纯洁和地位的尝试)和对"荷兰研究"(兰学)的新兴趣。① 这两个运动都弃中国而欲在另一个不同文化传统中寻求启迪,一为古代日本传统,二为欧洲传统。两个运动都小心翼翼地声明,它们对其他根源的寻找绝非意在攻击既有的秩序。然而,两者在对某些个人思想的

----

① 关于兰学,可以参考两部最近的作品:*Monumenta Nipponica*(Vol. 19, No. 3 - 4 [1964]),它由日本学者关于这个主题不同方面的文章组成;以及 G. K. Goodman 的 *The Dutch Impact on Japan*,其在第 122 页中引用了其中最著名的一位兰学者杉田玄白如下的话:"直到现在[1783 年],中国仍被视为最文明的国家。然而,荷兰却更优越,因为除了文学外,它还拥有科学。"

影响上，都起到了革命性作用。尤其是兰学，它迅速超越了对西方医学、语言学、天文学以及钟表的研究，而进入那些具有更直接政治影响的事务，如将科学运用于战争以及社会的本质。这样做就使人有机会走出受传统羁绊的环境或个人的不得志，也使人有机会改变这个环境本身。

　　早期杰出的兰专家有林子平（1738－1793）和本多利明（1744－1821）。[①] 1791 年，林子平撰写了一本书，敦促有必要使用西方军事科学来保卫北方岛屿，抵御俄国蚕食。在书中，他认为国内改革，包括鼓励农业和贸易，放宽参觐交代制度以及武士的再教育，都与防御息息相关。对于这种明显无害的观点，幕府却下令逮捕了他，并捣毁了印刷这本书的房屋。也许是由于林子平的经历，本多利明不敢把他更为激烈的建议公之于世，而只在私下流传。作为一个地位非常低下的武士，本多利明直言不讳地批评上层武士官员的无能。"因为规定必须从出生高贵者中挑选行政官员，"他写道，"他们中缺乏有能力的人就是一件很自然的事了。"[②]因此，他认为医治国家弊病的一个解决之道是从低级武士阶层中提升有能力者。另一个解决之道是在经济上大力利用西方技术。他特别建议用火药炸开河道以利航行、发展航海技术以及将对外贸易置于政府的严密监管之下，以便限制甚或扭转贵金属货币流失的状况。这一计划将因殖民地建立而得到增强，首先在附近的岛屿，然后扩展至阿留申群岛和北美，充当防御前哨和原材料供给基地。他甚至设想最终把首都迁移到堪察加半岛，以此作为日本控制北太平洋的自然中心。

　　二十余年后，另一位学习过西方科技的日本学者佐藤信弘

---

① 关于这两位最好的研究是 Keene 的 *Japanese Discovery*。关于 Honda，也可参考 Tsunoda et al. , pp. 553－561。

② Keene，p. 196；1969 年修订版中略去。

(1769－1850)设计了一套相似但却更加宏伟、通过征服在东亚建立帝国的计划。[1] 这个计划从侵略中国开始："只要我们自己拥有适当的精神和纪律"，佐藤认为，"中国将在五到七年内瓦解并像沙做的马一样倒下。"[2]在这之后，缅甸、印度乃至整个中亚都会迅速地臣服于日本。更令人吃惊的是与这个计划相应的政治项目。尽管本多利明已经承认封建社会需要进行改革或强化，佐藤却将之视为需要被完全取代的东西——而且是被一个恐怖的现代集权结构所取代。政府将由许多专门的部门和机构来管理，它们将控制所有的经济和军事活动以及相当一部分人民。课程包含西方学问的大学将负责培养填充这些官僚组织职位的官员。而地方学校网络——每2万石土地上应建一所学校——将训练其余的人获得与他们世袭功能相适应的技能和态度。

虽然佐藤的思想与明治领导人之间，是不可能找到任何直接的传承关系的（尽管这样的尝试是很诱人的），但是对另一位"兰学"学者佐久间象山（1811－1864）而言，这一链接则是确证无疑的。[3] 通过他两位同样著名的学生胜海舟（后成为其妹夫）和吉田松阴，佐久间象山对于明治政策的形成做出了重要贡献。作为一名武士官员，他担任过他的藩主即松代藩主真田的顾问，并以此身份成为大名和幕府的参议。也许因为这个缘由，佐久间像许多在1868年以后身居高位的人一样，在社会和政治态度上倾向保守，在对西方文明的研究上注重实用和军事层面。他亲手制作相机，亲自制造大炮，并编纂了一部字典。在他看来，这一切都与日本的国防相关（即使编写

---

① 关于佐藤，参考 Tsunoda et al．, pp. 561－578；Tsuchiya，"Bakumatsu shishi，" pp.161－162；Inobe，"Mito，" pp. 134－136。

② Tsunoda et al．, p.577。

③ 关于佐久间象山，参考 Tsunoda et al．,pp. 603－616；Earl，pp. 149－153；Inobe，"Sakuma Shozan"。最近两部有价值的研究是 Harootunian，*Toward Restoration*，pp. 136－183；Chang，pp. 99－186。

字典也是如此,因为它有助于满足一项军事需要,即学习"蛮夷的"语言)。

与此相反,儒家学问无论对道德行为问题有何等的重要性,佐久间都认为它于军事无补。中国在鸦片战争中被打败,他说,"是因为外国的学问是理性的,而中国的学问不是。"①日本自己最初的准备也不比中国更有成效。如他在1854年,即在签订佩里条约不久之后所言:"现有的沿海防御设施都缺乏章法;那些排列整齐的大炮品质低劣,而与外国人谈判的官员都很平庸,对战争一无所知。"②因此,在他看来,学习西方技术,唯有在采用了相应的政治措施以确保所学能够恰当实施的情况下,才是有效的。"在军事战略、规划和行政管理上有才能的人",应该被任命到需要负责任的位置上。大多数武士确实太无能了,以至于应该成立特别的军队,并从"非军事阶级家庭中那些有历史、有建树的家庭"中招募成员。③

这一思想中蕴含了后来首先由胜海舟和吉田松阴,而后由高杉晋作和村益次郎所发展的计划的种子。这些计划对武士在社会中地位的打击之激烈,大大超出了佐久间所愿意看到的程度。从长远的观点看,一种新的军事科学势必涉及到向新的军事组织和募兵方式的转变,而这一转变到征兵制实施才告结束。这些转变将有助于摧毁武士阶级的世袭特权。

然而,佐久间对这个问题并没有想得如此之深。对他而言,正如他在1842年在一本关于沿海防御的文章中所披露的④,问题的本质在于技术,有技术含量的威胁需要有技术含量的防御加以应对。他要求建造沿海炮防工事,停止铜金属出口,留为己用;建造西式舰

① Sansom,p. 258.

② Tsunoda et al.,p. 610.

③ Tsunoda et al.,p. 611.

④ Chang,pp. 141 - 144.

船,向藩国加征特别税来为建造西式舰船筹资;创建海军(像彼得大帝在俄国大张旗鼓做的那样,这是他经常援引的一个例子);由幕府对海上运输与对外贸易进行严密监管。设立新学校以训练日本人民,实施能"统一他们的思想"的公正的行政,从为将军服务的藩国中聘用"有才之人",所有这些都是必需的;但是,佐久间的这些要求所反映的,与其说是一个有意识的激进的社会变革计划,倒不如说他作为一位出身卑微的中层武士,因自己的观念不被人接受而产生的挫败感。他的有才之人毕竟仍旧是武士。他们的道德训练仍将是儒家的。在他看来,日本经过几个世纪"采用了中国之长处",从而使自己的力量足以抵御任何可能来自中国的攻击①,现在,为了同样的目的,必须转向西方学习。"今天的蛮夷,"他评论道,"到目前为止,已经在科学和技术两个方面远远超过了中国。"②

这些观念之所以能够产生长远的影响,除了归功于那些学习西方的人,诸如像林子平、佐藤和佐久间——他们对外国威胁的反应,把破坏性要素引入晚期德川幕府政治;还应归功于一群与水户藩关系密切的儒家学者。其中的第一人当属藤田幽谷(1773-1826),他对防御问题的评论为18世纪末的水户思想指明了一个新方向。他提出的许多观念和口号,在其后的80年间成为日本人辩论的焦点。③ 例如,用"内忧外患"这个词来专指日本的处境,正是出自他之手。对于这个词的前半部分,他的意思是指藩国的财政困难和这些困难带给农民的种种苦楚;对于它的后半部分,他指的是俄国在北方的行动。他说,解决这两个问题的途径是"富国强兵",尽管他赋予这个词语的含义与后人所讲的不是同一回事。在他那里,富国指

----

① Chang(pp.172-173)转引了一封1858年早期的信。

② Chang,p.178.

③ 水户学者已经有大量的研究了。英文方面的研究,特别参考 Tsunoda et al., pp.592-603;Earl, pp.86-106;Harootunian, *Toward Restoration*, pp.47-128。

的是一种重农主义:限制贸易,驯服商人,摒弃城市生活,让人民重返土地。强兵则要求重建武士士气,恢复军人之德。这个要求由于包含了回归节俭的含义,从而不但是治乱而且也是富国的关键。于是,这一解决之道的两个部分实际上可合二为一,正如它要解决的问题的两个部分也是如此。

藤田幽谷的学生会泽正志斋(1781–1863)继承和发展了这些观点,这尤其体现在他在 1825 年写的《新论》一书。ⱽ 与他的导师相比,会泽对外部威胁的感受更为深切。在他看来,英国和俄国(或许联手共谋)正利用贸易、基督教、最终靠武力来征服中国和日本。他也不相信"兰"学者的计划能够拯救日本。在他看来,这些学者迷失于把"我们文明的生活方式转变为野蛮的生活方式"的研究。① 相反,拯救日本必须依靠强军备战(包括使用西式武器)和"攘夷"即"驱逐蛮夷"的政策。这首先意味着灌输抵抗意志。日本的衰弱不仅是几个世纪和平的结果,会泽正志斋写道,而且只有在它的人民能够团结起来、下定决心之后它才会强大。团结和决心又唯在如下情况下方能出现:日本必须从一开始就清楚地表明,它若受到攻击必将战斗到底:"'置之死地而后生',正如谚语所说……所以,我说,首先必须做出或战或和的抉择,从而置整个国家于死地。"②

做出这一重大决定———如其他使国家强大的举措(如提拔有才之人、放宽参觐交代的条件)的责任——在会泽正志斋看来,完全落在幕府的身上。毕竟,将军头衔的第一部分不正是征夷即"征服蛮夷"吗?因此,这就需要将军展现领导力,通过证明这一特殊的义务超越了所有较低层次的忠诚,对领主、家族或大名的忠诚,来指明实现国家团结的方式。最重要的是,将军必须显示德川幕府已经准备好把他们的"私"利,包括将军权威的存续,置于全体人民更广大

---

① Tsunoda et al. , p.601.

② Tsunoda et al. , pp.593–594.

的利益之下,而这将体现为全心全意接受尊皇即"尊崇天皇"的理念,这就可确保天皇——"国体"之象征——将再次"统治这片土地,治理他的人民……把整个国家置于他的意志之下"。①

对于对外事务的这类反应,会泽正志斋就其政治意味的解读远超过前人。尽管他的著述中有把德川幕府置于天皇之下的字眼,但他并没有真正想到过要推翻德川政府,恢复天皇统治。然而,即便如此,他无疑是播下了这类思想的种子,等待他人培育。这样,他就完成了维新运动的政治词汇。尊皇和攘夷将合并成一个口号:"尊皇攘夷",一个概括了 1860 年代尊皇主义武士目标的口号。国体,国家之体,以其天皇与人民为神秘统一体的含义,将成为一个宪政的理想(设计政治行动的目的是把这个理想实体化),成为攘夷力图保卫的核心。

把这些泛泛而谈转化为一种马上就可用来对付外国要求日本开港的主张,是幽谷的独子藤田东湖(1806 - 1855)的成就。在一本了解中国鸦片战争的情况下,写于 1845 年、名叫《常陆带》的书中,他考察了同代人就新形势下外交政策提出的不同方案。ⅵ 第一,有一种观点认为,通过给予外国人通商的权利来向他们示好,藉此给日本以时间武装自己,进而驱除他们。在东湖看来,这是一种没骨气的政策,把本该今天做的事情推给了下一代。而且,它还是一种自毁江山的政策,因为它将给贸易和基督教提供一个消灭日本人斗志的机会,果真如此,攘夷将永远无望。② 第二,有人鼓吹日本向世界开放的计划。它着眼于学习并采纳西方文明中那些能使日本变强从而在国际舞台求得平等地位的元素。同样,在东湖看来,这个计划也有腐蚀日本精神的危险。它最有可能的结果是软弱无力、缺乏经

---

① 转引自 Earl, pp.95 - 96。Web 在 *Japaneses* 一书中也讨论了江户的忠诚概念,见第 182 - 195 页。忠诚这个主题我们随后还会讨论,参考第 6 章。

② 关于东湖对基督教的看法,参考 Chang, pp.54 - 59。

验的日本落入外国人设下的陷阱。最后是一种直截了当的驱逐政策,用战争来保卫"神土"。甚至这个方案也遭到东湖的拒斥,因为它是否定性的。与这个方案不同,东湖主张攘夷(在这种情景下最好翻译为"**驱除**蛮夷"),但一旦它完成了团结人民、保卫国家的关键任务之后,就应被开国即"打开国门"政策所接替。换言之,"驱除蛮夷"本身不是目的。它是日本以平等姿态面对世界的第一步:重整武装、政治改革、培养对天皇的忠诚,在这样的忠诚的基础上,一个真正团结的国家就可以建立起来。

这些态度,尽管是在一种非常地道的儒家概念和术语框架下表达出来的,但在当时绝非我们今天回过头看那样属于一种典型的武士思维,正如像佐久间象山那样的"兰学者"的观点绝对不属于一种典型的武士思维一样。事实上,大多数武士几乎都更愿意同情儒学者中的保守之士,高罗佩(R. H. van Gulik)把这些保守人士精辟地描述为"枯燥乏味且毫不妥协"。①尽管这些学者的原则最终深植于明治国家的社会准则和教育体制之中,但他们确实对明治维新运动的历史和思想了无贡献。然而,我们不能据此完全忽略不谈他们的观点,哪怕仅仅是因为他们对西方文化尖刻的攻击——这一攻击部分源自中国的文化沙文主义(通过中国书籍在日本的流通而为人熟知),部分因为他们意识到西方科学对自己的职业饭碗形成了威胁——在很大程度上帮助塑造了当时围绕外交政策进行争论的情感气氛。

他们中间最有名的一位是盐谷宕阴(1810 - 1867),他曾经是推行天宝改革的水野忠邦的一位幕僚。在一本署名时间为 1846 年的著作中,宕阴预测英国很快就会把它的注意力从中国转向日本——通过派遣探测船、要求提供仓储地、在沿海劫掠,事实上包含所有通

---

① 高罗佩提供了一个有价值的关于日本儒家学者的总体看法的介绍讨论。也可参考 Blacker, *Japanese Enlightenment*, pp. 17 - 19。

过"恐吓使其臣服的艺术"手段①——直到可以派遣舰队并要求开放通商口岸的地步。到那时,进行有效抵抗已为时已晚。在他晚年的著作,1859 年出版的《隔力论》(*Kakkaron*)中,宕阴断言,中国的错误就在于最初同意西方在澳门获得一立足之地。一旦做出这个让步,贸易和基督教就共同利用这个机会,而在整个过程中,蛮夷又得到了"吃里扒外之徒"的协助。中国国力虚弱在很大程度上可归咎于那些目光短浅、疏于职守的官员之流的所作所为。

中国不仅没有意识到这些外患,没有进行军事反击的准备,而且,它也没有把国内的秩序整顿好。宕阴写道,要是它的统治者能够继续拥有人民的支持,"那么,即使外国侵略者用尽各种诱惑手段,他们也不会有征服中国的机会。如果一个国家有穷人,这就好像家里有生病的小孩一样;如果一个国家有反叛的人民,这就好像家里有个挥金如土的浪子。现在这个生病的孩子没有得到治疗,这个挥金如土的浪子没有遵守命令……究竟应当归咎于谁?"②从这里得出的道德教训一目了然:日本不仅需要军事科学,也需要儒家伦理,一个稳定的社会基础;因为中国的失败不可归咎于儒家,而应归咎于没有按照儒家要求的方式生活。

这个观点在大桥讷庵(1816 - 1862)那里得到了进一步的增强,而他的著作大都是在佩里到来的时期写下的。③ 在他看来,西方文明执迷于利润而排斥责任,重科学即外在形式而轻道德本质。它忽视了人与人之间的当然区别,一如它挑战了"文明"与"野蛮"间当然的等级划分。无论从哪个方面看,它对社会秩序都是破坏性的。确

---

① Van Gulick,p. 488.

② Van Gulick,p. 534.

③ 关于他的研究,参考 Blacker,"Ohashi";Harootunian,*Toward Restoration*,pp. 258 - 278;Tsuchiya,"Bakumatsu shishi",pp. 162 - 163。

实,甚至对它的学习和研究也是破坏性的。因此,尽管西方毫无疑问地有巨大的力量,但是将"西方科技"与"东方伦理"相结合的尝试(佐久间象山的口号)只能导致毁灭。"当我们说尽管我们把西方道德教育视作邪恶与谬误而加以拒斥,我们仍旧能够接受西方科技时,"大桥写道,"就等于告诉人们,尽管干渠的水被下了毒,他们仍能安全地饮用来自它的支渠的水。"[1]

大桥在1858年后成了一名政治积极分子,因在狱中所受的折磨死于1862年,这证明了他信念之强烈。与此形成鲜明对比的是,佐久间象山在1864年被一位排外狂热分子刺杀身亡。我们难以找到更好的例证,来说明这里讨论的意见与实际政治之间具有何等密切的关联。尽管如此,必须指出,那些一味强调把他们区分开来的观念是危险的,如果这意味着忽略他们共有的观念的话。确实,对于西方文明,在日本有人表示尊崇,有人表示鄙视,就像有人愿意与之周旋待变,有人意欲立马拒之门外。他们之间的争执,如我们将看到的,沾满了血腥和痛苦。然而,这一争执发生在一个具有相当高共识的概念框架之下。日本正处于这个或那个西方列强武力攻击的危险中,为了自救,它需要在国内重整武装、进行改革,而在做这些事情的时候,它必须意识到它们对传统信条的毁灭性影响。这些观点,到佩里于1853年到来之时,已经为许多(如果不是大多数)有识武士所认同,不论他们在几乎所有的其他事项上如何各持己见。而在佩里到来之后的五年里发生的事件,又将把这些信念延伸至更大的圈子;因为此时,所谓外患,到此为止尚是预期性的,后来因外国实际要求而成为现实。

---

[1] Blacker,"Ohashi," p.165.1858年中国的保守派学者反对《天津条约》的主张,与此非常相似。参考 Hsu, pp.57 - 66, 111 - 112。

佩里远征

最终是一只美国舰队打开了日本向外国船只开放大门的事实，从日本早先全力应对的是英国和俄国的角度来看似乎颇令人惊奇，但实际上并非如此。美国对日本持有长久的兴趣。这兴趣虽然或许谈不上浓烈，但足以促成在 1846 年派遣比德尔到日本。而且，在这次与日本建立外交关系的失败尝试之后，发生了一系列促使美国关注太平洋地区、与这个地区的接触迅速升温的事件：俄勒冈领土的转移，加利福尼亚的独立及其后加入联邦，1849 年的淘金热。在这些事件的刺激下，人们开始谈论横贯美国大陆的铁路和从旧金山到上海的汽船航线。日本因此被美国赋予了新的重要意义。在美国人的眼里，日本不仅仅航海风险大，还是煤炭源地。因此，1849 年 4 月，为接一艘失事的美国捕鲸船船员回国而访问长崎的美国军舰普雷布尔号（Preble），就试图获准建立跨太平洋的煤炭贸易航线。这一请求，像比德尔的请求一样，被严辞拒绝。

我们必须在这一背景下来考虑 1852 年马修·佩里将军受命率领舰队前往日本时所接受的命令。他要确保美国的船员得到保护，要获得进入日本港口获取补给和煤炭的许可，要争取获得通商权，哪怕仅仅是基于临时约定基础上的通商权利。但是，在做这些事的时候，他需要谨慎对待日本的敏感事项。正如美国总统在给日本"天皇"的信中所说："我特别叮嘱佩里将军，不做任何可能会扰乱您的帝国神圣权力之宁静的行为。"①然而，佩里自己看来并不特别在乎这一克制的必要性。毫无疑问，这部分是因为他在 1852 - 1853 年冬季从弗吉尼亚州的诺福克（Norfolk）到香港的航海经历，证实了他关于拥有受美国控制的煤炭供给基地具有压倒一切重要性的观点，

① Hawks，1：256.这封信的内容也可参见 Beasley，*Select Documents*，pp. 99 - 101。

因为他的此次航行沿线大多数煤炭基地都被英国先占这一事实,给他的舰队带来了极大的不便。这部分是因为他与其他某些西方人一样持有或者迅速地知晓了所谓中国沿海成见,即在东方外交中要靠武力或武力威胁说话。

可以肯定的是,当佩里于1853年7月8日,在两艘护卫舰和两艘驱逐舰的陪伴下到达浦贺的时候,他已经准备好了采取坚定的立场来应对日本人的拖延或回避动作。他告诉试图说服他前往长崎的日本官员,如果他们不做出适当的安排来接受他携带的国书,他将"以强大的武力"登岸,并亲自呈送国书,"不管这会带来什么后果"。① 而且,在他写给日本人的信中,他表达希望"日本政府看到避免两国不友好冲突的必要性"②,而要做到这一点最好的方式就是接受他提出的方案。如果他得不到立即答复的话,他说,他愿意在1854年春天,"与一支更为强大的舰队一起",为了一个答复再度来到日本。

佩里的行动在日本引起了轩然大波,尽管在之前几十年或更早之前已经有相关的讨论,已经预料到早晚会有这一天。一本写于1864年的日本编年史,以如下方式描述了这些反应:

> 日本的武士阶级在长期和平时期疏忽了军事技能;他们贪图享受和奢华生活,而且这么多年已经很少有人再重拾盔甲。所以,他们对于即将爆发的战争的前景感到恐慌,开始四处搜寻武装。江户城及其周边村落已经陷入极大的混乱之中;预期战争一触即发,人们带着自己贵重的东西和家当四处逃避,把这些东西藏在住在偏远地方的朋

---

① Hawks, 1:238.

② Hawks, pp.258 - 259.

友家中。①

　　官僚圈以外的人士同样感到震惊。7 月 10 日,幕府召开了一系列会议来决定是否要坚持让佩里前往长崎。会议争论激烈异常,一直持续到次日即 7 月 11 日晚上获悉佩里舰队已经到达江户湾才终止。对敌对行动的惧怕使最后一批犹豫不决者接受了不可避免的现实:授权浦贺的长官接受(佩里携带的)国书,并承诺在第二年春天做出答复。这些文件于 7 月 14 日在久里浜通过适当的仪式正式移交。

　　当然,这与同意佩里提出的要求不是同一回事。在这个问题上,幕府官员仍有巨大的分歧。在政府内部关于是否同意这些条款仍然意见不一。1845 年以来一直担任幕府首席老中,以其 1846 年秘密同意萨摩通过琉球与法国人进行谈判而著称的阿部正弘②,深信日本不可能长期拒斥西方国家的通商要求,但他也认识到,如果江户毫无保留地接受美国的提案,将会在日本国内激起倒幕情绪的高涨。为了克服这个困难,他采取了前所未有的方式,呼吁所有官员和大名都就此问题提出意见书,并相信这样做的时候,大多数人哪怕只是出于对自己意见的尊重,都会建议避免采取敌对的政策,从而为找到一个妥协方案提供"民意"的基础。关于这一点,后来的发展证明他错了。尽管幕府对这类事务具有做出决定的权威,但有些被咨询的大名和官员做出的答复,表明他们更愿意推荐甚至坚持的,是他们自己的政策。

　　美国国书的翻译件从 1853 年 8 月初开始被传阅,幕府其后的三个月内收到了关于这些信件的评论。有 61 份来自于大名的答复保存到了今天。井野边茂雄对它们做了如下的总结:19 件表示愿意接

---

① Satow,*Japan 1853 – 1864* ,p.4.

② Sakai,pp.214 – 219.

受某种形式的通商和开港;19 件敦促彻底拒绝佩里的请求;14 件反映了需要避免战争这一主要关注;7 件主张以拒绝为最终的目标,但同时也设想了采取权宜之计的可能性;还有 2 件简单地表示服从幕府的命令,不管这些命令是什么。① 诚然,我们不可断定其他 200 多位封建领主的意见也会照这 61 位的区分方式分布。然而,从我们所持有的回复中可以清楚看到的是,阿部没有找到任何共识,甚至连一个如果诸藩国真的都接受幕府的决定权而可能产生的"公开的"共识也不存在。更有甚者,在上述区分的主要集团中的每个集团,都包括阿部不得忽略其建议的人物。

例如,在那些同意开放日本港口的人中有堀田正俊,一位将在两年后接替阿部任首席老中的谱代大名。他持有与阿部相近的倾向,认为日本不仅无法对西方进行军事抵抗,而且它还可发现通商于己有利。②

最有权势的谱代领主井伊直弼则并不像他那样直截了当。他说,如果日本只是消极地等待外国进攻,注定将被打败。"当我们被包围在一个城堡中,拉起吊桥就等于监禁自己,城堡迟早会失守。"③正确的应对之道与其说是开放日本的港口,倒不如说是建立船队,使用它们进行海外贸易,从而获得为建造海军所需要的经验和技巧。如果完成了这项工作,日本就可以保卫自己的独立,并能"扬威四海"。④

筑前的黑田长溥,一位在九州岛拥有 50 万石的外样大名,提出

---

① Inobe,pp. 348-365. 也可参考 Kanno,pp. 382-389。
② 关于这个时期的堀田正俊的观点的史料,现存于世的只有一份未标明日期的总结。它可见于 BGKM,3:591-592。这个文献选编包含了 1853-1858 年的谈判的所有日语的备忘录文本。它们的英文翻译见 Beasley, *Select Documents*(以下再引用时只提及英译本)。
③ Beasley, *Select Documents*,p.117.
④ Beasley, *Select Documents*,p.118.

了相似的方案。他认为通过巧妙的外交——使用"以夷制夷"[viii]这样一种传统的中国方式——来避免做出大的让步，将使日本拥有足够长时间来建立彼得大帝的俄国一样的帝国。他写道，"使用大量从荷兰和美国购买的大炮和战舰，我们必须让它们承担建设大任并培训日本的技术人员，直到这些工作可以由日本人自己开展。"①

拥有封地近 80 万石、面积仅次于加贺的前田且为黑田亲戚的萨摩藩主岛津齐彬也强调西方军事科学的重要性，特别是与海洋防御相关的技术，因为，就本质而言，日本面临的显然是从海上来的攻击。然而，对于外交事务的政治方面，他则更加谨慎，他敦促幕府推迟任何关于该条约的决定——他认为三年应当足够了——一直到防御准备完毕为止。②

与此相反，通过联姻成了德川幕府亲戚的外样大名土佐藩主山内容堂(24.2 万石)建议聘用荷兰专家建造船只和大炮，但同时完全反对佩里的提案。他说，一旦外国人强迫开放贸易得逞，他们将会利用他们的优势，"通过展示善意来引诱无知者，直到最终使日本完全臣服于他们的意志"③。解决的方法是根本不让他们进入国门一步，至少在日本强大到可以泰然处理外国人之前都应如此而行。

山内的观点与水户藩主德川齐昭(35 万石)的观点相去不远。他在 1853 年 8 月 14 日发给幕府的信件可视为水户学派的"驱除"论在与美国谈判这个特殊问题上的一次经典运用。④ 齐昭简要地阐述对基督教和贸易的传统式反驳，并强调了如果幕府屈从于威胁将导致的耻辱——外国人"自大、目中无人，行为粗暴野蛮"。但是，他相

---

① BGKM, 1:575. 该书（第 566－578 页）给出了黑田 1853 年 8 月 21 日备忘录全文。
② 他的备忘录的英译文见 Beasley, *Select Documents*, pp.112－114. 关于岛津的态度的讨论参考第 5 章，第 124－127 页。
③ Hirao, *Yamauchi*, pp.20－21.
④ 文本见 BGKM, 1:509－522. 我在 *Select Documents* 第 102－107 页中已经翻译该文的大部（省略了关于军事提案详细的长部分）。

信**有**一条路可走,只要江户决意走的话。因为如果没有使用武器的
意愿,武器将毫无用处,所以日本防务的第一要件是,政府要明确表
示它将会战斗到底。追随妥协者和崇外者的建议只会带来灾难:
"如果我们决意进行战争,那么,全国的士气将为之一新。而且,即
使我们在最初会遭受战败,我们最终将把外国人驱逐出去;然而,如
果我们决意维持和平,即便似乎会有一度的安宁,整个国家的士气
将极大地下降,而我们最终会彻底溃败。"①失败也可能威胁到德川
家族的声誉和权威。可以想见,"幕府对大片土地的控制自身将难
以为继"。而另一方面,成功则可以使日本"走出去与列强战斗,并
扬威于四海"。

对于阿部这个负责制定政策的人来说,德川齐昭建议中的关键
要素,是它完全拒绝了把与佩里的妥协作为一个手段,使日本获得
完成防御体系的时间的做法。水户对与外国通商的种种反对意见,
尽管不乏强有力的支持,②但就这些反对意见本身而言,它们毕竟没
有排除与佩里达成协议的可能。美国总统不过是建议日本**暂时**取
消锁国禁令,要是试验证明不成功不是仍然可以重新启动贸易禁令
吗?同样,齐昭关于海防的观点也没有问题,因为它们同幕府或其
他大名的观点之间并不存在根本的冲突。齐昭并不否认西方军事
技术的价值——他自己的藩国,就像萨摩和肥前一样,已经在荷兰
学者的指导之下,在西式舰船制造和大炮铸造上取得了很大的进
步——他否定的仅仅是要海防必须开港的政策。

事实上,尽管贸易和防御的关系是当时人们激烈争论的对象,

---

① Beasley, *Select Documents*, p.103. 参考上面会泽正志斋的观点,第83-84页。
② 仙台藩主伊达庆邦(62.5万石)以一种与齐昭非常相似的语言谴责了贸易,把它描
述成把日本的真正的财富与"不过是奇淫巧计的外国之物"交换,这就使"外国人靠
我们国家之失而牟利"(BGKM,1:639-642)。他的这一观点得到了其他一些有
影响的藩主的应和,特别是长州藩主毛利敬亲(36.9万石),肥前藩主锅岛直正
(35.7万石),他们的文献分别见于同上书,2:260-262和104-106。

众说纷纭，出现了种种根本不同的观点，但开港才是迫在眉睫的问题。在这个问题上，德川齐昭获得了一些非常强大的外样大名的支持，他们和他一样反对美国的缔约要求。他也得到了其中一位年轻的旁系亲戚越前藩主松平春岳（32万石）的支持。与齐昭一样，春岳也认为妥协将危及日本和德川幕府。在权宜之计的名下做出与佩里缔约的决定，他说，"将给人们以仅仅因惧怕外国的军事力量就陷入外国人的圈套的印象"，从而使人们"怀疑我们统治的能力"①。

于是，幕府的职业官员发现自己处于一个非常艰难的位置。一方面有像阿部正弘、堀田正俊和井伊直弼那样显赫的谱代大名，他们都属于那个常常主导幕阁群体的成员。他们推崇一种"现实主义"外交政策，这意味着某种与佩里的妥协安排，紧接着通过利用与西方新建立起来的关系来采取积极措施以增强日本的实力。反对这些观点的是少数很有权势的德川家族自己的成员，他们由德川齐昭领导并得到一些更为积极的外样大名的支持。他们坚持认为与佩里妥协的方案的弊害远远超过利好，换句话说，他们坚持认为长期的军事需要使短期的外交妥协难以成立。这一局面又因谱代大名和德川亲属之间长期存在的紧张关系而复杂化。作为幕府参议，谱代重"行政当局"之利益，甚于"德川家族"之利益。而德川旁系作为雄藩大名，几乎和外样大名一样，为不受中央控制的独立所吸引。

也许是出于这个原因，德川齐昭发现，他在幕府最高级以下的官员中几乎找不到支持者。这些官员中的一些人，特别是那些直接受到阿部提携的更有才干的人，Ⅷ鲜明地表示了支持他们上司的开国政策，同时他们自己对这些政策的形成做出了很大的贡献。甚至

---

① Beasley，*Select Documents*，pp.114-117，at p.115. 松平春岳也名为庆永。

有少数人要求推行更为激进的方案，其中尤为引人注目的是向山源大夫（他的儿子在19世纪60年代为一名主要的外交事务专家）的方案。在一篇写于1853年夏的长篇文章中，向山把两种元素融合在一起，从而远远走在了他所处时代的前面：元素之一是认识到外交危机使国内政治团结和经济改革成为必要，且两者在一定程度上互相依存；元素之二是呼吁开放对外贸易，因为它可成为财政收入的来源和引进科学知识的手段，从而成为国家财富和力量的基础（富国强兵）。他写道，事实是"来自于贸易的利润超过了占领［另一国］土地和增加［农业］产量的利润……如果我们现在想要追求一种'富国强兵'的政策，没有什么比建立贸易关系更好的方式了"①。

这根本不是那种用来吸引占江户官员多数的保守派的提案。他们正全力寻求一种两全其美、无需在两个极端之间选择的解决方法。这清楚地反映在一份1853年8月26日由江户市地方长官（町奉行）领导的一个有影响的小组提交的文件中。② 这个文件一开始就指出要拒绝佩里的要求，除了那些关于救助遇险者的要求之外。然后，它进而认为拒绝的方式应尽量友好，因为日本没有招惹敌意的本钱。假设佩里仍然顽固，而他也确实如此，该文件继续写道，那么剩下的问题就是如何在尽可能长的时间中避免战争，给幕府足够的时间来完成防御准备。这个问题的答案在于微妙的外交，也即向美国提供贸易特权，但条件是美国须确保从其他所有国家那里获得它们都承认美国这一垄断地位的承诺。这显然将是"非常不可能完成的事情"。然而，它会赢得时间。

人们从所有这些发展中得到的印象——无论如何，绝非是最后一次——是许多幕府官员在这个阶段最为关注他们所处的国内政

---

① BGKM，1：686-724，at p. 722.

② 文本参考 Beasley，*Select Documents*，pp. 107-112.

治困境,而非所面临的对外关系现实。可以肯定的是,他们花了1853－1854年冬天的大部分时间在阿部正弘和德川齐昭之间寻求一种妥协的基础,而他们关切的问题不是政策,而是措辞。然而,德川齐昭仍然不为所动,即使在私下讨论中也是如此。其立场正如他在1853年9月13日写给松平春岳的信中所描述的一样,希望"对内战争,对外求和"。① 这意味着在日本国内进行大张旗鼓的备战,而与此同时,在处理与外国的关系时,要追寻一条精心算计的道路,以推迟敌意风险出现的时间。从表面来看,这个观点与支持阿部观点的官员所采取的立场相去不远,他们认为日本就是倾全国之力,在几年之间,也难以达到可以一战的状态。要不是因为僵化的地位要求,使得相关人员之间无法亲身当面争执,否则上述双方之间是有可能达成某种妥协的。② 而事实上,双方的交流是通过交换信件并佐之以中间人传话进行的,这导致双方总是彼此猜疑。这些幕府官员认为齐昭鲁莽轻率,也许就是一个好战分子。水户则认定幕府既软弱又犹豫。即便允许藩国建造战船的命令(这部分是幕府对齐昭愿望的一个让步)也没能让齐昭改变立场。③

　　这些交流的结果是幕府于1853年12月1日发表的声明。该声明试图在幕府官员和德川齐昭的鸿沟之间架起桥梁,但这一努力徒劳无功。④ 这份声明宣称,在日本目前的防御状态下,必须做出一切努力以避免佩里回到日本后与他发生冲突。然而,如果谈判破裂,则所有的日本人都必须做好准备保卫他们的国家。这份声明产生的结果,是把江户大多数人都赞同而与德川齐昭的希望恰恰相反的慎战求和的告诫公布于众。新年伊始,齐昭在给松平的信中评论

① 文本见于《昨梦纪事》,1:83－84。也可参考 Chang, pp. 82－86。

② Tabohashi, *Kindai Nihon*, pp. 506－507. 关于阿部和德川齐昭在这一事件之前的关系,参见 Totman, "Political Reconciliation"。

③ 这个法令于1853年10月17日颁布。参考 Akao, 2:780。

④ 文本见于 BGKM, 3:221。

道,他一直担心的事现在就要到来了,日本将进入一场没有准备的谈判。①

齐昭担心的原因是佩里重返浦贺了,这次随行的还有他全部的八艘战舰。正如佩里在他的官方报告中表明的,他已经"做好了一切准备,通过一切必要的军力展示,来彰显他的第二度登陆日本的与众不同。因为,他的所作所为表明他知道,对于日本人这样一个如此重视仪式和场面的民族而言,炫耀武力的重要性及其对日本人士气的影响"。② 在从 1854 年 3 月 8 日开始的一系列会议中,他不遗余力地要让日方谈判者明白,他已下定决心非要签订条约不可。日本人对此也没有做多少反驳,因为幕府已经命令它的谈判代表接受美国的多项要求,尤其是那些有关救助海难者和停靠港的要求。

令人奇怪的是,贸易问题也迅速得到解决。佩里根据美国与中国的条约提出了一个贸易协定;日本拒绝了这个协定;佩里则转向了其他事项。ix 事实上唯一真正的困难在于开放港口的选择上,主要是因为佩里决意完全不考虑长崎。最终选择的是下田和函馆,前者需要立即开放,后者在一年之后开放。随着这个问题的解决,谈判几乎就接近尾声了。这个用英语、荷语、中文和日语正式拟定的条约,于 1854 年 3 月 31 在谈判举行地神奈川的一个特别建造的大厅里,经过一个简短的仪式后签订。③

双方似乎都对他们的收获感到满意。佩里的报告直接宣称"日本已经向西方国家开放了"。④ 报告对未来也抱以乐观态度。报告写道:"毫无疑问,日本人和中国人一样,都是富有模仿力、适应力且温和顺从的民族。从这些特征中,可以发现外国风俗和习惯——如

---

① 1854 年 2 月 12 日的信,见《昨梦纪事》,1:105 - 106。

② Hawks, 1:345。

③ 这个条约的英文文本见 Hawks, pp. 377 - 379;Beasley, *Select Documents*,pp. 119 - 122。日文和中文文本可见于 BGKM, 5:449 - 460。

④ Hawks,1:388.

果不是一个更高文明所拥有的更高贵的原则和更美好的生活——可能具有比较顺利传入的希望。"①而从日方的观点看,日方的谈判者也能有一些微小胜利值得炫耀,例如:"这份协议是以四位使节的名义签订的,而没有任何来自于老中的官方文件。"②他们还有一个坚实的成果可称道,即条约中排除了任何明确的贸易权利。而且,这一点是在没有激化敌意的情况下做到的。诚然,德川齐昭及其追随者对在他们不了解的情况下做出的让步的范围,特别是在诸如领事代表权等事项上的让步,感到震惊和愤怒;③甚至佐久间象山那样一个富有远见的开国论者,也严厉地批评江户屈从佩里的威胁为耻辱性的示弱。④ 后来,日本很快不得不与俄国和英国签订相似的协议,⑤而这进一步增加了使用日本港口的船只数量,并因此增加了冲突的机率。然而,幕府成功地做到了它预期要做的事情,即赢得时间。剩下的问题是日本该如何利用这段时间。

注释

ⅰ Beasley, *Select Documents*, p. 104. 这种逻辑最初来自于中国,关于它的经典表述可以在林则徐 1839 年写给维多利亚女王的著名的信中看到:"中国所行于外国者,无一非利人之物……而外来之物,皆不过以供好玩"(Teng and Fairbank, *China's Response*, pp. 25 - 26)。

ⅱ 中国和日本的态度又一次非常接近。1841 年在广州一张反对外国

---

① Hawks, p. 359.
② 日本谈判的官方报告见于 Beasley, *Select Documents*, pp. 122 - 127, at p. 123。
③ *Ishin-shi*, 1: 609 - 610. 阿部的确在 5 月 6 日提出辞职,部分是因为这个原因,但他的辞职没有被接受。同上书, 2: 107 - 108。
④ Inobe, "Sakuma Shozan", 1: 474 - 479, 484 - 486.
⑤ 在研究日本政治的情境下——这是我们主要的关注——这两个条约的谈判故事对于它的价值增色甚少。细节见 Lensen, pp. 311ff; Beasley, *Great Britain*, pp. 113ff。

侵略者的布告中,有关英国人的部分这样写道:"你们无视我们法律和制度,无视我们的合法原则……你们除了船坚炮利之外还有什么能力可言?"(Teng and Fairbank,*China's Response*,p.36.)关于中国态度的简短讨论,参考 Hsu,*China's Entrance*,pp.3 - 12;关于日本态度的讨论,参考 Blacker,"Ohashi Totsuan",pp.166 - 167。

ⅲ 例如,我们或许难以找到比《爱丁堡评论》(October 1852,p.383)的陈述更强烈地道出日本关于贸易的本质和重要性与西方的看法背道而驰的表述了:"日本人的强制性闭关不仅对他们自己来说是错误的,而且对于文明世界来说也是错误的……日本毫无争议地对它的领土拥有独占的权利,但是它不可滥用这个权利到了禁止它其他所有的国家参与分享它的富裕和美德。"

ⅳ 福泽渝吉在离开他的城下町到长崎学习"兰学"时提到了他的决定,他说:"我会欢迎任何事物,文学或艺术或任何其他的事物,只要它给我一个逃离的借口。"(Blacker,*Japanese Enlightenment*,p.4.)

ⅴ 这部著作最初是以手稿的形式流传的。它在会泽完成写作 30 年之后的 1857 年才最终印刷出版,并成为学校通用的教科书。据说,在 1850 年代晚期和 1860 年代,一个人如果不手执一本《新论》,就没有资格成为一名志士。参考 Earl,*Emperor and Nation*,pp.91 - 92。

ⅵ Inobe《水户》一文第 142 - 144 页总结了《常陆带》一书的观点。像那个时期的其他许多书的标题一样,这本书的标题翻译出来并没有什么意义——"常陆带",是水户藩控制统治的一个省名。对于这类书名,我建议不必译出。

ⅶ 这个短语来源于对中国在中亚的边疆政策的描述,但是在 19 世纪,像魏源这样的学者将其应用到利用一个西方国家来对抗另一个国家的外交。参考邓嗣禹和费正清,《中国对西方的回应》,第 34 - 35 页。日本学者同样用来描述使用西方科技来对抗西方。

ⅷ 它们包括水野忠德,土歧赖旨,川路圣谟,井上清直,岩濑忠震,永井尚志和筒井政宪。他们在 1857 - 1858 年的外交政策决策中都扮演了重要的角色,对此在下一章中将会讨论。关于 1853 - 1854 年间这些人的活动和态度，参考 Tabohashi，*Kindai Nihon*，pp.494－511，535－547。

ix 佩里的报告中将此转向描述为他试图以此确保"与小心翼翼的日本人达成他们能够做出的让步下的交易"（Hawks，*Narrative*，1：38）。然而，根据一份日本的记录，佩里特别阐述了通商应从属于其他事情，他做了如下的表述："商业为国家带来利润，然而它并不关心人民的生活。我不会强求"（参考"Diary of an Official"，p.106）。因为 Hawks 在这点上试图为佩里辩护而反对对他的批评，他没有提到这句话并不奇怪。

第 4 章

不平等条约

佩里将军于1853年抵达浦贺,标志日本与西方的关系以及围绕这些关系产生的政治进入了一个新的阶段。诚然,他通过谈判达成的协议,较之列强在打败中国后得到的通商协议相比,或者与实际上将要在1858年同日本签署的通商协议相比,都不是那么苛刻、那么不平等;尽管如此,当时许多日本人仍然认为条约不可接受,并认为佩里协议印证了他们的忧虑。因此,日本人对预期将要到来的危险的讨论(关于这些讨论我们已在上一章做了考察),转变为关于现实世界事件的辩论。学者之间的分歧转变成掌权者(包括官员和大名)之间的斗争。最重要的是,争论的地域和社会边界大大扩展,使与列强的关系问题成为真正的"国家"问题,并且带有浓厚的感情色彩。

这一进程可分为三个阶段:在第一个阶段,如前所述,佩里的要求促使幕府召集藩主协商,从而使他们得以参与政治决策。在本章将要讨论的第二个阶段,在基本没有征询藩主的情况下,幕府的态度逐渐改变,并在1858年夏天与列强签订的全面通商协议——所谓不平等协议——那里达到顶点。这个变化在某种程度上反映了江户通过外交实践学到的"现实主义"。然而,**在政治上**,它却揭示出幕府的主张与封建阶级大部分人的看法之间的鸿沟,一个将要带来强烈不满的鸿沟。因此,在最后一个阶段,对条约的反对变成反对制定条约之人、甚至他们所属政权的理由。结果,外交事务成为此后十年中大多数时候国内政治斗争的关键。

谈 判

佩里条约以及那些以它为范本达成的协议难以满足西方列强的胃口,这一点在条约协议签订后不久,很快即被包括日本人和外国人在内的相关各方认识到。事实上,假如英国和俄国这两个在远东具有最大利益的国家,1854 年没有在克什米亚交战,而紧接着克什米亚战争的英国与中国的冲突即所谓第二次鸦片战争也不存在的话,下一步会来得更早。这两个事件一起使列强——包括那些没有直接介入冲突的列强(美国于第一个冲突、俄国于第二个冲突),把注意力投向欧洲和中国而非日本,这就使幕府通过佩里条约赢得的喘息空间拉长了好几年,一直到 1858 年,可以基本免受外国干涉。

但这并不意味着其间的几年可以万事太平,或者对日本来说无足轻重。一方面,幕府和藩国在此期间都发起军事改革,以期当下一次冲突来临时,能够更好地应对。例如,幕府在长崎建立了一所由荷兰人担当教官的海军训练学校,在浦贺建立了一个造船厂;包括水户、萨摩和肥前在内的强藩也都创建了修造舰艇、制造大炮的西式工厂。与此同时,官员们开始寻求一种能够接受的外交政策,这种政策更多地着眼于国际情势的现实考量,而较少顾及日本内部意见分歧的调和。

这一切发生在德川会议的高级成员堀田正睦(1810 - 1864)领导下——堀田正睦的提拔显示了江户权力平衡中一个微小但影响重大的转变。阿部正弘发现,在 1854 年 3 月之后,面对幕府内部两个集团不断加剧的冲突,维持自己在幕府的领导地位变得愈发困难。这两个集团之间的分歧,在他们对去年的外交政策的反思中已经显现:一边是与井伊直弼相近的高级谱代大名,他们冀望日本的对外关系朝着既有利于幕府也有利于日本全国的方向发展;另一边是由齐昭领导的若干德川家系,他们力推一种比较强硬、更加符合他们作为半独立君主利益的外交政策。

  阿部在观念和背景上都倾向于井伊的支持者，不过，他认识到，齐昭对于任何决策之实施都很重要，而井伊的支持者却显然没有意识到这一点。不过，阿部不是一个能够长久抵抗谱代大名压力的人，更不是一个敢于以决断克服这些压力的人。1855 年 11 月他任命堀田为老中，并辞掉首席老中职位由堀田接任，开始逐步把决策权转交给后者，到 1856 年底，两人之间的权责转接完全结束。

  幕府权力的这一变动带来的一个结果是德川齐昭完全被疏离于幕府决策核心之外，从而排除了形成某种比较"自由的"外交政策的制约。但是，这一变动没有使当权者的观念发生任何重大改变。堀田和阿部一样是个改革者。当他还是佐仓的年轻大名（11 万石）时，就于 1833 年在那里发起一场改革。这场改革和当时的众多改革一样，以改善藩国财政经济为目的；除此之外，他还推出种种措施鼓励医疗和军事训练领域中的"兰学"研究。1855 年 6 月，在日本与西方首次的外交活动的影响下，他授权对藩国军事力量进行重组：在保留封建指挥结构的同时，他的军队装备了西式武器，并被分为骑兵、炮兵和步兵三个部分。① 所有这一切都对堀田将要把幕府的政策引向何方做了清晰的暗示。

  另外，堀田还从阿部正弘那里继承了一个能干有为且观点相近的中层幕府官员班子。② 其中有土歧赖旨、水野忠德、川路圣谟、井上清直和岩濑忠震。土歧赖旨从 1843 年底起在阿部老中手下担任多个职务，并在 1855 年 9 月被任命为大目付（大监督官）；水野忠德曾在浦贺和长崎任职，然后于 1855 年 2 月被任命为勘定奉行（财政长官）；川路圣谟出身卑微，是一个德川家族医生的养子（后继人），

---

① 关于堀田在佐仓推行的政策，参见 Kimura and Sugimoto, pp. 196 - 205，262 - 279。

② Sakata 在 *Meiji ishin shi*（1960）第 88 - 95 页对此作了有益的讨论。

只有 90 石的年收入，但却爬升到非常高的地位，并于 1852 年成为勘定奉行；井上清直是川路圣谟的兄弟，他也是养子，他从 1855 年 5 月起担任下田行政长官；岩濑忠震年纪很轻，与幕府官僚圈子过从甚密，从 1854 年 2 月起担任目付（监督官）。

土歧、水野、川路和岩濑在江户官僚体制中都掌管关键职位。这是因为，尽管大目付和目付名义上的职责是追究失职滥权，但却经常被当作处理特别政务的特派人员，而勘定奉行则控制政府财政收支，这个职位使他们能在政策实施中扮演极为重要的角色。此外，在此后的几年中，凭借工作经验，他们成为日本最早的外交专家。除了土歧外，其余三人在 1858 年夏天通商条约签署后，都被任命为新设的外国奉行（外国事务专员），从而成为当时英国观察家所称的"外务次官"。

他们积极参与塑造日本外交政策的第一个机会出现在 1856 年。这一年，荷兰驻长崎代表丹克·克秋斯（Donker Curtius）写信给幕府，力促幕府对日本的对外贸易问题重新彻底考察。① 他说，一成不变固守陈规迟早要招致战争。以屡次要求与日本谈判通商协定而著称的英国驻香港贸易总代表约翰·鲍宁爵士（Sir John Bowring），绝不是一个善罢甘休、惜用武力之人。在克秋斯看来，日本避免冲突的最佳机会是与荷兰达成协议，而且，是以能够说服鲍宁接受的条件达成协议。

这个主张迅即在首都得到回应，因为那里的官员经过过去两年的辩论，已经形成了接受此类建议的气氛。这年 9 月初，中央政府的主要官员同长崎、浦贺、下田和函馆的行政长官同时收到了征求他们意见的通知。该通知的措辞表明，对征求意见的问题的讨论，真的是开放的，而这样的做法是前所未有的。另外，在 11 月 17 日，尽

---

① 关于他的两封信，写于 8 月 10 日和 8 月 23 日，见《维新史》，2：192，232－233。关于与荷兰谈判的总体情况，参见上书，第 192－198 页、232－249 页。

管有来自德川齐昭的不断反对,幕府成立了一个专门研究通商协议的委员会。这个委员会由堀田领衔,而在它其余十个委员中,有六个是阿部手下的"有才之人"。

如果没有克秋斯建议的刺激,完全任由通商协议委员会按其步调开展工作的话,其工作进展将会如何,实乃一个难以判断的问题。毫无疑问,幕府在通商协议问题的决策上,一直因前景不乐观而犹豫不决(也许还受到齐昭反对的影响)。在这种局面下,委员们因来自中国的消息而迅速行动起来。1857 年 2 月,克秋斯闻知英国在广东的行动及其引发的第二次鸦片战争的消息。当他把这个消息告知长崎奉行时,并没有忘记提示要害。他提请日本人注意,如果日本不改弦更张的话,在中国发生的事情必然也会在日本发生。

江户对此并非视而不见。三月,官员们又收到另一份咨询意见的通知。这个通知明白无误地指出:为了免于"日本遭受广东的命运","我们遵循至今的政策必须改变"。[1] 堀田本人在附在通知上的备忘录中对这一论点做了阐发。首先,他认为,贸易是不可避免的事情,为此,日本最好决定以于己最有利的方式开放贸易。其次,国家的拯救取决于在危机产生前而非产生后的决策:"如果我们既没有计划,也没有目标,最终将发现自己不得不接受外国提出的全部方案。这将使国家陷入万劫不复的境遇。"[2]

此后的争论主要出现在幕府官员的核心圈子里,特别是在那些负责处理国防和外交政策的官员中。这些争论的出发点不是日本该不该与西方贸易,而是如何进行贸易。不过,尽管如此,巨大的分歧依然存在。一派官员(包括土歧赖旨和岩赖忠震)认为,日本应当全面利用遇到的机会,建立不受政府干预的自由贸易体制,并在幕府和大名的领地都开放自由贸易。这样做,这派官员认为,江户"就

---

① 1857 年 3 月 19 日老中的咨询信,见 Beasley,*Select Documents*,pp.130 - 131。
② 堀田 1857 年 3 - 4 备忘录,同上书,第 131 - 134 页,见第 133 页。

能把全国置于自己的控制之下,从而奠定富国强兵的基础"①。另一派官员(以川路圣谟和水野忠德为首)则更加谨慎;他们视贸易为迫不得以而非理想之举。这派官员指出,世界大势的变化确实已经使日本开放港口成为不可避免之事。然而,仍有一些强有力的理由可以为闭关锁国的传统辩护。其一,放弃这个传统意味着改变国家结构之根基,而试图撤换基柱、重塑立国之基的做法,究竟会在多大程度上削弱幕府的权力,难以预测。其次,放弃传统重塑基业,要获得成功,需要统治者有雄才大略、富创新精神。然而,幕府扮演的是继承人和守成者的角色:它合适的政策是"保持清明之治,唯有在充分咨询之后方可下达命令,藉此上下团结、细心维持历代将军传承下来的体制"②。于是,无论改弦更张是如何必须,也不可据此抛弃传统**态度**:"它的观念和内在思想[必定]植根于先前的体系之中。"

有意思的是,从这两派观点中,我们看到,从相似的前提——即现行制度已经不合时宜了——出发,能够导向如此不同的结论:一方认为唯有激进的改革才能拯救幕府的权力;另一方以为幕府自身的不足决定它无法进行真正的改革。不过,我们应注意到两者的共同之处:它们都致力于维护幕府的政权,都意识到决定对外政策与维护幕府政权息息相关。从长远的观点来看,两者的共同之处比它们的分歧更为重要。但是,在当时,两派的分歧使得它们在与荷兰谈判的问题上,采用了两种相反的方法,一方小心谨慎,另一方乐观激进。堀田很圆滑,从两派中各挑一人,派水野忠德和岩濑忠震代表自己去长崎谈判。

尽管两位代表的正式任务是就贸易问题进行调查,并就此问题

---

① 堀田 1857 年 3 - 4 月备忘录,见 Beasley, *Select Documents*, pp. 134 - 136, at p. 136。

② 堀田 1857 年 3 - 4 月备忘录,见 Beasley, *Select Documents*, pp. 137 - 139, at p. 138。

咨询丹克·克秋斯,但是,随着他们在 1857 年夏天的讨论的进行,情况很快变得很明朗:他们所起草的是一份通商条约。再者,克秋斯和岩赖的共同劝服慢慢打消了水野的疑虑,使得他们最终形成的协议稿,与过去的实践大不相同,俨然是一个新体制的开始。协议稿开放长崎和函馆为不受官方干预的自由港,在那里进行贸易不受价值数量的限制,向所有的日本商人而非少许垄断集团开放。尽管协议稿仍然对荷兰商船和商人有许多限制,对所有"私人"进口货物课 35%的关税,但同古老的离岛安排(the Deshima arrangements)¹ 相比,双方都认为改进幅度如此之大,其他的列强没有理由不接受。

这当然才是问题的关键。虽然有岩赖及与他观点相近的官员的支持,这个协议在江户得到通过的唯一机会,是把它陈述为预防某种更糟糕情况发生的手段。水野和岩赖在他们寻求支持 8 月底签署协议的信件中表明了这一点。① 他们说,必须有紧迫感,因为英国舰队可能随时出现并要求缔约,而它绝不会接受一个仅为草案、尚未签署的荷兰条约,作为与日本缔约的范本。他们对这一事实的信念如此之强,以至于向幕府建议,在万不得已的情况下,如果英国特使在幕府的指示下来之前到达的话,授权他们代表幕府签约。

在江户,只有岩赖一派的官员全盘支持协议草案,其他官僚都对它表示这样或那样的保留,大多数官员或者表示无法完全接受由同外国人直接打交道的官员们得出的结论,或者表示要提出自己的方案。② 这就使决定最终取决于堀田个人。在 10 月初他批准了岩赖和水野草案。

与此同时,俄国特使海军少将普什廷(E. V. Putiatin)到达长崎要求与日本缔结通商条约。水野和岩赖旋即通知幕府,因为俄国如英国一样可怕,如果有必要的话,他们也将同俄国签订协议,这样,

----

① 堀田 1857 年 3-4 月备忘录,见 Beasley, *Select Documents*, pp. 139-194。
② 1857 年 9-10 月的各种备忘录和指示草案,见 *BGKM* 17:466-504。

当英国特使到来之际,能向他提出两个而非仅仅一个协约范本。事实上,由于克秋斯和普什廷加大了要求缔约的压力,水野和岩濑很快就不得不这么做了。在没有得到堀田批准(该批准到达长崎的时间很慢)的情况下,由于水野和岩濑通过私人通信了解到他们在首都得到了有力的支持,他们仍旧照自己的计划行事。与荷兰的条约于 10 月 16 日签署,八天后相似的与俄国的条约也得以签署。水野写道,这是"一个需要巨大勇气的举动",因为它们是在没有得到幕府具体指令的情况下签署的,唯有他们面临的危机的性质能够为他们的签约行为辩护。毕竟,"没有什么比给幕府造成更大困难更为糟糕的事情了"①。

毫无疑问,1857 年的荷兰和俄国条约,已经代表了幕府在常规压力下所愿意做出的让步的极限。实际上,甚至这也是通过堀田使用他个人的权威解决幕府内部分歧后取得的。考虑到在之后几年内发生的事件,这一决定能否加诸于幕府之外的大名和武士之上并为他们所接受,仍是一个需要存疑的问题。然而,我们无须对此做出进一步的推测,因为这两个条约很快就因另一个条约(与美国)的问世,而显得无关紧要,与美国的条约把日本推到一条"中国式"条约的道路上,使对外关系问题再度成为公开争论的焦点。

这进一步的发展,几乎完全是由美国首任日本公使汤森·哈里斯(Townsend Harris)一手导演的。哈里斯于 1856 年 9 月在下田安营扎寨。② 在他到达下田后的几个星期内,哈里斯即告知日方他要进行贸易谈判的意愿。他向下田奉行提交了一份美国与暹罗(今泰

---

① 1857 年 10 月 14 日信件,见 Beasley, *Select Documents*, pp. 146 - 149, at p. 148。
② 哈里斯在他的日记中相当详细地记载了谈判过程。他的秘书亨德里克·休斯肯的日记也已出版,不过它没有提供什么新的史料。使用幕府文件的日文相关论述,见《维新史》,2:251 - 261。

国)协定的荷语译本。这个协定以列强与中国的贸易协定为范本。同时,哈里斯还要求允许他前往江户呈递美国总统国书,就"一个最重要事务"开启会谈。江户的反应很冷淡,因为它明白哈里斯要的是什么,在江户只有岩濑忠震一派官员愿意接受。哈里斯被告知只能同下田奉行交涉,即便是在重大的问题上也是如此。至少在幕府于1857年做出与克秋斯进行谈判的决定之前,幕府对哈里斯的要求一直充耳不闻。

即便到那时,幕府对哈里斯提出的要求也是迟疑不决的。唯有下田奉行井上清直(川路圣谟的兄弟)在土歧赖旨的支持下提出言辞强硬的请愿书以后,幕府才做出同意哈里斯访问江户的裁决。①在日本人看来,这个让步非同小可。它在1857年8月27日传达给哈里斯,而访问日期的初步确定则是在一个月后才做出的。当这个消息最终于10月1日公布后,立即招致一群雄藩大名的抗议。对此,堀田视而不见。不过,就是这样,哈里斯仍然是到11月底才离开下田前往江户。在那里,他于12月7日与德川家定将军进行了短暂的正式会面,这为其后的严肃的外交交涉铺平了道路。

幕府有意于向哈里斯(以及鲍宁,如果他来的话)提供一个以荷兰条约为范本的条约。然而,在12月12日与堀田的会面中,哈里斯断然拒绝了这种可能。他要的是更为自由的贸易安排,增加开放港口的数量,有权在江户派驻使节。他说,英国所要求的肯定不止于此。因为鲍宁将带着那些为中国战事而集结的舰队来到日本,而且他绝不会在使用这些舰队武力上有丝毫犹豫,日本将不得不在接受要求与接受战争中选择。哈里斯强调,在"一份与只身一人前来谈判的人签订的条约,和一份同率领五十艘战舰前来谈判的人签订的

---

① 关于幕府在1857年8月对这个问题的讨论的文献,可见于 *BGKM* 16:437 - 440,497 - 501,506 - 511,653 - 661。

条约之间"①有天壤之别：在武力面前公开屈服，"将使政府在日本人民的眼前蒙羞受辱，而这实际上是在削弱政府的力量"②。

在两个小时的会面中，哈里斯给堀田上了一课，告诉他世界的局势，现代工业的发展如何改变了世界局势，英国的威胁（对此他表示可以拿出鲍宁的私人信件加以证明），以及与美国谈判带来的好处。他有一个愿意受教的听众，如幕府处理荷兰条约事宜所表明的那样。他还接触到了一个具有决策权的人物，这就使哈里斯的处境与同年早些时候克秋斯的处境非常不同。几天之内，堀田就会谈写了一个说明，发给幕府高官。这个说明清楚地表明他认为哈里斯的主张是令人信服的。

堀田指出，因为日本的虚弱而接受外国的要求最终将召来灾难。但若出于虚骄以武力对抗武力也同样愚蠢，因为这将导致经济和军事崩溃。因此，日本不但必须签署条约，而且必须要用好条约："我们的政策应是用足眼下的机会。广结友邦，派遣轮船到世界各国进行贸易，学习外国之长，弥补自身不足，增强国力，整饬军备，从而逐渐把外国人置于我们的影响之下，最终使我国完美之政治、和谐之社会昭示全球。"③

这一政策想必绝非哈里斯自诩为"向日本人传授政治经济学基础之教师"④时所认为的日本应当采取的政策。而且如未来的发展所显示的，它也未必与江户大多数官员的意见相合。不过，它仍然意味着谈判是在可能达成某种能够接受的结果的希望中进行的。

---

① Beasley, *Select Documents*, pp.163-164.关于哈里斯在这个场合下说了什么，有两个记载。其一见于 Harris, pp.485-486；另一也即本段引文的出处，是对一则日本记载的翻译，见 *Select Documents*, pp.159-165.两个记载在内容上并不一致，不过后者的语气更具威胁性也更详细。

② Harris, pp.485-486.

③ Beasley, *Select Documents*, pp.165-168，at p.167.

④ Harris, p.490.

不过,在谈判过程中,幕府仍在几个细节问题上坚持不让步。哈里斯在1858年1月16日与堀田再次进行会谈。在这次会谈上,堀田原则上同意了哈里斯的三个主要要求,虽然在外交使节的驻扎地点和开放港口的数量问题上仍旧有所保留。第二天,井上清直和岩濑忠震被任命为谈判全权代表。但是,当实质性谈判于一周后开始时,哈里斯又惊又怒,发现他不得不重新为摆脱荷兰条约"范本"而战。日方反对开放江户和大阪,反对开放京都的态度更为强烈。日方提出建议,美国公使应驻扎在品川或神奈川,而非江户。日方坚决反对给予外国人自由旅行于日本内陆权利的建议。由于"全权代表"因向其上司请示而从谈判桌上撤退,加之论争和反论争反复出现,谈判一再延迟休止,这使得哈里斯在日记中这样写道:"我应当把自己的注意力集中于具有实际交涉意义的主要事实上,而忽略日方纠缠不休的言论(同样的论题可能被重复几十次)。此外,日方对某些事项的断然拒绝,我也应采取不理睬的态度,因为这些事项后来得到了日方的认可,或者无论如何他们都将认可。日方还提出许多荒谬的提案,连他们自己也自认无望或者不期待被接受的提案。对于这类提案,一概不予理睬。"①

尽管有这些问题,哈里斯仍然成功地得到了他要求的大多数东西。他关于开放京都的要求没有写进条约;除官员外,外国人自由旅行于日本内陆的权利也不在条约之中。但是,双方同意外国使节驻扎江户。江户自身与大阪、神奈川(横滨)、长崎、新潟和兵库(神户)一道,将于1859年7月4日到1863年1月1日之间开放贸易;大多数进口货物的关税被定为货值的5%或20%;在日本的美国公

---

① Harris, p.505.哈里斯指的是1月25日到2月23日的日记(同上书,第505—555页)。在那里,他记录了当天的谈判,不过其中的评论可能来自于他此前在下田的经历。他的感觉一定能够引起许多当时在中国沿海地区担任领事的英国人的共鸣,他们会把哈里斯的评论当作对中国官员行为的评论。确实,此类评论在当时的远东外交界屡见不鲜。

民受制于美国领事法庭而非日本法律。① 事实上,这本质上属于中国条约模式,仅在禁止鸦片和关于容忍基督教(虽然局限于外国居民)的特别条款上有所修正。接受这些条件,意味着日本将注定被纳入西方通过与中国打交道而建立的经济和政治关系网。

签 约

从20世纪的观点来看,并根据我们关于在亚洲其他地方发生的一切的认识,我们不难看到日本若是签署了哈里斯草拟的一类协议,所可能遇到的风险。如果贸易要求打乱了日本的经济,则可能在日本人中出现敌对性政治反弹,或者引起日本内乱,而这些都可能导致西方为保护其经济"权利"而进行干预。从这里到变成欧洲的殖民地或受保护国只有一步之遥。另一种可能是:如果日本的经济被调整得完全适应新局面,它可能作为与外部力量共生关系中较弱的一方,成为从属于外部力量控制的"半殖民地"。换言之,外国在经济上的优势,加之治外法权和受约束的关税之类制度设计的支持,将逐渐侵蚀国家的经济独立和政治独立。而在这两个不幸的可能即殖民地和半殖民地之间,留给落后国家的安全通道窄之又窄。

当然,当时的日本人并不是这样看问题的。但是,他们当中仍有许多人确实从条约中看到了危险并为此感到震惊,而这就足以使接受条约变成一件不可能迅速达成或实现的事情。这一点在1858年2月25日拟向幕府提交的最终草案完成的那一天已经变得很清楚了。这引起井上和岩赖受命向哈里斯建议推迟条约签定的日期,以使堀田有时间通过取得朝廷的同意来平息不满。

1857年11月底,堀田决定在幕府官员和封建大名中传阅哈里斯与他的谈话概要,一如阿部在1853年对美国信件的处理一样。这

---

① 1858年7月29日签署的条约文本见Beasley, *Select Documents*, pp.170-174。

一步使参与缔约问题的争论者的范围大大扩大了。在此之前,争论基本上限于幕府内部的核心圈内。而如前所述,就是在这个核心圈内,已经有人对日本可能具有的选择余地持悲观态度。在他们看来,日本似乎只能在开放国门并无可避免受西方腐蚀,和必败无疑的奋起抗争之间进行选择。如果悲观者尚属少数,那么大多数官员的反应可谓麻木丧志。① 甚至数月前参与了荷兰谈判的水野忠德也对现在的条约所具有的风险感到不满。他认为,允许外国使节进驻江户将使他们有机会接触大名,而这在政治上十分危险。另外,允许他们在城里传播基督教,势将陷政府于软弱无为之责难,"而那些素来心怀不满的闹事者可能利用这个机会制造事端",危及德川幕府的统治。② 不过,他能够提出的唯一可行的建议是拒外国人于像江户和大阪一类的地方之外,想方设法把他们限制于纪伊半岛上偏远的港口内。‖

这种态度在大名中也很常见,虽然在许多场合下他们的震惊是出于对西方的无知而非认识到日本别无选择的困境。有几位大名在过去的四年间态度毫无变化。例如,仙台藩主伊达庆邦仍然拒绝开放贸易,一如他在 1853 年的认识一样;为此,他表示不接受哈里斯所要求的任何东西。③ 更富戏剧性的,由一些谱代大名和德川家旁系共同签署的请愿书建议原则上接受美国人开出的条件,但应设法推迟其实际执行。④ 津山藩主松平美智(家门‖,10 万石)实际上提出了一种达到这一目的的思路,而这个思路与幕府将在 1862 年付诸实施的做法竟然差不多。他说,因为开放港口将鼓励贸易,伤害农

---

① 两个陈情书的例子,参见日期标为 1857 年 12 月 19 日和 12 月 25 日的陈情书,见 *BGKM*,18:249-251,345-346,该书记载了为一类众多官员持有的观点。这些官员觉得条约需要签署,但仅仅是因为别无选择。

② 转引自 Beasley,*Select Documents*,pp.170-174, at p.171。

③ *BGKM*,18:399-401。关于他在 1853 年的态度,见第 3 章注 42,第 451 页。

④ Beasley,*Select Documents*,pp.176-179。

业,农民将放弃土地而事商业,使国力衰落。这依次又会导致动乱,进而最终出现攻击外国人的暴动。但是,如果我们能够让外国人明白这一切都是他们所作所为的后果的话,他们或许会因此意识到他们的要求是不理性的,应当予以取消或者修正。①

或许最大的变化是现在德川齐昭不再要求决死抵抗到底了,尽管他仍旧反对开放更多港口、允许外国在江户建立领馆。但是,他对下一步政策的唯一贡献是提出一个没有任何现实意义、几近妄想的方案。他建议,幕府可派他以德川家族长者的名义,率一支由浪人、罪犯和商人农民的次男组成的队伍,到美国建立一个贸易港,这样做或可助幕府度过难关。因为它使外国人得到他们想得到的,即贸易,同时又把他们拒于日本的国门之外。他觉得,要是把同样的做法也在其他国家实行一下,就算是在现在这亡羊补牢的时刻,也会给日本争取时间来增强军备。②

因此,那些主张既要避免无谓的军事冒险,又要争取缓和他们认为威胁最大的美方要求的幕府官员,在封建大名中不乏强烈的支持者。但是,另一些采取非常不同观点的幕府官员也得到了一些大名的支持。在这些官员中,岩濑忠震再度充当了领袖的角色。他在 1858 年 1 月提出了一份陈情书,对幕府的犹豫不决做出直率坦白的批评。岩濑也承认当下的局势蕴含着对日本独立和德川政权的威胁。然而,他不认为这一危险能够靠要猴一般的伎俩,或靠"一些细枝末节的琐碎之法"来加以应对。在他看来,仅把偏远的港口向外国贸易开放的尝试,或者迟迟不做决策,都是徒劳无益甚至是无端的挑衅。最合理的做法是抓住关键,即立即宣布幕府愿意以宽松

① *BGKM*,18:866-892.这与幕府在 1861-1862 年试图说服英国同意推迟开放更多港口的论证是很相近的。见 Beasley,*Select Documents*,pp.208ff;本书第 7 章。

② *BGKM*,18:360-368,齐昭的建议的一部分已被翻译为英文,见 Beasley,*Select Documents*,pp.168-169。

的条件开放横滨为外贸港口。这样做,将使幕府在与哈里斯的谈判中获得先发制人的优势,向世人证明江户是负责的全国政府。通过采取这一步骤,"幕府实际上再次显示了它统治全国的权威,执行了一项将给我们带来持久利益的政策,从而奠定国家富强的基础"①。

这个以积极姿态解决问题的方法得到了家门大名松平春岳的热情支持,他的思想自 1853 年以来有了很大的发展。虽然他曾经坚决反对与佩里签订条约,现在却这样写道:"统治他人抑或受他人统治,这是一个完全取决于谁掌握主动权的问题。"②在日本对外关系的背景下,就意味着采取积极措施发展贸易——"富国乃强兵之基础",而最终的目的是能够"粉碎蛮夷的叵测居心"。为此,幕府必须接受哈里斯要求中的合理成分。但是,幕府还需要在国内进行改革,因为只有国内改革才能使日本利用条约开启的机会。

春岳绝非鼓吹走这条路的唯一一人。德川家族的另一位亲戚,会津藩主松平容保(家门,23 万石)论证说,当下不但是危机的时代,而且是机会的时代。在这个时代,在开放港口等事宜上的决断行动将使"富国强兵"成为可能。③ 萨摩藩主岛津齐彬(外样,77 万石)和柳川藩主立花鉴宽(外样,11.9 万石)也都为了增强国力而赞同开放贸易,并认为同时应当进行国内改革。④ 筑前藩主黑田长溥(外样,52 万石)提出了一个具有同样想法的秘密的私人陈情书,该书是在没有与家人或家臣商议的情况下写成的(这一做法在他看来是如此

---

① Beasley, *Select Documents*, pp. 174 - 176, at p. 176.

② Beasley, *Select Documents*, pp. 179 - 180, at p. 180.

③ *BGKM*, 18:884 - 886.

④ 分别见于上书,第 750 - 752 页和第 415 - 419 页。在此,两人都在此时比他们在 1855 年更有远见。那时,立花赞同继续闭关锁国的政策(同上书,2:264 - 266),岛津主张在军备整饬后建立贸易关系。

出格，为此他要求陈情书阅后即销毁）。①

这些记录清楚地表明，堀田在 1858 年所面临的局势，在某些方面已经同阿部在 1853 年所处理的局面相当不同了。那时，冲突发生于两个小集团之间，一个力主开放港口，另一个要求排外，而其争论的背景是不加区分的传统排外心理。现在，至少在接近权力核心的官员之中，对开放外贸和外交的不可避免性已经有了相当的体认。ⁱᵛ在统治阶级中权势较大者之间所出现的分歧，是这一不可避免性究竟应当走多远，或者如何做才对保持他们看重的东西——不管是传统还是权力——最为有利。

然而，官员圈内对局势的这一新认识并没有使哈里斯条约变得容易起来。有人谴责这个条约是在威胁面前示弱，有人则批评它与日本新生的计划毫不相干。实际上，"革新派"和"守旧派"一样批判这一条约。当堀田于 1858 年 2 月 12 日和 13 日在江户会见谱代大名说明自己的政策时，他很快就发现了这一点，因此，在 18 日，他写信给哈里斯建议推迟签订协议，并诚恳地（如我们所能判断出的）强调他意欲请天皇批准条约，而天皇的批准将平息条约所有的反对者。这些反对者，他相信，是由于误导而非出于恶意。用井上清直在与哈里斯会谈时讲的话来说，大多数反对都是出于偏见，来自于那些拒绝听从理性的人，"一如更加开化的国家中的顽固派"。② 取得他们同意的唯一途径是借助天皇的传统威望。而一旦幕府要求，天皇拒绝同意的危险根本不存在。按照井上的观察，幕府"已经誓言不会从天皇那里得到一个'不'字"③。

---

① *BGKM*，18：App.，pp. 4 - 7. 黑田（岛津齐彬的兄弟）在 1853 - 1854 年间表达了类似的观点。

② Harris，p. 543.

③ Harris，p. 539. 幕府的翻译森山表示即便其他各种方法都失败了，总是可以贿赂朝廷的（Heusken，p. 191）。

在对局势的这一估量上,事实证明江户大错特错了。[1] 当堀田在川路圣谟和岩赖忠震陪伴下于 1858 年 3 月 19 日到达京都时,朝廷内部已经就他的建议做了某些讨论。在得到咨询的二十余位朝廷贵族(公家)中,五位持完全反对态度,约有一半认为在显要大名们明确表示同意之前不得轻举妄动。天皇本人赞同后者观点,并说他已经做好准备,一旦需要,将授权"驱除"外国人。[2] 结果,4 月 6 日堀田接到天皇的一道敕令,言明在进一步咨询大名之前,必须冻结条约。

这之后的几周,堀田拼命做工作,以改变朝廷敕令。通过他对时任关白(天皇朝廷最高官员)九条尚忠和前任关白鹰司政通的影响,堀田最终使朝廷准备了一个新的承认江户在条约事宜上负有最高责任的敕令稿。九条和鹰司把这个敕令稿强压于其朝廷同事和天皇,取得了后者于 4 月 24 日的正式批准。可是,在这时,天皇却私下让人知道他不赞同这个修改的敕令稿。结果,由大原重德和岩仓具视组织的八十余位较低级朝臣的会议,通过了一个谴责修正的敕令稿的决议。这个行动促使九条把有争议的关于幕府责任的段落从敕令修正稿中删掉。因此,当这个文件于 5 月 3 日送达堀田处时,它对堀田的帮助减少了许多。据说,条约如果按照堀田提出的条件签署的话,则"将使国家荣誉遭受污损"[3]。幕府必须与大名商议后再行提交。

导致这一落败的一个原因是许多朝臣(公家)都深受水户学者在过去几年著述的影响,以为他们这样的行动能够增加德川齐昭在幕府中的影响。另一个原因是多个大名,包括齐昭本人和松平春岳

---

[1] 关于其后于朝廷的讨论的详细记载,见《维新史》,2:320-346。又见于 Inobe 的《安倍条约》一文和本书第 5 章。

[2] 天皇公明致关白,1858 年 3 月 11 日,见于 *BGKM*,19:App.,pp.4-7。

[3] Beasley, *Select Documents*, pp.180-181, at p.181.

在内,一直染指于京都的宫廷政治(详见第 5 章)。诚然,这些大名的目标与其说是要确保拒斥美国条约,倒不如说是为了增强国内的改革力量。在他们看来,如果通商条约真能起到使日本复兴的作用的话,国内改革必须进行。然而,或许是因为这个思路的微妙不为天皇朝廷中那些缺乏政治斗争经验的朝臣所理解,他们的宫廷政治活动导致条约被拒绝。

事实上,这些大名所取得的,不是幕府政策的转向,而是堀田的下台。在离开京都之前,他同关白等宫廷高级官员达成一个秘密谅解:在危机发生的紧急情况下,他将不管天皇敕令自行签署条约。因此,从外交政策的角度看,事情并没有到无可挽救的地步。尽管如此,堀田仍旧遭到公开的反对,而这严重地削弱了他的权力。当他于 1858 年 6 月 1 日回到江户时,已经发生了一连串把他从首席老中赶下台的活动。三天之后,井伊直弼被任命为大老即摄政者,堀田则降格为次席老中。

领导层的变动并没有使幕府的外交政策方向发生任何重大的变化:与美通商条约的签署仍然是幕府的头等大事。7 月,岩濑和川路开始为重新获得天皇同意签约而在大名中争取支持。这次,一个由众多外样大名共同签署的陈情书于 6 月 25 日提交,以助他们一臂之力。这些大名包括备前的池田、米泽的上杉、安艺的浅野、久留米的有马、宇和岛的伊达、土佐的山内。他们的封地合计接近 150 万石。在陈情书中,他们坦言哈里斯协定不该不签。除了这批大名,还有很多人的言论透露的信息至少可以理解为幕府可以自由地声称得到他们的支持。实际上,只有齐昭固执己见,主张天皇私下表示的意见就是对他自己观点的终极肯定。

当堀田及其同僚好几年前就开始准备的危机终于来临时,幕府也有这样的想法。在 7 月 23 日那天,一艘美国军舰到达下田,并通告汤森·哈里斯和平在中国得到了恢复,英国和法国的全权大使即将启程来日本谈判。哈里斯马上赶到神奈川,把这个消息传达给井上和岩赖。后者随即赶回江户请示，力促立即签订条约。大多数担当外交事务的官员都同意井上和岩赖的要求。

然而，仍然有一些幕阁成员（他们在 7 月 29 日开了会）难下决心。甚至连井伊直弼也念及他面临的政治风险，而对在没有得到朝廷同意的情况下做决定表示疑虑。结果又是一场漫长而艰难的辩论。这场辩论最终依靠井伊作为摄政者对幕府所承担的责任感（外加对堀田在京都的秘密谈判的知晓）而以积极的方式告终。井伊最终这样说道，与其打一场必败的战争，倒不如违背天皇的意愿。同时，幕阁还强调这样做是他们的职责所在："执行国策是幕府的责任，而在紧急情况下，幕府必须相机做出适当决策。"①在这些理由的基础上，井伊指示井上和岩赖返回神奈川，并且，如果继续拖延的可能性不再存在，应即行签约。井上和岩赖在同一天的晚些时候即启程前往神奈川。

为了证明这次英国的威胁行动不仅仅是流言，埃尔金公爵（Lord Elgin，他取代鲍宁担任英国在中国的全权代表）于两周后到达江户，尽管并没有如报告所说的一支大舰队会与英国特使同来。到 8 月 26 日，在哈里斯的秘书亨迪克·休斯肯（Hendrik Heusken）的帮助下，埃尔金公爵得以签署了一个反映了哈里斯要求的条约。在这之前几天，类似的条约与克秋斯（代表荷兰）和普什廷（代表俄国）签署。与法国的条约随后在 10 月签订。哈里斯的要求迫使幕府——或者更确切地说幕府中那些较具开放眼光的官员——做出的决定，使日本做出了在未来 12 个月内开放港口的承诺，从而使它与五个西方列强建立了完全商业关系。与中国不同，日本是在没有遭受任何公开武力使用的情况下达到这个状况的。与中国的另一不同点是日本立即对那些强加于它的不平等做出反应。于是，1858

---

① Beasley, *Select Documents*, pp. 181 – 183, at p. 183, 转引自井伊秘书的日记，它对这次老中会议及其讨论做了记录。

年乃是日本与西方真正斗争的起点，而非终点；同时，从这一年开始，一场具备许多革命印记的国内政治冲突掀开了大幕。

注释

ⅰ 1641 年，幕府为了实施其锁国禁令，防止西方的影响，在长崎附近海面上建造了一个叫"离岛"的人工岛。该岛有围墙，仅有两个出口，严密把守。日本人只有翻译可以上岛。荷兰东印度公司的司令只被允许每三年离岛一次，后改为每年一次离岛，到江户表示对幕府将军的尊敬。其余的时间里他必须和岛上的其他荷兰人一样呆在离岛上。——译注

ⅱ 水野反对允许外国人在江户居住的观点，与同年晚些时候埃尔金公爵在天津谈判时中国保守主义者反对外国外交官进驻北京的论调如出一辙。见 Hsu, *China's Entrance*, pp. 57 - 66。

ⅲ 江户时期"三卿"之外的德川家旁系。

ⅳ 但如我们将看到的，这一判断不适用于更广泛意义上的"大众舆论"。实际上，长溥在他个人的意见和藩国的观点之间所做的区别，已经透露了还存在着另一类分析的信息。

第 5 章
改革的大名

　　1858 年签署的"不平等"条约立即在日本引起轩然大波。毕竟，条约的内容无法严守于为官者或高社会地位的人中。许多中级和某些低级武士以各种方式卷入条约决策过程中的商讨和密谋。他们有的为政治上很活跃的少数大名（如德川齐昭和松平春岳）充当密使，但更多的是因为各地大名在撰写对幕府征询的答复时，必然会向家臣咨询意见。当这些咨询发生于江户时，由于参觐交代制度，当时在那里的大名和武士都为数不少，因此，对于武士们来说，在咨询过程中，获得有关谈判和正在形成的条约的信息并不是件难事。事实上，只要幕府自身觉得有必要咨询大名的话，几乎没有什么秘密是可以守住的。而且，消息的传播也不限于江户。所有的大名在江户都有常驻机构，所以即便是在大名及其随从不在江户的情况下，仍有渠道把消息送到藩国。

　　这些消息传播的方式——通过在江户的武士们之间的私人会合，写信给那些留在城下町的朋友和同事，经由在不同中心城市穿梭的旅人的口口相传——决定有关事态发展的可靠信息首先限定在具有武士地位的人群之中，因为这些交流方式均发生于那些社会地位大体相当的个体之间。慢慢地，像盐谷宕阴于 1859 年发表的《隔力论》那样的著作以及宣传材料的出版，为知识人——无论他们有无武士地位——加入讨论奠定了基础。[i]

　　但是，加入条约争论的社会边界，扩展很快，尽管局限依旧存在。许多出身相当卑微的武士，包括乡士和步卒，以及村长甚至豪农富商的儿子们,经常从全国各地到江户或其他大城市完成他们的教育。① 他们在那里所形成的社会圈子,与官方的统治者圈子相当不同:等级不那么严格,交流更加开放(因为成员来自全国各地),观点更为灵活(由于不为等级地位所缚)。这个社会圈子中,在1853年之后的多年中,关于对外事务的讨论吸引了大量的注意力,群情为之激昂。因为这个圈子的成员一方面与了解情况较多的中级武士有接触,另一方面又与乡村或城下町准武士或非武士上层阶级有交往,他们对条约的批评,一旦流传开来,即可产生遍及全国的影响。

这一点的展开,我们将在以后的各章逐步展示。这里只须强调当时所谓的"公共舆论"是反对哈里斯条约,反对条约的签订方式,反对条约签订人的。例如,佐久间象山即倾全力谴责条约是向外国威胁投降,尽管他所赞成的日本开国并接受西方影响的程度,远非当时绝大多数当权者所能设想。② 他的门生吉田松阴(其思想对1860年代的年轻的激进主义者产生了革命性的影响)谴责幕府将军为丧失职守,"向野蛮人屈服"的将军:"无视国家之困苦,不知国之耻辱,违背朝廷之命。"③还有人使用更为粗暴的语言,而且其激烈程度随着时间流逝有增无减。1860年,一群水户的武士写道,此乃"玷污我神圣国土的耻辱"④。《源氏梦物语》在1864年提到"神对外来野蛮人造访导致的国之腐败愤怒至极"⑤。武士积极分子平野国臣谴责幕府屈服于野蛮人的威胁,把日本变成"一个仰外国人之鼻息

---

① 关于这个问题,请特别参见 Jansen, *Sakamoto*, pp.82-89。又见 Dore,书中各处。

② Inobe, "Sakuma Shozan," 1:480-484;2:609-617.

③ Earl,p.207.

④《岩仓公实记》,1:349。

⑤ Satow, *Japan 1853-1864*,p.14.

的附庸国"①；平野的朋友武市瑞山亦责难江户的官员们完全置日本的利益于脑后："只知一味屈从于外国人永不满足的勒索，而对国之穷困、民之疾苦视而不见。毫无爱国之心。"②

这样的例子举不胜举，从政府文件到私人日记都有大量记载。它们之所以重要，不在于它们反映了某个政策，而在于体现了某种激情。当1858年与英国的条约缔结时，埃尔金公爵的秘书劳伦斯·奥利凡（Laurence Oliphant）精辟地说道，出于恐惧而签订的条约难以实施。日本的官员"以为印度的命运悬在日本之上。对此，他们相信免于步印度之后尘的唯一出路是对我们做出我们已经从中国那里得到的让步"；然而，一旦恐惧之源被移除，这些官员势必遭到国内的压力，并在压力下，"甚至不惜放弃常识、毁约弃信，巴不得他们从未经手那些约定"③。然而，奥利凡没有预见到，幕府也没有预见到，压力不但以大人物政治争论的形式出现，而且出现了威胁和暴力等"民众"抗争的形式。这些因感性压倒理智而导致的抗争，构成了此后数年日本政治的一个关键因素。

然而，它并非唯一的因素。与攻击国人和那些与外国人打交道的人交织在一起的，还有另一类非常不同的政治斗争。如前所述，许多日本人预见到了同西方再度发生关系必然把日本拖入险境，而对此他们做出了号召国内改革的反应。但是，对于国内改革究竟包含哪些要素，则是众说纷纭（也许唯一的例外是他们都认为应当建立一支新型军队，这意味着须采用西方武器和技术）。有人觉得国家的复兴能够在现有的社会框架下完成，只要稍加调整，使之能容纳比目前的幕府更加有效的领导者。另一些人因为出身卑微，或者对改革任务的规模有比较清晰的认识，或者两者兼而有之，而坚持

----

① 平野国臣信件，1862年5月6日，见 *Junnan rokko*，1：346-349。

② 武市瑞山笔记，1862年9月至10月，见 *Tkechi Zuizan*，1：119-124。

③ Oliphant，2：245-246.

走一条更加激进的改革之路,要求根本制度的转变,认为非如此不可,否则无法达到国家统一强盛的目的。第一种态度即保守主义的改革路线是与一群相当有为的大名及其陪臣联系在一起的;他们要求"公武合体"即"朝廷和幕府团结";该主张要求对将军的权力做出某些限制,但并没有打击幕府体制本身。第二种态度构成了尊皇主义者的行为特征。尊皇主义的大多数成员来自草莽的下级武士,他们对水户口号尊王攘夷即"尊崇天皇、驱除外夷"的解释,给予这个口号以一种全新的革命意义。

从 1858 年到 1865 年的日本政治史(本书下面几章要加以讨论)就是围绕着这两个群体之间的冲突以及他们与江户的关系而展开。在这个阶段,幕府的反对者,无论是低级封建贵族还是下层武士,都没有完全达成目的。在 1858 年危机震动中兴起的尊皇主义者,在 1862 和 1863 年一度占据上风,但在 1864 年底却被击败并分崩离析。相反,主张"公武合体"一派大名尽管在尊皇主义者成势和击溃前后一度胜算在望,但事态发展表明,他们无法在幕府坚决不放弃权力,和激进主义者不断攻击他们温和的现代化努力之间,长期保持一条中庸之道。我们需要对围绕着这些故事产生的冲突以及它们对幕府命运的影响做详细的考察。但是,在此之前,让我们先分别研究两个群体运动的性质和目标。我们首先从改革的大名谈起。

技术与改革

虽然 1854 年和 1858 年的外交所引起的日本人情绪性反应,大多来自于水户学派的攘夷即"驱逐蛮夷"学说,但许多务实的反应则来自于那些希望开放港口的"兰学"学者及其同盟的努力。而正是从这些务实的反应中,形成了一套政治改革的方案。如萨摩大名岛津齐彬于 1856 年所言:"当前的一大要务是建设抵御蛮夷的防护网。

值此之际,所有武士,不论地位高低,都负有共同学习外国事务的责任,从而使我们能够采用他们的优点以弥补我们的不足,增强军备,置蛮夷于我们的控制之下。"①因此,毫不奇怪,他的领地素来就有倡导"兰学"的长期传统,现在也在向外国学习的进程上,领先众多藩国:送学生到长崎、江户和大阪,在专家的指导下学习和工作;翻译出版西方著作,内容包括科学与航海;在藩内官办学校中讲授这些方面的课程。

其他的大名也采取了类似的行动,但是其规模要小于萨摩。这些大名包括水户的德川齐昭、越前的松平春岳、肥前的锅岛直正、长州的毛利敬亲。② 他们的学习往往从介绍荷兰医学开始,向民众提供如接种牛痘(在 1853 年前就已在多个地方实现)之类的方便,进而发展到具有明显的军事倾向的研究,因为学习荷兰医学刺激了相关语言的学习,并使人们得以掌握有关科学方法的基础知识。有关数学和天文学的学习也是如此,它们使日本人能够把兴趣从历法转向航海。在幕府末期,此类学习遍布日本,规模可观。有估计认为,到"王政复古"时期,讲授"西方"知识的藩校数目多达 60 个。③ 幕府本身也在 1856 年开办了一个翻译局,而它很快成为研究荷兰、英国、法国和德国以及军事科学、冶金学甚至西方艺术的中心。 因此,当奥利凡于 1858 年做出如下观察时,确实颇有几分根据:"中国仍然在倒行走回头路,而且所有的迹象都显示它还将一直这样走下去,直到帝国崩溃。与此相反,日本人如果不是已经走上了进步之道的话,至少也处于能够从即将到来的知识大潮中获益的状况。"④

----

① Dore, p. 171.

② 关于这些研究的传统的描述,见 Goodman, pp. 158 - 181;又见 Dore, p. 161ff.

③ Kanai, pp. 120 - 121.

④ Oliphant, 2:208.

但是,把新知识运用于日本的军事和经济需要,虽然并非罕见,却不如新知识在教育中所扮演的角色那样迅速和广泛。在1820年代,幕府驻长崎官员高岛秋帆就以个人之力,发起了从荷兰人那里学习射击学和军事组织学的运动,但在鸦片战争之前却未曾得到来自其上司们的丝毫鼓励。唯有等到佩里到来后,高岛的上司才对他的建议予以较大的重视。[①] 不过,在这期间,高岛的方法已在一些藩国造成影响,尤其是通过曾在高岛门下学习过的另一位幕府官员江川英龙的教学活动。萨摩再次提供了一个好例子。1847年,萨摩藩建立了一所训练学校,用来传播高岛的射击学和炮兵学方法。同时,萨摩藩开始在海岸线修筑新炮台。1848年,萨摩藩对其军事组织方式进行改革,目的是要增强高级军官的指挥权,并对各城堡武士的武力配备做更有效率的配置。在1850年岛津齐彬成为大名后,这一工作得以延续并扩展。炮兵部队得到重组,为此采用了西方的训练方法。来复枪队得以成立;一支新式骑兵队得以创建,而这支骑兵队的建制,依照了一部荷语版的法国骑兵手册的指示,而这部手册又是由在长崎的一位幕府翻译官翻译为日文的。[②]

萨摩还积极参与海军训练,虽然在这方面起领导作用的是幕府的年轻官员,特别是水野忠德。[③] 1854年,这些官员租用了荷兰战舰斯姆丙(Soembing)号,暂用于海军教学。然后,在下一年他们买下了这艘战舰,并雇用了20名荷兰教官,使海军教学能够长期持续进行。如此建立起来的海军学校不但接受幕府的学生,而且也接受来自藩国的学生。许多学生抓住了——或者被命令抓住——这个

---

① 关于高岛,见 Sansom, pp.248－253。最近有一本关于高岛的日文传记出版:有马成甫,《高岛》。

② 见《鹿儿岛县史》,2:265－272 和 3:84－92;又见 Tanaka Sogoro, *Kindai Nihon*, pp.62－69。

③ Numata, pp.83－86。

机会。最大的学员队伍来自于传统上负责保卫长崎的两个藩国越前(28 名)和肥前(48 名),不过也有 16 名学员来自萨摩(齐彬向承担了这一责任的较低级武士平侍提供了小笔补助),15 名来自长州。学校在长崎开办了五年。在此期间,它向日后的日本"现代化"论者提供了非常有价值的关于西方的海军和科学的初步知识。这些人包括年轻的幕府家臣胜海舟和萨摩武士五代友厚。它还组建了一个船舶公司。这家公司的一艘船,如福泽谕吉自豪之言,"在没有外国专家的帮助下",在 1860 年航行到了旧金山。①

我们或许不必把到此为止所论述的视作惊人之举,因为日本有一个把武力视为命根子的封建统治阶级(与此形成鲜明对比的是,中国素有强烈的文官占优传统,足以抑制这一倾向)。在这种意义上,封建制甚至可以解释日本对工业和制造的初始兴趣。有这么一则故事:1854 年,岛津齐彬知晓佩里赠送给将军的礼物中包括一把骑兵来复枪,请求见识一下,按照他的解释,是出于好奇。拿到枪后,他带回他的江户官邸,并叫人连夜拆卸画出详细的部件图。然后,第二天做出一副原封不动的模样还枪。他的目的据说是设法在萨摩制造类似的武器。类似例子不胜枚举。萨摩、长州、肥前、幕府自身都在 1868 年前创办了西式工业,主要是具有军事意义的工业。其中的有些个案甚至创办于 1853 年之前。② 例如,1850 年,经过多年的实验,肥前藩成功地修建了日本第一座反射炉,这一成就使肥前藩的工匠们在其后的几年中能够大量铸造大炮。在肥前的帮助下,萨摩和水户也建成了反射炉。长州和土佐尝试建造但未成功。幕府具有某种分享肥前技术秘密的政治权利,也建造了一个反射炉,

---

① Tsunoda et al., p.625. 不过,外国专家也在船上以备需要。

② Smith 在 *Political Change* 第 1-11 页中对这些发展做了一简短的陈述。日文文献中更详细的研究包括:幕府,《维新史》,2:125-152;关于大名的一般论述,同上书,第 152-174 页。个别大名:萨摩, *Kagoshima-ken shi*, 2:48-67;肥前,Egashira;长州,Horie Yasuzo;水户,Miyamoto,"Mito-han"。

虽然这个反射炉不过是因为江川英龙发挥主动性在其辖区内建造的。

在造船上首次使用西方技术，是由萨摩和水户藩尝试的。为此，两者都在佩里条约签订之前就进行了相关的初步研究。幕府于1853年10月解除对此类行为的禁令（值得注意的是，这主要是在德川齐昭和岛津齐彬的督促下实现的），使得两藩得以完成它们在鹿儿岛和石川岛的船坞建设。在一年多的时间里，它们制造的第一艘西式船只从这两个船坞中下水。萨摩建造的是一艘蒸汽船，但制造适合航海的引擎的问题一直没有得到令人满意的解决。肥前在这个领域的起步比它在大炮制造上来得晚，却更加野心勃勃：它在1856年从荷兰引进了一个完整的造船厂，1858年到货并组装完毕。但是，财政困难（或许还有引进的技术过于先进，超出日本工匠的能力）致使该项目在组装完毕后即被放弃。

肥前藩进口的机器被移交给幕府，用于幕府在长崎的船坞。后者在地方官员的建议下，于1855年开始建造。尽管这个船坞在1857年也生产了一艘小型的木制蒸汽船，但它与其说是一个船坞，倒不如说是一个从事船舶修理和枪支铸造的铁工厂。当时，幕府还在下田和浦贺有小型船坞和有限的造船设备。但是，唯有在将近十年之后，幕府在法国的技术援助下，在横滨和横须贺建造了船坞时，日本才具备了在规模和设备上可以同欧洲比高下的造船厂。而在此之前，日本的船坞，同其所制造的船一样，用休斯肯的话来说，是"相当老式的"。

而且，在某些方面，"老式"一词也可用于那些赞助新式技术的大名们。像岛津齐彬那样的人物——考虑到他的地位——竟也是一位杰出的创新者，确实令人吃惊。他会照相，使用一台进口照相机和一本从荷语翻译过来的照相手册。他在他鹿儿岛城堡住处的两座房子之间架设了电报线，并在街道安装了煤气灯。他创办了一所集工厂和技术研究于一体的机构，即集成馆。在那里，除了制造枪炮，还进行金属铸造，火棉、硫磺酸、酒精蒸馏以及玻璃、陶器和农业用具的生产。到他于 1858 年去世时，该机构雇用了约 1,200 人。

更重要的是，毫无疑问在如松木弘安（他在明治时期以寺岛宗则的名号担任外务卿）那样的兰学家的鼓动下，岛津齐彬在外交事务上也表现出相当的想像力。[1] 在这方面他最可行的想法是关于琉球的主张。萨摩对琉球早有了解，因为它一直宣称琉球是萨摩藩的一部分。当日本与荷兰和美国在 1857 年夏天谈判时，岛津齐彬在与其随从交谈时说道，如果兵库和大阪不能开放——由于朝廷的反对，这两个地方当时不太可能开放——那么，开放琉球与外贸对日本和萨摩都有利。他认为，这样的事情实际上在 1844 年荷兰首次敦促日本开港时就该做了。在这次谈话后不久，岛津齐彬命令他的一位随从采取试探性步骤与琉球的法国人建立联系，并扩大琉球列岛经福州与中国的贸易。[iv] 在另一个场合下，岛津齐彬谈到离他的藩国非常遥远的事情。他主张开发北海道，以抵御俄国。他认为这不仅涉及到更加严密地控制该地区，也关系到开发当地自然资源（如鱼类、森林和矿产）。

然而，与上述事实形成对比的是，即便岛津齐彬颇为开明，他在很大程度上仍旧是一个封建君主。在国内事务上，他的传统主义立场，一如其改革立场一样强烈。在意识到债务和放纵声色已败坏了武士的道德之后，他寻求的解决方法，部分依靠鼓吹修身正己的儒家教育，部分依靠对封建体制进行"清洁"：选贤任能；废除不同等级的武士之间不必要、无意义的差别；制定计划使贫穷的武士能通过回到土地而重获尊严。[2] 他反对给予商人以武士地位；把农民尊为

---

[1] 关于齐彬的思想，除了那些他本人写过的观点外，我们主要得益于一部由他的陪臣市来四郎搜集并于 1884 年首次出版的"谈话集"。该史料最易可及的版本是《岛津齐彬言行录》。本文有关他的对外关系的思想，见该书 1944 年版，第 100－104 页、115－128 页。

[2] 同上书第 159－163 页、166－167 页、170－171 页、180 页。又见《鹿儿岛县史》，3：97－99，他关于教育的备忘录，载于 1857 年 11 月 23 日。

国家之基础,视农业为国家经济的命脉,但在农业领域他也展现出比较开放的一面,愿意引进良种,鼓励改良技术。例如,人们把美洲番薯引入萨摩,以及许多新的甘蔗品种从中国引入萨摩都归功于岛津齐彬。[1]

事实上,岛津齐彬并没有觉得在"自由"外交政策、保守政治和技术创新之间有任何矛盾。同佐久间象山一样,他视西方技术为能够对日本的富强做出贡献,而非某种与现存秩序相左的东西。换句话说,任何为日本抵御外敌所必要的手段,包括那些在日本传统中闻所未闻的东西,都是切实可行的,如武器及其制造,粮食及其种植。因此,它们在政治上是"中性的",与诸如将军和封建大名对其陪臣的权威,武士对整个日本社会的统治之类的关键性且更广泛的议题毫无关系。并且,除了少数例外,它们也不会对等级制度构成威胁。

因此,岛津齐彬关于国家发展的观念,尽管有助于引发人们意识到国防政策需要某种程度上的"改革",但这几乎完全是在现行的框架下探讨的。首先,他认为,幕府的领袖必须更替。在1853年,他设想使德川齐昭成为国家的总司令来实现这一目的。在1858年他提名齐昭的幼子庆喜为体弱多病的将军的继承人,而此前庆喜已经通过过继成为一桥家当主。无论如何,强藩团结行动唯有当德川政权掌握于能够获得强藩尊敬的人手中时方能实现,而没有强藩的统一行动,国家不可能得到拯救。同理,强藩大名也有责任压制各自的利益偏好,共同支持幕府。齐彬相信,这一点在天皇的统一架构下更易实现。[2] 为此,他力主增加对朝廷的奉金,或许还可补之以某些强藩的奉献;他力主安排将军每隔若干年造访京都一次以显示对天皇的尊敬;力主提升大阪和天皇首都的防卫,在这一点上同样也

---

[1]《鹿儿岛县史》,3:30-32。

[2] *Shimazu Nariakira*,pp.191-193,201-202。

应有强藩的帮助;力主把江户的权力限制在重大决策须得到天皇同意的范围之内。[1]

齐彬关于内政的许多政策主张显然来自于水户学派,因此与德川齐昭的主张多有相合之处。[2] 齐昭也是一个推崇农业的改革者。他试图改善农民的处境,防止动乱。他还试图阻止劳动力离开土地。结果,出于减少城市生活吸引力的希望,他采取了敌视商人和商业的政策,一方面尽可能地减少他认为会腐蚀武士道德的经济行为,另一方面鼓励那些能够直接增加藩地收入的行为。这一行为模式在德川后期的改革中非常常见,如我们在关于天保事件的讨论中所见到的一样。

同样熟悉的还有对武士道德培养的关注。在这一点上,齐昭和齐彬有同感,一如他们都愿意赞助西方的军事科技在日本的运用一样。在他们两人看来,儒教伦理和军事技术都有助于日本社会抵御外来威胁。两人的不同在于,岛津凭借他对被会泽正志斋贬之为"雕虫小技"[3]的兴趣,亲身从事技术手段的设计;而德川齐昭则如会泽正志斋所推崇的,追求激发使用这些技术的意愿。这促使他强调日本生存所必须的政治要件而非技术要件。

其中的一个要件,齐昭认为,是维护日本的法律和秩序,这个任务能否实现取决于国家统治阶级的效率如何。他在 1839 年告诉幕府,"当在上者在灾年对农民的饥饿和死亡坐视不管,疏于职守、不事军备,武士又弱又懒,则在下者必然仇恨在上者,而且**不惧怕他**

---

[1] 1857 年夏的笔记,见《鹿儿岛县史》,3:247。

[2] 关于德川齐昭的观点,如下的著作非常有用:Toyama,pp. 68,76 - 79;Sakata,*Meiji ishin shi*(1960),pp. 37 - 47;Shibahara,pp. 133 - 148。因为德川齐昭非常依赖藤田东湖(齐昭的许多文稿都是后者撰写的),所以,参阅 Harootunian 的 *Toward Restoration* 中关于东湖的讨论是无不助益的。

[3] 见 *Shinron*;见 Tsunoda et al.,p. 601。

们"①,其结果是农民暴动,国家因之虚弱。

在齐昭看来,国家统一是日本生存所需要的另一个政治要件。这个要件,齐昭认为,建筑于接受现存社会等级和政治权威的基础之上。没有这些,社会势必解体。但是,统一还要求给予天皇尊严不曾有过的尊崇。在他于 1842 年致水野忠邦的一封信中,齐昭写道:"如果将军在对王室表示尊敬上起带头作用,则全国都必然能齐心协力;但是,在这一点上的关键问题是各方谨守本分行事。武士对其藩主表示尊敬,藩主对将军表示尊敬,将军对天皇表示尊敬。忘记自己的本分,染指不该做的事情,是邪恶之举,可称之为叛乱。"②

根据这一主张,天皇的存在,增强了建筑于封建忠诚之上的社会和谐。不过,齐昭并不认为这是一个**自发的**过程,仿佛只要将军对王室表示适当的态度就万事大吉(有的儒教学者就曾这么认为)。在另一封于 1846 年写给阿部正弘的信中,齐昭评论道,尽管自 17 世纪以来日本一直是一个"德川的国家",但也没有任何一成不变的律法决定日本会永远这样。如果"日本的安全受到威胁"而幕府未能行动,那么,其他人,如那些强大的外样大名,就可能自己采取行动,并谴责幕府疏于职责,或者甚至推翻幕府。为了避免这类灾难性局面的出现,齐昭强调,江户断不可袖手旁观、坐以待毙。③

尽管这些话明白地显示出对幕府权威的关切(绝非偶然地,它出现于给德川幕阁的高级成员的信中),齐昭,和岛津齐彬一样,关心维持能给自己带来权力的政治秩序,更甚于对他所属的家族狭隘利益的关注。作为一名封建藩主,他恐惧三件事:自下而上的农民暴动、自上而下的幕府侵权以及外国的侵犯。传统社会的复兴(中

---

① Toyama,p.76.斜体字是笔者所加(译本改为黑体字——译注)。

② Toyama,p.78.

③ Tanaka Akira,pp.56-57.

兴),如果成功的话,将保护齐昭免于三种恐惧。①

　　岛津也接受这个主张,唯一的不同是他更加重视外患以及用于抵抗外患的具体技术手段;在维护封建等级制度上,他和齐昭别无二致。确实,两人后来都声称为了纠正幕府的不作为以拯救日本,都试图强调自己的权威。换言之,尽管两者的着重点有所不同,但在他们看来,锁国面临的威胁和改革的迫切性之间确实存在着某种必然的联系。在 1858 年,这一认识使他们成为同盟,共同反对似乎更加偏重外交的幕府。

一桥派

　　在 1840 年代,由水户的德川齐昭和萨摩的岛津齐彬所倡导的政治和技术改革思想,通过一群雄藩大名,成为对幕府造成压力的一个议题。这是一个规模虽小但自当主意识甚强且能干的群体,②不仅自身就非常有权势,而且通过其家族纽带在封建社会中极具影响力。作为这个群体在江户代言人的齐昭本人就是德川御三家之一的水户藩(35 万石)的藩主,他的几个儿子因过继而成为大名,其中就包括因幡(外样大名,32.5 万石)和肥前(外样大名,31.5 万石)藩主。他的另一个儿子庆喜则是一桥家(10 万石)当主,因此可能成为将军的继承人。此外,齐昭还有姐妹和女儿嫁入雄藩大名之家,其中引人注目的有仙台(外样大名,62.5 万石)及宇和(外样大名,10万石)的伊达家。宇和藩主伊达宗基本人也是这个改革集团的成员。松平春岳也是这样,他是御三卿田安家之子,也是很有权势的

---

① 这个论断是藤田幽谷做出的。见 Harootunian, *Toward Restoration*, pp. 58 - 85。

② Sakata, *Meiji ishin shi* (1960), p. 71, 注意他们考虑(并拒绝)过其他大名加入这个群体。Sakata 引用了德川齐昭和伊达宗基之间的通信表明一桥派曾考虑过将长州藩主毛利敬亲纳入集团的可能性。

越前藩主。他还是将军家齐的侄儿,并且是德川幕阁首席老中阿部正弘的姻亲。齐昭的另一个同盟岛津齐彬于 1851 年继承了萨摩藩主之位,萨摩是第二大外样藩(77 万石)。齐昭的兄弟齐熙因过继成为黑田家一员和筑前藩主(外样,52 万石)。齐昭的一个女儿嫁给了家定将军。

与大多数大名不同,这个集团的成员还和天皇朝廷的公卿关系密切。德川齐昭的妹妹嫁给了鹰司政通,后者在 1823 年到 1856 年间在朝廷担任关白。岛津家族与近卫家族交往了世纪之久,而这一关系又因与近卫忠熙的姻亲结盟进一步增强;近卫忠熙在朝廷出任多个要职,并成为后来的关白(1862 - 1863)。这个集团的另一个盟友土佐藩主(外样大名,24.2 万石)山内容堂是三条实万的女婿,三条实万在 1858 年之前在朝廷的地位仅次于近卫。三条的儿子实美在 1860 年之后的尊王运动中扮演了关键角色,并成为最杰出的明治领袖之一。

尽管这些雄藩大名着重点有所不同,如岛津对西方技术的热衷,就与德川齐昭对武士道德给予更多关切形成反差,他们都在日本社会需要复兴这一点上意见一致,当然,这一复兴永远都与保卫(如果不是改善)他们在这个社会中地位的目的紧紧相连。另外,他们都准备好采取积极步骤实现复兴,尤其是在佩里远征显示了西方对他们所继承的一切构成威胁这一点之后。在他们各自向幕府提交的建议,借助通信或信使互相协商达成一致的意见中,最值得注意的一个共识是在1853 -1854 年建议幕府委托齐昭负责全国国防备战。通过同样的手段,他们与幕府的领导们进行了政策秘密会谈,并把自己的亲戚和其他大名集聚起来支持自己推出的政策措施。这些大名就仿佛一个压力集团一样行动,尽管没有在幕府为官或负有直接的责任,他们仍旧试图在一系列问题上影响幕府的官方政策。阿部正弘和堀田正睦在克服封建阶级保守势力的反对上,都从这些改革大名那里获得不小的支持。同样地,更加开明的幕府官员

如水野忠德和岩濑忠震都能获得这些大名的支持,并得到他们的
尊敬。^v

然而,"自由"幕府官员和"改革"大名之间的这一关系在 1857 年
开始破裂。这部分起因于改革者越来越相信幕府在与外国人的谈
判中屈从于后者的威胁,而不是在为国家的复兴奠定基础。而在江
户这边,也逐渐开始怀疑这批大名是在为自己的领地利益而非日本
的共同事业奔走。例如,大名们力图降低参觐交代的要求,其理由
是幕府对大名的控制做此温和之减弱,实为大名将资源改用国防之
必须。再者,他们还提出了一个涉及面甚广的改革军事和行政的计
划,声称这个计划是为了"富国强兵"。正如松平春岳在 1858 年 1 月
10 日的信中写道:"必须从全国选拔贤能;和平时期的奢华生活必须
缩减,军事体系必须修正;导致大名和低级领主穷困的恶行必须停
止;[国防]准备必须在陆地和海上全面实行,不仅在日本的本岛,还
要在虾夷[北海道]进行;全体人民的日常生活必须得到守护;教授
各类手艺和技术的学校必须建立。"①

这是一个对幕府权力构成威胁的计划,因为它就幕府控制大名
的权威、幕府官职的世袭以及几乎所有政策决定权的来源提出了质
疑。桥本左内(春岳的陪臣并深得其信任,代表春岳处理政治事务)
在 1858 年 1 月写的一封信中,更加明确地道明了这一挑战的性质。
他说,现在不应把领导权委托给幕阁,而应委托给德川齐昭、松平春
岳和岛津齐彬。这三位雄藩大名应被委任为首席大臣。肥前(外
样,35.7 万石)藩主锅岛直正应被赋予管理国家外交的职责。唯有
如此,方能保证有才之人得到擢升,才能(在外国顾问的帮助下)追
求富国强兵,才能造就有效的国防。②

在这样一个计划之下,齐昭及其同仁从说服转向密谋。他们首

① Beasley,*Select Documents*,p.180.
② George M. Wilson,pp.244-246.

先尝试通过操纵朝廷和皇室的影响力,以击败他们已不再信任的幕阁。而当这个计划几近失败之时,他们力图把天皇朝廷也卷入斗争,从而从外部对幕府做工作。正是这些行为给他们带来危机。

导致危机的是无子嗣且病弱的家定将军的继位者提名问题。在正常的情况下,纪伊德川家藩主、11 岁的庆福极可能没有争议地被挑选为将军的继承人,因为按血统他是最有资格的候选人。但是,在德川的实践中,如纪伊的敌手很快指出的那样,血统并非唯一的标准。在危险动荡的年代,或许更重要的是选择这样一个将军,更年长、能力已为人所知,能够给人坚定的行动方向。齐昭之子一桥庆喜就是这样的人选,20 岁的他已经因有培养的前途而颇具名望。无论如何庆喜的父亲和他的改革盟友们在 1857 年末就是这样主张的,这也使他们被称为"一桥派"。

松平春岳为这个事业首先采取了行动,他与德川家族同宗的关系给予他插手这类家族事务的权利。不过,在给堀田的信中,春岳费心强调他在此事务上并非狐立独行。他说,在这个关键的时刻,软弱的领袖可能导致内战,因为在这个问题上国内各派分歧很大。[1]为了增强这个主张的力量,岛津派遣陪臣西乡隆盛到江户,在春岳和将军来自萨摩的夫人之间穿针引线,而春岳的代表桥本左内则在其他封建大名间做工作,寻求支持。[2]

在许多谱代大名看来,这些动作分明是试图从"责任官员"手中夺取权力,把它交给那些根据传统只能扮演咨询人角色或根本无权过问幕府政治的人。这些谱代大名为此不分地位高低,共同保卫传统的做法和纪伊家的将军继承权。堀田虽为幕阁首席,但此时正全

---

[1] 松平春岳致堀田正睦,1857 年 12 月 2 日,见《昨梦纪事》,2:201 - 206。

[2] Shimonaka,1:73 - 77. 有关松平春岳在将军继承事务上的作用的最新论述见 Kawabata,pp. 94 - 114. 又见 George M. Wilson,pp. 250 - 258. 关于继承问题及其政治的一般论述见《维新史》,2:367 - 373。

力投入与美国贸易的协定,在这场争执中置身于外,或许也是有意不对争执的任何地方做出承诺。但是,井伊直弼开始替谱代大名们发声,使对抗的危险愈发强烈。[vi] 这导致齐昭和春岳早在 1858 年即决定向京都求助,希望能够利用朝廷的特权来使问题的解决朝着有利于己的方向发展,一如崛田在外交政策上也向京都求助一样。这个决定使外国贸易条约和将军的继承这两个问题突然变得彼此关联。它还使京都而非江户在一个时期内成为政治操作的中心。

1858 年 3 月,桥本左内依据春岳的命令,拿着山内写给三条实万的介绍信,来到了京都。大概也是在这个时候(此时为崛田为寻求天皇对幕府与美国的贸易条约的认可而来到京都的几天之前),岛津齐彬致信近卫忠熙寻求支持。而德川齐昭此时已经跟他的姻亲鹰司通信。通过这些工作,三位强势的朝廷贵族,在听取了桥本的仔细通报后,很快为一桥的利益行动起来。站在他们对立面的是关白九条尚忠,他对纪伊党的支持大抵可归因于其姻亲井伊直弼的劝说,后者在京都由其陪臣长野修善代表。

让这已经很复杂的事态变得更加复杂,与此同时,这些大名和幕府力求争得朝廷支持的外交政策主张,同他们在其他方面的分歧有着错综复杂的联系。于是,我们看到,岛津齐彬和松平春岳实际上支持崛田,一直主张天皇必须赞同幕府同美国签订的条约,原因是如果拒绝条约的话,则无法避免外国的攻击,如果朝廷拒绝幕府的请求,内战就行将不远。① 井伊直弼尽管在继承问题上与岛津及松平作对,但却在第一时间派遣长野到京都劝说九条支持崛田的方案。② 而德川齐昭则始终反对条约,却和岛津与松平一样支持一桥继承将军大位,同时,还支持朝廷和幕府联合公武合体,并认为此乃

---

① 有关齐昭关于这个问题的信件,见《鹿儿岛县史》,3:161-165。关于春岳,见《维新史》,2:367-373。

② 有关井伊和长野的行为,见 Yoshida Tsunekichi, pp. 220-224。

最终决定日本由弱转强的基础。①

这些互相交织的主张使朝廷陷入某种混乱迷茫(如果不是震惊到不知所措)的局面。公家已经习惯于批准幕府提出的任何主张,现在自然发现在那些事关重大而且争执不下的问题上做决定非常困难。更不容易的是在朝廷自己的倾向——京都的偏见与齐昭在对外事务上的偏见是一致的——和幕府的建议之间做出选择。在这种情况下,像近卫和九条这样的京都官员倾尽全力试图在他们所面对的种种政策选项之间寻求某种妥协,乃是很自然的事情。

到 1858 年 4 月,这些京都的官员觉得他们找到了这样一个妥协:他们对崛田的答复是一方面表示对条约的不满,要求幕府与大名沟通重新考虑条约,另一方面又承认幕府在这件事务上负有最终的责任;与此同时,他们下了一道天皇敕令,尽管敕令并没有提到一桥之名,但建议家定的继承人应当是有能力并且有名声的成年人。这样,崛田和井伊就能得到他们的条约,因为他们最终还是会签署条约,这是无法避免的事情;齐昭将得到一桥的继承权;幕府的权威将得到证实;岛津和春岳将因为江户必须向大名咨询的指示,而被给予某种机会去实现被他们视为国家未来所必需的改革。

然而,在现实中,这一妥协虽然表面上很有吸引力,最终却被证明为完全缺乏实现的政治基础。在条约问题上,如我们在上一章所讨论过的那样,天皇在朝廷绝大多数中下级贵族的支持下进行的个人干预,导致承认幕府具有决定的最终权责的说法从敕令中被删除。因此,崛田于 1858 年 5 月 3 日被要求重新审查条约,并且征求封建大名的意见的敕令。在继承问题上,长野修善发挥自己的主动

---

① Sakata,*Meiji ishin shi*(1960),pp.97 - 98. 又见 Inobe,"Ansei Joyaku",pp.482 - 485。

性(当他意识到正在发生的事情时,他没有时间向井伊直弼请求新的指示),劝说关白九条尚忠在最终的敕令稿中删除了有关年龄和能力的提法。结果,在5月5日发布的文件中,既没有提到将军继承人的名字,也没有言明一个合适的继位者应具有什么素质,从而给幕府充分的空间从一桥派或其对立者中选择将军继承人,并能声称其选择得到了天皇的批准。

这样,事态以一种与高极公家原初设想极为不同的解决方式告终:崛田、井伊和幕府都对条约表示失望,德川齐昭、岛津齐彬和松平春岳在将军的继承人一事上一无所获。同样重要的是,朝廷最终无法对条约的内容施加任何实质性的影响。因此,天皇在多个世代后首次被拖入政治漩涡的表现,与其说是一个团结的象征,倒不如说是政治上的骑墙。

如果说在雄藩大名的敦促下,朝廷在这几周内开始对幕府领导全国的能力产生了怀疑的话,那么,这几周事态的发展让幕府有充分的理由去质疑崛田领导德川幕阁的能力。他不仅在出使京都所欲达到的目的上空手而归,出使失败昭然天下,而且此时有迹象表明,他在私下还与一桥派联手以求得后者对条约的支持。在某个阶段,他甚至建议任命松平春岳出任大老。这是对谱代大名集体利益的背叛。对于他们来说,一个软弱年幼的将军并非一个不可接受的结果,因为将军的软弱意味着官僚的强盛。崛田的背叛迅速使他丧失了掌管江户事务的权力。在他于6月1日回到江户之前,已经提名井伊直弼担任摄政,而在6月4日这一任命正式公布。①

----

① 关于崛田于1858年5月17日离开京都到井伊直弼于6月4日被任命为大老之间发生的政治事件的讨论,见 Yoshida Tsunekichi, pp. 233 - 243。不过,有必要指出,由于阴谋就其性质而言是秘密不宣的,因此,关于这些事件的细节仍然不全然是清晰的。

直到这一时刻,尽管在京都遭受挫折,一桥派封建大名仍然对最终的胜利抱有信心。然而,突如其来的完全在意料之外的对井伊直弼的提升,实际上堵住了一桥派介入权力核心的通路,严重地打击了他们的计划。从这个时候开始,他们的同盟或潜在的同盟如崛田,尽管仍在官位,却不再得到信任。井伊则明确无误地表示他将排斥任何外人的干预。

在如此坚决而且"合理"的态度面前,对朝廷施压已经变得无足轻重了。事实上,在6月11日,也即仅仅在井伊获得任命的一周后,将军通告幕阁他已经选择了纪伊家的庆福为继承人。在7月11日,继承人的决定向亲藩大名和主要谱代大名宣布。之所以延迟到这个时候才发布通告,是由于害怕过早的公布可能会使幕府争取大名支持与美国签订贸易条约的努力泡汤。在8月4日,这个决定被昭告天下。

井伊直弼清楚地认识到他在继承问题上的做法会遭致批评甚或攻击,一如美国条约的签署一样,后者仅比继承的决定早发生几天。于是,他采取措施使他的主要对手和敌手尽快地从政坛上消失。早在6月,崛田最得力的两个副手,土歧赖旨和川路圣谟被解职。崛田本人虽然一直任职到8月初,但却因条约遭到谴责,最终被免职。另一个颇有可能晋升为幕阁领袖的老中松平忠固也遭到了同样的命运。取代两人的新幕阁参议都是无名或无能之辈。德川齐昭则在8月13日后被勒令禁足并被禁止同其故旧通信,考虑到他的地位之高,这一点尤其令人诧异。在同一天,一桥的庆喜被禁止进入江户城,意味着被禁止参与政事,而松平春岳和尾张藩主德川庆恕(他在继承人之争的后期表示支持一桥派)被要求辞掉藩主头衔。

次年初,山内容堂也被强迫隐退,如果岛津齐彬没有在1858年8月底去世的话,他也可能遭到同样的命运。其实,他在京都的代理人西乡隆盛就被流放到九州以南的一座小岛上。而春岳的手下桥本左内所受到的惩罚就没有这么轻,他被捕处死。此外,相当多的大名、官员和武士因同一桥派有这样或那样的联系,而遭到不同程度的惩罚。此即所谓的"安政大狱",它一直延续到1859年,甚至波及到京都,那里的三条、近卫和鹰司都被解除职务。① 与此相反,关白九条尚忠则因忠诚于井伊而获得了增加俸禄的优待。

与此同时,井伊直弼为了缓和公众对他这一做法的态度,也采取措施争取朝廷对他行为的认可。在于1858年8月6日写给九条的信中,他陈述了政治清洗的理由,言及幕府官员中出现的"阴谋"和"恶行",主张"除非相关责任者被清除,否则我们就无法实行一套强有力的对付蛮夷的政策"②。同年年末,他试图通过同样的主张,获得天皇对条约的事后承认。他知道,条约的签署方式已经成为对他的批评——甚至在幕府中也不乏批评——的首要焦点。Ⅷ为井伊完成这项任务的人是经他提名进入幕阁的间部诠胜,他在10月被派到天皇那里就整个事态做"说明"。

如间部所预料,井伊对被京都视为忠实朋友之人的攻击,使他的京都之行举步维艰。他在多篇长文中声称在与西方谈判的过程中,幕府一直为情势所困,并非主动而行。这个说法显然得不到什么同情。孝明天皇在致关白的一封信(该信显然意在向间部传达信息)中说道,开放港口,"哪怕是一天甚至半天",也是不可饶恕的,这个行动激起了民众的愤怒,从而威胁到日本的政治稳定。③ 对此责难,间部做出了直截了当的回答,显示了他此前未曾有的远见:"面临着战争或和平的选择"的将军,是"根据他世袭的责任"来做决定的;而决定一旦做出写入条约,就不可逆转,"无论朝廷会下什么敕令"。对于朝廷来说,唯一的解决之道是承认并接受现实;对于幕府

① 关于"安正大狱",见《维新史》,2:498-500、608-662。
② Yoshida Tsunekichi, p.280.
③ 孝明天皇致九条尚忠,1858年12月13日,见 BGKM, 21:702-704。

而言,唯一的解决之道是承诺确保在将来的某个时候令外国人"撤退";对于朝廷和幕府双方而言,唯一的解决之道是为日本的利益携手合作。间部的建议中,还含蓄地提到听信"流言馋语"是不明智的。①

僵局就这样又持续了一个月,在这期间,没有任何迹象表明间部会从他一直坚守的立场那里做出让步。这就置天皇(此时他似乎在决定朝廷的政策上发挥比通常要大得多的作用)于困局之中。一方面,他真的畏惧允许外国人进入日本尤其是进入京都附近的港口所带来的后果。另一方面,他又认为有关这些事情的决定权属于将军。最终,部分因为井伊成功地把那些与他意见相左的朝廷官员或解职或收买,决定权属于将军的宪制规定占据上风,孝明在实质上接受了间部提出的要求。1859年2月2日发布的一道天皇敕令,尽管仍然把与美国的贸易条约说成"有损我们的帝国威望之弊、玷污我们的神圣国土之害",但却鉴于将军宣示一旦机会来临,则将还复锁国状态,并鉴于巩固"公武合体"的重要性,条约将会得到正式承认——但这是为情势所迫,没有选择的余地。敕令宣布,天皇"在这个事务上持容忍态度"②。

如果说天皇的宣示,对于幕府而言,不无影射其治国失当的尴尬的话,那么,它则标志着一桥派在其唯一尚存的力量中心那里,也被完全击败。京都,一如江户,也被置于井伊直弼的控制之下。贿赂和威胁,加之雄藩大名们或多或少地失去了斗志——或许意识到如果他们把事情推到极端的话,则可能摧毁那个他们也分享了相当大权力的政治秩序——共同保卫了德川的权力,使那些为自己的目的而试图稀释德川权力的人无果而终。或者说,德川幕府一度做到

---

① Beasley, *Select Documents*, pp. 189 - 193.
② Beasley, *Select Documents*, pp. 193 - 194.

了这点。事态的发展很快就将证明,幕府的胜利过多地系于井伊直弼一人之存在。

注释

ⅰ 如前所述,会泽正志斋的《新论》尽管写于 1825 年,但却到 1857 年才得以出版,并引起人们的关注。

ⅱ 开办翻译局的计划始于 1855 年幕府首席老中阿部正弘与水野忠德、川路圣谟等参谋之间的讨论。翻译局以番书调所(番书研究所)的名义于 1856 年 3 月成立,并在 1857 年 2 月作为一所学校正式对外招生。该校申明的目的是学习外国军事体系、武器、武器制造以及训练外交人员。学校的教师最初来自于那些已经有过这类研习的长期历史的藩国。来自于幕府领地以外的其他藩国的武士也可作为学生入学。见 Numata,*Bakumatsu yogakushi*,pp.55 - 61;Jansen,"New Materials"。

ⅲ Heusken,*Japan Journal*,p.136。这个评语记录于 1857 年末。开港提供了直接比较观察的机会,日本人也意识到了日本制造船只的缺陷。这导致 1860 年底幕府和大名都偏好于从外国购船,而非自己造船。

ⅳ 法国在琉球的利益早在 1844 年就已开始;其与萨摩的争端(该争端是随着岛津齐彬最终担任大名而发生的)与如何回应法国对贸易的要求密切相关。

ⅴ 例如,在伊达宗基于 1857 年 1 月 9 日写给松平春岳的信里,他评论了他最近和岩濑谈话时后者提出的观点。岩濑说外贸必须以既有利于幕府也有利于藩国的方式组织,而且,如果日本真的要富强起来,就必须修正它的"封建体制"。伊达评论道,这两个观点都同大多数江户官员持有的"自私的"做法大相径庭。见《昨梦纪事》,2:58 - 65,at pp.61 - 62。

ⅵ George W. Wilson 在"Bakumatsu Intellectual"第 260 页中引用井伊致长野修善的信(日期为 1858 年 4 月 9 日,原信见《维新史》,2:442 - 443),就一桥派的论点做出了如下的反驳:"因为他的智力提名一个藩主,无异于让下属选择上司,这完全是中国式的做法。"

ⅶ 在 7 月底有关与美国的贸易条约相关的争论中,井伊已经显示出对没有得到天皇认可签署条约,在政治上所可能遭到的危险的警觉(参见Beasley, *Select Documents*, pp. 181 - 183);早在 8 月 2 日他就写信给德川齐昭,敦促他接受条约,并在统一全国舆论上配合(BGKM, 20:534 - 537)。因此,我们可以相信他在这个问题上要跟京都谈判的意愿是真实的,虽然他所要的统一是在他的条件下的统一,即保持幕府权威下的统一。

第6章

不满的武士

　　一旦日本人认识到他们的国家正遭受外来的威胁,其结果之一便是许多幕府官员和雄藩大名纷纷呼唤进行"保守的"改革。这些人强调,为达到增强国力的目的,不仅需要西方技术,还需要政治的统一,但他们又不愿为此牺牲在现存秩序下所获得的任何实质性特权。我们现在转向的另一个结果是一场影响更加激进的运动,因为它对日本封建的领导能力本身提出了质疑。这项运动的种子早先在一些藩国为实现儒家治国妙方,即提拔"有才之人"的斗争中初见端倪。但是,最重要的还是因为那些通商条约。它们唤起了足以超越集团界限和封建忠诚的情感,从而改变了日本政治的特征。从根本上来看,这是因为那些条约把一些过去在国家事务上从未有过发言权,或者从未被期待有发言权的人,引入了政治生活。

　　到1858年,对外政策在日本已经成了一个"公共"话题,对它的讨论再也不能局限在小的精英集团之内了。关心和参与外交政策的人已经扩展到大名和高级官员这些政策制定者阶层以外。更低层级的人也加入进来。他们在接下来的十年里采取了一条与大名们十分不同的行动路线:诉诸袭击外国人和在国内搞恐怖主义,希望藉此重新评估日本与外部世界的关系。这些人几乎都是处于统治地位的武士或准武士阶级成员。如果没有这样的身份,他们是没有行动的机会的。此外,他们大多来自和一桥派有联系的大名的藩国。这些藩国的大名通过示范,帮助他们的陪臣养成参与政治的习惯。[i]

井伊直弼的清洗强化了这一传统，因为他对改革的大名的处理，使幕府成为这些大名的忠实追随者仇恨的对象。[①] 此外，许多藩国高级官员毫不迟疑，步井伊直弼后尘，严惩本藩的武士——比如，至少对西乡隆盛的流放显然是萨摩而非幕府的决定——也给他们安上了有负于向藩国尽忠责任的罪名。于是，诸如德川齐昭和岛津齐彬那些人对幕阁成员进行的批评，即为了保护一己私利而忽视国家利益的批评，很快在一个更加卑微的层次上，被下层武士用来攻击他们藩国的政府。正是在这种意义上，佐幕（Sabaku），即"亲幕府"，成为一个辱骂人的词语。

这种对封建上层社会的敌意和排外运动交织在一起，提出了有关维新运动和其支持力量性质的重要问题。通常都认为是武士领导推翻了幕府，然后，重新塑造了日本社会，包括摧毁藩国即"废除封建制"。但是，关于"尊皇主义者"在这一转型中的角色和重要性，则众说纷纭。在一些历史学家那里，尊皇主义者，正如他们的称呼所意味的，是一群从言语到行动都体现了对天皇人格及其在国家生活中的象征地位饱含炽热情感的人。而有的人则把他们与从封建阶段向资本主义阶段的发展联系起来，从而与新兴的商人阶级或"现代"的地主联系起来。还有一些人看到了他们和"无产阶级的"革命斗争的联系，这一斗争表现为农民起义和城市贫民暴动。为此，当我们研究尊皇攘夷即"尊奉天皇、驱除蛮夷"的拥护者的时候，必须把研究置于对尊皇主义者不同解释的背景之下。[②]

为了解决围绕着这个主题出现的困难，我们应当做的第一件事，似乎是对那些在紧随 1858 年之后的尊皇主义政治中，发挥积极作用的人的态度和社会出身，做一尽可能准确的描述。换句话说，

---

① 见 Jansen, *Sakamoto*, pp. 98–102，这一点是专门针对土佐提出来的。

② 这些与解释相关的问题在导论有更全面的阐述，在第 2 章也有所讨论，第 2 章还给出了相关的参考文献。

就是要研究他们是谁，他们意图得到什么，他们和社会中的哪些要素的联系最为密切。然后，我们将转向对政治活动和技术的讨论，研究尊皇主义者用来达到他们预设目的的途径。

尊皇主义

井伊直弼的清洗和美国条约的签署，使此前由于多股意见互相交错而显得杂乱无章的政治舞台，变得清晰起来了。更确切地说，变成两级对立。对外政策上的分歧——存在于希望开国的人和希望攘夷的人之间，而两者都被认为是维系国家存续的途径——现在都集中在一个问题上：幕府签订条约的行为是可以接受的吗？那些做出肯定回答、认为幕府在外来压力袭来时别无选择的人，成为佐幕即幕府的支持者。那些拒斥幕府这一行为的人——无论是因为盲目排外还是出于更为理性的、认为城下之盟不可能开启复兴日本之道的人——成为幕府的批评者。因此，井伊把"攘外"和"开国"的拥护者都推到了自己的对立面。同时，他给予他们机会声称政治改革是他们的特权。他对一桥派采取的打压行动，使反幕府情绪与包括某些与德川家族关系很近的藩国在内的雄藩大名的利益联系起来，共同反对传统上被谱带大名所控制的官僚机器。因此，井伊不仅使幕府成为对外绥靖的标志，而且成为现存形式下幕府—藩国结构的守护者。结果，因为盲目排外而反幕和出于更为理性的理由而反幕的这两个阵营的人走到了一起。

然而，他们走到一起绝非易事，因为现政权的敌手们的动机各不相同，且分歧巨大。因此，此后十年的日常政治生活都聚焦到两大问题上：第一，江户的反对者对他们彼此之间分歧的协调，能否使他们在打倒幕府、以另外的政权取而代之的问题上达成一致；第二，如果能的话，他们能否聚集力量，把自己的意志强加于幕府和整个国家之上。在这两个过程中，尊皇主义及其"尊皇"即"尊崇天皇"的口号都发挥了关键作用。

一个在理论上权威仅仅受神限制的天皇,和一个事实上大权独揽的将军,同时并存所导致的悖理异常,给德川的学者带来了很大的困难。[①] 有些人径直认为将军有权进行统治,置天皇于一个定义不明的"上天"的地位,在政治上无足轻重,在描述政府结构时可以被忽略。备前大名池田光政在 17 世纪写道:"将军因为得到上天的信任而获得统治日本人民的权威,大名因得到幕府将军的信任而获得了统治藩国人民的权威。"[②]而从 17 世纪的辩护者熊泽蕃山和山鹿素行开始,一些学者则声称将军凭天皇授权统治日本。19 世纪的一份幕府文件将这一主张表述为:"天皇将所有的政治权力委托给大君(将军),并静候他的决定;大君掌有全部国家的政治权力,保持谦逊的品德并以最大的诚意拥护天皇。"[③]在德川时代的后期,第二种观点更为人所接受。

但这个观点并非没有遇到过挑战。例如,17 世纪的另一个学者山崎暗斋(1618－1682)做出了不同的强调,他认为天皇作为神的后代,理应受到服侍,受到尊崇,从而拥有不可让渡的权威。这个主张就以一种特殊的方式——即强调天皇授权的暂时性且这一授权可以被收回的方式,把神道的观念引入了儒家哲学。19 世纪 60 年代许多尊皇主义者都受山崎学派的影响,正如他们受到 18 世纪的竹内式部(1712－1767)和山县大二(1725－1767)两位学者的学说影响一样。后两位学者都遭到严厉的惩罚,竹内被流放,山县被处死,因为他们指明了忠于天皇和忠于将军之间的潜在冲突,并宣称忠于天皇才是第一位的。

***

① 有关这一话题更详尽的讨论,见 Earl, pp. 16－65；Webb, *Japanese*, pp. 168－173, 248－252.

② Hall, *Government*, p. 403.

③ Hall, *Government*, p. 351.

也是在 18 世纪，日本政治思想中的神道因素因国学家的努力而得到了增强。国学家试图依靠宗教的话语以重申本土的传统，以达到与中国传统相抗衡的目的。他们的这一努力让更多人认识到了天皇的古老特权。① 贺茂真渊(1697－1769)开启了这一进程。他不满又极不准确地评论道，由于中国道德和政治思想的引入，日本天皇沦为"妇人之智"，"百无一用，形同虚设"。② 本居宣长(1730－1801)将这一言论发展成这样的观点，即天皇作为天照大神的后裔，能够在任何时候通过其神性与神交流，他本身就是神。天皇应该被给予绝对的服从，而之前却被外来势力所攫取了。"唯有顺从、尊敬和服务天皇，"本居写道，"才是正道。"③

19 世纪的学者平田笃胤更进一步，宣称整个日本民族都有神圣的起源。正因为如此，他说道，他们比世界上的其他人民更为优秀，他们的文化比中国文化以及所有其他国家的文化都要先进，正如他们的天皇也比所有其他统治者高贵。他设想了一种以天皇为中心的爱国主义与忠君的关系；与此同时，他力图激起一种基于对中国文化统治地位不满的国家意识，一种在后来能够被运用于应对西方在文化和政治上之威胁的国家意识。

然而，这并不是说国学直接激发了反外或反幕运动。事实上，或许更为准确的说法是 19 世纪排外反幕运动的成长，使人们反而回溯性地意识到国学在政治上的重要性。不过，就是这个说法亦当有言过其实之嫌。॥本居和平田显然不是反叛者，甚至不属于因挫折而反叛之流。对他们而言，虽然天皇本人的权力被转移到了将军和大名那里，但将军和大名权力存在本身证明了这也是符合神的意志的。

---

① 见 Earl, pp. 67－81；Tsunoda et al., pp. 506－551；Satow, "Revival"。
② Satow, "Revival," p. 13.
③ 见于《直毘神》(写于 1771 年)。载 Earl, p. 75。

　　然而,不可否认国学实现了皇权的合理化,使之能为反叛者所用;它也创造了一种舆论氛围,反叛者能从中获得支持。特别是平田,作为一个成功的政论家,他在维新年间有几千个"学生";而他的学说中包含了攻击武士阶级的官方儒家意识形态成分,使他的学说对处于武士阶级之外或处于这个阶级边缘的人具有特别的吸引力。结果,他的思想在富农和商人中赢得了广泛的支持——这些人,我们将要看到,为形形色色的极端主义者集团提供了新成员或同情者;这表明那些有志于武士地位却没有完全实现这一目标的人,可能会被一类不同的事业所吸引,在这个事业中,为天皇服务(勤王)成为决定一个人社会地位的尺度,一个有别于靠武士出生来决定社会地位的尺度。

　　既然如此,我们就毫不奇怪地发现,尽管武士阶级本身产生大多数的反叛领袖,但他们受本居和平田国学的影响,不及水户学派的尊皇主义对他们的影响,后者把神道传统与儒家思想协调起来。①水户哲学的核心要素是大义名分(taigi-meibun)的概念,通常翻译为"忠诚与责任"。大义就是每个人需要履行对天皇的职责,既是作为统治者又是作为道德楷模的责任。然而,它的直接政治内涵却是由一个人的名分、立场以及与地位相称的行为所决定的,也即忠诚必须与一个人的社会地位保持一致。正如藤田幽谷所说的那样:"如果将军敬畏皇室,所有的封建藩主就会尊敬将军。如果封建藩主尊敬将军,大臣和官员也会尊重封建藩主。这样一来地位高的人和地位低的人就会互相支持,整个国家就会和谐融洽。"②

　　这种秩序井然的国体因孝道得以增强。所谓孝道乃是尊奉祖

① 关于水户学派和尊皇主义,见 Webb, *Japanese*, pp. 182－195, 213－216; Earl, pp. 94－106; Harootunian, *Toward Restoration*, pp. 47－128。
② Webb, "Development," p. 177. 参见德川齐昭的观点,见上文,第127－128页。

先,而祖先被认为是忠诚的,因此要求子孙也是忠诚的。国体也由于统治者与被统治者之间的互惠因素而得到加强,因为一方的"忠心"总是伴随着另一方的"仁慈"。然而也正是在这一点上,水户学与正统的中国模式出现了最严重的分歧。在中国,君王不仁就会导致天命的丧失和王朝的衰落。在日本,作为神的后代的天皇是永远不可能被合法地推翻的。再次引用会泽正志斋的《新论》,"敬畏祖先(即天照大神),统治人民,君王与上天合为一体。因此,只要上天存在,君主的谱系就要延续下去,就是万物秩序的自然结果。"①

这就给信奉儒家的尊皇主义者留下如何调和两个潜在的互相冲突的观念——也即天命观念与天皇为神之后裔的观念——的问题。怎样做到这一点呢?实际上是通过以天皇之命令替代上天之命令,并把将军认定为天皇命令的接受者。在水户学说那里,将军有责任向天皇表示敬畏,向人民表示仁慈,并以此作为其行使君主权力的一个条件;而且因为仁慈不仅意味着保护人民免于困苦,还意味着抵御外国的侵略,于是,尊奉天皇,就很合逻辑地蕴含着攘夷,即攘除夷狄。

从这里,我们可以看到,到佩里远征时,水户学派已经准备就绪,攻击幕府在对外事务上的作为。将军因违背天皇命令与西方签订了可耻且有损日本利益的条约,可以说,在忠诚与仁慈两方面同时失职。

不过,对会泽正志斋和他的藩主德川齐昭而言,一如对1858年在围绕将军继承的争论中与水户藩合作的大名们而言,幕府在外交上的失败并不必然意味着它必须被废除,或者,为了恢复天皇的直接统治,封建制必须被废除,尽管会泽声言天皇"应该统治疆土,掌

① Tsunodo et al. ,p. 600.

控人民"①。幕府在外交上的失败,实际上意味着幕府声誉的下降和朝廷威望的提升,而在这样的背景下,雄藩大名可以在政策制定上获得发言权;也意味着为了国家统一抵抗外敌而公开表达对京都的尊敬(为攘夷而尊皇);还意味着强化日本社会的金字塔结构,而这是通过有意识地把天皇——在这个变动不居的世界里权威的最后堡垒——作为效忠对象而取得的(为封建制度而尊皇,实际上使德川幕府和大名得以保留实权)。

但是,在另一群学脉有所差异的人那里,水户的思想,经国学的熏染,却能够派生出不尊奉幕府的态度。我们或许可以举赖山阳(1780－1832)为例。他在1829年写了一本广为流行(尽管不甚准确)的日本史著作。该著作意在展现崇奉天皇的尊皇主义原则,抨击那些违背了这一原则的人和事。② 影响更大的是长州藩武士吉田松阴(1830－1859)。③ 作为教师,他的思想来源广博、兼收并蓄。但他同时也是一个激进主义者、一个活动家、一个"志士"。他的所作所为,显示了他和像会泽正志斋以及佐久间象山那样更受幕府尊敬的"合法"改革家一样,都有把自己的建议付诸实施的强烈愿望。

松阴在非常年轻的时候就负笈江户,在佐久间那里工作了一段时间,并与会泽建立了联系(这个关系是以他丧失武士等级和57石

---

① 出自会泽正志斋,《新论》。见 Earl, p. 95。另参见浅井清,《明治維新と郡縣思想》,第 57－60 页;以及芝原拓自《明治維新の權力基盤》,第 127－128 页。

② 参见 Garmen Clacker (Beasleya and Puleyblank, pp. 259－263)对赖山阳《日本外史》的讨论。这本书比水户学派在17－18世纪出版的具有相似尊皇主义主题的不朽历史著作《大日本史》(同上书,第 109－210 页)流传得更加广泛。

③ 研究吉田松阴(又被称之为吉田寅次郎)的作品有很多,包括 R. L. Stevensonn 的论文。这里给出的描述,我大部分是依赖于 Earl, pp. 109－210;以及 Craig, *Chōshū*, pp. 154－164。与我引用的著作相比,Harootunian 的 *Toward Restoration* 是对松阴思想更加晚近而且在很多方面也更加深刻的作品。

俸禄为代价的,因为他未经允许就去了水户)。1853 年,松阴和许多学生一道去横须贺观看了佩里舰队的登陆仪式。这(加上佐久间的鼓励)使他萌生了偷乘美国军舰离开日本到国外深造的想法。但是,他被美国人发现,后者虽然觉得他"谦逊而优雅"①,却拒绝带他走,松阴也最终因此而入狱。他先是在江户服刑,然后在荻城即长州的城下町服刑,一直被拘禁到 1856 年初。那一年,他的刑罚被减为软禁。他旋即开始在位于荻城边叔叔开设的学校里教书。在那里,许多在其后十年成为长州领袖——在 1868 年后成为日本的领袖——的人物,都在他的指导下学习。然而,对于他来说,教书是不够的。1858 年底,松阴策划了对井伊直弼派往京都的特使间部诠胜的暗杀;但是计划被揭发,密谋者都遭到逮捕。作为策动者的松阴,于 1859 年 6 月被押往江户,并于 11 月被处决。当时他还不满 30 岁。

松阴的著作,在某些方面一如他的人生,狂放澎湃而离经叛道。和佐久间象山一样,他深感于外敌对日本的威胁;对此,他要求以改进国家的军事技术来应对。"在学习欧美学说时",他在 1855 年写道:"过分仰慕或崇拜夷狄……都是绝对不可接受的。但是,蛮夷的造枪术和造船术,他们的医学知识和物理科学,均可为我所用——一概应适当地加以采纳吸收。"②然而,松阴认为仅仅是增强国家的军事实力还不够。日本必须控制周边的领土以使它的防卫坚不可摧,并能以平等地位迎接西方列强的挑战:"不是日升就是日落,不是月盈就是月亏。一个国家如果不能富强,就必定会衰落。守卫一个国家并非仅仅是使它免于国土沦陷,而是不断地开疆拓土。"③堪察加、朝鲜、菲律宾,甚至中国和印度,都在他的盘算之中,"只要地

---

① Hawks,1:421.

② Earl,p.147.佐久间对松阴当时的态度的影响非常明显。在 1853 年底,他在一封信中将佐久间描写成"当世英雄,人中龙凤"(同上书,第 147 - 149 页)。

③ Earl,p.173.

球还在运转,这项事业就必须继续下去"。

除此之外,还要坚持进行国内改革,以此为国家团结和道德重振奠定基础。国防毕竟是**全体国民**的事业,并非单靠武士对大名狭隘的忠诚就能成立。因此,国防是幕府和朝廷需要承担的要务。"如果在全国国土之内有任何人被夷狄凌辱,"松阴说道,"幕府将军理所当然应义不容辞地率领所有的藩国,为国雪耻,并且给天皇的内心带来宁静。"ⅳ因此,改革应该包含那些旨在带来这样的团结并在外交上富有成效的元素。松阴的这一思想所指的正是水户学派提出的改革元素:好的政府,提拔"才人",协调好天皇、将军和大名的关系。

但是,这并不意味着扫除幕府本身,或者对以幕府为核心的封建家臣网络体系的攻击。松阴认为,即使将军没有履行忠君的职责,没有承担国防的任务,以至于应该加以告诫时,任何惩罚举动都应由藩主发起:"如果已经尽了最大的努力,他(将军)仍然没有认识到自己的过失,那么,不可避免地,唯有我藩藩主与其他意识到将军之罪的大名一道,把问题呈现于朝廷,并执行天皇之命令,别无他法。"①换句话说,当松阴在幕府与西方谈判条约的时期发出这些言论时,他是站在与他的老师佐久间和会泽无异的政治保守主义立场发言;他所持的改革理念也同这二人相近。他还不是一个激进主义者——就这一称号用于1960年代的许多人时的意义而言。

改变松阴的是1858年的危机。通商条约,安政大狱,无论是大名还是武士,在幕府采取行动反对他们所主张的每一个事物时,都未能挺身而出进行反抗;这一切都使松阴确信需要一个比他迄今为止所想更加激进的计划。他说,不仅德川幕府的"邪恶权势所及越来越大",大名也显然听命于幕府而无所作为;而且整个武士阶级也

---

① Earl,p.203,引自1856年9月16日的一封信。

坦然接受了所有的一切，不做反抗，背离职责。"在更低的层级中，"他写道，"即使是在忠心的武士中……也不见有任何人站出来，越过藩主，谋求正义。"①

此前，松阴曾认为在面对外来危机时，长州尊皇派武士应该采取的合适政治行动，是努力迫使藩国政府站在国家利益的立场上，协调朝廷和幕府的关系。但现在，当朝廷和幕府似乎处于公开冲突、大名却站在一旁无所事事之时，他觉得"志士"必须选择立场独自行动了。不能再指望将军、大名或藩国官员："身穿丝织的锦缎，品尝精细的美食，怀抱美丽的女子，抚弄可爱的孩童才是这些世袭官员唯一关心的事情，尊王攘夷已与他们毫无关系。"②实际上，这个国家唯一的希望就寄托在那些处于官僚阶级之外的人身上，那些松阴称之为——但没有具体定义——"草莽英雄"的人身上。他们必须放弃藩国，通过留给他们的唯一方式来证明自己的真诚，即以天皇的名义"起义"。

然而，究竟谁是"草莽英雄"，何为起义之举，松阴未及详加说明即已逝去，虽然刺杀间部的计划显示了他对这些问题的思考。很明显，在 1859 年他人生最后几个月中，他提出的建议所显现的剑走偏锋特征——特别毫无疑问的是他明确无误地表示了抛弃有影响、有地位的武士，以换取"草根英雄"的支持意愿——使他失去了许多学生的支持。③ 像木户孝允和高杉晋作那样受人尊敬的长州平侍，表现得如他们在萨摩和其他藩国的尊皇主义同志一样的谨慎、一样的犹豫，不愿因鲁莽行动而危及藩主和藩国的安危。

但是，尽管如此，松阴在此后的几年间，在长州之内和长州之外，绝非没有影响或追随者。年轻的一代——特别是众多开办在江

---

① Earl, p. 209.

② Tsundo et al. , p. 622.

③ Craig, *Chōshū* , pp. 161 – 162.

户和城下町的军事学校里学习且地位低于平侍的学生——从松阴的教诲那里得到启示,以他为榜样,感受到起义的召唤。对他们来说,攘外成为一项神圣的使命,一项唯有天皇能够领导、唯有志士愿意执行的使命。尊皇主义者声称,必须让将军和大名从消极被动中摆脱出来,并迫使他们**不得不**采取行动,无论他们是否愿意,因为他们还像以前那样,控制着最终要被用来对抗西方的军事力量。为此,必须通过起义、密谋和袭击外国人挑起争端。在这里,我们看到了为1860年代恐怖主义提供合理性的主张。①

这里,如在吉田松阴的著述中一样,有一个显而易见的缺失,即缺少一个改造基本政治制度的计划,而这正是我们从一场真正的革命运动那里所期望看到的。我们在其他"志士"那里也能看到同样的缺失。例如,井伊直弼的刺杀者们在1860年3月起草的一份解释他们行动原因的陈情书(关于这件事我们将在下一章继续讨论)中,就体现了这一缺失。这份陈情书是一份动人心弦的文件,是刺杀者为避免逮捕和耻辱在自杀前不久写的。它详细讲述了不平等条约的签订情况,指责井伊给日本带来的耻辱和对他们前藩主的迫害,还谴责了幕府对天皇旨意的漠视。然后,在陈情书的结尾,它从谴责转向期望。它说,将军应该再次向那些最有资格帮助他的人,比如他在水户、尾张、一桥以及越前藩的亲戚,还有萨摩、土佐、宇和岛和长州的外样大名,寻求参谋和建议。每个人都有适当的角色可以扮演。"如果一方面有亲戚关系的宗室协助将军处理行政,而另一方面雄藩大名尽忠地在军事准备上付出努力,那么,毫无疑问,我们神圣领土上的耻辱将被洗刷,而天皇的内心也会得到宁静。"②它实

---

① Harootunian 在 *Toward Restoration* 第193页中将松阴描写成"把行动和毁灭视作妥协和调整的解毒剂的虚无主义者"。换言之,通商条约对松阴的震动是如此之强,使他拒斥这个让他失望至极的世界的所有价值,并且,以行动本身而非以任何其他的价值来取代这个世界的价值。

②《岩仓公实记》,1:349. 请愿书以及附带信件的文本出现在第342-350页。

际上不过是一个复活一桥派的计划而已，一个出自一桥派领袖德川齐昭家臣之手的计划。就此而论，它所着眼的与其说是未来，倒不如说是过去；它所关注的，与其说是制度设计，倒不如说是封建政治。

在一项关于明治维新的研究中，对于这个陈情书，人们或许会倾向于采取置之不理的态度，因为它所表现的不过是封建复仇、忠孝之道而已。我们之所以在这里还要讨论它，是因为对 1862－1863 年的主要尊皇主义积极分子的研究揭示，这些誓言要"重建帝王统治"（王政复古）的人也同样缺乏真正的革命思维。他们的"复古"，尽管蕴含着激进成分，但完全不为江户接受，而且离 1868 年后真实发生的事情相去甚远。例如，与早些时候的吉田松阴一样，这些 1862－1863 年的尊皇主义者并没有预想到废除藩国或废除封建社会。[1] 相反，他们中的大多数人急不可耐地表达了对封建主义（hōkenseido）的偏爱，以抵抗在 7 世纪传入日本，而且在真正意义上更具"帝制"性质的中国式的行省制度（郡县制度）。

因此在 1861 年，久留米的真木和泉，最有影响力的忠义之士之一，将"复古"描述成在封建体制内的"正名"，也即废除封建领主持有的头衔，因为根据头衔，这些领主被将军与大名的关系所束缚；而以更早的——但同样是封建的——即在引入中国制度之前的时期使用过的头衔取而代之。[2] 换句话说，他提议的是延续封建制度，不同之处是这个制度以天皇而非将军为中心。在 1863 年写成的另一文件中，他对此做了扩展：应该组建一支帝国军队，由各藩国提供的士兵组成，并且由朝廷贵族和忠心的武士领导；尾张以西的藩国应该不

---

[1] 关于这一点，尽管简短却最有益的讨论，见 Asai, pp. 60－64；关于志士总体上的政治理想，见 Inobe, "Bakumatsu shishi"；Harootunian, *Toward Restoration*, pp. 246－320。

[2] Asai, pp. 61－62. 真木提及的大化之前的头衔（比如国之造）通常并不为现代学者看作是封建的，尽管在中文中它们可能被描述成封建头衔。

再受幕府的控制，京都周围的领地由帝国的行政机构直接领导。①

真木的论点以不同的形式出现在其他志士的著述中，这些著述与真木的观点没有本质上的冲突。筑前国的平野国臣力主在1862年5月夺取京都，宣称他的目标是确保抵御外国人的行动，而这只有通过"把天皇的权力扩展到帝国的各个部分"才能够实现。而唯有摧毁将军的权力，才可能实现这一目的："他应该被剥夺职位、降低等级和收入，给予和其他雄藩大名一样的地位。"②

吉田松阴的学生，长州的久坂玄瑞在应当树立什么样的目标以及如何实现目标的问题上，有更加具体的论述。例如，他认识到志士的暴力只能补充而不能取代藩国的努力③。然而，他同样也被关于社会性质的传统观念所束缚。像一桥派的成员一样，他寻求的是放宽参觐交代制度，以削弱将军对大名的控制。和一桥派一样，在他的愿景中，幕府仍旧是政府的行政部门，尽管制定政策的责任在很大程度上将被转移到京都。正如他在1862年的一份长篇请愿书中写道：

> ［将军］以朱红印章分配领地……和向封建藩主授予官职的权力，只有向朝廷提出申请后才能施行，以此表明幕府对其两个世纪或更长时间的傲慢和不逊的悔意……政府的权力必须奉还给朝廷，在畿内（京都周边的省份）建立行政总部，所有重要问题都要征询朝廷……在那里由朝廷贵族和官员来讨论。④

----

① Tanaka Sogaro, *Meiji ishin*, pp. 9 - 19.

② 1862年5月6日的记录，在 *Junnan rokko*, 1:346 - 349。

③ Tanaka Akira, pp. 90 - 91.

④ Asai, pp. 63 - 64. Suematsu 在 *Bōchō*(3:329 - 330)中有对这份请愿书的总结。将这些建议与岛津齐彬关于这个问题的观点进行比较会很有意思。见上书第5章，第126 - 127页。

土佐的尊皇主义者武市瑞山在两个月后写成的一篇文章中,将上述所有的思路整合在一起,给他和他的朋友——毕竟他们之间通信频繁——关于日本的政府的构想设定了规划。[1] 他的论证还是从幕府在外交事务上的失败开始。"幕府官员,出于对夷狄的恐惧,采取了权宜之计,"武市说道,"他们没有顾及国家的贫困和人民的苦楚,而且没有表现出丝毫的爱国情感。"他们的政策在全国的志士中引起了不满,"甚至有发生内战的危险"。只有旨在完成攘外的激进改革才能平息他们的愤怒。

首先,武市说,必须通过把京都周边的藩国置于帝国政府的控制下,为朝廷提供足够的防卫。这个地区要分配给朝廷的高级贵族们,他们将得到志士的支持和"大阪富人"在武器装备上的支持。其次,为缓解藩国的财政压力,必须缩短参觐交代时大名在江户居住的时间。最后,"必须恢复统治者和大臣各尽其责的局面",这就是说,政府运作必须由朝廷控制,正如第一个幕府于 12 世纪形成之前一样,大名必须在京都而不是江户履行他们仪式性的责任。武市很清楚德川幕府不会心甘情愿地接受这样的改变,甚至会对朝廷的命令置之不理。因此,他论证道,必须使他们面对由九州岛和西日本藩国联盟提供的压倒性武力优势。只有到那时才有可能,"一方面通过实行仁爱和正义让幕府改变傲慢的态度,另一方面诉诸权力扑灭它的嚣张气焰",以使江户臣服。

从 19 世纪 60 年代早期最著名的尊皇主义者的著作中选取的这些例子中,我们势必得出这样的结论:他们的尊皇愿景代表的是对幕府而不是封建制度的攻击。它意味着权力平衡的转移,使天皇成为封建效忠的中心,让雄藩大名分享决策权。它意味着朝廷行政方法必须改变,使之在财政上不像以前那样依赖于幕府和藩国的恩赐

---

[1] 文本见于《武市瑞山》,1:119-124。很多显然属于早期的文件也收录于该书第 109-119 页。

（而这也将给志士获得有影响力的职位提供机会）。最重要的，它要求削减或彻底废除将军的权威，因为将军在他最应该履行的职责上失败了。

很明显，在挑战幕府上，尊皇主义者的立场比一桥派提出的任何观点都更为极端，更加暴力。然而，在这些立场中，一如改革的大名提出的计划那样，我们根本找不到任何中央政府的概念，找不到一个以朝廷为核心、采取行动废除藩国的中央政府，一个在德川幕府被推翻后出现的中央政府。此外，在尊皇主义者的立场中，一个没有了大名和武士世袭地位之社会的观念更不可能存在。

事实上，"志士"之不同于改革的大名，与其说在于提出了与后者相冲突的制度目标，倒不如说他们更加强调天皇朝廷的政治功能，而且与那些大名相比，他们表现出了不达目的不罢休的坚强意志。久坂玄瑞曾写信给武市瑞山，"只要我们从事的是正义的和忠诚的事业，那么，即使你和我国破家亡，也在所不惜。"[1]他显示了对其社会的拒斥，这一拒斥是如此之极端，以至于在保存日本的努力中，如果有必要，可以把他的社会摧毁殆尽。但这只能算是攻击传统，还谈不上是革命。

就其结果而言，志士的很多所作所为确实具有革命性，因为旧的制度一旦被削弱或摧毁，就必须由新的制度而不是口号取代；但若把这些结果的发生归因于某个宏伟的设计就大错特错了。事实上，尊皇主义者在性情上与其说是革命者，倒不如说是反叛者或暴乱者。马瑞斯·詹森（Marius B. Jansen）把他们描述为"勇猛、随性、放浪不羁……沉湎酒色"[2]，今朝有酒今朝醉；从关于他们活动的记录中，我们可以清楚地看到他们对天皇和外国人的态度都出于直接而简单的情感，与执掌幕府或藩国权力的人所具有的更加"负责任

---

[1] Harootunian, *Toward Restoration*, p.318.

[2] Jansen, *Sakamoto*, p.98.

的"关切相比，差距不啻十万八千里。正是这一点——他们对现行
秩序的不经意甚至轻蔑——而非更正式意义上的政治意识形态，导
致了他们与自己的藩主的冲突。

尊皇主义者

在我们完全接受上述观点，即尊皇主义者献身于天皇的事业在
本质上既非"反封建"亦非"现代性"之前，有必要知晓尊皇主义者都
是些什么人，他们的社会地位是否与他们所持的观点在逻辑上相一
致，以及是否有必要在一类尊皇主义者与另一类尊皇主义者之间做
出区分。为此，我们首先不妨看一下，在 1858 年之后，在一些最重要
的藩国里都发生了什么事情。

让我们从尊皇主义最终取得成功的萨摩藩谈起。在井伊直弼
被任命为摄政之前，萨摩的许多年轻武士满怀热情地支持岛津齐彬
的计划，并在江户与水户领导人以及松平春岳的越前藩的桥本左内
等家臣密切合作。ⱽ西乡隆盛是萨摩武士中的佼佼者，井伊直弼遭清
洗时他年仅 30 岁，却已是有名的剑术家。西乡是一个高大威猛又火
热心肠的人，具有众多传统浪漫英雄的品质："性情暴躁、淳朴幽默、
咄咄逼人的静默，透露出几分轻蔑、几分睿智。"①第二号重要人物是
大久保利通，他比西乡年轻四岁，相应地较缺乏经验，但在很多方面
却是一名精明的政客。有人说他既"冷静至极"，又"孜孜不倦追求
出人投地"，②两者结合起来，使他成为一个精于算计、专心致志操纵
国人的政治家。

西乡和大久保都来自小姓与家庭，是萨摩中级武士中最低的一
个等级。两人都极度仰仗岛津齐彬对他们的亲睐而得以施展抱负

① Jansen, *Sakamoto*，p.189.
② Iwata，p.3.

力。^{vi}因此,他们的野心都因 1858 年 8 月岛津齐彬之死而遭到严重打击。西乡在江户和京都为一桥派的利益而进行的密谋,因保守派控制了萨摩的都城鹿儿岛而突然终止。西乡被判流放,尽管糟糕的健康状况让他直到 1859 年初仍留在萨摩;而他的同伙和追随者,以大久保为首,都被解除了在藩国政府中的职务。如此一来,他们只能在没有藩政官职之便、没有藩国大名庇护的条件下,寻求推动自己的政策。

正是在这种情况下,他们开始盘算叛乱的可能性,或者至少是使用武力以促成反幕府政变的发生。尽管存在疑点,但有传言说齐彬在死之前也曾做过类似的考虑。① 西乡确实这样想过,因为他曾与 1858 年写信给他的两位同僚,规划了尊皇派发动起义,占领并控制京都直到雄藩大名军队到来的计划。② 这个诉诸武力的主意并不缺乏支持者。对于一群为他们视为国耻的条约的签订而痛心疾首,每日听到他们尊为英雄和圣人的人物被捕的消息,且因无法使那些统治他们的藩官行动起来而倍感沮丧的年轻人而言,暴力的吸引力几乎是无法抗拒的。

诚然,从这时起,显然是有鉴于安政大狱的影响,西乡开始建议应有一定的谨慎。③ 与此相反,对许多萨摩人——不仅仅是年轻人而言,西乡遭到的惩罚非但没让他们冷静下来,反而激起了他们的怒火。对他们来说,克制或对风险太过精细的计算都不过是胆小畏缩而已。在 1859 年底,他们中的一些人再次计划在京都发动起义。在这项冒险计划付诸实施之前,相关消息被泄露到萨摩当局那里,

----

① 《鹿儿岛县史》,3:267－271。

② 《鹿儿岛县史》,第 275－277 页。

③ 西乡致大久保信(1859 年 2 月 4 日,见《大西乡全集》,1:137－146),指出,鲁莽之勇虽然本身可敬,但却反映了"不能区分轻重"的缺陷。据此,西乡主张萨摩必须唯有在得到其他强藩特别是水户、越前、长州、土佐和尾张藩的合作的情况下才能行动,必须事先征询这些藩的代表的意见。

新大名——齐彬的侄子岛津忠义发布命令制止了这一行动。大久保坚信，没有藩国的支持，这一行动终将无果而终，遂决定服从命令。经过一番周折，他说服大部分密谋者和他一样服从了命令。①

这个事件构成了萨摩尊皇主义者历史的一个转折点。在此之后，一方面大久保领导下的一派人（后来西乡于1862年从流放地被召回后也加入进来），致力于赢得藩主对他们反幕府事业的支持，这个任务自然意味着愿意同那些不那么激进的观点妥协。另一方面，一部分人分裂出去，在萨摩藩外从事为萨摩大名禁止的极端主义活动。在第一部分的人之中，出现了不少1868年后明治政府的成员；而在介于此时和明治政府成立之前的时期出现的尊皇主义殉道者中，有的就出自于这第二部分人之中。因此，对他们的年龄和社会成分加以比较，将从一个侧面有助于我们认识这两部分人都参与其中的尊皇主义运动的性质。

我们可以确认22个属于西乡—大久保派的人的身份（见表1）。② 在他们之中，有9人确定、8人极可能属于中等武士家庭，如果我们把这两个领导人本人也算在内的话；另有3人是上级武士，其中包括最终成为家老的岩下方平；还有一人松方正义为下级武士，他的父亲是一个放弃了领地而投身商业的乡士。甚至松方在维新前也获得了平侍的等级，因此，一般而言，我们有理由把这群人看做具有完全的武士地位者，尽管其中的一些成员，包括西乡和大久保在内，地位处在中级武士的下限上。ⅷ 在年龄上，从最早在全国范围内出现尊皇派骚动的1862-1863两年的数据来看，他们中差不多有2/3的人在25至35岁之间，其余的大多稍微年长一些。

---

① Katsuda，*Ōkubo*，1：117-151.

② 关于分析的进一步细节，以及作为分析基础的材料的信息，见 Beasley，"Politics，" pp.50-55，有关武士阶级划分的一般性术语的讨论见第1章。

表 1　萨摩和土佐尊皇主义者之背景和年龄

背景/年龄	萨摩		土佐	
	西乡—大久保派 （22）	激进分子 （22）	武市派 （22）	激进分子 （55）
家庭背景				
上层武士	3	—	—	—
中级武士	17	16	7	5
下级武士				
足轻等[a]	—	3	5	15
乡士等[b]	1	3	10	9
村长和乡村官员	—	—	—	11
其他[c]	1	—	—	15
1862 – 1863 年间年龄				
35 及以上	5	4	4	1
26 – 34	15	9	14	17
25 及以下	1	8	2	37
不详	1	1	2	—

资料来源：Beasley，"Politics and the Samurai Class in Satsuma，1858 – 1868，" *Modern Asian Studies*，1（1967）：47 – 57；Beasley，"Politics Group in Tosa，1858 – 1868，" *Bulletin of the School of Oriental and African Studies*，20（1967）：382 – 390

注：我在计算年龄组时忽略了阴历年份和阳历年份之间的差别。大约一半萨摩的人物和 4/5 的土佐人物的家庭背景有具体文献佐证；其他人则基于合理的推测。

　a. 其中一个萨摩人是商人/陪臣；其余两人为陪臣。

　b. 这四个萨摩人是商人/乡士。

　c. 未被归类的萨摩人是个神道僧侣。15 个未归类的土佐人中，1 人是佛教僧侣，1 人是医生，1 人是农民，还有 1 人是商人。其他 11 人的背景不详。

　　与此形成鲜明对比的是，那些要与藩国政治彻底决裂的极端主义者或激进分子，[viii] 倾向于有比较低的地位，年龄也比较轻。他们的领袖是有马新七，1825 年出身于乡士家庭，但在很小的时候就过继到有亲戚关系的中层武士家庭。其他人中——可以确认身份的也是 22 人——有 15 人似乎有与有马大体相似的中级武士背景，尽管关于他们的信息远没有人们所希望的那样精确。其他人可以归为下层的武士，不过同样不是很确定，尽管他们中有4人有商业背景或联系。其中1人是森山新藏，一个乡士出身的富有的城里人，为这个集团提供经济资助。1862年，森藏刚过40岁，而有马是37岁，他们的同伴中至少有8人当时不到25岁，其中的两人实际上还不到20岁。他们中只有5人活到了明治时代，与之相比较，跟随大久保的人中则有18人活到了明治时代，这个事实对搞政治和搞叛乱之间的相对危险性做了一个有趣的注脚。

当我们转向山内容堂的领地土佐时，就会见到另一番景象。[①]因为山内在一桥继承争端中没有岛津齐彬那么积极，所以在他的领国就没有出现能把激进分子聚集起来的核心人物，而在萨摩，西乡和他的朋友们充当了这一角色。结果，对土佐政府的攻击更多来自于"外部"，这些人的尊皇主义信念并非直接由他们藩主的政治观点促成。事实上，他们大多来自于乡村武士（乡士）和村长（庄屋）；他们对农村的控制，再加上较低的正式身份，使他们对城下町武士所享有的社会和经济特权，产生诸多不满和怨恨。

土佐的乡士家庭主要有三大类。[②] 最早的一类是一些16世纪在容堂成为大名之前就居住在土佐的武士家庭的后代，他们在17世纪被赋予乡士地位，以使他们为维护乡村的稳定做出贡献。然后是一些比较富有的农民家庭，他们通常是武士的后代，因为开垦土地之类的服务而被提升到乡士地位。最后一类是那些在18世纪末、19世纪初通过开垦土地（和农民一样）或通过购买而获得乡士身份的前商人家庭。所有这三种类型在尊皇主义者中都有代表。

---

① 关于土佐政治活动和相关社会背景，见 Jansen 如下著作："Tosa During the Last Century of Tokugawa Rule"；*Sakamoto Ryoma*, pp. 30 – 40, 104 – 123；以及"Takechi Zuizan and the Tosa Loyalist Party"。

② Jansen 在"Takechi Zuizan"第 200 – 202 页对这个问题做了简短的讨论。亦可见他的 *Sakamoto*（pp. 27 – 36），该书提供了大量有关这一话题的日文著述参考文献。

　　这些人现身于尊皇主义运动,清楚地显示了在德川后期土佐的政治分野基本上是沿着武士阶级中既有的对峙局面分布的。这一紧张状态在这个世纪早些时候发生的一些事件中就已经有所表现,那时,来自乡士的抗议者迫使藩国政府承认他们拥有与平侍一样的权利。1841年一个村长协会的会议文件生动地表现了这一点,这份文件宣称:"难道我们不应该说,作为平民脑袋的村长应高于作为贵族手脚的陪臣吗?"①

　　实际上,在土佐,那些认为主要是凭自己承担的职能而具有优越感的人们,对"凭出身而贵的人"(门阀)有着相当大的敌意。然而,持有这一观点的人却视自己为统治阶级的一部分,受过武士的教育,接受武士的价值观,在很多情况下还养成了武士的生活习惯。再者,尽管他们代表了乡村富有者的利益,并与那些在城市里统治他们的官僚的利益相冲突,然而,一旦与列强的通商条约把日本的政治两极化,他们仍旧使用几乎与萨摩中层武士毫无区别的语言来表达自己的观点:以民族主义的情绪,谴责幕府和藩国对外国人的软弱;以地方性的封建忠诚,谴责高知——土佐藩都城——对江户的屈从。在这里,土佐武士表现得就像武士一样,尽管在当时的严格意义上,他们是否有权称为武士是有疑问的。

　　他们的领袖武市瑞山本人是个乡士,他的家族是土佐前封建大名陪臣长曾我部的后裔。他曾是剑术家,高大而且结实,稍显粗狂。他于1856-1857年在江户学习,这使他和其他藩国的激进分子建立起联系,而他的剑道学生则成为他长期追随者的核心。尽管武市和其他藩国激进分子有联系,但他对通商条约的签订以及安政大狱带来的局面的反应,却比后者慢了许多。1861年,他组建了一个尊皇主义者团体,起誓要"重振日本精神","为我们的国家

---

① Jansen,"Tosa," p.341.

带来新生"。① 这个团体一度有将近 200 个成员。然而,直到 1862
年 5 月,当他策划了对土佐藩首席大臣吉田东洋的谋杀后,武市才开
始对土佐的政策产生了较大的影响。他的影响有赖于一些同情者
的帮助,后者的地位之高,足以让他们在藩政中担当要职,而这是武市
本人无法企及的。但武市影响土佐政治的手段很笨拙,经常被前大名
吉田东洋的谋划所挫败。武市在土佐政治圈的影响力,从来没有达到
一个能与(比如说)大久保在萨摩所获得的地位相提并论的水平。

其实,许多土佐尊皇主义者很快对没有进展失去了耐心。像他
们的领导人一样,他们更像是煽动者而不是政客,结果,他们往往愿
意在京都或其他地方冒险,藉此从更加乏味的——也是更加困难
的——试图操纵藩国官员的任务中脱身。部分由于这个原因,这个
小团体很快在 1863 年后解体,在这一年,日本全国的政治舆论气候
发生了变化,且山内转而公开反对这个小团体。武市被捕,而他幸
存的追随者中的大多数逃离土佐藩,投靠他们在日本其他地方的朋
友,成为浪人,或脱藩武士。

从这些事件中,我们能够判别出某种与我们在萨摩观察到的
"政治家"与"激进分子"分野相似的轮廓。这一轮廓即便对事实细
部有所歪曲,但在大局上仍然正确。于是,我们可以确定一个包括
武士在内、拥有 22 个成员的土佐群体。② 这个群体主要关注的是他
们自己藩国的政事,就像大久保及其同伙那样,尽管没有后者那样
有成效。这 22 个成员中无一为上层武士,但有 7 人是中层武士,15
人为下层武士,其中大部分人是乡士(见表 1)。在年龄上,在 1862
年,他们绝大部分都在 25 - 35 岁之间。武市自己是 33 岁,他在官员
中的主要盟友要更年长一些。所以这方面和萨摩的"政治家"比起

---

① Jansen 在 *Sakamoto* 第 108 - 109 页给出了这些成员所签署的誓言的译本。
② 幸运的是,土佐尊皇主义者的背景有很好的记录,这使得到比萨摩方面论述更为准
确的结论成为可能,见上文。参见我的文章 "Political Groups in Tosa"。

来非常接近。事实上，尽管这类土佐人总体上在地位上比萨摩的对应者要低，但人们不能想当然地认为他们在经济地位上也必然较低：大体上土佐乡士的领地平均略大于 50 石高。这和许多萨摩平侍所占有的土地是一样的，尤其是西乡和大久保所属的小姓与相比。比如，武市家拥有的土地估值 51 石高。

土佐尊皇主义者中的另一部分人即"激进分子"选择了离开藩国成为浪人，以解放自己从而得以参加日本国内其他地方的密谋和起义。他们是在不同时间，既有在武市被捕之前也有在此之后，出于不同原因，而做出这个决定的。选择这条路的人相当之多——和萨摩相比起来要明显多很多——因为至少有 55 个可以辨认姓名的人选择做了浪人。其中平侍很少，可能不超过 5 人（见表1）。① 相反，如果把 9 个乡士算进来的话，至少有 24 人是下层武士；还有包括村长在内的 7 个社会地位实际上大体相同的人。

这个名单包括了——且看一些有特色的例证——坂本龙马（生于 1835 年），一个有商人家庭背景的城下町乡士，他经由江户的剑术学校而被引入到政治中；②他的妹夫千屋孝（生于 1842 年）是个村长，他在 1863 年初成为胜海舟海军操练所的学员，而龙马自己与海军操练所有着紧密的联系；那须俊平（生于 1807 年）是一个相对较穷的乡士，他在自己的养子在尊皇派暴动中被杀后加入到极端主义者中间来；中冈慎太郎（生于 1838 年）是一个老资格村长（大庄屋）的长男，他像坂本一样，深深卷入了江户和长州政治；还有一个中级武士望月龟弥太（生于 1838 年），他是武市的一位藩国官员朋友的表兄，也是胜海

① 鉴于土佐记录的相对完整性，所有 11 个被归为"未知"的事实上都是平侍是不太可能的。

② Jansen 在 *Sakamoto* 第 77－86 页中论述了坂本的背景。因为约有 10% 的土佐乡士生活在高知城中或附近，人们应该警惕过分强调他们的"乡村"标签。

舟的学生,1864 年死于与幕府卫兵的冲突中。① 在年龄上,这些浪人中有 2/3 在 1862 年还不满 25 岁,只有一人超过 35 岁,这也表明了这类冒险活动对年轻人最有吸引力。这 55 人中,只有 12 人活到 1868年以后。

从对在萨摩和土佐所发生的事情的这一总结中,我们可以得到一些初步结论。这两个藩国的大多数上级和中级武士——也就是说那些**没有**出现在名单上的人——在井伊直弼掌权后,对幕府施加给他们的压力做出的反应,是小心谨慎而且是防御性的,尽管通商条约的签署招致广泛的批评。少数派谴责这样的反应是不思进取的保守主义,并要为了他们心中的国家利益而扭转这一局势。于是,他们被迫首先在不依靠大名及其亲近的幕僚的条件下,寻求重建他们藩国在国内事务上的主动权的道路:或者通过规劝和阴谋,以诱导政策发生变化;或者通过武力行动,以图制造事端迫使藩国官员——无论他们多么不情愿——不得不采取行动。两类不同的反对群体,取决于他们选择了不同的反对方法。

这两个群体的领袖虽然不全是平民百姓,但年龄都在 30 岁上下,来自中下层武士阶级,或来自地位比中下层武士阶级略低的家庭,这一相似之处意味着这些人在合法与不合法的政治形式之间做出的选择,无法仅仅用年龄或社会背景加以解释。毫无疑问,性情和脾气与做何选择有很大的关系。有很大关系的还有地区性因素,即在某种意义上,一个人更愿意通过常规的渠道获得影响力,如果他知道在他之前已经有人这样成功地做过。因此,西乡在 1858 年前在萨摩藩政中的经验对大久保来说是一个鼓励,同理,自天保年间

---

① 这些人的传记信息可以在下面的关于维新英雄或殉道者的传记汇编中找到(前三份涉及国内所有地方的志士,第四份主要针对土佐):*Kinnō resshi den*;*Zōi shoken den*;*Junnan rokkō*;*Zoku Tosa ijin den*。更通俗易懂,但欠完整的是 Naramoto, *Meiji ishin jimbutsu*。

以来,长州即有平侍出身的武士担当藩政领导的记录,自然有助于像木户那样的长州人在藩政上出头。① 与此相反,武市瑞山由于知道自己缺乏获得显著提升所需要的等级地位,所以对合法性的恪守不那么坚定,同样也很难约束追随者做到这一点。

其实,正是在这里才真正体现出等级的意义,在一定的水平线下,没有等级的人就不可能获得官职。身为小姓与的大久保很难与其藩主的父亲岛津久光建立私人关系,②但他至少还具有被授予藩官所需要的最低身份,这使他能够与最上层的武士面对面接触。而在那些放弃正统政治手段的人中占大多数者,多为缺乏这一资质的乡士、村长和足轻。他们也因此失去了与之相伴的可在合法和非法手段之中进行选择的自由。[ix]如果他们一定要介入政治活动的话,他们要么接受服从于平侍政客的角色,要么以必定与藩政相冲突的方式行动。因此,他们的野心,他们的理想(这些理想与他们生活的社会的理想背道而驰),合在一起几乎注定他们会挑战他们的藩主。事实上,他们做出这样的决定,与其说是出于对激进政治的献身精神,倒不如说是由于年轻人的血气方刚:一种冒险的意识,一份迫不及待的冲动,一股为追求更高理想而抛弃传统道德的愿望。坂本龙马就具有所有这些品质。他在写给一位像他一样逃离土佐成为浪人的朋友的双亲的信里,曾这样说道:"有一种观点认为在现今时代,忽视亲属,怠慢藩主,离开母亲、妻子和孩子都是有悖于人们理应履行的职责——这显然是出自愚蠢藩官的看法。"[x]

在我们此时讨论中所浮现的范式中,存在着一定的逻辑:至少在土佐和萨摩,在藩国内通过"政治的"——并非总是合法的——手

---

① Craig 在 *Chōshū* 第110–111页中指出自天保改革以来的长州各派领袖都是收入相当微薄的平侍:村田清风,91石;周布政之助,68石;坪井九右卫门,100石;椋梨藤太,46石。

② 他不得不花费相当时间通过与久光的亲信折冲,然后才能得到与久光见面的机会。见《鹿儿岛县史》,3:306–308;Katsuda, *Ōkubo*, 1:177–181。

段参与权力斗争的人，与那些做出不太合乎常规的但或许更加刺激的其他选择的人相比，处于较高的等级范围内和年龄段上。[①] 然而，人们一定会问这个结论可以在多大程度上推广到整个尊皇主义运动上。这不是一个容易回答的问题，即便仅仅是出于并非所有的藩国都像萨摩和土佐一样，已经被或者都能被历史学家做彻底且精致的研究的缘故。

然而，还是有许多人们可以引证的证据。例如，在长州，吉田松阴开办的私学在通商条约签订后即成为反对幕府政策和长州藩保守主义的一个主要中心。该校的 15 个学生后来因成为"志士"而为人所知。[②] 这些人都很年轻——3 人在 1858 年年仅 15，最大的是 27 岁。7 人是中层武士，8 人为下层武士，后者包括四名足轻。这 15 人中的大多数人，在不同的场合下参加过恐怖主义活动或某种形式的非法活动；但还是可以区分出那些相当快就放弃这种生活的人——似乎一旦看到有望取得官职和权力便就此放弃——和那些坚持反叛到底的人。这个区别在某些方面符合我们已经讨论过的萨摩和土佐"政治家"和"激进分子"的差别。

在第一类人中有两个平侍，高杉晋作和木户孝允，他们的俸禄分别是 150 石和 90 石。值得注意的是，木户尽管在年少时是极端主义者，但在维新之前就获得了上层武士的地位。1862 年他 29 岁，比

----

① 我们不妨顺便注意一下，政治行动的合法性上的差异似乎与一个人在家庭里所担负的职责大小并无关系，尽管我们鉴于日本的家庭体系的性质，会期待户主会因进行显然为非法的行动可能对家族的利益造成很大的风险，而对进行这样的行动犹豫不决。在表 1 给出信息的 121 个土佐和萨摩人之中，有 40 人被记录为户主或长子(包括过继的继承人)，37 人不是长子；其余的 44 人的家族地位不详。在这个方面，在"政治家"和"激进分子"之间没有显著的区别。实际上，姑且不管"未知"一类人物，西乡-大久保派那里有一半多的人是非长子，相反，在其他三类的每一类中，户主和长子所占的份额超过一半。

② 这来源于 Umetami 给出的名单，特别是第 325 页的表格。亦可见 Craig，"Kido Koin，" pp. 268－290。

高杉晋作年长 6 岁,比萨摩的大久保年轻 3 岁。在 1865 年初以后实际控制了长州藩"政府"的群体中,有一个足轻品川弥次郎,还有地位相似(如果不更低)的伊藤博文和山县有朋,后两人在 19 世纪后期成为日本著名的政治家。他们三人都和高杉年龄相仿,在 1862 年还不到 25 岁。此处,我们还能举出这个团体中的另外两个成员,他们没有做过吉田松阴的学生:出生于 1835 年、有俸禄 100 石的中级武士井上馨,和与木户一样出生于 1833 年且显然具有相似等级的广泽真臣。

从这些描述中,似乎可以说那些一路打拼并在 1865 年取得长州政权的人,就其地位和年龄而言,与那些在土佐进行斗争而以**失败**告终的人,即武市瑞山一派人,有较多的相同之处;而与那些在萨摩进行斗争并取得**成功**的人即大久保、西乡及其追随者相比,相同之处较少;尽管在某种意义上,三个集团都可以说来自于封建社会中宽泛意义上的同一集团。吉田学校中的其他学生也来自这个社会集团。他们的名声来自于反叛而非执政(可能是因为早逝,他们几乎没有机会尝试其他的选择)。其中最有名的是吉田松阴的妹夫久坂玄瑞。他出生于 1840 年,比高杉晚一年。他出身于医生家庭,属于平侍的最低一级,俸禄为 25 石。在他的同伴中,一个比他稍年轻一点,一个比他略年长。年长者为有吉偎次郎,一个有相当地位的下层武士(21 石高),年轻者是足轻入江弘毅。

在这里,把长州尊皇主义者与他们在 1862 年和 1863 年间合作过的其他藩国的人加以比较是不无益处的。① 在土佐浪人中,他们和坂本龙马以及中冈慎太郎有特别密切的联系,两人一人是乡士,一人是村长,年纪与木户相仿。另一个土佐的合作者是 33 岁的乡士武市瑞山,年龄比坂本龙马和中冈慎太郎大一两岁。他们与萨摩的联系主要是通过有马新七进行的。有马出身乡士,后因过继而成为

---

① Haga 著作第 57 - 65 页中包含有用的调查。

平侍,1862 年 37 岁;他们还和西乡隆盛(平侍,34 岁)常有往来,间或与大久保利通(平侍,30 岁)有联系。最后,他们还与其他藩国两个重要的尊皇主义者相交:久留米的真木和泉,具有中级武士地位的神道官员,49 岁的他比其他人要年长得多;还有平野国臣,福冈(筑前国)的中级武士,时年 34 岁。

我们以上所述,无论如何也谈不上是对尊皇主义者的完整描述——即使篇幅允许,我们所能得到的证据也不足以保证完整,描述还有过分强调著名人物的局限。为了改进这一局限,我们将对发生在这些年间的一个特殊事件,即 1863 年秋发生的所谓的大和事变的参与者进行详尽的研究。[①] 这次起义(我们将在第 9 章更加详细地讨论)原本是为了支持朝廷而发动的,朝廷当时为尊皇攘夷派控制,并正与江户在攘夷的问题上发生争执;起义采取的形式是攻击位于大和国的幕府家臣处所。起义名义上由年轻的朝廷贵族中山忠光领导,但实际上由真木和平野的同伙在地方的帮助下完成。

包括中山在内的起义者中,至少有 36 人来自于事变直接影响的地区之外(见表 2)。就不完全资料所能让我们做出的判断,他们当中有 23 人标榜有某种武士或准武士身份。参与者中有 14 人来自土佐,包括 2 个乡士,3 个村长和 3 个足轻,他们的领袖吉村寅太郎在二十几岁的时候就是村长了。这 14 个人之中,有 12 个年龄不足30。在其他 20 个外来参与者中,有 5 人来自真木的藩国久留米,2人来自筑前国(这些人和平野有联系),还有 3 人来自九州岛的其他地方,这样总共有 10 人来自九州岛。这 10 人中有 1 人似乎是比较富有的农民的儿子,另外 9 人是各类武士,至少 6 人可确定为下层武士。他们的年龄从 18 到 34 岁不等。剩下的 11 人来自日本多个不

---

① Hara 的作品详细描述了这个事变。此处给出的传记信息主要来源于 *Kinno resshi den*;*Junnan rokko*;Naramoto, *Meiji ishin jimbutsu*。

同的地方,而且背景各异,既有中层武士又有算命先生;但这里还是以下层武士居多。他们由藤本铁石和松本奎堂领导。藤木是来自备前国的下级武士,四十几岁;松本曾在位于三河国的谱带大名领地刈谷藩当过老师,为 33 岁的平侍。36 个非本地参与者中,总共有 23 人在起义发生时不满 25 岁,且只有 3 人达到或超过 35 岁。

表 2 已知大和反叛参与者的年龄和背景

背景/年龄	非本地参与者(36)	本地参与者(32)
家庭背景		
中级武士	3	—
中级或下级武士	5	3
下层武士		
足轻等	7	—
乡士和村长[a]	7	19
其他[b]	4	10
不详	10	—
1862－1863 年间年龄		
35 及以上	3	9
26－34	9	6
25 及以下	23	2
不详	1	15

来源:Hara,"Tenchugumi kyohei shimatsu-ko," *Shigaku zasshi*,48(1937):1115－1151,1223-1251;*Kinno resshi den*(Tokyo,1906);*Junnan rokkō*(3 vols.,Tokyo,1933);Naramoto Tatsuya,*Meiji ishin jimbutsu jiten*(Tokyo,1966).

注:关于年龄和背景采用了与表 1 相同的惯例,除了对一些明显是武士,但不确定可归为中层还是下层武士的人(有证据表明他们处于中下层武士之间)进行了如表 2 的描述。在 36 个非本地参与者中,14 人来自土佐;5 人来自久留米;岛原、福冈(筑前)、鸟取(因幡)以及刈谷藩各有 2 人;淡路、备中、备前、江户、肥后、日立、纪伊、京都和水户各 1 人。32 个本地参与者中,16 人是十津川的乡士。

a. 在这里,并不总是可以将乡士和村长区分开来。并非所有的村长都必然是下层武士。

b. 在非本地参与者中,有 1 个朝廷贵族,1 个农民,1 个商人/下层武士,1 个商人;而在本地参与者中,有 6 个农民,2 个医生以及 1 个佛教僧人。

让我们来看那些生活在大和及附近地区的人，他们中最有名的是水郡善之祐，他是伊势一个藩国所属村庄的代官或村长。[①] 水郡38岁，拥有武士身份。正是水郡选定了起事地点并做了大量的细致策划。协助他的是6个来自他自己乡村或邻近地区被称为"农民"的人，应该都很富有，因为他们都有姓氏。这个群体其余的9人包括了1个当地代官的弟弟；3个乡村医生，其中2个据说很富有，1个乡士出生；1个医生的儿子；1个神道官员，也是乡士出身；1个佛教僧侣；1个曾在肥前学习制枪的"兰学家"；和1个来自邻藩的剑术家。因此，这16人（主要因为起义失败被杀或被处决而为我们所知晓）可以说是构成了上层乡村社会具有相当代表性的典型。看得出来他们比从外地来的人要年长，只有2个是25岁或者没有超过25岁，至少9人35岁或更加年长。此外，还另有16个来自十津川的当地乡士。对这些人，除了名字，我们知之甚少。[xi]最后还有很多但无法确定的农民追随者，他们在起义开始后被召集起来辅助战事。

这些人出现在尊皇主义者的阵容中，便把我们带回到尊皇运动的阶级特征问题。尽管这个运动领导人有显著的"武士"世界观，但根据这一证据，尊皇运动显然不仅仅是一个封建阶级对外来军事威胁做出的反应。[xii]事实上，毫无疑问，那些或者出于自愿、或者迫于无奈而试图迫使其上司就范的尊皇主义者，能够从那些勉强达及武士阶级边缘的人，甚至野心勃勃的武士集团以外的人群那里获得支持。通常，这些支持所采取的形式不是武力上的帮助，而是财政捐助或仅仅提供住所而已。也就是说，他们的帮助是与他们并不愿牺牲财富地位和尊严的方式相适应的。长州富农像林有造就是山县有朋的资助者；另一个长州地主吉富简一向高杉捐献了资金；三河

---

① 这是根据 *Junnan rokkō*，1：333－337。Hara（pp.58－61）论述了叛乱的领导人，将水郡描写成占有估计约300石领地的"富农"。

国的古桥晖儿通过结交当地尊皇主义者,而几乎没有风险地获得了尊皇主义运动支援者的名声,与此同时又不动声色地改进了他的乡村的农业生产。① 我们在阅读有关土佐浪人的生活记录时,会看到很多类似(虽然援助的规模可能比较小)的例子。

这一点不仅在农民那里成立。尊皇主义运动的同情者中也有人是富商。一个著名的例子是经营棉花、钢铁以及船运业的备中的三宅定太郎。三宅为逃匿中的平野国臣提供了一年多的住处,最终自己也不得不躲藏起来。② 三宅的生意伙伴之一、为萨摩经销棉花和靛蓝的下关的白石正一郎更加有名,据说在 1868 年前他曾在不同时期招待了多达 150 个尊皇主义者。③ 如我们预期的那样,这些尊皇主义者大多来自萨摩和长州,但也有一些人来自筑前国、久留米、土佐和其他藩国。白石的船运业(以及他拥有的一家有名的妓院)为许多希望秘密活动的密谋者和信使提供了很好的掩护。

声称是武士后裔的布商山崎久三郎提供了另一类服务。他将自己在京都的商店用作来自各藩国的访客的会面场所。他的客人包括长州的木户和高杉,土佐的坂本等人,还有参与大和起义准备工作的一些人。他最终也不得不逃跑,成为长州非常规武装力量的一员。④

这些与尊皇主义者运动相关的社会资料,具有十分深远的意义,即使这个简短的讨论也不能忽略。我们还必须回到这个主题。首先当我们讨论 1863 - 1864 年之后尊皇主义者遭遇了什么命运时(尤其是与长州相关的人和事时),我们必须回到这个主题;然后当

① Hara,pp.49 - 52,55 - 57,18 - 39,古桥的名声有某种事后追加的味道。
② Naito,pp.338 - 340.
③ Haga,pp.132 - 138;Tanaka Akira,pp.91 - 92.
④ *Zoku Tosa ijin*,pp.61 - 65.

我们考察明治早期政策时，我们还必须回到这个主题。然而，在这里我们仍将就以上所论可以合理推出的结果做一总结。

首先，那些把注意力集中在操纵藩国政治上的尊皇主义群体的核心成员来自于中级武士阶层，通常是较低层次的平侍。围绕着他们的，有少数上层武士和少数下层武士。前者提供接近那些真正处于决策高位的人的路径，如果他们要对实际的政策制定施加影响的话，这是至关重要的。而那些少数下层武士则在他们联系极端主义者时派上用场。但是，这些成分并没有改变这个集团的基本特性，它的构成就与它希望在现存的社会规则范围内行动的意愿息息相关。从这个角度看，尊皇主义"政治家"与温和派和保守派并没有太大的差别。

其次，那些缺乏在通常意义上参与城下町政治所需最低地位的尊皇主义者，或者，那些因为别的原因认为合法的方法不适宜或无效的尊皇主义者，势必要在常规权力中心以外活动，从而卷入那些就其本质而言会对幕府政权形成挑战的政治活动。就像坂本龙马一样，一个人会在理想主义、野心和冒险精神混合作用的激励下奋起行动。[XⅧ]然而，一旦行动起来，他就会因行动本身而变成了一个颠覆者。因此，在下层地位——即在平侍之下的地位，因为，唯有达到平侍地位，才有资格获得具有一定职责的藩国官职——和反叛、恐怖主义以及暴力威胁之间，存在着确凿的联系。浪人，作为先行者、抗议者、密谋者和行刺者的浪人，共同拥有一个特征，即在社会地位上低于"政治家"。

第三，这个论断也适用于那些没有多少，甚至根本没有根据声称自己具有武士地位的人：村长、富农和商人，他们拥有的姓氏和配刀的权利很可能是买来的。即便这些人在社区中很有影响，受到足够的教育、见多识广，对当前的政治议题有自己的见地，德川社会仍然没有给他们提供合法的渠道以表达关切。对于他们来说，政治即为非法；而对于武士而言，情况就并非如此，对于大名而言，就更非如此。[XIV]因此,毫不奇怪,他们当中的一些人——而我们已经给出的那些例子并不必然表明一个真正大规模的运动的存在,如果我们考虑到现代日本历史学家在找出这些人上所付出的努力是何等之大——会与那些在实际上与他们地位相等(虽然在理论上高于他们)的人在政治上联手,这些人就是城下町中的低等级武士。

注释

i 这种相关性并不精确。产生了许多尊皇主义者的长州在 19 世纪 50 年代的政治上并不活跃。在这期间,肥前产生的有名的积极分子很少,尽管它的藩主直到 1858 年都有重要的影响力,它的武士也成为十年后明治政府的核心成员。在 19 世纪 60 年代贡献了许多著名尊皇主义者的久留米和一桥派并没有明显的联系。然而,很重要的一点是,在 250 多个藩国中,只有很少几个藩国产生过积极分子,不论数量大小;而在这几个藩国中就包括了 1858 年危机所牵涉到的大部分藩国。

ii Craig 在 *Chōshū* 第 137 - 143 页中指出平田的"追随者"的数量在 1853 年后迅速上升;Dore 在 *Education* 第 1579 - 1559 页中观察到国学被引入藩校课程(但无论如何规模有限)因佩里远征的影响而加快了速度。这两件事情都表明西方的到来赋予了国学从未享有过的重要性和受欢迎度。

iii Craig 的 *Chōshū* 第 142 页上所载的一份关于平田"学派"的地理分布的表格显示,平田"学派"在中心地区的一些经济发达的藩国最为集中,反映了平田被水户学者拒斥后,他吸收的多为富裕的村长(庄屋)和农民。在中心地区之外,萨摩、筑前和土佐藩拥有较多数量的平田"学生",而长州和肥前藩却很少。因此,我们无法在平田产生影响的传播范围和 19 世纪 60 年代的勤王运动之间找到直接的关联。

iv Earl,*Emperor and Nation*,pp.179 - 180。着重号是作者加的。"给天皇的内心带来宁静"的说法,是接下来数年间大量尊皇主义者著述中常见的警语。它也被尊皇主义者以外的著述如幕府文件,尤其是那些意在影响公众的作品所采用。

v 与水户联系的重要性,可以从与水户学者的见面被自豪地记录在各种信件、日记和回忆录中的频率中看出来。例如，萨摩的海江田信义在他的自传中，用超过 40 页的篇幅描写了他和藤田东湖的第一次会面以及对东湖观点的阐述（见 Kaeda, *Ishin*, 1:20B－45B）。萨摩政治资料见于本书第 7 章，第 178－179 页、184－186页的注释，在那里这个问题得到了更加深入的讨论。

vi 在齐彬成为藩主之前，两个家庭在继承争执中都支持齐彬的主张。

vii 尽管是武士出身，大久保家族因为贫困不得不好几代"在地"生活在鹿儿岛之外。他自己的那一支仅仅回到鹿儿岛不久，并以小姓与的身份，重获城下町武士地位。西乡家拥有城下町小姓与武士地位的时间更长，但他在年轻时经济上相当拮据。在 Craig 的"Kido Koin"第 268－290 页中有关于两人年轻时代的有用的记载。

viii 尊皇主义者名单的编集有很大的主观因素，因为维新的圣徒传记往往包括了这样一批人，对于他们，我们有理由怀疑他们或者事后夸大甚至虚构了自己对尊皇主义运动的贡献，或者让他们做传记的人做如此的夸大或者虚构。此外，还有一个困难，有的人在此一时是激进分子，而在另一时是（比如说）官僚（如西乡的弟弟西乡从道，我因为他参与了寺田屋事件而把他算作尊皇主义激进分子，但他后来成了藩国官员和明治政治家）。然而，我不认为这些因素严重扭曲了我所做的描述。

ix Jasen（*Sakamoto*, p. 110）进一步指出，在土佐，下层尊皇主义者不欢迎一些上层武士加入他们，尽管后者同情前者的事业。

x Jasen（*Sakamoto*, p. 118）将这封信与大久保的追随者吉井友实于 1859 年写给他父亲的信做了比较。在这封信中，他为自己离开萨摩到京都从事尊皇主义活动做了辩护："我应完全为了天皇和国家而行动，遵从先藩主岛津齐彬的至死不渝的希望，因此可以说我会在战斗中死去。作为一个武士，我别无他求。"（《大久保利通文书》，1:30－31）

xi 所谓十津川乡士是一种兵农（soldier-farmer），自 16 世纪流传下来。他们在位于十津川地区的自己的田地里劳作。在社会和经济地位上，他们更接近于萨摩的乡士，而非土佐的乡士。但相对于非武装农民，他们享有特权地位。关于他们的简要介绍，见 Ono, *Goshi seido*, pp. 131－132。

xii 大和叛乱者在获得了最初的成功后,即给予自己以高调的封建头衔,并以仿佛是领主向属臣发布命令而非请求大众支持的方式,号召当地农民追随他们(*Ishin-shi*,3:592;Hara,"Tenchugumi,"1:1144-1148)。

xiii 一次坂本在一封发自长崎的信中写道,"在像故乡[高知]那样的地方,你不会有任何雄心壮志,你只会四处游荡,虚度光阴"(Jansen,*Sakamoto*,p.173)。

xiv 一般说来,在德川司法制度下,一个人的地位越低,对他的刑罚就越重;起义农民会被钉死,而那些据说要颠覆幕府的封建藩主则被处以软禁,两者形成鲜明的对比。我们或许可以引证1864年10月发生的野根山事件作为一个直接相关的例子。在这个事件中,土佐的安芸地区的农民组织了一场反对监禁武市瑞山的公共示威活动。总共有23名参与者(乡士、村长,其他人则来自乡村社会中有一定地位的家庭)。他们大都是年轻人,尽管他们的领袖清冈间道是49岁的乡士。他们计划在进行抗议后,跨过边境逃到相邻的藩国,应当是去当浪人。然而,派去镇压他们的藩国部队将他们当作公开叛乱,杀死了一些人,并逮捕了其余的人,这些人随后全部被处决。见Jasen,*Sakamoto*,pp.111,150;and Beasley,"Political Group in Tosa,"pp.384-388。

第 7 章

攘夷政治

从尊皇主义运动的政治特征之考察转入这一运动参与者实际作为之论述，需要我们回过头来谈谈攘夷，即对外国人的排斥。这毕竟是志士的追求，是天皇所领导的事业。因此，1858 年之后发生的大多数暴力行为都跟攘夷排外有关。

武装的武士对活动于条约港口的外国人施加暴力是 1858 年之后数年的特征。这些暴力行为表达了武士对强加于日本的不平等条约的愤恨，同时，也体现了他们因无力打破幕府对权力的垄断而产生的挫折感。在志士们看来，外国人的特权似乎就建立在幕府对权力垄断的基础上，这就促使他们以一种颠覆或者意在颠覆贸易条约决定的方式，制造牺牲者以泄愤恨。在头两年里的牺牲者中包括一位俄国海军军官、一个荷兰商船船长、一个法国人雇用的中国人和一个供事于英国领馆的日本人。1861 年 1 月，汤森·哈里斯的秘书休斯肯在江户被刺杀，这一事件促使法国和英国公使（但不包括哈里斯）暂时撤退到横滨。同年 7 月，位于东禅寺的英国公使馆遭到夜袭。劳伦斯·奥利凡等使馆人员受伤，包括攻击者和卫兵在内的多个日本人被杀。[1]

而且，人身不安全并非外国人唯一的不满。他们与日本的贸易规模非常小，从一开始就令人失望，而究其原因，有人直指日本的官员们有意阻碍。① 因此,外国人可能仅仅因为愤怒,或者由于相信武士的攻击得到官方的支持,为了维护条约赋予的权利并捍卫这些权利产生的利益,他们诉诸于武力的可能性与日俱增。在这种局面下,对外事务与日本政治的互动,以一种在开港之前不曾有过的真实方式展开。现在,大冲突即将爆发的危险清晰可见,如果列强的代表失去耐心,那么人们即使有这样的意愿,也已然没有时间去避免大冲突的发生。

对这一危险状况的认知本身成为政治的一个要素。它使当事人变得谨慎起来,易言之,幕府和大名不再执着于彼此的分歧,而是求同存异,这一动向表现为幕府和大名在公武合体即"朝廷和幕府团结"口号下的一系列举动。然而,对危险状况的认知,也使那些亡命之徒发出如果他们的要求得不到满足就将制造更大动乱的威胁。他们的要求不是别的,正是驱逐外夷,"尊崇"天皇(尊王)。这两个动向之间的斗争,加之以幕府和大名之间第二次权力之争所带来的复杂性,构成了 1860 年到 1863 年日本政治的主线。

朝廷和幕府团结

对外国人的攻击,伴随着对同外国人打交道的日本人的攻击。对这类日本人的攻击,首先发生在 1860 年 3 月 24 日,井伊直弼于该日在江户城门之一樱田门遇刺身亡。这次刺杀是一群来自水户的武士在少数萨摩武士的协助下实施的。刺杀的目的不仅仅是对井伊惩罚他们藩主的报复,而且发出了夺权的信号。他们计划号召水

---

① 当时有人评论道,与中国的对外贸易相比,日本的外贸"有点喜剧色彩,或者就像小孩扮演商人的过家家一般"(Michie,2:27)。Fox(pp.45-87)比较详细地报告了外国的不满。有关这个时期日本对外贸易的最好的论述见石井孝,《幕末贸易》;特别是此书第 325 页至 329 页关于幕府对贸易限制的讨论。

户攻击住在横滨的外国人,号召萨摩攻击驻扎在京都的幕府军队;他们希望,这些攻击会激起一场不可逆转的、使日本对西方的政策改弦更张的运动。① 这两个攻击没有一个得以实施,首先是因为水户和萨摩两藩的官员不愿冒风险。但是,这个做法本身,也即那些没有官职的武士,诉诸恐怖主义行动意在迫使当权者驱逐外夷的做法,却成为未来几年各地志士的行动模式。

尽管这个意在引发一场政变的计划被证明是打错了算盘、无果而终,它至少给一桥派尚存的大名们开启了一条重新获得政治影响的通道。摄政者遇刺使幕府行政当局顿时群龙无首,由一些得过且过、声望很低的人来掌权(考虑到井伊的任命,这几乎是不可避免的)。井伊被刺后担任幕阁首席老中的是安藤信正和久世广周。他们一方面要面对来自批评江户没有保护其公民的外国公使的压力,另一方面要面对来自仇恨贸易条约及其签署方式的武士的压力;面对这两方面压力的幕阁新领导急欲找到某种妥协之道。

幸运的是,德川齐昭于 1860 年 9 月去世,使这项任务变得稍许容易起来。因为岛津齐彬和井伊直弼也都已去世,这就意味着在将军继承人之争中的三个主要当事人都退出了日本的政治舞台,而如果他们还在世的话,在情感上势必难以相容。作为妥协的姿态之一,幕府决定对其他一桥派人员,包括松平春岳、一桥庆喜、山内容堂,给予有条件的赦免。安藤信正和久世广周还采取了一个更加的积极措施。他们重启了井伊直弼在 1858 年末一度考虑过的提案,即让将军和天皇的一位亲属结婚,藉此修补与京都的裂痕。1860 年 5 月,他们正式提议德川家茂迎娶孝明的皇妹和宫。在 7 月他们再次提出请求,尽管他们最初的请求遭到拒绝。

在京都,天皇个人最能干的亲信之一岩仓具视于 7 月底或 8 月初准备了一份文件,对幕府建议的含义以及如何在政治上利用这

---

① 关于这个计划的陈述见《维新史》,2:710 - 714。

一建议等事宜作了评估。他写道,幕阁正试图"利用朝廷的声名来提升幕府的权威,以平息人们的不满"。于是,现在,迫使将军"私下里把主要政治权力归还朝廷",并把他的决策建筑于"国家整体的观念"即咨询藩主的基础之上,变成既可能达成也值得追求的事情。①

同时,岩仓也清晰地意识到德川幕府不会不战而降,也意识到大多数大名并没有做好加入反幕联盟的准备。而且,对外国人的攻击甚至会带来双重威胁,同时使日本陷于"国内和对外关系两个险境"。避免这个危机的出现是京都的责任。唯有一个办法可以达到这个目的:"对我们实际上拥有的东西做出名义上的让渡。"换言之,同意和宫婚事,以换取幕府接受天皇在外交事务上的发言权。这就使朝廷获得了真正的(即便没有得到承认的)参与政治决策的权力。

岩仓的这一结论(尽管不包括其论证的理由)为孝明天皇于1860年8月6日致关白的信所采纳,两天之后,这封经关白之手送交所司代即幕府驻京都代表。9月14日所司代做出答复,传达了老居的意见。后者实际上要反岩仓之道而行。根据幕府的主张,联姻作为达到幕府和朝廷团结的一个手段,本身就构成朝廷介入外交事务的一个前提。幕府断然拒绝了所谓攘夷立场,即团结必须建立在先行做出排外承诺这一条件的基础之上。幕府声称,"如果国内状态不成秩序,则我们无法在对外战线上取得成功……因此,将军希望立即向全国展示朝廷和幕府的和睦。"②为达到这一和睦状态,将军愿意在尊皇问题上做出一定的让步,承诺采取反抗西方的行动,但须以在国家尚未准备好之前不对西方采取敌对行动为前提。"在从现在算起之后的七到十年间,"该文件说道,"我们将肯定采取

---

① Beasley,*Select Documents*,pp.198 - 200,at p.198.

② 老居致朝廷,写作日期未标,1860年9月14日在京都提交;同上书,第200 - 204页,见第202页。

行动,通过谈判取消条约,或者通过武力将外国人驱逐。"①

这个附带这些条件的提议虽没能使在朝廷或在藩国的极端沙文主义者满足,但在那位仍旧极力想避免与江户决裂的天皇看来已经足够了。10 月 2 日,天皇正式(尽管仍是私下地)同意了联姻。这就使幕府得以空出手来,或者似乎是空出手来,对付其政策的另一个侧面,即调整与列强的关系。

为了达到这一目的,幕府于 1861 年派遣使团远赴欧洲。该使团公开宣称的目的是要同列强在推迟开放江户、大阪、兵库和新潟等港口(在未来的两年内开放)事宜上达成一致;幕府提出的理由是需要花费更多的时间来克服日本民众的排外心理,这一心理是经数世纪的闭关锁国养成的,并因与外国通商导致的物价上涨而变得更为厉害。"

对于这个说法,英国公使阿礼国(Rutherford Alcock)起初很不以为然。但是,1862 年 2 月,也即在赴欧使团出发后不久发生的对安藤信正的未遂刺杀,让他相信目前的政治局面非常危险的说法不只是幕府的虚构。他很不情愿地得出如下结论:"将军的政府确实面临着不同寻常的困难,确实有真实的危险必须对付,这些问题威胁着幕府统治、威胁着政府的存在。"在内外危险的压力之下,幕府几无可能开放更多的港口,除非列强"已准备好依靠为达到目的所需要的强制手段来实现自己的要求"②。由于阿礼国觉得牵涉到的贸易额实在不值得列强大动干戈,他建议接受日本的提议。1862 年 6 月,当时身在伦敦的他受命与日方谈判,并达成协议,规定更多的

---

① *Ishin-shi*,p. 203. 后来的一个文件表明,武力唯有在劝服失败后方才使用。见所司代致关白,约 1861 年 1 月 8 日,同上书,第 206—208 页。

② F. O. 46/21,阿礼国致罗素密信,编号 23 号,江户,1862 年 3 月 17 日。这些谈判在这里只做了非常概要性的讨论,但可通过阅读如下著作做更加详细的研究:Ishii Takashi,*Zotei Meiji Ishin*,pp. 55—138;Fox,pp. 87—96;和 Beasley,*Select Documents*,pp. 208—221。

港口开放推迟至 1868 年 1 月,但在所有其他方面,协议重申了贸易条约的内容。在其后的几个月内,其他列强也都签署了类似的协议。

到这时,幕府似乎已经找到了一个不错的办法,用来对付它所面临的问题,尽管这个办法在外国事务问题上对京都和伦敦的承诺是彼此矛盾的。所谓公武合体即"朝廷和幕府团结"的政策(如和宫婚姻所体现的),确实使武士的反对得不到天皇的支持,至少在公开的场合上是如此;而这个政策的另一个产物——伦敦协议——也略微减小了与西方发生直接冲突的机会。这似乎给日本重新武装并控制极端主义者制造的动荡(如果不是沙文主义的行动的话)带来了喘息的时间。

但是,幕府并没有这样的时间,因为它的所作所为已经使改革大名的东山再起成为可能。对于江户来说,如岩仓所指出的,"公武合体"意味着利用天皇的威望来提升幕府的权威,无论幕府如何声称它的政策目的是为了"全国的"利益。但是,在一些雄藩大名看来,公武合体则意味着他们又有可能以天皇的名义干预政治,以达到扩张封建诸侯特权的目的。此时,在井伊之死后出现的较为宽松的政治气氛下,这些大名跃跃欲试,要把以天皇之名干预政治的可能变成现实。

原一桥派的人物和藩国成了这一新的运动的中坚力量,虽然在这些年间也出现了若干重要的变化。随着德川齐昭的死去,水户藩陷于分裂而自顾不暇。土佐藩则在一位改革大臣吉田东洋的领导下,专注于自身的经济和军事需要。肥前藩也是如此。因此,这三个藩都无迹象要在江户或京都采取直接行动。但是,另一方面,长州,即位于本州西部的毛利藩却在这个时期首次登上全国的政治舞台,与萨摩藩一争高低。实际上,正是长州,在它的一位高官长井雅乐的推动下,首次在 1861 年春夏提出了一个不同版本的公武合体政策。这个政策承认毁弃通商条约是不可能的,而且甚至提出如下的愿景——一个在井伊直弼的安正大狱清洗了其最能干的官员后,幕府不再提出的愿景:通过与西方发展关系来增加国富、增强国力,而且通过实施一系列在施政重点上与幕府主张相当不同的政治方案来寻求"一体"。用长井的话来说:

> 幕府应当立即采取措施,通过它的行政系统,向各藩发出符合朝廷命令的指示。如果这样做了的话,政策的总方针将由朝廷决定,由幕府承担执行的责任。于是,统治者和管理者之间的适当关系就得到遵从。结果,和平将迅速在国内得到保证……相反,如果我们仍旧照现在的混乱方式行事,在朝廷与幕府之间没能达成一致,没有清晰的政策,那么,我们国内的困难局势将愈演愈烈,我们人民的生计将遭到摧毁,我们最终将落入任由蛮夷蹂躏的万劫不复的惨境。①

1861年7月长井被派往京都,在那里他的方案被接受;然后,他又被派到江户,在那里,他为他的藩国获得了在两个政治权威之间扮演"斡旋"角色的命令。ᴵᴵᴵ但是,在他全力以赴实施这些命令之前,他的计划突然因萨摩藩的一个举动而相形失色。

如前所述,萨摩藩在岛津齐彬的领导下,曾是改革活动最活跃的藩国之一。然而,安正大狱和齐彬之死使藩政落入保守主义者手中,他们放弃了前藩主的大部分政策。② 这个局面一直延续到1859

---

① 长井雅乐的文件,署名日期为1861年第5个月(6月8日-7月7日),见《岩仓公实记》,1:526-534, at pp.533-534。关于长井的政策的一般性讨论,见 Craig, *Chōshū*, pp.168-172。

② 我的关于萨摩藩政策的阐述主要基于《鹿儿岛县史》第3卷提供的非常详细的信息。亦可见 Kutsuda, *Ōkubo*, vol. 1; Shimonaka, vol. 1; *Shimazu Hisamitsu*, vols. 1 and 2; Kaeda, *Ishin zengo jitsu rekishi den*, vol. 4。

年底。其后,随着齐彬的同父异母兄弟、新大名之父久光开始执政,一批 1858 年服务藩政的官员重新获得任用。同时,久光允许由大久保利通(他也曾服务于齐彬手下)领导的萨摩尊皇派武士同自己建立联系。

大久保与久光的关系在 1860 年春天变得更为紧密。此时,井伊直弼去世的消息让两人都深切地了解到大久保追随者所要求的激进行动的危险以及它潜在的利用价值。事实上,这促成了两人首次会面,通过会面,两人均对彼此的能力留下深刻的印象。在这次会面上,他们达成一个交易:大久保应致力于节制武士们的莽撞行为,其劝服方法是主张萨摩作为一个整体采取行动,将比由鲁莽的尊皇主义集团采取的任何无组织无纪律的暴乱,能更加有效地改变幕府对朝廷和通商条约的态度;而久光则承诺一旦时机成熟,将在全国事务上采取主动,言下之意是要继承其死去的同父异母的兄长的遗志。这次会面后不久,大久保就被任命出任一个位阶不高的官职,开始在藩国政府和大名府内建立一支追随者队伍。

在这之后的 18 个月内,形势没有什么变化。这是因为和其他强藩一样,萨摩此时仍然敬畏幕府的报复性打击。可是,大久保却发现越来越难以约束激进主义者的行动,尤其是当他们看到朝廷和幕府因和宫婚姻而有和好的迹象。在 1861 年底传来了公主离开京都前往江户的消息。这个事件(它被想象为违背天皇的意愿)在鹿儿岛激起巨大的抗议,导致大久保及其同党要求萨摩追随长州的榜样,派兵保护朝廷。

对动乱的恐惧,加之对长州的妒忌,使大多数藩政官员,甚至包括那些与大久保意见不同的官员,都接受了这个建议。于是,到当年 12 月底萨摩藩制定了一个由久光率领一支强大的军队进驻京都的计划。从表面上看,久光率领这支队是在去江户访问的途中在京都停留,但实际上是为了获得朝廷赞同再来一次“调解”。这个调解采取的形式,仿佛是桥本左内 1858 年行动的再现,是要求松平春岳和一桥庆喜进入幕阁,担当起有效监督政策的职责,藉此恢复国家对幕府掌管政事的信心。萨摩的领袖们要亲自到将军的首都提出这一要求,以确保它不会遭到冷落。

作为计划的第一步,大久保被派遣到京都与近卫忠熙做初步的磋商。他携带了一封出自久光及世子的长信,并于 1862 年 2 月 12 日把信交给近卫。① 该信指出,幕府的政策无视大名的意见,使国家的安全和"德川家族的命运"都陷入困境。这些政策因此必须改变。该信声称,要达到这个目的并不需要像极端主义者所希望的那样,推翻德川幕府。天皇和萨摩都不欢迎这样一个结果,而是要用新人,那些像松平春岳和一桥庆喜一样同情朝廷的人来取代幕府当前的决策者。

久光指出,这一次雄藩大名必须针对他们努力做出这一改变可能招致的谱代大名的防御性反应(如他们在 1858 年所做的那样),采取应对措施。为此,他有意不但亲赴京都,而且要采取预防性措施,并且同其他大名谈判合作。在不得已的情况下,甚至有必要号召尊皇武士起义反抗幕府,不过他还是更希望以"不挑起敌对或对国体有害"的方式来达到目的。

这个提议尽管已经比当时武士们的要求温和得多,但近卫及其同事的反应却是谨慎有余热情不足。他们并没有忘记几年前类似的环境下,雄藩大名们没有采取任何行动保护他们免于井伊直弼的怒火。但是,他们的犹豫无法改变事态的发展,因为久光决意要一试武力。西乡隆盛这位原齐彬手下的干将、全国尊皇派的英雄从流放地被召回。久光带领一支颇具规模的军队开进大阪,然后进驻京都。

久光在 1862 年 5 月 14 日抵达京都后,立即向朝廷官员通报了

---

① 该文件署名日期为 1862 年 1 月,全文见于 *Shimazu Hisamitsu*,1:18B-22B。

他提议的细节。① 这包括：对井伊在 1858 年惩罚的公家和大名彻底平反；任命庆喜和春岳出任幕府要职；解除安藤信正的幕阁职位；将军访问京都以解决外交政策问题；朝廷任命一小批雄藩大名充当天皇的代表监督幕府兑现其承诺。ⁱᵛ 到 7 月初双方同意这些要求应当成为天皇特使大原重德带到江户的敕令的主体，而将由久光护送他出使江户。

而在此之前，京都所发生的事情已经传到了江户，那里已预见到朝廷可能提出的一部分要求，并做出相应的动作以避免难堪。5 月 9 日安藤信正被解除官职，两周后，对原一桥派成员之间的会面和通信的禁令终于取消。6 月 27 日，大原尚在去江户的途中，幕府宣布将军即将为了国家团结正式访问京都。次日，久世广周辞去老中职位。

尽管如此，当大原于 7 月 3 日到达江户时，他发现他的出使绝非一帆风顺。幕府做出的让步毕竟都是为了增强自身实力，而非为萨摩铺就胜利之路。首先，松平春岳仍旧挣扎于家族忠诚的呼唤，并对岛津用心的纯粹性将信将疑。因此，在他愿意接受政事总裁(Sei-ji-sōsai)职位(与摄政相当)之前，必须做足游说工作。其次是谱代对水户的敌意(此乃 1858 年的又一遗产)使得一桥庆喜被任命为将军监护人(Kōken)一事困难重重。事实上，唯有在大久保和久光的若干近侍威胁要使用武力对付作梗的官员后，老中们才不再顽抗。而且，直到 8 月中，几乎是在庆喜得到任命的一个月以后，德川家族的另一位亲戚会津藩主(家门，23 万石)松平容保才得到京都守护职(卫戌司令)的任命，他取代所司代成为幕府驻京都的首席官员。

毫无疑问，大多数幕府官员，如他们后来的行为所表明的，都无意于让庆喜、春岳和容保三位高官掌握真正的政策控制权。对于他们来说，三人担任幕府高官不过是为了贿赂岛津，是掩饰幕政一切

---

① 见 *Shimazu Hisamitsu*，pp. 38A – 39B。

如故的烟幕。然而,这绝非岛津对事态的看法。在于 1862 年 9 月 12 日致庆喜的信中,久光清楚地亮出自己的观点。[①] 他提出的要求包括:安排将军尽早访问京都;增加 1 万石土地用于维持天皇的开销,和对"忠诚"公家增加土地奖赏;惩罚那些在安政大狱中与井伊直弼合作的幕府和朝廷官员。从长远的观点看更为重要的是,久光要求在国内和国际事务的处理方式上做出改变。这些改变包括:应当放宽参觐交代的条件,停止幕府以建设公共工程为名搞财政索取,"因为,只有这样做,我们才能建立反抗外国人和平息国内动乱所需要的防卫力量";应当改进沿海防御,特别是京都地区的防御;减少政府在非防卫事务上"浪费"的支出;应当改变京都的护卫责任,把这个责任委托于四五个强藩,轮流执行任务,不这样做的话,"人心浮动永无宁日";应当安排大名委员会而非老中来处理外交政策的日常问题,这个委员会由四个外样大名和四个谱代大名构成,每个成员大名拥有的土地在 10 万石到 30 万石之间。

这个文件清晰地显示了萨摩路线的"强藩"偏好。这个方法几乎没有给京都任何实权,一如幕府的"合体"论对朝廷的做法一样。当然,岛津的计划仍然比幕府的要积极得多;但除此之外,两者之间的本质区别仅在于它们希望看到的权力行使的方法上:是由将军及其官员行使,仅在名义上得到了朝廷上的同意;还是通过一种会商的方式行使,在这个过程中,一些大名作为天皇的"代表"发出强有力的声音。

毫不奇怪,大名委员会的构想对像岛津这样的外样、像松平春岳这样的家门的吸引力,远远大于对谱代大名的吸引力,后者中拥有 10 万石领地的少之又少。实际上,谱代的反对使萨摩的大部分改革建议无法得到实施,尽管在行政和军事改革上确有一些真正的尝

---

① 文件内容见 *Shimazu Hisamitsu*,2:35A-38A;又见 Shibusawa,*Tokugawa Keiki*,5:268-273。

试。ᵛ 一个重要的改变是 1862 年 10 月初宣布参觐交代条件放宽,据此改革,大多数封建大名在江户居住的时间减少到每三年一百天。结果,按照《源氏梦物語》的说法,"转眼之间,繁华之城江户变成一片荒漠。"①

不过,这不但夸大了萨摩的成就,而且还意味着对萨摩目标的误解。这一点,可清晰地见于岛津久光后来劝说朝廷给予江户新的执政者一个证明自己的机会的努力。久光在于 9 月 30 日回到京都后不久,向天皇递交了一封长信,论证只有在暂时停止攘夷要求的情况下,他取得的初步胜利才能真正发挥作用。② 朝廷下令排外,即便是出于振奋日本士气的目的,也会招致大难,因为幕府完全可以拒绝执行这样的命令,"朝廷的权威将受到质疑";而且,如果武士们因此受到鼓励,果真将攘夷付诸实施(这绝非不可能),他们将把日本带入中国所经历过的命运之路。实际上,军事行动必须在国内改革后发动。唯有在幕府没有发挥领导作用的情况下,久光主张,唯有当幕府继续像它以往那样,"只知道恐吓和压制诸藩"时,朝廷和大名才应该从幕府那里,把政策的主动权夺过来。

因此,久光一直坚持诸藩独立是创造新日本的唯一基础,这就决定他是完全从封建传统的立场出发来反对幕府的。不过,他仍然明白,现在出现的问题,不仅仅是对将军和大名各自权力传统分配方式尊重与否的问题。一方面,外国武力攻击的危险近在眼前,而且这一危险又因他一些陪臣的行为比以前任何时候都更逼近。这些陪臣在从江户回到京都的途中,在横滨附近的生麦村杀害了一个叫理查森的英国人。另一方面,大名本身是分裂的:一直努力争取天皇支持的长州,已经把尊皇运动推到一个要摧毁萨摩定义的"公武合体"的极端。最重要的是,尊皇武士绝对不会接受现状。他们

---

① Satow, *Japan* 1855 – 1864, pp. 61 – 62。关于参觐交代见 Tsukahira, pp. 132 – 137。
② 1862 年 3 月 23 日文件,见 *Shimazu Hisamitsu*, 2:50A – 56B。

最初对久光寄予莫大的希望,因发现他既无意于尊皇,也无意于攘夷,当然是根据他们所理解的尊皇攘夷,结果,他们再次诉诸暴力,为实现目的而在京都大搞恐怖活动。

攘　夷

　　这一部分的故事始于 1861－1862 年的冬天,当时,萨摩的领袖人物——包括(虽然仅在边缘的程度上)大久保利通和一两位尊皇主义者——开始就岛津久光干预全国事务制订计划。如前所述,这个计划的首要目的是为了"公武合体"的利益,而迫使江户任命前一桥派成员,特别是松平春岳和一桥庆喜担任幕府高级职位。但是,为"志士"普遍理解的萨摩计划想要实现的目标要比这大得多。

　　大久保曾一度试图劝说萨摩狂热武士,"官方"行动将比武士们自行其是、不加区分的暴力行动更为有效。这就意味着,萨摩官方的作为在性质上至少会满足极端主义者的部分要求。因此,当久光终于在 1862 年春天率兵前往京都时,许多极端主义者都相信这乃是尊皇主义者反对德川幕府政变的第一步。即便是在萨摩,除了大久保之外,几乎没有其他尊皇者知道真实的计划。而在九州的其他地方,这一误解更为常见,因为信息的主要来源是鹿儿岛的极端主义者和天皇朝廷里的同情者,这两者都缺乏现实主义和谨慎精神。

　　结果,萨摩的有马新七与久留米的真木和泉以及筑前的平野国臣一道,策划了发动尊皇主义者起事的阴谋。这个起事计划发生在久光到达京都郊区之际,意在对他表示支持,如果久光有意发动一场反幕府的政变的话;或者,如果久光无意于此,就向他传达一个既成事实,藉此迫使他发动政变。如平野在 1862 年 5 月 6 日(当时久光正率领一支人数相当可观的军队接近大阪)的一个文献中描述的,起义将由萨摩人根据天皇的敕令执行,并得到志士的支持。起义将从攻击幕府在京都、大阪和彦根的驻军开始,继之以向江户的进军,直至胜利。这样,平野说道,将军将被赶下台,降至"与其他雄藩大名一样的地位"①。

在大阪会商的真木和有马对形势的判断甚至更为简单。他们认为,需要做的不过是刺杀幕府在京都的首席代表关白九条尚忠和所司代酒井忠惇,以点燃起义之火。他们正是为了这一目的而行动的。

在这些情况下,大久保对控制激进派的行动几乎无计可施,因为在后者的眼里,他因为亲身参与了久光的计划而遭受怀疑。甚至刚从流放地回来、更为激进派信任的西乡隆盛也无法克制激进派行为。事实上,西乡有没有尝试克制激进派行为本身也是一件可疑的事情。而且,无论如何,他在 5 月 9 日被久光弃用。ⅵ 这就使封建纪律成为当局唯一可以用来克制激进派行为的工具。

5 月 13 日,平野国臣在试图与他刚抵达京都的藩主黑田长溥争辩时被捕并送回福冈。受到这个举动的刺激,当久光获悉 5 月 21 日晚有马、真木等人在伏见附近的寺田屋密会商谈其计划的最终细节后,即派家臣去传达要求有马、真木等放弃计划的指示。结果,在寺田屋的黑暗中发生了一场混战,有马等多人被杀,其余阴谋者在久光的命令下被制服。真木和泉被送到他的领地监禁,其余的二十余人被送回鹿儿岛并遭到羞辱。

这样,利用岛津久光现身京都来推进尊皇攘夷事业的企图以失败而告终。朝廷自身也表示松了口气:"浪人的行为,"朝廷这样说道,"不仅威胁了国家团结,也与天皇意愿完全相悖。"②更重要的是,寺田屋事件标志着在萨摩尊皇主义者中,不再出现任何自行其是的阴谋计划。毫无疑问,这部分是因为这个事件证明尊皇主义者过于

---

① 平野于 1862 年 5 月 6 日信件,通过大原重德提交给朝廷,见 *Junnan rokkō*,1:346-349。

② 天皇对久光的信件,1862 年 5 月 23 日,见 **Katsuda**,*Ōkubo*,1:267-268。

弱小,无法直接挑战他们藩主的权威。但这还因为阴谋的失败使西乡和大久保很快重新确立了他们的领导地位。两人又能够在这样一个命题下——必须由萨摩藩而非由萨摩武士个体来行动——把尊皇攘夷运动统一起来。而他们之所以能这样做,又是受益于久光希望在全国政治中发挥作用的意愿,受益于与英国的争端导致的1863年的军事冲突,两者都给予萨摩尊皇主义者一种新的爱国主义意义,使他们为之自豪,从而更容易使他们在自己不完全赞同的政策上与藩政合作。于是,萨摩藩自此至1868年发展的主要内容,基本上就是西乡和大久保致力于从保守派那里夺取政权,武士的骚乱和不满则变得无关紧要。随着大久保在6月17日被提升到更高的官职,这些变化几乎马上就开始了。

在长州,形势则以非常不同的方式发展着。① 6月17日,即大久保升职的那一天,长州公武合体的主要倡导人长井雅乐终于屈服于那些要求他辞职的人的压力。那些人反对他的理由之一是他未能维持长州的政治主导地位,这一地位似乎已经从长州转移到了萨摩那里。另一个理由是他"合体"的概念牺牲了"攘外"的概念,在尊皇主义者看来,这是对他们认为属于天皇的思想的大不敬,招致那些接受吉田松阴继承人久坂玄瑞和木户孝允领导的武士的愤恨。确实,第二个理由甚至在长州的温和派那里也是有说服力的,他们不仅抛弃了长井,而且还在某种程度上抛弃了他的政策。原先,这些温和派公开宣称的目的是既要对朝廷表示忠诚,又要对幕府保持信任。然而,在经历了一场漫长的讨论后(木户于其中扮演了关键的角色),长州的武士们正式做出决定:在两者之间发生任何冲突的情况下,前者优于后者;换言之,对于长州人来说,尊皇攘夷是"合体"的基础。

---

① 关于当时长州的政治,主要参见 Craig, *Chōshū*, pp. 172-192。又见 Umetani, pp. 322-326。

在这里,很重要的一点是需要注意到这个决定是由在京都的长州人做出的,也就是说,是由那些生活在朝廷庇护和尊皇主义者阴谋的炽热氛围中的人们做出的。后来,在复古的那些年间,这样的局面又将多次促使在京都的人们,采取那些远离京都政治(无论是在江户还是在藩国城堡)之人所难以接受的政策。确实,我们不能从这个决定推出尊皇主义者已经控制长州的结论,一如不能因为大久保的升迁就断言尊皇主义者在萨摩已胜券在握。

诚然,现在木户和大久保一样,也确保在藩国政府中占有重要的一席之地。但是,我们可以这样说,两人占有这样的地位,是因为他们能够在藩国政府与极端主义的沟通中,起到某种桥梁的作用,并对后者形成某种制约,或者说,是因为他们能够给藩国政府制造麻烦;而不是因为他们处于政局的核心。在萨摩,主持政事的是大名之父岛津久光,大久保必须以属臣身份与他共事。在长州,主宰政局的是一群更为温和的中级武士改革者,木户在等级上,如果不是在信念上,也属于这个集团。两个藩国的政权结构都没有发生重要的变化。

然而,两个藩国的政治重点确实已经发生了变化,这一点,因为在京都发生的事态而显得尤为重要。这一变化又因土佐在1862年夏天发生的事情而得到了强化。[1] 在土佐,当它的前藩主山内容堂因参与一桥派而被幕府软禁于江户时,藩政由改革者吉田东洋所掌管,后者的世界观与萨摩的岛津齐彬和长州的长井雅乐有许多相通之处。东洋改进了藩政效能,尤其是那些与税收和藩政垄断相关的藩政;引进了新的武器和战法;鼓励"兰学",甚至还在长崎开设了一个代表处,以便于土佐外贸的发展。

---

[1] 关于土佐,主要参见 Jansen, *Sakamoto*, pp.72 - 77, 104 - 123, 130 - 134。在 Fukushima Nariyuki 著作第 255 - 271 页中有关于吉田东洋的很有用的描述;又见 Nirano, *Yoshida*, pp.110 - 152。

接近 1861 年底,东洋在一则笔记中指出这样做的种种好处——创设一支西式的海军,建立海外殖民地。① 在 1862 年初,他采取措施改革土佐社会,并把这些改革视为达到上述更加广泛的目的所必不可缺的先决条件。他的改革包括简化武士阶级体系,提携"有才之人";废除专门人才世袭的传统,涉及面从军事专家到儒教学者,给那些接受过西方技能训练的人创造更大的机会;重建藩校以培养具有西方技能的人才,他们应不但从高级武士中,也从低级武士中招收。从 1862 年 4 月 21 日起的两周之内,土佐政府颁布了一系列政令着手实施这些政策。

这里我们能看到明治领袖们最终要做的事情的轮廓,一如我们能在更早的岛津齐彬那里看到的一样。显然,保守主义者并不会对这些改革计划感到满意。ⅶ 但是,我们不可由此推出"志士"会自愿支持这些计划。在他们看来,藩内改革唯有在使土佐更有效地推进尊皇攘夷事业基础上才有意义;为此,因为东洋没有去追求这个事业,从而他个人及其政策均被志士们谴责为拥幕。因此,武市瑞山的追随者同心协力刺杀东洋这一事件,绝非偶然地发生在 1862 年 5 月 6 日,即紧接着新式藩校开学之后,紧随其后的正是岛津久光到达京都。

武市,如前所述,与大久保和木户不同,是一个乡士,缺乏被任命为藩国官职的地位。不过,这时他能够通过比他地位高的同盟者介入政策决定过程,要求土佐像萨摩和长州一样,在全国政治上扮演更加积极的角色。即便如此,也只是到 7 月末他才终于如愿以偿。年轻的大名丰范离开高知前往京都。此后,又花费了几周时间(因为丰范身患麻疹)大名一行才进入京都城。这使陪伴年轻大名的武市最终得以与长州的尊皇主义者及其在朝廷的同盟者直接接触。

---

① 1861 年 10 月 11 日备忘录,见《吉田东洋遗稿》,第 268-270 页。

那么，接近 1862 年 9 月底的京都局势是什么样的呢？城里有一大群来自长州的武士，他们在政治上跃跃欲试，并同朝廷的官员有所合作。木户孝允因为有任官职，在这些武士和他们的藩国政府之间充当了沟通的桥梁；长州大名现身于京都，给予那些武士的所作所为以合法性，尽管那些仍然留在萩城即长州都城的官员们不时地对这些作为表示反对。此时，年轻的土佐大名也在京都，而且随着他更加保守的参議返回高知，武市对他的影响越来越大。与长州的毛利一样，土佐大名也带来了一支规模可观的随从队伍，这些人的到来，大大加剧了京都街头的混乱程度，增加了发生动乱的风险。

显然，幕府在京都的代表既没有反对尊皇主义者的实力，也没有这样做的意志；而朝廷对尊皇主义者一而再、再而三地根据自己的需要解释朝廷意愿的做法也是无计可施。导致后者的原因之一是尊皇主义者发展出了一套能够间接控制朝廷决策的方法。有的志士住进了对他们观点表示同情的朝廷贵族的家，这样一来，这些志士的极端行为得到了某种程度上的保护，以免于其封建上司的惩罚；另一方面又使武士们的行动得以同他们在朝廷中的公家同盟们相互协调。其他的志士则成为他们大名的"保镖"，并发现越来越有可能在官方正式场合下声张尊皇攘夷之道，并为此向天皇请愿。在这种与日俱增的恐怖主义气氛中，[viii]朝廷的高级官员们完全没有此类政治斗争的经验，感到难以抵抗来自极端主义武士们公开的和不公开的压力。

有两个人或许有意愿也有能力恢复京都的秩序。但其中之一山内容堂仍然在江户，他在那里曾一直致力于避免幕府和萨摩在大原出使江户一事上的公开决裂。另一人是岛津久光，此时正在护送大原返回京都的途中，但现在，刺杀英国商人理查森将引发萨摩与英国冲突的可能性愈来愈大，在岛津的心中，自己藩国的利益已取代尊皇主义斗争成为当务之急。果然，在他于 9 月 30 日到达京都后不久，即向朝廷明确进言，要拒绝那些以惩罚将军、把外国人驱逐出

条约港口为目的的"鲁莽建议"。① 但是,他很快就发现仅仅靠进言,
不管措辞如何严厉,也无法压制长州和土佐凭借武力威胁在京都建
立的统治。另一方面,在萨摩可能遭到外国攻击的情况下,他也无
意于通过强力打破长州、土佐藩士对京都的控制。10 月 16 日他返
回鹿儿岛,放弃京都于其对手。

一旦尊皇主义者控制了朝廷,他们究竟会作何打算? 关于这个
问题,可以从我们对极端主义运动目的进行一般性讨论时引用过的
两份重要文件那里得到答案。[ix] 一份是长州 22 岁的藩士久坂玄瑞在
1862 年 8 月底向其藩主提交的长信。在这封信里,他提出了"恢复
天皇威权,改革幕府行政"的建议。② 他呼吁采取果断行动,使幕府
在一桥庆喜和松平春岳的领导下,采取驱除外人并惩罚向外国人卑
躬屈膝、玷污国家之官员的政策。它还要求将军放松参觐交代并把
制定全国政策的权力交还朝廷,以示对天皇的尊敬。作为将军接受
这些条件的确证,他应亲赴京都,并由主要的谱代大名陪同。

另一份文件是武市瑞山在两个月后即 1862 年 10 月写的文
字。③ 这份文件中包含了一封武市希望能够以其大名的名义向天皇
提交的信件。在这封信件中,武市也谴责幕府的外交政策不可接
受,并坚持要增强朝廷的政治权威。但是,他的强调点与久坂不同。
他主张由尊皇主义武士来充任官员,由**若干**强藩而非仅仅是土佐和
长州,来行使新的天皇权威。

久坂的观点更有分量,因为长州对朝廷以及来自其他藩国的武
士具有较大的影响力。于是,在 11 月,他得以商讨出一份由长州、土
佐和萨摩在京都的代表签署的信件,[x] 力主再派遣一位天皇特使到
江户,要求立即终止外国人进入日本所带来的"前所未有的国耻"。

---

① 1862 年 10 月 14 日备忘录,见 *Shimazu Hisamitsu*,2:50A‐56B。

② Suematsu,*Bōchō*,3:329‐330 对此作了概括。

③ *Takechi Zuizan*,1:119‐124.

该使节所要传达的,一言以蔽之,是要马上把外国人"驱除"出去,而非如幕府一直承诺的那样,让外国人在七八年后"撤离"。诚然,在该信件中没有一处具体文字提到需要改变政治程序或政治制度,但所有当事人都能从信件中清楚看到,信件所建议的出使江户,实际上将成为幕府和敌手之间一次实力的较量。在三条实美这位朝廷中级官员、极端主义的同情者和土佐大名的亲戚被任命为特使后,关白近卫忠熙觉得有必要特别叮嘱他避免与江户公开决裂。①

最终使三条出使获得成功的,并不是幕府害怕天皇可能集聚的军事支持力量,而是在那些可能护卫幕府的力量之中出现的意见分歧。在三条由山口丰范率五百土佐藩士护送,于 1862 年 12 月到达江户几周之前,他将到来的消息已经动摇了刚刚经岛津久光帮助而掌权的人的权威,极大地削弱了反对朝廷建议的力量。松平容保已于 11 月 8 日威胁,除非幕府在外交事务上采取更强硬的立场,否则他就要辞去京都卫戍司令职位。他说,幕府的所作所为,给人以非但不惩罚外国的傲慢,反而压制日本国内批评的印象,造成人们思想上的极大混乱。政治稳定的首要条件是不再向条约列强做任何更多的让步。再者,因为群情已被激起,幕府必须向公众表明它已经做好准备"按天皇的意志行动"。容保断言道,这将使幕府能够"安定人心,保持国体,创造统治者和被统治者之间的和谐"②。

松平春岳同意这个论断,不过,在他那里,幕府的困境更为明显。他承认,就其个人而言,他认为开国既是必需之举,也是可欲之事,但幕府的开国之道,毫无疑问包含着一种坏的算计,将摧毁日本生存所依赖的团结。幕府因"屈从于强者、凌辱弱者"而冒犯了朝

---

① 1862 年 12 月 2 日信件,转引于《维新史》,3:284。关于在前一天对三条的官方指示,同上书,第 282 页。它们意味着任何因出使江户而做出的决定,幕府都有必要征询封建大名的意见。这也意味着对志士更为极端的观点,在朝廷内部仍有反对的势力。

② 1862 年 11 月 8 日备忘录,见 Beasley, *Select Documents*, pp. 225 – 227。

廷,失去了封建大名的尊敬。幕府的作为,显示出它大事当前先顾自己的狭隘利益,这就使它的统治权利遭到挑战。为了修复这个损害,首先必须努力劝说朝廷放弃攘外的要求,因为这将不可避免地导致日本在与外国的战争中战败。如果将军能做到这一点的话,排外引起的骚乱将得以平息,他即可与大名们谈判以达成某种可以接受的政治安排。如果做不到这一点的话,那么,将军应当辞职,忠诚地加入其他大名,成为平等大名中的一员,共同推进攘夷的事业。春岳论证道,将军毕竟既不能对执行一个他不赞同的政策承担责任,也无法反对国家团结所依靠的天皇。①

出自于这样一位人物的这般建议,对江户执政者无疑具有极大的杀伤力,使江户的决策者好几周都阵脚大乱。幕府老中们的实际做法是把丰范建议的顺序颠倒了一下:他们坚持履行条约比承认天皇权威更为紧迫。然而,出于对分裂所产生的可怕后果的认知,加之山内容堂坚持不懈的调解,最终达成如下妥协:幕府原则上接受排外的原则,如果这尚没有满足尊皇主义者的希望的话,但完成了三条出使的使命。但是,幕府拒绝规定从当天开始实施排外,而将日期的决定推迟到将军有时间访问京都之后。而且,在将军访问之前,先由庆喜和春岳打前站。1863 年 1 月 26 日,在就此事宜多次交换信件后,三条离开江户返回京都。

这一切只不过是把政治运作的舞台迁移到天皇都城,因为什么问题也没有解决。改革派大名——庆喜和春岳邀请岛津久光、伊达宗基和山内容堂到京都加入他们的下一轮讨论——指望将军的访问将为恢复京都的秩序提供机会。而"志士"则把将军访问当作将他们的恐怖主义方法用于幕府及其权高位重支持者的机会,这些恐怖主义方法已被他们成功地用于反对朝廷。于是,雄藩大名们的到来——始于松平容保于 1863 年 2 月 12 日、庆喜于 10 天之后的到

---

① 1862 年 12 月 4 日备忘录,见 *Select Documents*,pp.227-234。

达——就为在改革者和反叛者之间发生大冲突搭好舞台。如当时的许多人所认识到的那样,这个冲突涉及到幕府权威、封建纪律等一系列广泛议题。[xi]但是,在最初,冲突是围绕着关于何时开始驱逐外国人的问题展开的。

1863年3月,尊皇攘夷极端主义者在长州官方支持下,[xii]成功地迫使数位他们不信任的朝廷官员辞职,包括岛津久光的同盟关白近卫忠熙。他们还确保一批他们自己的朋友得到朝廷官职任命。结果,幕府的代表们发现要朝廷同意他们的提议比预期的要困难得多。

3月29日,幕府代表提出在将军返回江户20天以后即5月底或6月初,实施对外国人的"驱逐"——在朝廷的坚持下,攘夷一词在稍后的一稿中取代了这一表述。各方在这一点上达成一致是相当快的。然而,4月6日在一桥庆喜、松平春岳和松平容保与山内容堂和伊达宗基会商后,决定必须正面解决朝廷和幕府的关系问题:或者天皇证实将军统治日本的权利,或者将军把他的权力完全交出。这是一种为关白等朝廷官员以其政治视野和经验难以抵挡的政治讹诈。结果,在4月24日,家茂到达京都后不久,朝廷和幕府即有公开的承诺交换。一方面,天皇正式授权将军,另一方面承诺幕府在行使授权时需要咨询朝廷。

然而,这一协议建立的基础相当脆弱,如岛津久光在1863年5月1日到达京都后就马上指明的那样。他认为,以这样的方式与极端主义者达成妥协将是致命的,势必招致国内和国际战争。攘外的建议操之过急,"志士"的观点充满暴力而不可接受,朝廷对待庆喜及其同盟的做法是侮辱性的。现在需要强硬的手腕,而非绥靖妥协:恢复针对低级贵族的纪律;惩罚志士以及命令在京都没有具体事务的所有大名和武士返回其藩国。唯有这些条件得到满足,他才愿意在公武合体即"朝廷和幕府的合作"上继续合作。①

---

① 1863年5月1日陈词,相关概述见 *Shimazu Hisamitsu*,3:7A-7B。

这一强硬路线的效果完全是消极的。尽管自信和野心使久光拒绝任何可能减少江户对他本人依赖的妥协(从而使长州在京都的地位几乎毫发无损),他却因与英国的争执而无法投入兵力和精力强迫朝廷采纳他的解决之道。所以,在宣布了自己的声明之后,他于5月5日离开京都返回鹿儿岛,让他的同盟们好不尴尬。近卫忠熙从朝廷事务中退出,而大名们(松平春岳、山内容堂和伊达宗基)退居自己的藩国,留下27岁的一桥庆喜独自面对长州和尊皇主义者,只能指望从幕府官僚那里获得支持,而庆喜本人的提升已经对这些官僚的权力构成了挑战。

久光的所作所为已经表明大名之间的异会压倒他们的共同利益。就庆喜而言,他现在刻意表现的高深莫测,被幕府的敌人们称为江户"暧昧"(evasiveness)。他意识到在那些雄藩大名离去之后,朝廷比此前任何时候都更受制于"志士"的操控。这些志士正要求立即兑现将军攘外的承诺,甚至采取步骤要把天皇推到攘外的领导地位。对此局面庆喜感到无能为力,而且他的性格决定他不愿为此挑起正面冲突。结果,他选择了妥协。他定下了攘外的日期——6月25日。他清晰地表明这个日期是幕府将开启劝说外国人离开日本谈判的日子,①实际上幕府最终也这么做了。但是,送达大名的通知在这点上却闪烁其词、暧昧模糊。尽管它写明6月25日是定好的让外国人"撤走"(拒绝)的日子,但首先提到的却是"驱逐"外人(攘夷)。^{xiii}结果,这使尊皇主义者得以对此做出与幕府的意愿截然不同的解释。

到6月25日,即约定的日子,长州的炮队向停泊在下关海峡上的一艘美国商船开炮。此后的几天对法国和荷兰的船只进行了攻击。尽管法国和美国军队进行了局部还击,但此后下关海峡对外国

---

① 这一点可清晰地见于庆喜发给江户的指示:庆喜致老居,1863年6月12日,见
Beasley，*Select Documents*，pp. 246 - 248。

船只关闭。长州还强硬地通告幕府,它的有关以"和平方式"进行攘外的命令丝毫也改变不了冲突已经开始的事实。①

注释

ⅰ 阿礼国对这些事件所带有的残忍做了很好的描述。在他看来,攻击外国人的是这样一类人:"常常喝醉,总是一副侮慢模样……地痞流氓制造的恐怖"(*The Capital of Tycoon*,1:126)。

ⅱ 老居致阿礼国,1861 年 5 月 30 日,见 Beasley,*Select Documents*,pp.208-211。当时物价是否因为外贸导致物价上升,这是一个难以判定的问题。虽然并非所有的记录在细节上都看法一致,有证据表明在 1861 年稻谷等食品价格上涨幅度相当大(并在其后的几年特别是 1865-1867 年间继续上涨)。参见 Tsuchiya,"Bakumatsu doranki," p.83;和 Tanaka Akira,*Meiji*,pp.93-94。不过,物价上涨是否因外贸引起则似乎不那么确定。1861 年的外贸规模仍然非常小(进出口总计不超过 600 万美元)。1858 年进行的货币改铸提供了至少和外贸一样有说服力的解释。然而,从讨论日本政治的目的上看,物价上涨是否可归罪于外贸的问题,并不比许多日本人,包括"志士",相信外贸导致涨价的事实重要。因此,物价上涨起到了刺激排外心理的作用,不管它到底是由什么因素引起的。

ⅲ "幹旋"(assen)一词在晚期德川政治中广泛使用,反映了在一个等级差别森严、政治按照垂直关系运作的社会中,有走动于各方之间的政治角色存在的必要。

ⅳ 久光接下来提出的代表朝廷参与全国政治的大名包括如下藩主:萨摩藩、长州藩、土佐藩、仙台藩和加贺藩。对萨摩藩的计划的这一解释据说是岩仓的贡献。岩仓认为这个计划的目的是调和长州和萨摩这两个强藩的建议,同时确保这两个雄藩大名与那些能够对其野心形成制衡的藩主结成

---

① 长州致幕府信,1863 年 7 月 20 日,见《川胜家文书》,第 278-281 页。一则关于幕府对这封信的讨论记录说这一解释是不可接受的:长州一直明知故犯地对抗幕府命令,因此必须受到惩罚。

统一战线。见 *Ishin-shi*, 3:101-105。

v Tanaka Akira 在 *Meiji Ishin* 第72-86页中对这些改革做了概述。但他指出,这些改革的有效性受制于幕府高级官员的反对或缺乏改革的热情,他们关心的是保卫幕府的权威,反击敌手的攻击;还受制于幕府的僵化体制,这个体制使任何真正地提拔人才之举成为非常困难之事,即便幕府采取了某些符合这个方向的动作(特别是在军事事务上)。

vi 西乡本来就很勉强地接受了久光的计划。他在4月底被派出调查大阪和京都的事态发展。据报道,他在其后的一两周内与激进派有过接触。按照西乡自己的解释,他与激进派接触是试图赢得他们的同情,以达到缓和其计划的目的。对此久光是如此愤怒,以至于再次流放西乡。关于这个事件,《大西乡正传》第175-211页有完整但不很清晰的描述。又见 Iwata 著作第52页之后。西乡的弟弟西乡从道也因牵涉密谋而遭到惩罚。

vii 记载在 Fukushima Nariyuki 著作第58-59页的一则故事说,某日山内容堂与两个高级陪臣,在土佐改革的背景下,讨论了有关给予儒教学者和医生那样的专家固定补贴是否妥当的问题。山内认为,专家的收入应建筑在任职而非世袭的基础上,这样一来,实际上就使他们的收入取决于能力。陪臣之一指出这同一原则不但可用于如他那样的家老,而且可用于大名、将军或许甚至天皇。这一谈话被视为是笑话。但它仍可能反映了在特权者中具有的一种真实的恐惧:打乱社会秩序,甚至仅在像"专业人员"这样较为低级的人群中打乱秩序,都可能打开机会之窗,引起更深远的变化。

viii 极端主义者爱用的一个手段是刺杀温和或拥幕朝廷贵族的地位较低的从属,以此向他们的上司发出警告。例如,在1863年3月中就发生了三个此类事件,在此之前,恐怖主义已在上一个冬天滋长,并随着主张公武合体的大名们到达京都达到高潮。在第一个事件中,被刺杀者的耳朵被送给两位朝廷官员,中山忠能和嵯峨实爱。两位官员都在几天后辞去官职。在第二个事件中,一位牺牲者的头颅被放在一桥庆喜家的院外,他的耳朵则被送给岩仓具视。在第三个事件中,一个被砍下来的头颅被送到了山内容堂的寓所,而且,显然在此之前这个头颅曾先被尝试送到松平春岳宅邸,但因后者的保卫甚严而未果。在所有的个案中,都夹有警告信,确保收者不会看不到这些警告动作的含义。

ⅸ 见本书第 6 章,第 143 - 145 页。

ⅹ 信件内容见《维新史》,3:276。萨摩的签名是由岛津久光留在京都负责处理萨摩藩在京都事务的官员签的。因此,萨摩的参与并不反映该藩的政策变化,而仅仅显示该藩无意于反对已在京都占尽优势的意见。

ⅺ 在《源氏梦物语》中关于在京都的浪人的评论中,显然意识到了攘夷背后的种种之争:"在那长期和平的年代,身居高位者不知地位卑微者的痛苦。为此,那些对情况更为了解的低级武士认识到他们的藩国所处的危险境地,不断向掌权人提出警告和建议;但是,那些高官们耽于奢侈和懒散,竟把这些武士视作兴风作浪者,忽视他们的建议。"见 Baba Bunei,2:33。萨托的译文见 *Japan 1853 - 1864* 第 65 页,在细节上有所不同。

ⅻ 随着山内容堂的到来,武市瑞山发现他对年轻的土佐大名丰茂的影响力急剧降低,结果导致在这些事件上,土佐的激进主义者发挥的作用,远远小于长州的激进主义者。

ⅹⅲ 这一宣告(1863 年 6 月 9 日发布)的原文在《维新史》,3:406。使用这些显然互相矛盾的言辞,与其说是出于谋略的考虑,倒不如说是因惊慌失措所致,因为在朝廷自己于 6 月 7 日发布的宣告中,在通告让外国人"撤出"的语句之前,并没有提到攘夷。

第 8 章

攘外的失败

1863 年初夏,幕府内部的不和与犹疑不决,加之封建诸藩,特别是萨摩的私心,给尊皇主义者提供了攘除夷狄所急需的良机。尽管缺乏有效的政治机制和有组织的军事力量,他们依然要把国家推入会泽正志斋所说的"必死之地",以求得在天皇的领导下团结"志士"、保存日本。结果却带来与列强的大对抗,导致外国海军炮轰日本海岸——这在一年多一点的时间内就发生了两次。

这些事件证明了那些一直视攘外为疯狂之举的日本人是正确的,证明西方军事技术的优越性就是证明攘夷的不可行性。因此,主张攘外的人不得不寻找新的出路来宣泄情感,而这情感正是他们建立主张的基础:在一些情况下,表现为惩罚日本的"叛徒";在另一些情况下,则表现为借西方之法探索强国新路,攘外者将这概括为"富国强兵"的口号。再者,攘外的失败使反对攘外的人集结起来并重新发力。于是,我们现在将要考察的 1863 年和 1864 年,不仅见证了发自尊皇攘夷主义运动内部的改变,还见证了来自外部的攻击。它们一起标志着尊皇攘夷主义运动的终结,至少标志着以我们到此为止所考查之形式存在的尊皇攘夷运动的终结。

与西方的冲突

1863 年 6 月的宣告把天皇和将军置于必须兑现承诺,使外国人撤出日本的境地,随后而来的长州人关闭下关海峡的举动,使得日本与西方尤其是英国的关系急剧恶化。与此同时,1863年6月的宣告还挑战了幕府的权力。出于这两个理由,幕府无法接受这个宣告。

早在1863年4月,幕府官员就把庆喜接受排外政策定性为玩忽职守,为了政治上的权宜而牺牲"帝国的整体利益"。① 5月,陪伴将军访问京都的老中小笠原长行更加强烈地阐明了这一点:"出于愚忠一味服从天皇的命令,只因为它们是天皇的命令,而对其优劣短长不加任何考察,完全是妇人之举。我绝不可能相信这是符合将军职位的行为。"②换言之,如果说"志士"能在向天皇和国家尽忠那里找到了高于对将军或大名义务的职责,那么,一些幕府官员至少可以声称保卫真正的"国家"利益的职责,胜于对朝廷以及对他们自己藩主的遵从。

确实,当6月份小笠原被派到江户处理相关事宜时——鉴于他此前提出的建议,这个人选显示幕府官员对攘外没有什么真正的热情——他发现那里弥漫着这样一种情绪:任何可能引发"不义战争"的举动将是"巨大的且不可挽回的错误"。③ 既然如此,小笠原把朝廷极易引起对抗的要求,转变为就关闭条约口岸问题进行对话的要求,并于6月4日向外国使节通告了这个请求。即便以这样的形式,这个请求招致的英国临时代办的回应完全印证了幕府的担忧。这位英国代表说,这个"轻率的通知在所有国家(不管是文明的还是未开化的)的历史上,都是前所未有的"。事实上,这等于"向所有签约方宣战",如果不撤回这一通知,日本将会"立即受到最严厉也是最

---

① 1863年4月初幕府的备忘录,见Beasley, *Select Documents*, pp.234-236。

② 1863年5月初的记录,同上书,第243-246页。

③ 1863年6月21日的幕府记录,同上书,第248-249页。一桥庆喜在7月9日写给关白的信中,叙述了他自己试图从江户官员那里获得排外承诺的经验:"他们答复道,幕府不能接受天皇敕令,因为他们不认为攘夷符合国家的最高利益"(同上书,第253页)。

必要的惩罚"①。因为英国此时有一支强大的海军舰队抛锚停泊在横滨海面上——这才是问题的关键。

事实上,此时,幕府官员处于两难境地——不是出于外国人通常认为的奸诈或表里不一,而是迫于现实情况的压力。在京都,由随从陪伴,却被之前封建藩主中的盟友抛弃的一桥庆喜,首先意识到叛乱的危险,如果朝廷向尊皇主义武士的压力低头,叛乱就难以避免。对这个危险的担忧一直萦绕在庆喜心头,为此他试图搁置对外关系问题,以争取时间,而非问题的解决。与此相反,江户的官员们更关心的是集结在东京湾的英国舰队的动向。

早前,在得知理查森于1862年在生麦遇害的消息后,外交大臣罗素勋爵就明确表示英国将同时要求萨摩和幕府的赔偿,一个是因为砍杀事件本身,另一个是因为没能阻止这一事件的发生。如果两者都不能实现,那么,他写道,海军长官将采取相应的措施,"报复、封锁,或者两者兼有",视情况而定。② 正是在1863年3月收到这样的命令,使英国代办尼尔向江户施加压力;压力之大,绝不亚于庆喜在朝廷所经受到压力。实际上,一旦尼尔清楚地表明"大不列颠**将**不会容忍即使是对它权利的消极反抗"时,③会产生什么结果几乎就不言自明了。6月底,小笠原不得不承诺对生麦刺杀事件做出赔偿(几乎可以确定庆喜知晓并同意这个决定),然后,他所能得到的,不过是使英国官员听取他关于条约港口的未来的建议。④

在这几个月中,萨摩一直无视交出杀害理查森的凶手的指示,

----

① 尼尔致幕府,1863年6月24日,载于尼尔致罗素,同日,"关于日本事务的通信(第一号)"见 Great Britain, House of Commons, *Parliamentary Papers* 1864, 66: 73-75。

② 罗素对尼尔,1862年12月24日,同上书,第179-180页。

③ 尼尔对幕府,1863年4月6日,见 Beasley, *Select Documents*, p. 237。

④ 小笠原对所发生事情的解释记录在他1863年7月27日的备忘录中,同上书,第254-256页。

像长州在另一个场合中一样对幕府没有丝毫的恭敬之意。因此,从小笠原那里得到赔偿,并愤然拒绝了关闭港口提议的尼尔,召集英国海军将他送往鹿儿岛,他要亲自向萨摩大名传达他的要求,当初他也正是被命令要这样做。他于 8 月 15 日到达(因长州在下关海峡的动作而推迟),首先与萨摩人进行了三天无果而终的会谈,接着他下令扣押一些停泊在岸边的萨摩汽船,以催促萨摩做出决定。这引发了双方的交火并很快发展成大规模的交战。

在冲突发生后的几个小时内,鹿儿岛城大部被毁,其中包括岛津齐彬建设的著名工业设施集成馆。但是,英国舰队也遭到重创,被迫撤离海湾以便修理。两天后,舰队撤回横滨港,亦无企图再行攻击或重启导致了攻击的谈判,留下一个欢呼雀跃的萨摩藩,声称英国舰队的撤离就是胜利的明证。即便是 12 月在横滨的一次会谈中,萨摩代表同意做出赔偿,并且处决杀害理查森的凶手(如果他们能被找到的话),也没有冲淡那次冲突给萨摩人带来的胜利和自豪感。

萨摩与英国争端的解决,加上 1863 年 9 月 30 日发生的政变,让幕府和萨摩军队掌控了京都,这就使江户和藩主们能够再次试图就悬而未决的问题达成一致进行磋商。在这些问题中,最重要的是长州藐视幕府、寻求与列强发生冲突的行为。于是,1863-1864 年冬天,在朝廷和将军的要求下,公武合体领导人再次齐聚京都。岛津久光于 11 月 13 日到达,陪护他的是一支约 1.5 万人的军队。其后到达的有松平春岳(11 月末)、伊达宗基(12 月中旬)、一桥庆喜(1864年 1 月初)和山内容堂(2 月初)。将军本人于 2 月 22 日抵达。而在这天之前,已经采取了增强雄藩大名在朝廷影响力的两项初步措施:鹰司辅熙被解除关白职位,二条齐敬取而代之;雄藩大名自己——甚至包括三个外样大名——被正式接纳参与天皇朝廷决策。这样,一个供最高层领袖讨论政策的舞台就搭建好了。

岛津久光已经就日本需要做出的决定表明了自己的观点。他经由近卫收到天皇的密信,信中孝明天皇重申攘夷的决心,但表示不认可尊攘志士力主的"王政复古"的想法。他在信中说道,自己倾向一种使将军尊崇朝廷(这样"人们就会普遍地尊重幕府")的攘夷,而不是一场剥夺将军行政权力的变革。①

久光于 1864 年 1 月 5 日,也即一桥庆喜到达京都的同一天对天皇的来信做了答复。在答复中,他表示完全赞同天皇的见解,认为"完全正确"。幕府作为一种制度已经存在了这么多个世纪的事实,决定了现在就恢复天皇统治是不可能的。再者,他写道,"在外敌当前之际,我们绝不能引起政府的动荡。"为此,必须镇压政治极端主义者,不管他们是武士还是公家(朝廷官员)。② 在这个问题上,久光现在同他过去所持的立场一样,或者与幕府官员一样,不愿意仅仅因为攘外符合天皇之意就接受攘外政策。他认为,贸易条约确实可恶,但却无法推翻,因为国家缺乏必要的力量。在经历了两百年的和平之后,日本所谓的军武阶级仅仅是名义上的"军武",既不了解现代战争之法,又萎靡不振,因此日本已经暂时地失去了决定自己事务的能力。唯有通过精心的准备才能使它再度获得这一能力。"决定国家开放或者关闭的主动权已经转移到外国人手中……如果我们能够恢复这个权力,则我相信那时将轮到外国人害怕我们,但这就意味着我们首先必须做的,只能是完备我们的国防。"③幕府与朝廷的沟通还从来没有把问题表达得如此直白。

确实,此时的江户并没有做好公然推翻攘外的准备。长州在下关海峡对外国船只的攻击,萨摩关于在鹿儿岛战胜英国舰队的报告,水户发生排外骚乱的消息——所有这一切都使幕府比任何其他时候都更有必要为了维持它在国内的威望,在港口条约问题上表明

---

① *Shimazu Hisamitsu*, 3:65B - 71B.

② *Shimazu Hisamitsu*, pp.71B - 77A.

③ *Shimazu Hisamitsu*, p.74A.

立场。1863 年被外国使节断然拒绝的关闭港口的主张,已经被修订为西方从横滨港撤出的提案。① 可想而知,这个建议很快就遭到列强代表的否决。可是,这次幕府坚持立场,采纳了法国提出的幕府派遣使团到欧洲陈情的建议。这个举动保留了越过列强使节直接向其政府陈情(这个手段曾在 1862 年运用过)的可能性,或者至少可能使幕府得以获得一个较长的时间推迟做出决定。

1864 年 2 月 6 日,在将军抵达京都后不久,幕府选定的使节池田长发离开日本远赴法国。他的目的是"使外国人相信幕府无法维持这些条约这一不可回避的事实,因为反对条约的力量在日本与日俱增,如果不采取措施,友好关系终将被彻底摧毁"②。

幕府的高级官员们则不那么乐观。在他们看来,出使欧洲的主要作用不过是藉此向天皇报告他的命令已经得到执行,从而把问题搁置起来。他们很快得到回应。2 月 28 日的天皇觐见中,将军收到了一封信。这封信在华丽的言辞下,否定任何"不顾一切立即实行攘外政策"的意愿,号召家茂将军与朝廷和雄藩大名在"国家存续的伟大事业中"精诚合作。③ 3 月 5 日的一封信进一步赞扬将军在军事和行政改革上做出的努力,对朝廷表示的尊敬,并建议将军继续推进使日本在军事上能匹敌西方的政策,为最终的决战做好准备:"与傲慢的外国人的舰船枪炮相比,我们的舰船枪炮尚不足以震慑外国人的大胆妄为。"与这一可圈可点的行为形成鲜明对比的是,该信写道,三条实美等尊皇主义者贵族却"对不负责任的浪人的谎言信之不疑"。他们"曲解"了天皇的指示,"草率地颁布了攘外的命令",而长州藩士也"不分青红皂白违逆其藩主意志",按照这些命令行动。

---

① *Ishin-shi*,3:648.

② 池田 1864 年 1 月 19 日的备忘录,实际上是关于使团任务的草案,见 Beasley,*Select Documents*,pp. 260 – 263。

③ 天皇致将军,1864 年 2 月 28 日,同上书,第 263 – 264 页。

毫无疑问,"这些暴力行动的唆使者必须受到惩罚"。①

就其表面来看,这封信对朝廷、幕府和大名各种不同的观点做了圆滑的调和。它声言某些大名有权利被咨询(这些大名的名字被列示出来),同时默认将军有权负责实施已达成的决定。它重申了攘外是国策的目标之一,但须谨慎行事,而非"草率"出击。它还完全否定了朝廷在上一年夏天所宣布的敕令(这一点使我们有理由怀疑天皇的这封信是由萨摩人而非孝明天皇或其大臣所写)。②

然而,真正的困难在于天皇的宣告并未有效地协调萨摩和江户的观点,两者分别代表着雄藩大名和幕府官僚的利益。岛津久光的观点可见于如下出自于其发言人家老小松带刀的言论:"迄今为止幕府的权威由老中行使,而他们均来自于小藩。考虑到现在的形势,我们有理由怀疑,除非改革国家制度结构,人们是否[还会继续]听从幕府的指挥。毫无疑问,我们必须设计一个能提升雄藩大名地位的体制。"③此类言语加深了江户官员中普遍存在的一个印象:萨摩对天皇尊严的关切不过是为了掩饰自己的政治野心。因此,他们坚决反对松平春岳 3 月 20 日提出的方案,该方案提议岛津、山内和伊达正式进入幕阁,就像先前他们进入朝阁一样。

结果,久光出面提出的反对横滨港的主张被幕府拒绝,其理由是:让将军在这一年勉为其难地实行长州的攘外计划,又在第二年执行萨摩的开国主张,将彻底摧毁将军的威望。④ 当将军于 1864 年 3 月 21 日提交他正式接受天皇命令的文书时,他写道,"从现在

---

① 天皇致将军,1864 年 3 月 5 日,Beasley, *Select Documents*, pp.264-266。

② *Ishin-shi*,3:648。在我看来,朝廷此时声明的整个态势表明天皇的高级大臣试图找到弥合幕府和萨摩之间裂痕的方法,并不希望萨摩获得优势地位。

③ Toyama,p.134。也可见 Sakata, *Meiji ishin shi* (1960),第 160-162 页,收录了久光与松平春狱在 1863 年 11 月 29 日的一次讨论。

④ 根据一桥庆喜自己后来对这次争论的描述,这个主张是老中敦促他提出的(Shibusawa, *Tokugawa Keiki*,6:46-50)。

起，我将继续执行天皇的规定：革除幕政中长期存在的恶行，以兄弟情谊对待封建藩主，如此，作为天皇的仆人在尽忠的道路上团结所有的力量和意志……从而把我们所有的力量和意志团结在臣服天皇的责任之道上……在国内建立秩序；消除人民的苦难……并且要推进舰船和大炮的建造。"[1]他还证实"攘夷"不得以"草率"的方式进行，并补充说在派往欧洲的使团就关闭横滨港进行谈判的结果出来之前，不会采取任何行动。将军声称，他"殷切"希望谈判能获成功。

在久光看来，这一回应显示出对日本需求和问题的完全误解。不仅如此，他在第二天为讨论将军上述表态而召开的朝廷会议上也作此言论，这引发了他与一桥庆喜——越来越成为"公武合体"江户版的代言人——当着天皇发生公开争论。3月25日在朝彦亲王宅邸的又一次会面完成了两人之间的决裂。这次会面的高潮，是庆喜借酒疯把他的同事，包括久光在内，痛斥一番。[2]

结果是雄藩大名的列侯会议再次破局。4月14日他们辞去了朝廷的职务，接着返回到各自的藩国，这就使一桥庆喜又像在1683年那样，尽其所能地主导幕府的立场。其后的事态发展的形势我们并不陌生：江户宣布它将关闭横滨港，但拒绝了关闭其他港口的建议；京都承认了将军的权利与责任，并同时建议将军应把向雄藩大名咨询纳入自己的常规决策方式之中。而在5月25日的天皇敕令中包含了一个新的元素，即同意幕府采取针对长州的行动，不过，与这个同意相伴的是幕府需要"宽大为怀"的警告，这使得天皇表态同意幕府攻打长州的效果打了折扣。

---

[1] 天皇致将军，1864年3月21日，见Beasley, *Select Documents*, pp. 266-267。

[2] 庆喜的陪臣Hara Tadanari对这些事情有着精彩，或许有些片面的记叙，我将部分内容翻译在*Select Documents*, pp. 268-272。它需要与伊达宗基日记中的版本对照着看，《伊达宗城在京日记》，第337-342页。

同样重复 1863 年故事的,还有紧随着京都的僵局之后在外交事务上出现的危机。5 月 30 日,法国、美国、荷兰和英国的代表发出了内容完全一样的信函,重申早先提出的开放下关海峡、惩罚长州的要求,从而把采取行动的责任强加于德川政府。一个月后——事件的进展速度很慢,部分因为江户有意为之——老中们做出了标准的答复,告知日本的动荡导致迟迟不能作答,并请求关闭横滨港,因为这是克服动荡的最好的手段。一个月或将近一个月后,列强表示,除非幕府给出令人信服的证据,表明它将在 20 天内开放下关,否则他们将使用自己的武力攻打下关。到这时,列强已在江户湾集结了数量可观的战舰。

幕府在列强这一最后通牒到期之前,因两个事件的介入而延长了喘息的时间。第一个事件是与长州直接谈判的机会的出现。这个机会的出现是由两位于 1863 年离开日本到伦敦学习的长州藩士井上馨和伊藤博文带来的。他们在伦敦的报纸上读到有关危机的消息后,立即回国以谋求斡旋。英国公使阿礼国接受了他们的提议,派一艘英国军舰把他们送回长州,并叫他们携带一封写明其立场的信件。[1] 他写道,他已经做好了摧毁下关防御的准备,如果有必要这样做的话。此外,日本人任何成规模的武力排外的尝试都意味着报复,都会导致外国军队进入京都,"就像类似的举动在五年前曾导致英国和法国军队成功进占北京一样"。因此,西方无意于干涉日本政治,也无意于"质疑统治阶级的权利和特权,只要它们的存在与交流和贸易并行不悖"。因此,西方并无意对长州做出任何超出维护条约以外的伤害。

假设井上和伊藤在 7 月 27 日到达山口后即把这封信交给长州领导人,而且信件在那里也得到了适当解读的话,那它就并没有解

---

[1] 全文印在 Fox 著作第 133 - 134 页。

除长州领导人的疑虑。两位藩士所表达的意见,说英国有足够手段实现阿礼国的威胁,也让长州人感到不快。井上引证孙子兵法说,"知彼知己者,百战不殆;不知彼而知己,一胜一负;不知彼,不知己,每战必殆。"井上认为,长州属于最后一类情况。①

然而,长州民意的呼声是如此之强,现在它的命运似乎完全由幕府对朝廷的干预结果而定,以至于这一意见毫无作用。7月30日,长州做出必须抗战的决定。而停泊海上的英国舰队,不得不在没有得到满意答复的情况下回到横滨港。作为翻译陪伴井上和伊藤到达长州海岸线的萨托在离开长州之前,私下得到井上、伊藤的警告,事态的发展已经过火,他们的领主已无法挽回局面。②

长州拒绝和解似乎使西方将舰队派往下关海峡变得无可避免。但是,在一切准备妥当之前,又有一个事件推迟了战争。这回是池田使团从欧洲返回日本,带来6月在巴黎签订协议的消息。其核心条款是幕府须在三个月之内开放下关海峡,如果需要的话,可以采取武力或者求助于法国海军司令的帮助。③ 同样令人震惊的是,池田坚持认为,考虑到日本和欧洲之间的巨大差距,这个协议总而言之还是公正的,并力促幕府采取一套与它在此前数月内追求的政策相当不同的措施。他说,现在需要做的是,"它[幕府]应做出一切努力,镇压国内反对势力,证明政府的权威;不给外国人以任何提出新要求的借口和任何占便宜的机会;对外国人采取和善的政策,严格遵守协议,绝不毁弃任何条款;还要同时采取措施完成我国的陆军

---

① 在伊藤和井上各自的传记中都有关于他们在7月27日至7月30日间与藩国官员的讨论的记叙:*Itō Hirobumi den*,1:125-129;以及 *Segai Inoue Kō*,1:116-119。在这些记叙中,都没有直接提到最后通牒的传达。阿礼国的翻译萨托只报告说最后通牒被译成日语,并由两人在登陆长州时带走(*Diplomat*,p.97)。

② Satow,*Diplomat*,p.99.

③ 协议的文本见 Beasley,*Select Documents*,pp.273-274。关于使团的总体情况,见Burks。

和海军建设。"①

这倒更像是萨摩的政策而不是幕府的政策，而且与幕府在 5 月
与朝廷达成的协议完全相悖。不仅如此，池田甚至连在日本之外呆
得更长一些的意识都没有。他回国的时机一如他带回的文件一样
陷幕府于同样难堪的境遇。因此，毫不奇怪，仅在数日之内，幕阁即
宣布拒绝协议，并解除签署协议的这位日本大使的职务。他的薪俸
被减半。列强的公使们迅即指示其海军司令进入攻击长州阶段。

尽管幕府和长州都在最后的时刻尝试重启谈判，一支由 17 艘战
舰组成的舰队仍于 1864 年 8 月驶离江户湾，炮轰下关海峡的海岸防
线，并登陆作战、摧毁防备。长州虽然在此前几年进行了军事组织
和训练改革，但依然无法进行有效的抵抗。因此，以开放下关海峡
和为下关城缴纳赎金为条件，双方在 9 月 4 日达成停战协议。

接着，横滨的外国代表以最为直接的方式告诫幕府他们不再接
受因公共骚乱而不能实行条约的借口。除非将军重申权威贯彻签
订的条约，他们说，否则他们将不再与将军接触——"总是礼貌地倾
听，却毫无合作的行动"——转而寻求通过天皇本人满足他们的要
求。② 另外，由于在从长州那里获得的文件中发现幕府参与发布了
1863 年号召排外的敕令（如果不是实际上应对此负责的话），而长州
正是声称根据这个敕令行动的，因此幕府必须对这个敕令导致的一
切负财政上的责任。对这一主张，江户无可奈何地同意了。

因此，与上一年炮轰鹿儿岛事件的解决方式不同，事态的最后
是以将军的名义缔结和约的方式解决的。这份于 1864 年 10 月 22
日签署的和约规定了 300 万元的赔偿和赎金，唯一的替代方式是幕

---

① 池田等致幕府，约为 1864 年 8 月 18 日，见 Beasley, *Select Documents*, pp. 274 -
282,277 - 278。

② 外国使节与幕府官员会谈纪要，1864 年 9 月 18 日，同上书，第 282 - 288 页。

府开放下关或其他港口供贸易之用,因为"获取金钱从来不是缔约列强的目的,他们的目的是与日本建立更好的关系"①。

富国强兵

回过头来看下关协议,下关条约对幕府与签约各方的关系具有决定性影响。自此,如后来在1865年底发生、1867年再度发生的事件所证明的,外国主张与京都沙文主义之间的冲突,立即促使江户的影响力全部被动员起来以反对朝廷。幕府不再主张同"外患"相比,"内忧"更加可怕;无论采取什么方法来减少日本对西方的依赖,如阿礼国所言,②过去"破坏性和阳奉阴违的政策"将不再是一个选项。对于幕府来说,事实上,除非出于策略的需要,外交政策已不再是一个争议性的问题。

下关协议对幕府的敌手而言同样重要。炮轰下关海峡,摧毁长州防卫标志着以攘夷为特征的反幕府运动的终结,以及重点转向"富国强兵"的运动的开始。这并不是说攘夷的偏见因表现出来的列强海军优越性而一夜消失。事实上,它在此后多年中仍然是公众情绪的一部分,如我们将要看到的,它挑起了对外国人的进一步袭击,并成为现代日本对待外部世界态度的一个重要组成部分。但是,我们确实能看到,从1864年起,气氛为之一变。这一点对此后政治运动发展的背景产生了很大的影响,我们不妨在此对它做一些初步考察。

并非所有的日本人都要有鹿儿岛和下关的教训才相信日本需要向西方学习并放弃攘夷这种不切实际的想法。19世纪50年代,堀田正睦、松平春岳和岛津齐彬都采纳了这一观点,并将其传达给

---

① 和约的文本,Beasley,*Select Documents*,pp.288-289。

② 阿礼国致罗素,1864年11月19日,见 *Parliamentary Papers* 1865,57:696-702。

许多他们的臣属和追随者,包括一些现在被称为"志士"的人,像大久保利通和西乡隆盛。相似的,早先的"兰"学家同样有他们的继任者,这些人有时能够劝服热血青年将他们的热情倾注在更有建设意义的事上,而不是热衷于政治暴力。胜海舟和坂本龙马间的关系是典型的例子:胜海舟是出身地位不高的幕府陪臣和海军专家,1855年在长崎跟荷兰人学习,并于1863年在兵库建立海军操练所;坂本龙马出身于土佐藩一个殷实商人乡士之家,出于对倡导西化者的强烈仇恨,他在1862年12月为刺杀胜海舟来到江户,但在同后者接触谈话后转而相信他的观点。[1] 通过胜海舟,坂本龙马也成为一名海军专家,致力于从长远的观点来解决外交问题,并在这一点上同幕府、萨摩和松平春岳越前的志同道合者合作。[2] 通过坂本,胜海舟得以在一定程度上影响土佐藩浪人,并在"志士"中建立朋友圈子。这些联系使他成为幕府保守主义者眼中的可疑对象,却最终使他能够在1868年,在被击败的幕府及其敌人之间斡旋和解。

其他日本人通过一条不同的路径,即与西方和西化论者的个人接触,也达到了同样的结果。例如,这在向国外派出的使团里的幕府官员那里并不稀奇。我们方才引用了池田长发的例子。他于1864年8月从法国返回日本,带回了他希望能够给日本时间以革新政策和观念的协议:扩展条约覆盖的国家和地区,从而在欧洲找到朋友而不仅仅是发现敌人;发展对外贸易作为国家财富的基础;把学生派往海外以吸收西方的工业和科学技术。[3] 小栗忠顺这位与池田长发地位背景接近的幕府官员,于1860年出使美国,负责1858年

----

[1] 关于两人的关系以及这一事件本身,见 Jansen, *Sakamoto*, pp. 154–184。

[2] 后来出现的富国强兵版本的许多理念是由熊本武士横井小楠提出来的,他曾一度在春狱的越前藩担任顾问。Harootunian 在 *Toward Restoration* 第325–379页中详细讨论了他的观点。

[3] 除了关于使团的报告(Beasley, *Select Documents*, pp. 274–282)之外,池田还写了一系列备忘录详细阐述了这些提议。文本见《续再梦纪事》,3:199–217。

条约的批准工作。在 1864 年他也作为西方技术的倡导者崭露头角。不过，与此同时，他还鼓吹沿着西方的路线实现政治现代化，其意首先在于增强幕府的国内权威，这使他的观念比池田的观念对幕府更具吸引力。^① 1864 年底，当胜海舟因同情尊皇主义者的嫌疑被解职时，小栗被任命负责海军的训练。

在尊皇主义者当中，因海外游历而被劝服的最详尽的一个例子是长州的高杉晋作。虽然他反对过开港，但在真正的意义上，却从来都不是一个锁国的拥护者。^② 1862 年他在木户孝允的督促下，搭乘上幕府派往上海调查贸易可能性的轮船。他在这个问题上的观念因这次游历而有了巨大的发展。

在六、七两个月中，高杉在日记里记录了这期间他在中国最繁忙的贸易港口的所见所闻：大量的外国船只进出，外贸商行的规模，外国人享受治外法权的范围。他注意到，上海就像"英法的一个属地"，尽管它属于中国。更糟糕的是，中国的"志士"都退却到北京，把上海留给了淘金者——一批通过与英法洋行的关系而发财的商人。这是一个日渐沉沦的城市，一个走向衰败的国家，每念及此，他深感同样的命运也可能落到日本的头上。

然而，高杉对中国经验的反应，不是否定性的；他不像许多同代人那样，拒绝与外国人的任何往来，而是竭力主张首先是长州，继而是日本，利用现存条件所提供的机会。这就是说，在上海并通过上海与世界各地贸易，以获取为增进军力所必须的财富。他写道，"无论我们如何谈论为天皇服务（勤王），不把富国强兵搞起来，一切都

---

① 关于小栗，见 Jansen，*Sakamoto*，pp. 181 - 182；亦可见上书第 10 章，第 263 - 265 页。

② Naramoto 在 *Kinsei Hoken* 第 214 页引用了 1858 年高杉写给吉田松阴的一封信，强调他对条约的反对源自他对这些条约将给日本带来的实际后果的担心，而不是由于倾向孤立。

是空谈。"①他回国时购买了研究数学的著作,表明他对西方军事科学的兴趣,而这一兴趣使他获得了第一个官职:1863 年他获任指挥下关的军队。他还为长州从长崎的一个荷兰商人那里订购了一艘蒸汽船(这个举动是他根据他自己的权限做出的,但后来被长州藩政府否决)。

鉴于长州一贯支持在京都的攘夷极端主义者,这里值得指出的是,高杉此次访问上海不仅得到了藩国温和派领袖周布政之助的鼓励,还得到了木户孝允的支持。井上馨和伊藤博文被允许前往英国学习,也是在相似的氛围下决定的。在 1863 年初,井上就听说佐久间象山尽管拒绝了久坂玄瑞请他赴长州任职的邀请——这个邀请本身就是对攘夷与研究西方之间相容性的一个有趣注脚,却建议对海军的创建给予特别的关心,在他看来这是防卫的关键。受此启发,井上和另外两位武士提出了一个到外国学习海军的计划。伊藤和这三个人一样掌握一些英语,随后也加入进来。周布、木户和高杉都支持这个主意,连久坂也不十分反对。于是,在 5 月 16 日藩国正式批准了这一计划,并提供了一笔资金。随后,代表长州在江户利益的商人的贷款补充了这几个年轻人的资金,并与在横滨的英国领事以及怡和公司商定了行程细节。这群人乘怡和商船在 6 月出发,经上海,于 1863 年 11 月 4 日抵达伦敦。在那里,怡和公司安排这几个年轻武士注册为伦敦学院大学的学生,同时还为他们安排了一系列到博物馆、船坞和工厂的访问。②

我们已经描述过对在英国的所见所闻留下深刻印象的伊藤和井上,如何在 1864 年中断学业,试图去阻止他们的藩国与贸易条约签约列强之间的进一步冲突。这一举动突显出这样一个事实:与其说是对下关海峡的轰炸本身,倒不如说是对外部世界一般认识的增

① 转引自 Hara(p.102),见于它关于高杉经验的叙述(同上书,第 97 - 108 页)。
② *Itō Hirobumi den*,1:84 - 97; *Segai Inoue Kō*,1:82 - 93。

加(下关轰炸对这一增长亦有所贡献),使得一大批重要人物——在长州、在幕府以及在日本的其他地方——认识到攘外的不切实际。事实上,长州军事失败的结果并未带来新的对待西方的态度,即使"志士"中间也是如此。它只是加速了对待西方的新态度从少数人推广到更多人。"自长州之战以来,"大久保利通在1865年9月写道,"那些所谓的不理性极端分子已经在很大程度上睁开了他们的眼睛,他们转而论证攘外的不可行性,甚至建议打开国门;而在那些更加开明的藩国——肥前、越前、土佐、宇和岛以及其他一些藩国——一概出现了建立贸易制度的趋势。"① 不过仅仅一两个星期以后,木户孝允在评论他关于通过在长崎的英国公司购买船只和武器的计划在长州遭到反对一事时指出,尽管他非常不看好,非理性观点还远没有消亡。如果拒绝与外国人贸易的行为继续存在,他说,在1864年曾给长州带来灾难的攘夷,"将以导致我们的毁灭而告终。"②

从这里可以清楚地看到,即使是1864年以后,反幕运动的领导人比普通群众更愿意使用西方方法来达到反西方目的。然而,他们逐渐地克服了他们的政策所引起的一些质疑。同时,向国外派遣学生——在1864年之后的几年中,幕府、萨摩、加贺、肥后以及肥前藩都这样做了——加上对热衷学习的儒学的推崇,帮助构建了一群为自身利益而献身于新方法的"专家"核心人物。

购买先进船只和武器的成本证明了主张开放对外贸易的正确性,即使最为保守的人也很难反驳这一点。实际上,对许多日本人来说,尤其是武士,军事改革是他们勉强接受西方方式必不可少的起点。它之于国家生存的重要性对自封的军事统治阶级来说是显而易见的。此外,现代武器的设计和运用需要科学知识,制造维护

---

① 1865年9月23日的信件,见《大久保利通文书》,1:298。
② 1865年10月16日写给山田宇右卫门的信,见《木户孝允文书》,2:108。

现代武器需要技术训练，从这里再往前走一小步就是承认引进工业和金融的制度的必要。换句话说，通过军事问题有可能接触到许多现代西方社会的基本原则。正是这一逻辑最终使得武士转变为企业家，使攘夷蜕变为富国强兵，而不是对它完全的否定。

从土佐尊攘志士中冈慎太郎 1865 年早些时候写的一封信中，我们可以看到当像萨摩的西乡和大久保以及长州的木户和高杉——这些人的政治经历为"志士"所敬佩——将这一政策付诸实施的时候，富国强兵对他们的影响。① 在充满敬意地谈及萨摩和长州的新任领导后，他转而讨论导致日本迄今为止在与西方斗争中实力不济的原因。他所认为的原因是：几个世纪的和平带来的斗争精神的匮乏，以及主张攘夷和追求西式强国之路的人之间的争论所表现出来的不团结。至于他自己，中冈承认，他已经从第一类人转变为第二类人，特别是因为 1863 至 1864 年发生的事情。毕竟，对下关海峡的轰炸是由那些意识到需要采取行动的人引起的，这些人认识到，如果要提振士气或者取得积极成效的话，就需要这样做。尽管军事上失败了，他们还是实现了最重要的目标，因为萨摩和长州在更优秀的领袖领导下，已经从团结迈向改革。因此，如果这两个藩国能够走到一起，最后就有可能实现这样的改变——"大政奉还、政教一统"——这将使日本"比敌人更加强大"。为了这个结果，战败的冲击就是值得的："我们将回过头来看这些日子，并承认外患实际上是对我国的健康大有益处的苦口良药。"

这封信中有两点值得特别注意。第一，它期待与西方形成一种更加平等的关系，其平等的程度，远远超过面对西方力量，幕府明显的失败主义反应所可能产生的任何局面；这是一个能令"志士"深为满意的前景。换句话说，它希望攘夷中的爱国主义成分能够得到保留，即便摒弃它缺乏现实主义的一面。第二点与此相似，但却应用

---

① Jansen 在 *Sakamoto* 第 208 - 211 页中有这封信的摘要以及部分翻译。

在政治方法上：它不言而喻地承认，藩国政府而非"草莽英雄"才是将这些政策付诸实施的合适选择。正是这一认知构成了下一阶段维新运动的特征。

注释

ⅰ 例如，在1865年的萨摩藩，由于藩内存在着强烈的排外情绪，被派遣到英国学习的青年不得不使用假名秘密离国。《鹿儿岛县史》，3：213-214。

1863 年和 1864 年连续两个夏天里发生的一连串事件,对于到此为止"志士"矢志不渝的尊皇攘夷而言,意味着所有希望的终结,不仅仅终结了攘夷的希望,同时也终结了尊皇的希望。萨摩因鹿儿岛的冲突而得以从外部压力中解脱——这一充满矛盾的事件并没有被时人所忽视——使它可以不受羁绊地重新实施藩主既定的把观点温和之人团结起来的任务,这些人是"公武合体"的支持者,他们希望把日本的改革控制在既足以抵御西方侵略,又不至于引起社会动荡的范围之内。萨摩和幕府合作以武力恢复京都的秩序正是这一进程的一部分。结果,在 1863 年最后几个月,封建当权者与武士极端主义者之间发生了公开冲突,一如上一年岛津久光于寺田屋在他自己的支持者中挑起的冲突一样。不同之处在于这次的冲突延伸到日本的大部分地区。最终,控制朝廷几个月之久的极端主义者和他们的同盟几乎在所有地方(除了向他们提供避难所从而免于惩罚的地方)都失败了,要么战死,要么监禁,要么软禁。唯有长州的情况不是这样。结果到了 1864 年春,长州成为存活下来的尊攘志士唯一的避难所。

异见分子在长州的集中促成了两件事:一是藩国内部保守派、改革派与极端主义者之间权力争夺的展开,另一个就是幕府和长州在将军权限问题上的纷争。两者都受到随后一年夏天外国海军在下关海峡军事活动的影响;但更重要的是,两者都致力于结成反幕联盟,这一联盟将在 1868 年初实现"王政复古"。

这一新形势的一个要素是极端主义力量的削弱,他们现在不得不接受改革派的领导和控制。另一个与之相连的要素是重心从尊皇攘夷向富国强兵的转移,这意味着政治方法以及对待西方策略都得改变。第三个要素,我们此后还会谈到,是萨摩与幕府的疏远,这一疏远起因于江户企图利用尊攘志士的失败为自己谋利。这些事情共同决定 1863 - 1864 两年成为重要的转折点。正是在这个时期,人们第一次可以清楚地看到明治政府的格局及它的决定力量。

重申权威

如前所述,一些攘夷的支持者把攘夷的要求与各式各样以牺牲将军为代价来增强天皇权力的建议结合起来。而且,又因为他们在京都的影响力,他们甚至在将攘夷的建议付诸实施上取得了进展。例如,在 1863 年初,他们劝说朝廷创立了一个新型的叫做学习院(Gakushūin)的协商机构,为朝廷公卿中的极端主义同情者提供了职位,并给尊皇主义武士自己以直接参与决策的——且是合法的——渠道。他们还在 5 月获准建立一支由武士组成的皇家卫队(亲兵),约有 1,000 人之众,这些武士由大藩选送,大约按他们的土地价值每 1,000 石高选送一人。

然而这些措施,即便有着不祥的预兆,对幕府来说也是潜在的,并不那么迫在眉睫,所以人们在争论攘外时并没有对它们给予多少关注。然而,从 1863 年 6 月起,顿时一切发生了变化。大多数雄藩大名撤回自己的藩国,紧接着将军也返回江户。这样一来,几乎所有可以用来对付"志士"的部队以及可能指挥部署这些部队的指挥官都撤离了京都。同样地,长州大名及世子连同高级官员的离开,使长州政府所能施加给身在京都的武士身上的仅有的一点约束不复存在。这就把京都留给了像久留米的真木和以及筑前的平野国臣这样的激进分子,[1] 而当下关海峡的第一波冲突一结束,久坂玄瑞及其来自长州的同伴也加入进来。

激进分子在成功推行攘外努力的激励下，开始利用他们在地方的优势，加速实现攻击完全处于守势的幕府的计划。这些计划，正如真木在 1863 年 8 月 1 日向其他人阐释的那样，有如下的预期：首先，宣布天皇将亲自指挥对抗各签约国的军事行动（从而剥夺了将军最重要的职能，并将其交还朝廷）；然后，逐步打造一支天皇军队，这只军队由公卿"统帅"、志士"指挥"，并由各藩提供的武士和步兵分队组成；最后，通过大规模地重新分配封地，剥夺幕府在西日本所有的权益。这些接连采取的措施，将得到各式各样旨在确保朝廷获得广泛支持以及增强国家军事实力的其他改革计划的支持。①

8 月 24 日，长州在京都的代表，以他们大名的名义，正式提出了第一步计划，宣布天皇将亲自担当攘夷的责任。② 尽管有朝廷官员方面的疑虑和一些雄藩大名态度的渐渐冷淡，但新近爆发的包括袭击松平春岳住所的恐怖主义运动，使这项建议于 9 月 25 日得到认可。紧接着是将一些尊皇主义武士——真木、平野、久坂，以及木户孝允和其他许多人——任命到学习院，由他们来策划天皇到伊势宇治山田神社巡行的细节。这一在许多世代都没有过先例的仪式将象征着天皇重掌控制权。

然而，9 月 30 日的早晨，抢在巡行之前，会津和萨摩的部队攻占了通往御所的城门。他们似乎是在朝廷官员甚至是天皇自己默许的情况下采取的行动，③并很快成功镇压了尊攘志士的"革命"。守卫御所的长州人——其规模已经因为一些部队被抽调去参加下关海峡的战争而缩减——被驱逐出京都。他们在公家中由三条实美

---

① 真木的计划在田中惣五郎的《明治维新体制史》第 9－19 页得到了详细的论述。
② Craig 在 *Chōshū* 第 204－207 页对这个时期发生的事件做了有益的总结。
③《岛津久光公》第三卷包括了多则出于朝彦亲王和近卫忠熙求助萨摩藩反对极端主义的呼吁文件，这些呼吁显然已经到了张皇失措的地步。这些呼吁信件伴随着内容大致相同的天皇的亲笔信。见 Sakata, *Meiji Ishin shi*(1960), pp. 152－155；Toyama, pp. 116－119；以及 Katsuda, *Ōkubo*, 1:469－476。

领导的同盟也一同撤离。其后，一个只召集了极端主义的反对者入阁的皇室内阁废除了所有与学习院有关的职位。去伊势巡行的计划被正式推迟，亲兵也宣告解散。浪人同样难以幸免。一波针对参与了京都政治活动的脱藩武士的逮捕活动展开了，随后又有敕令发布，规定他们不得进入公卿住所，指示藩国围捕他们并遣送回家，这些措施把几百号人清除出京都。① 实际上，秩序的恢复是以在普通民众中造成恐慌为代价的。如《源氏梦物语》所注意到的，"就像发生了一场大火，许多人离弃了世代居住的房屋，逃亡四散。"②

1862 年 5 月，萨摩向大阪和京都进军的行动本身，就足以在许多不同的地区掀起尊皇主义活动：寺田屋事件，在土佐暗杀吉田东洋，在长州推翻长井雅乐。同样，1863 年秋天，有关京都发生的事情的消息——当时有超过 70 个藩国在京都拥有可以传送消息的机构"——轰动整个日本。人们很快认识到，"志士"们的不自量力，使他们很容易成为众矢之的。当"志士"主张攘外的时候，他们仍能打动很多身居高位之人，甚至天皇的内心情感，即便攘外的风险已众所周知。尊皇，当它还只是意味着以对朝廷和大名有利的方式调整权力分配的时候，一呼百应。但在夏日的几个月中，日益频繁地出现于志士笔下的王政复古的口号，却具有革命且并不受欢迎的味道，尤其是当这个口号出自那些毫不含糊地希望按照他们自己的，而非其藩主的要求，来行使他们获得的那部分朝廷权力的武士之口的时候。对这一要求的疑虑使得大名阶级同仇敌忾，③一旦有人领

① 关于反浪人措施，见 Hirao,"Bakumatsu",特别是第 542－546 页。
② Satow，*Japan 1855－1864*，p.119.
③ 肥前藩主锅岛直正像萨摩藩一样支持公武合体政策。他对极端主义者的破坏性行动非常不安，因此欢迎采取步骤使他们就范。芝原拓司，《明治维新的權力基盤》，第 99－101 页。另外，《维新史》3:549 注意到另外几个藩主，包括馆山藩主和备前藩主，都反对志士的计划。这表明，如我们可以预期的，在挑战封建权威本身这件事上，在大名中，甚至包括那些在政治上不太活跃的大名，存在着一定程度的团结。

头,镇压浪人运动就会扩展到近乎全国的每一个地方。

例如,在土佐,一有机会就利用其影响力打压尊攘志士的山内容堂,现在与他们公开决裂了。① 武市瑞山及其心腹被捕。武市在被监禁了将近两年之后,被勒令切腹自尽。1864 年 10 月,他的乡村追随者半心半意的解救他的努力也被凶残地镇压。到这一年末,土佐的尊皇派基本上被摧毁了,决心比较坚定的成员选择逃亡避难,剩下的则在政治上陷入沉默。

然而,并不是所有的志士都准备束手待擒,或者逃往长州,指望有朝一日能够东山再起。许多人选择了抗争。比如,1863 年秋天发生的大和事变就是由此而起,我们在讨论尊皇主义者特征和目标时曾谈到这一事变。② 这个事变起始于在天皇巡行伊势时发起一场反对幕府的计划。在天皇巡行被取消、京都尊攘志士被撤职的情况下,大和的反叛者并没有被吓倒,而是毅然决定推行他们的计划。为了这一目标,一个将近 40 名浪人组成的小分队(主要来自土佐和九州岛的藩国),在 9 月 26 日夜悄悄离开京都,通过一条迂回曲折的小路前往大和。9 月 29 日的下午,他们和 100 名左右当地盟友一起,袭击了位于五条的幕府军队司令部,并将代官斩首。接着,他们在年轻的公卿中山忠光名义上的领导下,宣布代表天皇接管了这一地区。此后,他们向"大和国的大名和其他武士"发出号召,希望他们起身相助。为了这一目的而散发的传单非常清楚地代表了极端主义者的观点,几乎全文都有征引的价值:

> 近些年,自西方夷人入侵以来,天皇一直痛感把我们
> 的国家从蒙羞受辱的状态中拯救出来的必要。然而,受委
> 托管理土地和人民的大名,却对这一情况装聋作哑。藩国

---

① 见 Jansen，*Sakamoto*，pp. 143 - 150。
② 最完整的相关论述是 Hara，"Tenchugumi"。

非但忘却了自己的职责，甚至大逆不道地违背朝廷的旨令。令人痛心的是，我们的国家已经深深陷入夷人的蹂躏中，沦为野蛮鬼子的奴隶。尽管天皇希望巡幸大和……以求亲自领导征讨大军，但有些人却试图加以阻挠。是可忍，孰不可忍，我们号召各方力量团结起来迎接天皇的驾临。朝廷才是统治者，幕府[只不过]是大名。凡知道统治者和臣民应为何种关系的人，请加入我们，共谋大计。①

这份传单的语调和用词很多都起源于真木和久坂等人的理念。但是，大和反叛者所提出的实现这些理念的方法却引起了京都激进分子的忧虑。在后者看来，要想取得成功，就得设法操纵朝廷和藩国，而不能靠孤立的叛乱。为此，他们甚至派平野国臣于 9 月 29 日赶往大和制止这场起义，但为时已晚。实际上，即使他没有来晚，平野也没有把握说服大和叛乱者听从他的想法，因为这些人，尤其是来自京都的浪人，信仰着十分不同的信条：志士的职责是行动，无需算计；是舍生取义，不必权衡谋划。

在这种情况下，不久就传来了京都政变的消息，这个消息和平野的劝说一样，都没能使志士们放弃起义。但它却意味着起义计划在军事上的必败无疑。周边藩国根据幕府的命令迅即派出部队镇压叛乱，其派兵速度之快为它们过去的表现所不可及，而那些四面楚歌的极端主义者却发现他们根本无法从当地乡村群众那里获得帮助。 ⅲ 不仅如此，他们自身的团结也没有在逆境中坚持多久。10 月 8 日，在攻打高取城失败后，起义领导人就开始考虑突围逃到日本其他安全的地方，而不再指望进一步扩大叛乱。因此几个星期之内，这股势力就分崩离析了。包括中山在内的一些幸存者逃往长州。其余人被最终派来镇压他们的 1 万多人杀害或逮捕。大多数抓获的

① 该文本见 Hara，"Tenchugumi"，2：1229 - 1230。

俘虏次年在京都被处决。

1863年秋在京都以西的但马国，也发生了一场尊攘志士的叛乱，这场叛乱与之前的叛乱有着相似的特征和相似的命运。[①] 同样，在那里，志士与村长有着长久的联系，后者为他们提供了准备起义的基地。一个重要的不同点在于，这次反叛事件是特别针对京都的政变而发动的。起义由平野国臣组织。他在9月底没有完成制止大和起义的使命后，在返回京都的途中发现保守派已经掌权，并疯狂地抓捕浪人。于是他秘密前往但马国。他知道这个地区是同情尊皇主义计划的，并成功地说服那里新近组建的农兵领导人同意发起一场起义，支持大和事变。起义被安排在11月末，以便他有时间找到合适的公卿担当领袖，同时，如果可能的话，争取获得长州的支持。

当平野到达三田尻，他发现长州无意支持他的计划，一如朝廷在大和起义问题上的做法一样。然而，他却成功地使让泽宣嘉这位与三条一同逃出京都的公卿担当这次叛乱名义上的领导人，并且征召了30几个年轻性急的武士。尽管真木和他的同伴都极力劝说他放弃这一计划，平野还是和那30多个武士一道回到了但马。

当他到达但马的时候，大和起义失败的消息已经传来，平野试图取消起义计划，但他从长州带来的人却丝毫不愿妥协。11月22日，他们占领了当地的一个幕府官府，并呼吁农兵参加起义。附近谱代藩姬路的常规军随即开始向这一地区行进，向他们进攻。宣嘉逃跑。其余的尊攘志士做好了防御的准备，但很快遭到他们招入的农兵的攻击，这些农兵杀死了一些志士，并逮捕了其他志士，然后在整个地区攫掠，把他们的怒火发泄在村长、富农、商人和酿酒商的身上。这场叛乱，实际上以典型的农民起义的方式告终，被姬路的武士轻而易举地镇压。平野被捕并于次年在京都被处决。

①见《维新史》，3：602－621。

同一时期,在一定意义上,受大和及但马起义消息刺激而在水户藩发生的事件,也为尊攘主义者决意诉诸武力提供了依据。[1] 在德川齐昭的庇护下,一个主要由中级武士领导的尊攘派统治了水户政治。但在齐昭于 1860 年过世后,有三股势力角逐水户的权力。一是保守的上层武士派别,他们与幕府合作,试图恢复他们早前被齐昭剥夺的权力。另一派由"温和的"中级武士改革者组成。这一派直到 1863 年都由会泽正志斋领导。这一派既要向天皇献身,又要对将军效忠,而在当时这两种忠诚始终难以共存并容,这使得他们陷入自相矛盾、难以自拔的窘境。然而,尽管如此,只要有可能,他们仍旧力主那种古板的(conformist)的尊皇攘夷论,与萨摩的大久保所倡导的尊皇攘夷论大体相同。第三派由极端主义者组成。他们是刺杀井伊直弼行动参与者的继承人,并在乡士和村长那里获得了大量的支持,如武市在土佐所做到的一样。但是,和武市追随者不同的是,他们还没有足够的实力在 1862 和 1863 年使其藩国以朝廷的名义采取行动。

改变这一局面的,似乎是一个广泛流传的看法,到 1863 - 1864 年的冬天,这个看法甚至传入乡村。这个看法认为,秋天在京都发生的事件,大大地增强了幕府官员的亲外倾向,以至于威胁到天皇做出攘外的决定。随着这一疑虑的加深,为攻击外国在日本的据点所需要的资金开始筹集,其主要来源是地方的商人和富农。充任攻击的领袖也找到了,他就是藤田东湖之子小四郎。在 1864 年 5 月 2 日,叛乱的规模升级。这倒不是因为接下来发生的事情是多么地反叛,至少初期的时候还不是。集结起来的军队全副武装向日光神社进发,并在那里为反外圣战的胜利举行了祭祀仪式,要求立即采取行动实行攘外的请愿书也被送往幕府,还向齐昭的儿子包括德川庆

---

[1] 我在这里关于水户局势的叙述参见《维新史》,4:92 - 110;芝原拓自,《明治维新の権力基盤》,第 149 - 183 页。

喜送去了信件,提醒他们向攘外的父亲尽孝的责任。然后,这些反叛者在农村驻扎下来,等待着天皇的命令。

这些行动,尽管外表上不那么激进,但它们对当局的挑战是如此公开,以至于产生了一些相当严重的后果。水户大名德川庆胜写信给德川庆喜,敦促他至少采取一些象征性的抵抗西方的官方行动——比如,暂停在横滨的贸易——以免水户的骚乱波及整个日本。① 同时,这场起义重新引发了水户藩内的政治争端,这场争端在几个星期后的内战中达到顶峰。保守派在幕府那里寻得了盟友,幕府命令其他藩国介入以帮助他们。温和派迫不得已与极端主义者以及他们的乡村支持者达成妥协。

因为农兵无意于与正规的武士军队作战,温和派与极端主义者同盟的军事结局就不言而喻了。然而,直到 11 月底,由温和的武士改革家领导的叛军主力才承认失败。但事情并未就此告终。几百个由藤田小四郎和另一位著名尊攘志士武田耕云斋为首的不妥协者,向西横穿中日本大部分地区(以求得德川庆喜的支援),最终才向外样藩加贺投降。他们中将近有 400 人被移交给幕府代表,并于 1865 年年初被处决。另有 100 人被流放,更多的人则被处以相对较轻的惩罚。[iv]

从大和、但马与水户发生的事件中,我们可以总结出许多教训。第一条教训甚至在这些事件发生之前,对于一些当时的人来说也已经很明显了,真木和泉对卷入这些事件的踌躇不决就证明了这一点。这个教训是,政治行动要想获得成功,就必须得到一个或多个强藩的支持。无论幕府在特定区域的力量是多么弱小——叛乱者最初击败当地防卫力量所表现出来的轻而易举,使这种弱小看上去不值一提——但它反击的实力却不容小觑,区区民兵是难以抗衡的。因此,尊攘志士要想超越恐怖主义阶段,向时局施加切实和长久的影响,就必须以某种方式调和他们的行动与封建当局的偏见,

① 该信(署名日期为 1864 年 5 月 22 日)的全文见涩泽荣一,《德川庆喜公传》,6:93 - 94。

或者利用封建当局来实现自己的意志。1863－1864 年之后，他们中有更多的人做好了面对这一现实的准备。

第二个教训涉及到社会结构与维新政治之间的关系。如上所述，志士大体包括两个社会阶层：一是没有雄厚财富却有着崇高地位的中级武士；二是下级武士，其典型为农村精英成员，包括许多非武士出身的村长和富农。^v 在大和与但马起义中扮演领袖角色的浪人中，有相当大的部分，如果不是绝大部分，均来自这些下级武士。因此，毫不奇怪，他们在地方的联系，是那些与他们自己十分相像的人，即乡士、村官和农村比较富裕的阶层。这些乡村领袖凭借他们在农村的影响力，有时能够号召其他农民援助他们；但他们同样也成为乡村积怨和不信任的众矢之的，这样，一旦封建当局开始镇压这些叛乱者，穷苦的农民就会倒戈，转而向他们发起进攻，至少是抛弃他们，就像在水户所发生的那样。① 自此，人们可以得出这样的结论，即在严格意义上，尊攘运动并没有获得农民的广泛支持。没有任何迹象表明"武士"领导人将他们自己视为"农民"不满的发言人，也没有现象显示乡村富人着力于纠正对乡村穷人的不公平待遇。相反，这些起义所提供的证据支持了这样的判断，即乡村里，已经出现了一条界线，把乡村居民划分为两部分；一部分是将要得到明治国家偏袒的人——现代日本的地主；而另一部分则是无力改变自己的命运的人，这一点，也将在明治国家那里得到证实。

与前维新政治更加紧密相关的是这些事件对武士思想带来的影响，即影响了作为统治阶级一员的武士，对有可能威胁到社会秩序的动乱的反应。实际上，他们强化了中级武士和下级武士的差别。因为中级武士的地位使他们有可能控制，至少是渗透到藩国的政府，他们往往会反对发生在传统封建体制之外，或与其相冲突的各种形式的极端主义，因为这些做法与上层武士的想法格格不入，

---

① Hara(pp.58－61)强调了这一点。

并使获得权力的任务变得更加困难。很重要的一点是,反对平野但马方案的人,是他的尊皇主义同志,而非藩内的保守派。努力制止中山忠光大和叛乱的也是中层武士而非上层武士。在水户,温和派显然是带着几分犹豫而追随激进主义者挑战其藩主。结果,所有这些计划的失败,不仅使人们开始怀疑叛乱的可行性,同样,也削弱了那些不顾朋友规劝执意于此的下级武士的地位;因此,1864年后尊皇主义运动、尤其是在萨摩和长州的运动所采取的新方向具有两个特征:一是它的领袖主要由具有平侍身份的武士充当(其中若干人虽然并非生于平侍之家,但因提拔而获得了这一身份),二是它所采取的政治方法与封建社会需求更加一致。

然而,即使计划落败,并且在最终的王政复古上所能发挥的个人影响力极其微弱,"志士"们决不能被轻易忽视。的确,他们的所作所为很多都是负面消极的:他们是"反对"派,而不是"维护"派;他们只知道破坏,不懂得建设;他们对待生命,包括自己的性命毫无顾忌,不懂得创建政府。他们缺乏组织,尊奉太多的"领袖",热衷口号而非政策。然而,他们所带来的变革也十分重要,而且最终证明是不可逆转的。之所以如此,至少是因为他们的所作所为,在政治和意识形态上都有助于打破日本社会的"垂直"等级结构。一方面,他们采纳了诸如水户学者的观点,并使之成为辩论的共同话语的一部分,从而为一种其视野越来越是全国性而非地方性的舆论的发展做出贡献。另一方面,他们建立的政治关系超越了封建藩国的边界(即使还没有彻底超越封建忠诚),从而为一个运作层级迥异于大名联盟的藩国联盟打下了基础。

此外,因为他们公开谴责了江户和藩国都城的当权者,并转向吉田松阴所谓的"草莽英雄"或"出身卑贱的英雄"(或许为下级武士,尽管这个词在最宽广的意义上甚至包括那些实际上根本不是武士的人)那里寻求支持,这样,正如我们在本章开篇说的那样,尊皇主义者把社会中一部分以前从未在国事上有发言权的人引入积极的政治活动中:农村精英成员,也即那些凭借其对变化中的乡村的控制而致富并拥有地位的人,包括那些拥有权力的地主和企业家。有鉴于此,人们很容易视"志士"为封建主义的批评者,视他们为封建政府的反叛者,认为他们的出现,标志着从旧有体制中的较低阶层产生了一个新的统治阶级。确实,他们自己对这个阶级及其重要性都有一定的自觉,而那些镇压他们的人也是如此。

在这种情况下,很难在志士的言行中找到任何社会目标宣言之类的东西,找不到一项方案,或者一套关于如何改造社会秩序以符合他们利益的系统观念。尽管他们常谈"有才之人",尽管他们斥责大名无能、武士寄生,但是,他们关于改革的建议,似乎从未设想过一种权威的根本性转移,一种与从将军向天皇和大名的横向转移不同的跨越社会阶层的**向下转移**。他们在行动上是革命的,但在思想上却不是,因此赋予他们意识形态上的标签并不容易。"尊皇主义者"、"激进分子"、"极端主义者"、"恐怖分子",我们会这样称呼他们,但这些词汇是感召性的,并不精确,亦不具分析性。因为他们为自己设定的目标并不是革命,而是攘夷,驱逐外夷,这被视为拯救日本的第一步;而这一目标反映的是一种爱国情感而非一套成体系的社会目标。这个事实决定,幸存的尊攘志士能够比较容易地纳入此后进行的运动;在这场运动中,他们将把他们的情感转移到实现一系列新目标的斗争上。这些目标是:富国强兵和倒幕。这一进程的重要一步已经在长州拉开帷幕。

尊皇主义和长州

1863 年后半年和 1864 年种种保守反应——对京都浪人的打击,对武市在土佐追随者的攻击,对大和及但马叛乱的镇压,尊皇派和改革派在水户内战中的战败——都使长州成为尊攘志士的希望仅存的据点。大部分到那里寻求避难的浪人都获准在三田尻,濑户内海的一个港口，或附近定居下来。① 他们在那里组建了多支可用于协助藩国军队应对外国或幕府攻击的非正规部队（诸队）。这些兵队强化了长州的非正规军，后者是从 1863 年 6 月起，在当地从与浪人有相同态度和社会背景的人中招募建立的。这就导致一种新的、产生于一群不但有武装而且有组织的极端分子的激进主义，从此被引入长州的政治事务之中。

长州兵队发展很快，其中最有名的一支被称为奇兵队（Kiheitai），源于高杉晋作在 1863 年夏被任命为下关长官时的提议。在一份于当年 7 月 22 日提交的呈文中，他主张创建新式步枪部队，以西方的方式训练，来补充藩国的军事力量。高杉建议他们应该主要由足轻和其他低级武士组成，毕竟，在他们中间"有很多志士"。在这些部队中，征募与提升都不取决于身份地位。中级武士如果愿意，也可以加入进来，但他们必须与陪臣以及其他各类低级武士并肩作战，他们的工作与这些人"并无二致"。② 这样的军队一旦组建，即使在这些方面有些不正规，但却会是一支训练有素并且是半常设的军队，并将以某种同等的地位与城中的武士进行合作。这使它与以往的民兵组织有很大不同，这些民兵组织在长州，就像在其他地方一样，是由适当的乡村和幕府官员指挥的地方性、临时性的征召，而且他们只有在紧急情况下才会召集起来。

高杉的想法一经原则上批准——这或许也只有在谋划"排外"的背景下才有可能——就有好几支志愿兵队被组建起来。③ 在这些兵队中，有的是由像高杉这样的武士，在藩国知晓和支持的条件下组建的；有的是在富有农民和商人同情者的资助下，由热心的尊攘

---

① 细节见 Umetani, pp. 326 - 330; Hirao, "Bukumatsu," pp. 565 - 567。

② 高杉信件的内容文本，见 Tokutomi, *Koshaku Yamagta*, 11: 312 - 314。

③ 我们对这些诸队的描述是基于 Seki, *Hansei kaikaku*, pp. 128 - 137; Tanaka Akira, pp. 118 - 121; Haga, pp. 63 - 65; 和 Craig, *Chōshū*, pp. 199 - 204。此外，Craig 在 *Chōshū* 第 271 - 272 页中详细分析了三支诸队的社会构成。

志士组建的,事后才得到藩国认可。结果,这些兵队规模大小不一(从100人到500人不等),并且常常从同一个地方征召而来。理论上,他们长官的挑选,靠的是才干而不是出身;但在实际操作上,这通常意味着和藩国官员的提拔一样,从那些有世袭军事身份的人中挑选,比如平侍和足轻,而不是从那些完全处于武士阶级之外的人中挑选。兵队的许多普通战士也有武士或准武士地位,根据那些被研究的兵队的资料,这一比例从25%到45%不等。另有30%至50%的人可以被认定为"平民",他们绝大部分是从富裕农民和乡村官员的家庭中招来。

如此说来,这些志愿兵所招募的人,大体上和土佐的浪人、大和与但马的叛乱者来自相同的社会阶层:处于武士阶级边缘,有的在边缘之内,有的在边缘之外。他们接受统治精英的信条(尽管他们自己并不总为统治精英所接受),并构成了在乡村和城下町中行使相当大权威的家庭网络的一部分。

像"志士"一样,这些人大多首先是因爱国而行动的,尽管他们的爱国主义更多的是为了藩国而非整个日本;他们认识到夏天发生的事件使长州不可避免要遭到攻击,为了保卫藩国而准备走向战场,必要的话愿意做出牺牲。但是他们一旦召集起来,被带到了像下关和山口这样的主要中心城市,这种简单的爱国主义就迅速获得了政治内涵。来自土佐和京都的避难者,大和及但马的幸存者以及长州自己的尊攘志士,例如指挥他们的木户、久坂和高杉,不但将长州面临的危险归咎于外国人,也归咎于本应防止危险发生的日本人——幕府及其在藩国的同盟。对他们而言,攘外与尊皇密不可分,就像它与重炮和海防不可分一样;攘外不但事关军事技术,同样也是一个政治责任。显然,这些观念对于那些新近招募加入志愿兵的人(甚至包括来自乡村的人)而言,不可能是全新的,他们显示了对他们所生活的世界有足够的了解,为此自愿加入兵队。[vi] 不过,对于他们来说,加入志愿兵所带来的新的而且激动人心的东西,是使自己与一批这样的人物为伍——对这些人而言,观念不仅仅停留于言辞,而且成为行动的框架。这些人物的出现,使长州的氛围变得和几个月前京都的氛围一样一触即发,尊皇攘夷情绪得以强化,尊皇主义领袖的影响力随之上升。

这一变化的影响早在 1863 年 10 月就已初见端倪,当时,9 月京都发生政变的消息使长州保守派武士成功地实现了罢免周布政之助所领导的温和派的要求。这一罢免引起了尊皇主义者在大名宅邸前集结部队、展示武力的回应,向那些尚未被诸队控制的长州官僚势力显示了武力的重要性。几乎与此同时,他们通过向藩府山口城的进军,^{vii}使周步官复原职。此外,他们确保他们自己的领导人高杉和久坂得到官方任命,这就意味着周步的追随者尽管还控制着藩国政府,但没有尊攘志士的支持,就再也不能维持下去。两星期后,从京都赶回来的木户孝允被提拔到大名幕僚的关键职位。

然而,如果说非正规部队的支持增强了高杉和木户与官僚打交道的手段,它也同样给他们制造了难堪,因为这些力量很有可能被发动起来支持那些被他们谴责为鲁莽和幼稚的政治活动。这一点在长州因尝试实施攘夷而与幕府、与朝廷争执不已那里变得很明显。1864 年 2 月,朝廷对幕府提出的谴责长州下关海峡行动的要求做出了让步,而幕府这一要求的理由是长州故意逾越了有关命令的用意。结果,有关如果长州藩领袖拒绝就范,即对之进行惩罚的计划被制定出来,这一举动在山口激起很大的不满。在那里,人们认为,长州的所作所为都是依据天皇和将军的命令。这一认识尽管并非完全符合事实,但却让长州人认为任何对他们的惩罚都不合适。

诸队的反应尤为激烈,他们要求武装进军京都,以重新获得接近天皇本人的机会,因为在他们看来,天皇的公开言论与他在一年前的言论是如此不同,以至于只能被解释为受到与长州敌对的大名的指使。木户和高杉——两人与大久保一样,随着每次提拔在态度上变得更加"富有责任心"——力主整合大名的意见才是明智的做法,认为必须以一个封建大名同盟来反对另一封建大名同盟。他们发现,正如在他们之前其他人在相似的事件中发现的一样,理智对于狂热分子毫无吸引力。最大的诸队(游击队)的指挥官来岛又兵卫(他在3月初与高杉的会谈中支持远征京都)直言不讳地指出了这一点:"你们所有的问题就在于读书太多,"他说,"因为读书,'后果'这个词总在你们的脑子里转来转去,带兵之人怎能如此优柔寡断?"①实际上,如果需要,来岛情愿违背藩主的命令带兵前往京都。相反,木户希望藩国政府能够制止煽动者并重申权威。"毫无疑问,"他在几天之前写道,"除非那些高位之人掌握权威,所有的人都将为所欲为,那么我们将无从达成目标。"②

　　这一意见分歧除了有政见不同的因素外,还与社会偏见有关。来岛和木户的言论隐含地表现了这一点,而在另一个场合——高杉把某个奇兵领导人称为"低贱之人"——则把这一点表露得更加直白。③ 在这里,我们又见到了我们曾经区分的"政治家"和"激进分子"两个团体之间争论的翻版。木户和高杉在久坂的支持下,基于策略上的考虑,试图节制诸队里的极端主义者,就像大久保在萨摩、久坂自己在大和事变中所做的那样。他们的这些努力都归于失败,尽管他们自己也是享有盛名的"志士"。

　　1864年4月,当幕府和大名在京都的会谈破裂时,很显然,江户要利用它控制朝廷的优势极力向长州复仇。对此,久坂将赌注押在了极端主义者身上。大部分浪人以及去年秋天从京都逃到长州的七个公卿做出了相同的选择。不久高杉被捕;周布和其他温和派被降服;1864年6月30日发布了向京都进军的命令。7月末,由非正规部队打头阵,他们中最先的一部分人到达了大阪,从那里,他们继

---

① Craig, *Chōshū*, p.215.

② 1864年2月27日备忘录,见《木户孝允文书》,2:1-7,第3-4页。

③ Craig, *Chōshū*, p.280.

续行进以抢占京都周边地区。

在其后的四周里,随着城内的人敦促幕府代表妥协,而城外温和派却致力于劝阻急躁的长州人不要发动进攻,京都笼罩于一种草木皆兵的危险状态之中。然而,几乎不可避免地,极端主义者最终失去了耐心。8月20日,三个长州纵队向京都进发,突袭了主要由萨摩和会津领导的防御力量。[1] 由来岛的游击队担任先锋的一支纵队几乎推进到了御所的大门。另一支包括了久坂玄瑞、真木和以及许多浪人的纵队,在被制服前攻占了鹰司家的住所。第三支由长州在伏见行辕的卫队组成的纵队,在城外就遭到了抵抗而退却。下午战斗就告结束,长州军队四处逃散,全线败退,幕府的权威得以保存,如果尊严未能幸免的话。同样重要的是,大批比较激进的尊攘志士阵亡,很多没有死于战斗的人选择了自杀,以免被捕。最终的战亡名单包括了久坂和一些他最近的长州幕僚、真木与两个来自久留米的同伴以及另外十多个浪人首领。这意味着活到这个时候的志士中最著名的一批人自此从政治舞台上消失。

这些事件的结果之一是证实了江户能否控制朝廷取决于萨摩是否合作。与此相关的另一点是长州内部的政治平衡再一次被打破。因京都战败的"耻辱"以及随即而来的外国对下关的军事行动,力量遭到削弱的周布政府,现在面临着幕府威胁报复的灾难。朝廷8月24日的敕令宣告长州为叛乱者,并号召大名提供军队准备讨伐远征。10月这支部队在尾张藩德川庆胜的领导下于大阪集结完毕,他们的目标,正如许多人想到的那样,除了处罚那些参与袭击御所

---

[1]《源氏梦物语》中有关于这场战斗详细并生动的描述。在那里,这场突袭被描绘为不过是长州试图驱逐会津军队的努力。根据这一说法,皇宫之所以被攻击,仅仅是因为松平容保的军队占据了那里的缘故(Satow, *Japan 1853 - 1864*, pp. 173 - 219)。下中弥三郎(《大西乡正传》,1; 271 - 286)从萨摩的观点出发,提示萨摩之所以在这个场合下要保卫幕府,是因为天皇下令要它这样做,而同情幕府的公家在袭击前一天把长州的计划泄露出来,使一桥庆喜能够确保萨摩军队保卫幕府。

的人之外,还要确保对长州领地的削减。这显然给长州带来了压力,面对这样的压力,温和派与尊攘志士之间的联盟也告瓦解。而可能为保存这一联盟而有所作为的木户自8月逃离京都之后便躲藏起来,直到此时都不在藩内。高杉则因为在9月与外国海军军官签订停战协定(他在之前获释离开监狱,指挥对外国海军的战斗)而遭到了攘夷极端主义者的憎恨,这使他一度失去了很多追随者。周布自杀,以为其政策失败赎罪。在这种情况下,到11月底已经没有任何力量能够阻止保守派在椋梨藤太领导下重新执政。他们很快发出信号,表明他们的掌权对于长州与幕府的关系意味着什么:他们命令三位在7月指挥进军京都的高级官员自杀,希望这一举动能够使江户满意并得到宽大处理。

他们成功地让他们的藩主免于严酷的处罚,并使他们的藩国免遭实质性的领土损失,这除了他们自身的努力外,还要归功于西乡隆盛。主要由于大久保的劝说,西乡在1864年从流放地被召回,并在8月担任在京都的萨摩军队的指挥官,随后被任命为征讨长州的尾张军的总督参谋。最初,他对于担任这一职责颇有几分热情,视之为消灭这一萨摩有理由惧怕的敌手的机会。[①] 然而,10月与胜海舟的一次谈话使他心中产生疑虑,担心战争最后的结果给幕府带来的好处可能远甚于给萨摩带来的好处,[②]所以长州保守势力重掌政局的消息使他做好了妥协的准备。"如果能用长州人来惩罚长州人,"他在给大久保的信中写道,"那么,这将是一种优于开战的上策:首先,这样的方略能够避免助长长州的反抗情绪,因此是使长州臣服的更加经济的做法,其次,它将确保在应对西方时更为急需的

---

① 1864年10月7日西乡致大久保表示,他希望对长州战争的胜利将使长州大名的领地被削减,并迫使他迁移到东日本成为可能,见《大西乡全集》,1:471-476。

② 1864年10月16日西乡致大久保,同上书,第490-504页。

军事资源,不至于浪费在内战中。"①

11 月 23 日西乡向尾张表达了这些主张,其经济上的考虑对后者很有吸引力。因此,西乡被授权与长州调停斡旋,并且在接下来的几个星期里,通过信使以及密访下关,敲定出一套双方同意的条款:长州正式做出道歉,停止向从京都逃离的公家(他们将被转移到位于九州岛的一个藩国)提供保护,并且承诺镇压非正规部队,并把这次事件的大部分责任归咎到这些部队的成员以及三个已经过世的家老身上。尾张代表幕府接受了条款,并于 1865 年 1 月 24 日在位于广岛的指挥部宣布远征的使命已经完成,集结部队随即解散。

正如人们可预期到的,长州非正规部队对导致了如此结局的椋梨政策的整个倾向极为厌恶,他们从一开始就下定决心要保卫藩国,抵抗外敌,无论是日本的还是外国的敌人。1864 年 12 月 2 日,奇兵队和其他一些诸队发布呈文,谴责日益加剧的屈服于幕府要求的迹象;在他们看来,这一发展"与天皇意愿对立,有违对朝廷的忠诚"。他们坚持认为长州的尊严荣誉优先于安危。"善恶之别,对错之分,"他们宣称,"并不依赖于是生是死。"更加切合实际的是,他们号召提拔"有才之人",惩处保守派,大名由萩迁回山口,以及做好战斗准备。那些解散他们的威胁(尽管这些威胁并不会有效,因为诸队在武器方面大体上能够自给,且在其他方面可以依靠乡村上层阶级的支持)更加剧了这些不满情绪。②

高杉很快利用了这一形势。1865 年 1 月 3 日,他劝说此时由石川小五郎指挥的游击队,与伊藤博文领导的一支小分队一起,袭击了下关。尽管初战告捷,但由于没有援兵帮助,这两支部队没能保

---

① 1864 年 11 月 11 日西乡致大久保,《大西乡全集》,第 548 - 553 页,见于第 549 页。又见西乡 11 月 7 日信,同上书,第 522 - 533 页。

② 诸队的这一呈言见于德富猪一郎,《公爵松方正义传》,1:455 - 459。关于在某些地区诸队能否得到乡村上层人物的支持,见 Tanaka Akira, pp. 166 - 169;Craig, *Chōshū*, pp. 281 - 285。

住他们的战果,所以高杉不得不叫停了战斗。然而,两星期后发起的一场相似的袭击则取得了较好的结果。这次是由山县有朋指挥的奇兵队和井上馨的部队共同起事。当藩国军队被派来镇压他们时,其他志愿兵也加入了战斗,结果促成一场大战。2月6日和7日进行了大规模的交火。尽管没有哪一方取得了绝对性胜利,但非正规部队却因此得以继续向萩前进。此时,城中中层武士"中立者"转而以团结一致、对抗外患的名义反对保守派,迫使政府改组并与叛乱者公开对话。[Ⅷ]结果,3月12日诸队进入城中。大名在月底被恭送回山口,尊皇主义领导人在此后也逐渐官复原职。

长州发生的事件中有几件事情值得强调:在危机之时高杉首先行动并获得伊藤、井上和山县支持的重要性;尽管大多数非正规部队反对大名的政府,但直到高杉挑起冲突而使他们最终别无选择之前,他们对起兵反对大名政府一直犹豫不决;"藩国爱国主义"为长州内部团结的重申奠定了基础,即使是在这种局面之下。然而,这些事情的重要性,与这次成功的运动的社会和意识形态属性所提出的问题相比,就显得相形见绌。这一点由于如下的共识而尤为正确:发生在长州的事件提供了"三年后在全国发生的事件的模板",[①]即一个微型的明治维新。

诚然,长州的经验并不是在所有方面都具有典型性。例如,绝不可以说其大名毛利敬亲在政治上发挥了像萨摩的岛津久光、土佐的山内容堂以及越前的松平春岳那样的积极作用。这意味着与其他政治上活跃的藩国相比,在长州,一套十分不同的环境条件控制着保守派、温和派以及极端主义武士之间的权力争夺。与此相似地,长州的尊皇主义者看上去总是比其他地方的尊皇主义者实力更为强大,这使他们能够在1862-1864年间向当权者做出较少的妥协,正如他们能够用武力夺取权力,并在1865年1月以后一直把持

---

① Craig, *Chōshū*, pp. 269.

权力,而其他地方的尊皇主义者却做不到那样。然而,尽管有这些不同之处,还是可以令人信服地说,长州尊皇主义运动的社会基础以及运动胜利所带来的政策,与其他地方情况的相比更接近于"明治专制主义"。如远山所见,长州事件出现了这样一个联盟,对农村保持控制力并能镇压农民起义的乡村上层阶级支持下层武士中的一部分人,并且也得到他们的支持,这些武士也因此获得了政治上的权威,这一权威转而便被用来追求"富国强兵"。① 同样,克莱格大体上接受这样的分析结果,尽管在总体上,他强调传统因素在长州社会中持久的影响力,并且否认诸队的活动证明了"革命高潮"的出现。②

在这里,姑且不论这个联盟的乡村成分能否被称之为"资产阶级的"或"革命的"(如有的学者所做的那样),显然,我们有必要评估一下它们的影响和作用。探讨这个问题的一种路径是检视 1865 年初内战结束后长州政府的组织结构和人员的变动状况,因为它是尊皇主义运动的直接后果。另一条路径是考察这个政府所追求的政策的性质,以评估这些政策在多大程度上关系到或直接反映了这个所谓的联盟中的地主和武士的利益。

一个可以立即看清楚的事实是:在长州,就像在萨摩和土佐一样,武士出身依然是获得任何关键职位所必需的条件。③ 许多职位依旧被温和派——周布的继任者——占据,他们中的大多数都是平侍;由于诸队的支持而更加强大的尊皇主义者领袖,事实上也有着与他们相似的地位。担任仅次于两个家老的关键职位的是木户孝

---

① 这一论证取自于 Toyama,pp. 139-150。又见 Seki, *Hansei kaikaku*,pp. 132-137。
② Craig, *Chōshū*, pp. 276,出自其对这些问题的详细考察过程中(pp. 268-301)。
③ 关于这个时期长州领导层的地位和背景,见 Craig, *Chōshū*, pp. 264-267;Tanaka Akira,pp. 186-189;以及主要人物的标准传记。Tanaka 给出了一个很长的官位及其担当者的名单,该名单反映的是 1865 年 5 月 31 日政府官员重新任命后的状况。

允(生于 1833 年),一个享有 90 石高并拥有大量俸禄和官场经验的中级武士,并且新近成为大名的幕僚。尽管享有"志士"的名声,木户却反对 1864 年对京都的攻击,并且直到 1865 年 5 月保守派与高杉的非正规军之间的斗争结束后,他才回到长州。除了他的尊皇主义,木户在背景和观念上,与像周布一样的温和派并没有多大的不同。

在下面的一个层级上,是一群与地方政府、财政和秘书职责相关的职位,这些职位的地位大体相等。木户在保有其他职位的同时,兼任其中一职。他的同事是温和派的领导人兼重让藏(60 石)和山田宇右卫门(100 石),以及高杉晋作、前原一诚、广泽真臣和大村益次郎等尊皇主义者。高杉(生于 1839 年)是有 200 石俸禄的中级武士之子,吉田松阴的学生,也是诸队的创建者,在本书中已多次出现,想必大家已很熟悉。前原(生于 1834 年),也是平侍出身,与久坂玄瑞一直保持着密切的联系,直到 1863 年才在藩国获得任命,而从那时起他的仕途几乎平步青云。广泽(生于 1834 年)是拥有 104 石高的中级武士;令人惊奇的是,他既没有参加吉田松阴的私学,也没有加入过诸队,只是作为同情尊攘志士的官员在 1863 年与久坂一同制定过军事计划。这个团体中的第四个成员大村(生于 1824 年)不仅比其他人年长很多,而且经历不同寻常。他是一个藩医之子,也是兰学家,在 1860 年被召到长州并被提拔为平侍阶级之前,服务于宇和岛藩主伊达宗基的军事改革家。事实上,如果广泽主要还是一个官僚的话,那么大村就是一个卓越的通晓西方技术的专家。

在这些出身相对富裕的尊皇主义者中,只有木户孝允在明治政府中取得了卓越的名声。高杉过早地死于 1867 年;大村在 1869 年被暗杀,广泽则在 1871 年的早些时候被刺;前原则在维新后无法适应变化的世界,因叛乱在 1871 年被处决。于是,那些此时在长州担任了一些较低官职的人后来更为声名显赫:井上馨(生于 1836 年)是平侍之子,被另一个平侍(220 石高)收养,曾赴伦敦求学并指挥过一支志愿兵；伊藤博文（生于 1841 年）出生于一个与足轻地位相当的农商之家，但却是被当作武士抚养长大；他先求学于吉田松阴的私学，然后相继成为一个激进分子、求学伦敦的学生和诸队指挥官；山县有朋（生于 1838 年）来自俸禄较少但历史久远的足轻家庭，他几乎完全是因为升任奇兵队指挥官，才获得了政治上的影响力。

在社会地位和经历上，尤其是在把那些能操控封建权威之人和那些能在某种程度上运用西方技术之人整合起来的能力上，这群人在总体上和早期明治官僚有很多相似之处。[①] 他们还与村长及当地商人中的尊皇主义者有着直接的联系。[②] 比如，井上的家庭与富裕的村长吉富简一家十分亲近，吉富曾资助过高杉，与周步也非常熟悉，后者就是在他家自杀的；另一个乡长、吉富的侄子林有造是山县有朋的资助者；伊藤博文父亲的家系可能与林有造家是同一支。通过婚姻和领养建立起来的关系网，比如存在于吉富、林和秋本新藏（秋本是村长兼商人，他组织并领导了一支志愿兵）之间的关系网，拓展了这种联系范围。因此，存在于"武士"和"农民"之间巨大的社会鸿沟，并没有完全排除长州（像在土佐一样）两个阶层的人——包括那些一方面比武士地位低、另一方面又比农民地位高的人——为了一定的政治目标而合作的可能性。

然而，由此不可推论他们追求的目标必然是"革命的"，不管我们如何定义这个概念。就史料记载所言，1865 年长州面临的最大问题集中于与防务相关的问题，人们关心的主要是如何应对可能来自幕府或外国人的——或者两者同时的——再次打击。藩内改革服务于这些问题，因为改革的目的在于提高防御能力，其本身并非政策目标。

---

① 可比较 Silberman 在"Elite transformation"中对明治官僚的分析。

② 这里引用的案例，见 Craig, *Chōshū*, pp. 286 - 288；Umetani, pp. 331 - 339； *Ito Hirobumi den*, 1:3 - 5。

木户在6月获得任命时提交了一份政见书。在这份文件中,他主张现在真正需要做的是有效配置包括非正规部队(对他们必须要求建立适当的纪律)在内的军事力量,加之以勤勉认真的行政管理和厉行节俭。① 从长远看,这些措施将给长州带来团结和力量。如果长州要领导反抗幕府的藩国联盟,要推翻这个妨碍国家抵抗西方努力的领导层的话,这样的团结和力量就必不可缺。他在其后的一份文件中写道,江户在压制长州上一直不惜大动干戈,从而在正该通过"和平治理"来增进国家团结的时候,"把我们的人民逼到了绝望的境地"。② 幸运的是,长州挺过了这次进攻,正如它挺过1864年外国人的进攻一样。此外,这次经历也将长州推到开出"灵丹妙药"以治愈"日本之疾病"的位置上。他说,"一个熟练的医师,现在一方面能为国内长治久安打下基础,另一方面又能立即提出一套国策以富国强兵。这个医师能够为整个日本带来安宁。"相反,将问题留给至今一直掌权的"庸医"来处理,"只能使事情变得更糟。"[ix]

与这一时期大多数政策言论一样,木户的信件和呈文在关于他提出的"治疗"的要素上语焉不详。很明显,它们都包括了以天皇的名义削弱将军权威。它们甚至可以走到"推翻"幕府(倒幕)的地步,尽管那并不意味着他们有了任何其他具体的替代制度构想,例如采取那些将会废除藩国或封建体制本身的制度。然而,由于内战获胜的事实赋予了长州尊皇主义者管理藩政日常事务的责任,我们在一定程度上,可以通过检视木户和他的同事在他们自己的藩国究竟做了什么,来了解一下他所说的"治疗"是什么意思。

他们所做的,从前一章我们对他们观点的评论中可以推测到,

---

① 这个没有注明日期的政见书见《木户孝允文书》,8:22-24。有关它的提出的背景信息,见 *Shokiku Kido Ko*,1:465-471。

② 木户致大马友之允,1865年9月7日,见《木户孝允文书》,2:89-93。注意这封信是写给另一个藩国(对马藩)的官员,其目的在于为长州的行动辩护,因此,可以视作一封特别的申诉书。

是放弃攘夷,代之以富国强兵。高杉强调,这就是勤国(kinkoku),
"为国服务"(这显然是在玩弄辞藻,引起人们对勤王即"为天皇服
务"的联想),因为,国富有赖于日本开放外贸,而国富产生强兵,无
强兵则无法为国服务。① 木户相信,由于这个理由,同样是为了避免
"陷入外国人的魔爪",②长州必须开放下关。伊藤博文的侧重点略
有不同,他坚持认为贸易在当下对日本的生存至关重要,但没有国
内的团结,贸易也是危险的,③但他仍然支持下关方案,井上也是如
此。然而,来自非正规部队成员的激烈反对阻止了这一计划的实
现。实际上,高杉、伊藤和井上在 1865 年 4 月底都被迫躲藏起来,以
免攘外支持者的报复。然而,在接下来一个月里,木户返回了藩国,
并支持了他们的方案,结果使藩政最终做出了开放对外贸易的决
定,但仅限于通过在长崎的一家英国公司购买船只和武器。④

　　同时,主要在高杉和大村的主导下,以西方标准重新组建和装
备藩国军队的措施也得以推行。这一进程涉及到许多事情,其中就
包括把非正规诸队在某种程度上纳入中央控制的努力。这一举措
引起了关于这个政策的动机在多大意义上是政治性的争论,即旨在
使诸队与帮助它们组建的"资产阶级"脱钩,而将其更加全面地置于
"官僚专制"的控制之下(这被认为是 1868 年后发生在全日本的变化

---

① Tabaka Akira,p. 194n.

② 高杉致诸队指挥官,1865 年 4 月 18 日,见 Tukutomi, *Koshaku Yamagata*,1:566 -
567。高杉想必因为预计到会遭到敌意的反应,所以小心翼翼地提到开放下关(这
实际上是外国公使们提出来的要求),对于防止外国的进一步攻击是必需之举。

③ *Ito Hirobumi den*,1:202.

④ 木户是在致山田宇右卫门的一封信(1865 年 10 月 16 日)里提出这个主张的。在这
封信中,他毫不犹豫地谴责了攘夷(《木户孝允文书》,2:105 - 109)。整个事件在
《伊藤博文传》,1:194 - 203 得到了详细的记述。又见芳贺登,《幕末志士の生活》,
第 143 - 146 页,这里谈到开放下关港的计划得到了下关的尊皇主义商人白石正一
郎的强烈支持,这应当是出于商业的考虑。

的预演)。①

显然,此类纪律建设在严格的军事改革中有其合理位置。而对于那些新近获得权力并且意识到其同盟和追随者中有一部分人在一些关键问题上(比如攘外)与自己的意见并不一致的人来说,采取这样的措施是很自然的。因此,在已知的证据下,想以这种或那种方式解决这一争论可能是徒劳无功的。但是,长州的所作所为——不管是出于什么动机——至少足以使我们不会相信任何关于木户、高杉以及长州政府中的其他武士领导人,是由其村长或商人朋友造就的说法。更令人信服的主张是如克莱格所论述的那样,②认为诸队的组建首先是一个军事决定;这个决定是由当权的武士阶级在面对外来威胁的情况下做出的,而一些相当富裕的非武士通过它得以获得垂涎已久的某种程度上的武士地位,从而使他们比过去在更大的程度上脱离乡村社会。这就意味着武士与富裕平民之间的"联盟",如果它们真的存在的话,只可被视作为对抗外敌及其带来的危险而应运而生的一种"团结"的形式,而不可视作出自地位相等且追求相似政治目的人所做的安排。

然而,无论作何理解,可以肯定的一点是,现在在长州掌权的人,是一群决心要通过实行一套比早前"志士"提出的方法要精致得多的政策来拯救其国家和藩国的人:他们以富国强兵取代简单的攘夷,以求得军事上的生存;通过获取官职,而非诉诸于尊皇主义情感作为达成团结的途径。他们为这些政策,也为他们自己的地位,从最广泛意义上的农村和城下町的统治精英中相当大一部分人那里赢得了承认,结果使日本向反幕联盟的形成迈进了一大步,因为这个联盟的敌手越来越难以通过"攘夷"的分化效应作梗了。这些人还描画了这个联盟的主要目标:创建一个强大的日本。在接下来的

---

① 关于这一点的讨论,见 Craig, *Chōshū*, pp. 324 - 326; Tanaka Akira, pp. 235 - 236。
② Craig, *Chōshū*, pp. 274 - 281, 292 - 295。

几年里我们将首先看到这个联盟成为现实并相当成功,然而我们还将看到关于如何才能实现其目标的争论。对于明治国家的性质而言,两者都非常重要。

注释

i 两人都曾被藩国政府逮捕,但在朝廷的干预下得以释放,后来又被长州藩提拔。

ii 冈义武,《近代日本的形成》,第 62 页。《源氏梦物语》评论了藩国代表增加给城市生活带来的变化,称赞道,"大街小巷挤满了步行的和骑马的武士;愉快和美景成为一天里的常态,京都的繁荣是之前朝代未曾有过的。"(Satow,*Japan* 1853 - 1864,p.72)。

iii 幕府随后没有着力确认和惩处乡村里那些只是简单为叛乱提供方便的人的事实,就表明叛乱者获得了如此之少的"群众"支持。

iv 与此形成对比的是,"温和派"中只有 29 人被判死刑(《维新史》,4:109 - 110)。这使我们忍不住要得出刑罚的差别与牺牲者的社会地位的关联,要大于其罪行本身的结论。

v 我充分地意识到这个判断的真实性,部分取决于在土佐(在较小的程度上在水户)出现的模式是整个尊皇主义运动的特征的假设。支持这个假设的证据有的在第六章讨论志士的社会根源时已经给出。更多的证据可从在长州发生的事情那里导出,我们将在本章的后面看到这一点。萨摩的情况也能被证明与这个假设相一致,虽然不那么确信。尽管如此,我仍然希望看到关于尊皇主义政治的社会基础在其他地区、特别是在这些年间不那么引人注目从而研究较少的地区的情况的信息。

vi 或许那些其经济地位意味着他们可能出于经济动机而参加志愿兵的人是一个例外;志愿兵中确实有一些来自乡村的穷人(见 Craig,*Chōshū*,pp.272 - 276)。尽管如此,现代日本学者(例如 Seki,Tanaka Akira,Haga)仍然倾向于认为这些人是由那些出自乡村上层阶级的首领征召的,并受到后者的严密的控制。

vii 在这些年间,长州藩府在萩和山口之间迁移了两三回。前者位于日本海沿岸，是该藩传统的（也是保守主义的）中心；后者靠近内海和大多数诸队战士的招募来源地区。藩府所在地的变动，一般与该藩权力平衡转移相一致。见 Tanaka Akira，*Meiji*，pp.131－132。

ⅷ 有关这两派人即中立者和保守派的分析，见 Umetani，"Meiji ishin-shi"，pp.339－341。他注意到保守派由上层武士主导，包括6名俸禄在300至1,300石高的寄组（*yori-gumi*），而温和派或中立者的领导人包括了13名中级武士（他们中3人不满100石高，5人在100至200石高之间，有5人超过200石高，最高的是363石高）。然而，Craig 在 *Chōshū* 第260－262页中论证两派人的身份差别，事实上并没有这番分析所指示的那么显著；毕竟，椋梨尽管是保守派领导人，但其实是只有46石高的中级武士。

ⅸ《木户孝允文书》，2：90. 木户的血亲家庭——他于幼时被领养——是藩医之家。由于其他好几位明治领袖的家庭背景也都有医学成分（如大久保和大村），而许多志士（如久坂与多位土佐浪人），我们禁不住会思索这一成分在多大程度上使他们成为一群不同寻常的知识精英，这些知识精英比日本的大多数人口更加可能认识到某些新近可用的西方技术（并非仅仅是医疗技术）的优越性。

维新运动

1863–1864 年发生的事情加深了日本人对外来威胁的意识,也使其在社会中更加广泛地传播开来。这些事还证明了无论是"攘外"抑或是"尊皇",都不能切实解决这一威胁所带来的问题。正如我们已经看到的,这导致武士领导人中相当重要的一部分人抛弃了与简单的尊皇攘夷联系在一起的消极态度,取而代之以"富国强兵"的积极目标,这一计划将很快在他们自己的藩国实施并逐步推广到整个日本。结果,1864 年末至 1868 年初这一时期,日本就已经对一些现代化要素进行了尝试。

因为这一变化使攘夷运动失去了原本可以成为其最有力拥护者的那些人的支持,继而削弱了这个运动,它对政治联盟的重塑进程也起到了推动作用。至此在日本政坛,三大议题将人们区分开来:对外政策问题将长州、朝廷与萨摩、幕府分离开来;德川权威问题将强藩推到幕府官僚的对立面;封建纪律问题使不满的武士纷纷背离他们的藩主。攘外被降到次要位置,减弱了第一个议题的分化作用,至少就它孤立长州的效果来看是这样的。武士积极分子在一些藩国取得成功,成为体面的官员,而在其他地方遭到镇压,沦为囚犯或逃亡的事实也降低了第三个议题的迫切性。这就使幕府权力问题成为政坛的焦点。

换个说法,人们可以说现在出现了一种新的两级分化。长州和萨摩在相似的领导下,越来越投身于相似政策。它们发现它们各自对抗幕府的事业,相比于它们之间的竞争更加重要,而幕府总是试图惩罚它们中的一方，并使其失去另一方的援助。它们首先进行合作，继而结为联盟。这反过来又激发了幕府"自强"的努力——这与在中国发生的事情在某些方面十分相似——由于这些努力可以用来针对所有的藩国，便使得长州和萨摩更加容易地将其他藩国争取到它们一边。实际上，联盟的标准变成主要依靠封建关系，即藩主与大藩主之间的关系。同样，这一点也体现于新兴反德川联盟的组成成分上：藩国，而不是志士们推崇的"明智之人"（right-thinking men）。并且，一旦反对派的领导人相信只有通过武力才能实现他们的目标的话，朝廷自身就回复到早先的消极角色——作为合法性来源以及斗争的活动现场，而非斗争的仲裁者。

萨长联盟

在萨摩，并没有像长州那样的内战来作为尊皇主义者掌权的标志。在那里，大名基于控制武士骚动的希望，逐步把改革者提拔到有影响力的位置。这样，大久保利通在 1862 年底获得的他第一个真正重要的职位，尽管这是对他出使大原的直接奖励，也是对他为保存萨摩团结所做出的努力的认可——当时，其他藩国都因为尊攘志士的暴力活动而四分五裂。他显然在维持他躁动的追随者的纪律方面与岛津久光保持着默契，只要久光实行一条能为他们所接受的政策路线。给萨摩带来藩内安定的这一合作的成功，也使大久保分享到决策制定权。1863 年 3 月 28 日，他被任命为侧役，成了大名的私人秘书。他也赢得了位居藩国要职的盟友。因此，到 1864 年 4 月，当久光向大众压力屈服，再次赦免萨摩最有名望的武士西乡隆盛，并任命他担任一个高级军事职位的时候，有一点已经很清楚，即通过与封建当局合作而不是向它发起挑战，大久保一派不仅避免了降临在京都和土佐"志士"头上的命运，而且，还获得了为自己的利益而斗争的机会。

在这里有必要简要描述一下普遍被认为是大久保一派的那些人的背景情况，以与我们之前讨论过的长州领导人相比较。^① 就大久保本人而言，我们无须多说，只需提及他于 1830 年出生于一个中等富裕水平的中级武士家庭，并于 1858 年在岛津齐彬手下担任一个小官，自此开始了他的政治生涯。^② 他的同伴西乡（生于 1828 年）有着相似的背景，如果不比大久保出身更穷的话；但西乡年长一些，这意味着他更深地参与到齐彬的活动中，也使得他在 1859 年 1 月至 1864 年春天的大部分时间都流放在外。这一处罚使他成了一个传奇人物。不过，这也使得那一时期萨摩尊皇主义者的领导权置于大久保手中，西乡则通过给大久保写信出谋划策来施加他的影响。因此，一旦西乡在 1864 年得到赦免，两人就以大体平等的地位进行合作，西乡的声望和军事名声与大久保卓越的政治经验和技巧相辅相成。

由于萨摩政治在很多方面依旧十分传统，两人发现有必要物色一些同盟，其出身足以符合担任他们自己作为中级武士所不可企及的职位的要求。这些人中最活跃的是小松带刀（生于 1835 年），他是萨摩领地喜入领主的三男，被过继到上层武士小松家，并早在 1861 年就获得了高级职位。他在 1862 年底被任命为家老，或高级参议，并于此后成为了大久保在高官中的首要盟友。仅次于他的是另一个上层武士岩下方平（生于 1827 年），他在 1866 年成为家老并代表萨摩出席了次年在巴黎举办的世博会。与死于 1870 年的小松不同，岩下寿命较长，在明治政府中取得了相当的地位，并最终荣升贵族。在比较年轻的盟友中，有出身于 1700 石高之家的町田久成（生于

---

① 这一概括所依据的资料的大部，在我的论文"萨摩的政治和武士阶级"和"早期明治政府的萨摩参议起源"那里得到了引证。

② Craig 在"Kido Kōin"第 282 - 290 页对 1868 年之前的大久保的生涯做了简明扼要的论述。

1838 年）。他在 1864 年成为大目付,这一职位在萨摩相当重要。然而,因为他在 1865 至 1867 年选择前往英国留学,所以在我们这章所讨论的政治运动中他几乎没有发挥什么作用。

另一些在藩政上与西乡及大久保合作的是与他们具有相同等级和社会地位的人,即平侍。这些人包括吉井友实(生于 1828 年),一个因对西乡特别忠诚而闻名的官员;伊地知贞馨(生于 1826 年),他总是紧随大久保的提升而提升;海江田信义(生于 1832 年),没有任何显要和突出的个人成就值得称赞的他似乎总是接近事态的中心;以及西乡的侄子大山岩(生于 1842 年),他是一位军事专家,日后成为明治军队的元帅。

实际上,这四个人在明治时期都发挥了一定的作用,但他们在历史教科书中的地位又逊色于此时任职于萨摩藩的另外三位官员——这三人的背景和经验相比就不是那么正统。他们中的第一个人是松木弘安,后改名寺岛宗则(生于 1832 年),他是一个乡士的次男,后过继给一个平侍家庭。寺岛童年的大部分时间在长崎度过,并在江户学习西医,后回来成了幕府的兰学教师,又在 1857 年成为岛津齐彬的医生。此后他又相继成为齐彬西学和技术方面的幕僚;成为海军专家,在 1863 年鹿儿岛炮击中被英军俘获;1865 年初萨摩赴欧学生团的共同管理人;以及明治政府早期的外交大臣。

与寺岛一同管理赴欧学生事务的同事五代友厚(生于 1836 年)是一个平侍的次男。他是 1857 年齐彬派往长崎向荷兰人学习航海和舰炮技术的学生之一。他的官员生涯始自他于 1862 年搭乘幕府船只前往上海,然后,他出任萨摩在长崎的航运和贸易代表,并在 1865 年担任萨摩在欧洲谈判的商贸特使。维新之后,他在新政府中短暂任职,但在 1869 年辞职,之后成为日本第一位武士企业家,主要从事铁路和矿产行业。

这三人中最后一位是松方正义(生于 1835 年)。松方的父亲是一个转行从商的乡士。尽管有这样的商业背景,他的儿子还是进入政坛,从一个 1850 年获得的不起眼的办事员职位开始,最终在 1862 年以后成为大久保在藩政上的有力盟友。然而,他的卓越成就却是出现在 1868 年以后,作为一名最有能力的新式官僚,他擢升为大藏大臣,继而又出任首相。

这些人与同时期在长州掌权的人相比有较大差异。从等级上看,后者差不多算是"中上层",而木户和他的同僚却只能算是"中下层"。他们之任官取决于他们操纵掌权者的能力,而不依靠如高杉在长州的非正规部队那样有组织的武装力量的支持。最要紧的是,他们似乎既没有,也不需要来自乡士、村长或商人的大规模的支持。尽管寺岛和松方的家庭背景中有乡士的成分,但并没有证据表明乡村或商业联系在他们的个人生涯或整个团体的成功方面发挥过多大的作用。

这就提出了一个问题。如果明治维新运动与处于武士阶级之外或位于武士阶级边缘之人的志向抱负密切相关,正如我们对日本其他地方的尊皇主义者的考察所强烈表现的那样,萨摩又是如何在保持传统和"封建性"的同时,在这一运动过程中发挥了关键作用的呢? 或者,用政治术语更精确地说:当萨摩和长州在 1866 年就反对幕府结成联盟时,它们的合作基础,如果不是那些掌控政策的人对他们阶级利益的认同,又会是什么呢?

这个问题的部分答案在于对日本和西方关系问题的看法上,达成了日益增强的共识。至少就长州放弃攘夷,转向富国强兵,以此作为确保国家独立的替代途径来看,它回到了江户的堀田正睦、土佐的吉田东洋、长州自己的长井雅乐以及萨摩的岛津齐彬所遵循的思想路线。显然,对于像西乡和大久保(他们曾在齐彬手下服务过)或像寺岛(他做过齐彬的顾问)那样的萨摩人来说,这并没有什么不可接受的地方。进而言之,现在提出的富国强兵的主张与早前的开国即"国家开放"思想之间的差别,大体上还是现在的主张更为复杂和精细,而这显然是得益于对西方更加全面的认识。① 在政治上,这体现在对具有新式技术的人才的任命上:萨摩的五代、长州的伊藤和井上。

这一主张在实践上的意义,在萨摩表现为 1865－1866 年间向欧洲派出的使团。五代有厚于 1862 年从对上海的访问回国后,深信日本需要发展对外贸易,而且,在对外贸易上,日本可以使用日本所有的船只而采取西方的运营方式。不过,萨摩藩内浓烈的攘夷情绪使他在接下来的两年根本不能实行这样的计划。但是,他在 1864 年五六月份起草的一份文件,就已经包含了萨摩后来施行的大部分计划的种子。五代认为,藩国必须向英法派出教育使团——由来自封建社会各个阶级的学生组成:家老家庭、平侍、年轻的攘夷分子、技术专家。应该命令他们学习掌握各种军事、科学以及行政技术。除此以外,必须开放与上海的贸易,其收益——他做过精确的计算——可以用来购买军事和工业设备,这既会满足迫切的军事需要,也将带来长期的经济利益。②

这些提议得到岛津久光和大久保的支持,稍作修改就被藩国政府采纳并于 1865 年付诸实施。在包括五代和寺岛在内的四名官员负责下,14 名学生被挑选出来并被派往伦敦。他们在 6 月一抵达伦敦,便被安排了英语以及其他特殊知识的学习,比如航海、海上工程、军事科学、医学(令人惊讶的是,其中一人被允许选择文学)。之后,他们被安排访问美国、俄国和法国。在 1866 年,又有五人加入了他们的行列。同时,护送他们的官员考察了当地的工厂和军事设施,组织购买武器和机械,甚至与英法政府展开外交谈判。实际上,

---

① 但是,如我们将要看到的,富国强兵带来的政治后果,与开国的后果是不同的。Harootunian 在 *Toward Restoration* 第 354－379 页中对这一点做了很好的论述。

② 田中彰(《明治维新史研究》,第 197－209 页)在对五代的现代化态度的精辟讨论过程中,对此作了引证和概括。

他们几乎是照着他们的藩国是一个独立国家的方式行动的。在他们办成的诸多事务之中,就包括萨摩单独组团参加 1867 年在巴黎举办的世博会。①

在英国,萨摩官员为建设棉纺厂采购设备,该设备于 1867 年被安装在鹿儿岛并持续运作了 30 年之久,雇用了 200 多名工人。他们还购买了英国和荷兰造蒸汽动力炼糖厂设备。它也在 1867 年投入使用,但事实证明并不成功,部分是由于当地人对由此造成的工人失业的不满。炼糖厂在 1869 年被迫关闭,机器变卖处理。

这两项建设是一个更为雄心勃勃的借助比利时发展萨摩计划的一部分。这一计划由五代和康东·蒙布朗伯爵(Comte des Cantons Montblanc)商议达成,并落实于 1865 年 10 月 15 日在布鲁塞尔签署的协议。根据这个协议,双方将成立一个合资公司。该公司将为萨摩的工业和采矿业提供设备和技术,并以此换取萨摩经由琉球群岛的进出口贸易的垄断权。萨摩从中分享的利益将被用来购置武器,包括一艘近 2,000 吨的蒸汽船,在双塔中载满阿姆斯特朗大炮。但是,在五代于 1866 年返回鹿儿岛后,蒙布朗伯爵个人遇到困难,加上资金问题,以及出现英国反对的迹象,这一切都使协议的实际成果大打折扣,萨摩最终只获得了 5,000 支步枪。整个协议于 1868 年终止,因为幕府的废除使其失去了政治基础。

五代使团并不是一个孤立的事件,而是一个坚持把贸易和军事改革挂钩的政策行动的一部分。例如,五代在从伦敦发回国内的一封信中,敦促把贸易收入(他所认为的富国)用于强兵项目,后者不仅包括重新装备萨摩军队,还包括以西方的编制重新组织这支军队。② 这个原则马上得到五代鹿儿岛上司的认可。1865 年,他们强

---

① 关于五代的背景、早期生涯和赴欧使团活动的一般论述,见《五代友厚传》,第 7 - 16 页、36 - 100 页。有关使团活动论述,见《鹿儿岛县史》,3:212 - 234。

②《五代友厚传》,第 56 - 57 页。

调了西方学科在武士教育中的重要性,将藩学重新命名为洋学所,并给予优秀学生以不同等级的助学金奖励。接下来几年他们又在京都建立了军事学校,那里的训练都是基于翻译的英国步兵手册,并将海军从他们的军队中单列出来,直接由小松领导。他们还向海外购买了舰船,特别是蒸汽船,其中两艘超过 750 吨。

不可避免地,这一切的花费超出以封建税捐为基础的藩政收入所能提供的支持。这些花费的资金,部分来自于外贸收益:糖的生产和销售有了很大的提高,经长崎和横滨出口茶叶、丝绸和棉花(这并不是由萨摩生产的)获得了额外的利润。即使这样,在 1866 年藩国还是不得不把大多数武士的薪俸和俸禄削减 30%。紧接着,在 1867 年,藩国发布命令,重新规定了不同地位人员配备武器装备的等级,以减少武士的经济负担,藉此减轻政府的财政压力。①

萨摩采取的"富强"的政策,不仅在树立一套与长州的愿景十分相似的目标上具有巨大的政治意涵,还直接恶化了萨摩与幕府的关系。毕竟,正是幕府的贸易垄断和它所声称的垄断特权,遭到了独立追求权力的萨摩的藐视。此外,正如像五代一般的人对时局的认识那样,如果无法劝服幕府接受这些政策——在 1865 年这几乎是没有疑问的——那么,像萨摩这样的藩国将只有两项积极措施可供选择:回复到割据即"自力更生",建立自己的力量以应对将来的可能之需;或努力"联合所有的强藩对行政体系进行重大改革",使幕府的阻挠不再起作用。② 按照这一估计,因为拒斥富国强兵,幕府可能因此成为倒幕的直接动因。

然而,要使在萨摩政事上最具影响力的人完全认识到有必要与幕府彻底决裂还有待时日。一方面,大久保一直以来都在支持岛津

---

① 关于这个时期萨摩的军事改革和财政,见田中惣五郎,《近代日本官僚政治史》,第 69 - 71 页;《鹿儿岛县史》,3:26 - 27、68 - 72、111 - 120。

② 石井孝,《学說批判明治維新論》,第 194 - 196 页,引自五代的信件。

久光公武合体的政策,这些政策试图通过削弱将军对强藩的控制,来达到"团结一体"的目的,以使出现一个共抵外辱的统一战线成为可能。虽然有证据表明,在 1864 年末,对在幕府的"自私"面前取得任何有益之物感到绝望的大久保,曾一度被割据的想法所吸引,①但他仍然下不了全力攻击江户权力的决心。西乡也深信确保萨摩实力的重要性;但一如他自 1858 年以来那样,他仍然把他所谓和平政治即"合作共治"放在第一位,在这一体制下,少数雄藩大名承担了在重大决策上辅佐天皇和将军的责任。② 换句话说,尽管两人在 1864-1865 年间对幕府充满了敌意,但都不愿此时就摧毁幕府。因此,他们在 1866 年初愿意与长州结成反幕府联盟的事实,就必须由 1865 年所发生的事情来解释,具体而言,必须用如下两个事实加以解释:江户对长州的政策;萨摩在年底的一场争端中企图把朝廷当作反幕府工具,这一努力没有得到任何援助而以失败告终。让我们依次考察这两件事情。

尽管尾张作为司令做主接受了西乡于 1864 年设法在幕府和长州之间达成的妥协,但这绝不意味着这一妥协受到了那些曾计划惩罚长州以儆效尤,重树将军权威的幕府官员的欢迎。③ 尽管有了这一处理方式,他们还要求长州大名和世子被带到江户以示臣服。几个星期后(1865 年 2 月 20 日)他们命令把参觐交代制度完全恢复到 1862 年之前的形式,要求所有的大名必须有一半的时间住在将军的都城,并受到严格控制。此时完全由尊皇主义者控制的长州,对这

---

① 大久保在 1864 年末给西乡的建议见 Kutsuda, Ōkubo, 1:588-591。他建议西乡放弃参与征讨长州的军事行动,回到萨摩处理军事改革事务,这些事务更为紧急,能给他的努力带来更大的回报。

② 西乡致大久保,1864 年 10 月 16 日,见《大西乡全集》,1:499-504,第 496-499 页。

③ 我的关于 1865-1866 年间幕府对长州的政策以及萨摩与这些政策的关系的讨论,主要是基于 Craig, Chōshū, pp. 302-311;Iwata, pp. 85-88;Kutsuda, Ōkubo, 1:598-599, 607-649。

两项要求都没有做出回应。于是，在5月13日，幕府宣布再次讨伐长州，此次将由将军亲自率领。他在6月15日抵达大阪督导集结军队。

对这些发展，萨摩最初是迟疑不决的。大久保在1865年2月被派往京都劝说朝廷反对幕府的这些政策，并很快确保得到了朝廷敕令。这份于3月28日发出的敕令指示幕府把关于长州的决定推迟到将军抵达之后做出。同时，朝廷指出，参觐交代应该恢复到1862年采取的形式。在家茂于6月抵达大阪之前，幕府没有对这些要求做出回应。实际上，直到此时，幕府老中一直以毛利拒不服从为由，要求将他处死并没收其藩国，尽管许多大名，包括越前、备前国、因幡、纪伊和熊本的藩主，公开反对江户的做法，他们认为如此举动将很可能导致灾难性的内战爆发。

面对幕府的顽固不化，大久保发现朝廷不可能再有所作为。然而，他认为既然这么多的雄藩大名不愿采取行动，那么长州面临的军事威胁也是微乎其微的。西乡的思考更加深入。他在六月份写道，如果再发动一次远征，更有可能遭受损失的将是幕府而非长州："远征不会增加幕府的威望，相反将在全国引发动乱；德川家的命运每况愈下。"[①]到10月份，他坚信江户将无法消除大名的疑虑。"幕府无法独立完成对长州的报复，"他说，"它也没有正当理由向各藩国征召部队。"[②]

大久保在写给他在欧洲的一些同事的信件中，更加清晰地道出了事态对幕府权力和萨摩政策的影响："如果将军在如此张扬的开始之后一无所获地回到江户，那么，毫无疑问，他的命令将被越来越多的人违抗，雄藩大名将倾向于绕开他各行其是。因此，我们必须全力以赴完成富国强兵的任务。唯有如此，我们才能把我们所有的

---

① 西乡致小松带刀，1865年6月27日，见《大西乡全集》，1：645-646。

② 西乡致大久保和蓑田伝兵卫，1865年10月12日，见《大西乡全集》，第647页。

力量,即便只是一个藩国的力量,用于保卫朝廷,让天皇威震天下。"①大久保还写道,将军在大阪集结的部队的健康和士气都很低落,而且,部队在战场坚持一个月就需要花费50万两,因此,这些部队的集结几乎肯定达不到为制服长州所需要的时间。

从这里可以清楚地看到,到1865年秋天,大久保和西乡已经相信,对于他们所理解的国家需求来说,幕府的所作所为不但无所帮助,而且非常危险。因此他们对幕府的行动持拒绝合作态度。不过,他们还没有做好与他们的传统对手长州结盟的准备,仍然倾向于依赖"单个藩国的力量"。

促使他们改变这一立场的似乎是11月份就天皇批准对外条约所引起的争端。② 通过1864年下关军事行动中缴获的资料,某些西方代表早就知道朝廷鼓励藩国对西方的仇视。结果,当1865年4月江户通知他们希望推迟支付与此事件相关的第二笔赔款时,他们抓住机会提出了新的要求。一个是提前开放兵库港,另一个是削减进口税率。比这些更加重要的是,他们要求天皇向公众宣布所有这些条约都得到了他的认可。7月抵达日本的新任英国大臣哈里·帕克斯(Harry Prakes)率先提出了这些主张;又由于将军已经同他的大部分阁僚前往大阪,帕克斯劝说他的同伴也赶赴那里,一支舰队大张旗鼓地与他们同行,作为谈判的后盾。

外国人的这些要求在1865年11月被递交到身在兵库锚地的小笠原长行手中,并在家茂的幕僚中引起了轩然大波。这些幕僚明白朝廷吃硬不吃软,为此,他们建议接受这些要求,并辅之以将军辞职

---

① 大久保致新纳中三和町田久成,1865年9月23日,见《大久保利通文书》,1:297 - 299。新纳和町田是当时与萨摩使团同在欧洲的高级官员。《大久保利通:日本的俾斯麦》,第88页给出了这段话略有不同的翻译,并以石垣和上野为受信人(新纳和町田因避免攘夷批评而为他们的欧洲之行取的假名)。
② 关于这一事件的讨论,见 Fox, pp. 164 - 170; Beasley, *Select Documents*, pp. 290 - 305。

的请求。他们警告,当幕府还在与长州处于争端之时进行一场对外战争将带来灾难性的后果:日本将"生灵涂炭",德川家族将"危在旦夕",天皇的安全也将"遭到威胁"①。

这种因害怕外国人可能直接与京都打交道而引起的恐慌,最终导致江户的代表就对外事务发表了正视现实的公开声明,而这正是岛津久光在过去三年一直要求幕府做的。在京都的幕府人员——一桥庆喜、松平容保、小笠原长行——宣称他们与江户团结一致。接下来,通过他们在朝廷高级官员中的影响力,他们打消了天皇和大部分公卿的疑虑,朝廷对条约的认可终于在 11 月 22 日得以宣布。幕府的老中们自己又加上了修改关税的承诺。॥

对幕府来说,这是一个代价巨大的胜利,特别是因为它对国内时局的影响。与江户一样,朝廷和藩国认识到当幕府和长州的争端就要演变为一场内战的时候,对外危机是极为危险的。॥ 然而,朝廷和藩国将这看作解决长州争端以团结国家抵御西方的理由,而不能让幕府借机躲开对外问题的压力,恢复实力。大久保和西乡分别在京都和大阪代表萨摩为使人们接受这一观点而全力以赴。

11 月 9 日大久保和朝彦亲王进行了私下会谈,后者是朝廷最有影响力的人物之一。他得知朝彦以及其他一些人已经尽他们最大的努力劝说一桥庆喜和松平容保重大事宜需要与雄藩大名协商,但没有什么效果。为此,现在朝廷好像就要接受幕府的立场了。如他事后向西乡报告所表明的那样,大久保对此极为不满。他告诉朝彦,朝廷支持幕府讨伐长州,势必引起藩国的齐声反对:

> 如果朝廷赞同了这一提议,就等于是发布了一条与正义背道而驰的敕令。没有一个支持朝廷的藩国会遵守

① 将军致天皇,1865 年 11 月 18 日,见 Beasley, *Select Documents*, pp.297 - 299。

它……因为有悖正义的天皇敕令不是天皇敕令,从而无需
遵从。当前的问题只关系到两个藩地即长门和周防(即长
州);但如果有一天,各藩都拒绝服从镇压这两个藩地的命
令时……那该怎么办?现在人民的不满都集中在幕府身
上。如果有一天这种不满转移到朝廷身上,就是由于朝廷
因自己的行动而将幕府的麻烦惹到自己身上。①

接着大久保否认他是在为长州辩护,或者是在推动倒幕;但他
非常清楚地表明他以朝廷可能失去与萨摩的同盟关系来威胁朝廷。
此外,他的行为方式,即便考虑到他关于对话的描述有夸张的成分,
仍然明确透露了他所理解的尊皇主义(勤王)。

在这次会面以及后来与关白二条齐敬的会谈中,大久保相信他
已经成功地使朝廷坚定了抵制幕府观点的立场。于是他进一步采
取措施促使雄藩大名集聚京都。西乡前往萨摩迎接岛津久光,吉井
去宇和岛迎接伊达宗基,而大久保则亲自前往越前迎接松平春岳。
然而,风云突变。在大久保回到京都的那一天就传来了将军辞职的
威胁,并在没有一位大名抵达的情况下,促成了一项有利于幕府的
决定。派天皇特使到外国公使那里(由萨摩护送)以求得延迟做出
决定这一最后一刻的努力,也因幕府的突发举动而遭否决。因此,
这个只有在雄藩大名在场的情况下,才敢于有所决断的朝廷,再次
被证明无法成为反幕政治的有效工具。

大久保承认失败。因为这一失败,日本没有实现基于大名之抉
择、天皇之认可的"真正的开港",为此再次受累于幕府"优柔寡断
的"外交政策。从这里可以得到如下教训:萨摩必须为了日本而加
倍努力;同时还要追求自己的事业——尊藩,即"尊崇藩国",而无需

---

① 根据大久保致西乡(1865年11月11日)的长信对这次会见详细的描述,见《大久保
利通文书》,1:307-321,第311页。

顾及这可能在公卿、幕府官员以及其他封建藩主那里引起的猜疑。①西乡同意大久保的这一看法。②

实际上，这些经历已经使两人得出一系列相似的结论。首先，他们相信，得到一桥庆喜和松平容保支持的（如果不是在他们领导下的）幕府，完全只顾及它的"私"利而置国家利益于不顾。其次，他们深信，在任何使将军的参谋们的行为有所改变的努力中，天皇朝廷尽管可以赋予人们的行动以合法性，但终究不是可靠的盟友。第三，他们已经意识到，在将来的任何决战中，他们自己的藩国，如果需要的话，必须做好独自作战的准备。换句话说，他们已视自己为通过富国强兵拯救国家的倡导者，因此，他们认识到他们与江户的关系将是决定国家命运的关键，而公武合体已不是这一关系可以依赖的合适形式。正是这一对时局的判断使他们更加积极地走向与长州的联盟。

而在上一年就已出现了朝着这一方向的进展，西乡和大久保在11月危机时一定有所了解。③ 分别服务于萨摩和长州的两个土佐浪人坂本龙马和中冈慎太郎从1865年春起就在为实现这一目标而努力，而当时西乡在幕府和长州之间的斡旋似乎为此营造了良好的氛围。正如中冈在当时所写的那样，残存的尊攘志士只能将他们"终有一天建立自己的国体并彻底驱除夷狄屈辱"的希望寄托在萨摩和长州这两个藩国之上。④ 然而，由于它们之间的敌对传统以及整个为了阻止这种"横向"联系而设计的德川体制，要使两者走到一

① 大久保致伊地知贞馨，1865年11月30日，见《大久保利通文书》，第337-342页。
② 西乡致大久保和蒹田伝兵卫，1866年1月22日，见《大西乡全集》，1:678-686，在这封信里，西乡反复强调了他的信念，幕府权威正在"衰落"，并且表示对萨摩独立于幕府之外行动的能力有信心。
③ 关于长萨结盟的谈判可见于Jansen，*Sakamoto*，pp.211-222；Craig，*Chōshū*，pp.311-319。
④ Jansen，*Sakamoto*，pp.210.

起并非易事。两个土佐人安排木户和西乡会面的第一次努力在
1865 年 6 月无果而终就证明了这一点。但他们并没有退却,而是采
取了一种间接途径,提出了一项贸易合作计划,长州因抵抗幕府而
产生的武器需求,可以通过萨摩在长崎的代表英商托马斯·格罗佛
(Thomas Glover),与坂本以萨摩的名义经营的航运组织海援队的
合作而得到满足。

坂本的这一计划得到了西乡的认可;井上馨也在长州提出这一
计划,并劝说木户支持此计划。然后,木户以萨摩、肥前以及肥后这
些最具实力的九州岛藩国都在加速重整武装,而长州以"决不能因
为执着于尊皇主义(勤王)而被甩在它们后面"为由,打消了其他长
州官员的疑虑。① 结果,井上和伊藤博文被派往长崎,在萨摩的协助
下处理武器贸易,作为回应,长州同意为萨摩驻扎在日本中部的军
队提供大米。

一旦这些实际的事务得以确定,就为直接的接触铺就了道路。
这发生在长州大名和世子联名写信给岛津氏父子提议展开正式对
话的 1865 年 10 月。② 从这封信的语调看(批判幕府并称赞萨摩的
"尊皇主义"美德),显然长州人心中已有某种政治协议的意向,但
是,在萨摩有机会做出回应之前,就发生了关于天皇批准条约的危
机。危机结束,各方的态度发生了根本的改变。萨摩对幕府的敌意
得以确证,幕府也坚定了再次出征讨伐长州的决定。其结果是这两
个藩国被推到彼此的怀抱。

即便这样,最终的正式合作成立也相当不容易。1866 年 1 月,
西乡派出信使,邀请木户在伏见与大久保以及他本人进行会谈。尽
管有来自长州非正规部队的反对,他们认为萨摩应为他们 1864 年在
京都的失败负部分责任,木户坚持前往,并于 2 月末抵达伏见。然

---

① 木户致广泽真臣,1865 年 10 月 16 日,见《木户孝允文书》,2:103 - 105。
② 信件署名日期为 1865 年 10 月 27 日,见于 *Ishin-shi*,4:458 - 459。

而,他们还是经过好几天毫无结果的讨论后,才因坂本龙马的调停
而达成共识。这样,他们在 3 月 7 日才起草并签订协议。在这个协
议中,萨摩承诺,在敌对行动发生时,它将为长州向朝廷和幕府求
情;如果调停导致幕府对萨摩采取行动,有条件的军事联盟也将生
效;一旦斗争结束,双方誓要为"重建天皇威望"而合作。木户在写
给坂本龙马的信中就是这样总结这一协议的。在这封信里,他把这
个联盟形容为"我们天皇大地重生再造中最为重要的事情"①。

在这个联盟是走向倒幕的决定性一步这个意义上来说,木户是
正确的。要记住,这个安排还是秘密的。但一旦为人所知,它们也
终将为人所知,难以想象由此导致的权力争斗将以先前情况下雄藩
大名所达成的那种方式妥协告终。毕竟,这是对幕府法律的根本违
抗,比"公武合体"名义下大名设想的任何事情,都更加具体地反对
将军权威的延续。此外,是平侍策划了这一切,他们甚至没有足够
高的出身,以像他们的大名那样,免于失败所带来的最坏结果。既
然已经开始,他们别无选择,只能一路向前。

遭到攻击的幕府

1865 年末,幕府官员已经很清楚,江户权威的废存系于与长州
的争端。ⁱᵛ他们也开始怀疑将军亲自率军远征的威慑力,是否足以在
没有战争的情况下解决争端——他们原先就是这么希望的。接着
在 1866 年二月初,长州领导人拒绝了任何以交出长州领地为代价来
解决问题的可能性。由于雄藩大名不愿参加远征已是众所周知,幕
府最终决定修改他们的条件,并在 1866 年 3 月 5 日(萨长联盟结成
的两天之前)同意如下条件:毛利敬亲及其子辞职,让位于一个年轻

----

① 木户致坂本,1866 年 3 月 9 日,见《木户孝允文书》,2:136 - 142。协议是由木户代
表长州、西乡、大久保和小松代表萨摩、坂本作为见证人签署的。

的继任者;长州的领地削减 10 万石高;对逃到长州避难的极端分子和浪人采取行动。小笠原长行被派往广岛向长州的代表传达这些条件。

长州再次以静制动,一方面坚决不让步,另一方面不做明确回复。这就把事情一直拖到 7 月初;但到此时,小笠原的最后通牒已经过期,战争已不可避免。在几天之内,幕府的主力,包括纪伊和彦根的军队,沿着日本海岸线从广岛开始进发。但它很快就被击退。另一波从四国出发针对南长州的进攻也被击退(部分是因为英国反对任何可能干扰海上贸易的行动)。计划从琉球发起的第三波进攻则被高杉预料到,他抢先攻占了下关海峡对面的谱带据点小仓,从而阻止了他们的进犯。事实上,在几个星期之内,幕府的每 次进攻都被控制或击退,幕府的征伐显然已告失败。而此时的江户幕阁又因将军家茂在 8 月 29 日的离世而陷入进一步的动荡之中。于是,内外交困的江户幕阁决定放弃征伐;并于 10 月 10 日,由胜海舟执行幕阁的指令,签订了停战协议,结束了零星的战斗。

从这些事件中,人们可以发觉一股反幕府的浪潮在整个日本的兴起。即使在战争开始之前,就有谣言肆意流传——越前似乎就是这些谣言的发源地①——说胜海舟、大久保一翁和其他主张对雄藩大名实行和解政策的德川官员,已经彻底输给了以小栗忠顺为中心的那一派人,他们认为改革首先应该作为增强幕府实力以对抗大名的手段。正因为这个原因,除了萨摩之外,许多藩国也都拒绝派兵参加对长州的征伐,或者找理由按兵不动。② 这一不安因经济状况的恶化而加剧,而经济状况的恶化则主要是因为军事开支造成的财

---

① 参见记载于松平春岳记录中的多封信或谈判,它们发生的日期是从 1865 年 11 月 30 日到 1866 年 4 月 2 日,见《续再梦纪事》,4:356–358 和 5:54–57、71–74、80–82。

②《续再梦纪事》5:210–213 报告了松平春岳与一桥庆喜于 1866 年 8 月 17 日的一次谈话。

政紧张所带来的。米价在 1865 年翻了一番,第二年又涨了三倍。^v因此并不奇怪城市及附近的乡村暴乱迭起,尤其是在有大量军队集结的大阪及其周边地区。正如松平春岳在 7 月中旬写给胜海舟的信中所指出的,在如此明显的民众暴动面前,幕府发动征伐,势将使国家分裂,并彻底崩溃:"它可能危及幕府的权威,并最终毁掉这个国家。"①

有的学者基于这一言论以及相似的说法,认为这些暴动(以及当时更为常见的农民暴乱)起到了弥合统治阶级内部各等级间分歧的作用,暴动给统治阶级对日本社会的控制构成威胁。② 至少就大名而言,这个论断也是有相当的根据的,因为统治阶级做出这一反应与我们已描述过的大名"公武合体"的观点是很一致的。不过,我们一定不要忘记,甚至对于大名来说,农民暴动的整个问题存在于外来威胁的背景之下。例如,岛津久光及世子在 1866 年 8 月 18 日提交给朝廷的呈文中,就道出了一个为许多人持有的看法:他们指责江户不顾一切要惩罚长州,从而使国家陷入外来威胁之下。③ 他们在强调幕府的对外政策"在各地都招致了普遍的批评和反对意见"之后,宣称对于那些除了"拥护朝廷、辅佐幕府以及守护自己的领地"之外别无所求的藩国来说,江户现在似乎已经无力领导这个国家了,这首先是因为它对长州的所作所为。他们还注意到近来各地都传来了民众动乱的消息。即使是在大阪和兵库,尽管人们原本还希望德川部队在那里的大规模集结至少能够维持当地民众之间的秩序,然而,就是在那里,"商人和最低贱的阶级依然藐视法律,对幕府权威没有丝毫的敬畏。"价格的上涨以及一些地区干旱的迹象

---

① 松平春岳致胜海舟,1866 年 7 月 15 日,《续再梦纪事》,第 172 - 175 页,见第 124 页。

② 特别参见 Toyama,pp. 179 - 183,193。

③ 这封信的内容见于 *Shimazu Hisamitsu Ko*,5:49A - 59A。

显示情况将会变得更糟。岛津氏认为(作为对松平春岳的呼应),在这种情况下发起内战,必将日本置于"被不断上升的冲突浪潮撕成碎片"的危险境地;在外来威胁不断的情况下,这只能说是一种很不负责任的做法。幕府本该专心于"改革行政和复兴国家"。既然它没有做到这一点,这项任务现在就理所当然地落到了朝廷以及和朝廷并肩作战的人身上。

这很难说是封建藩主面对民众暴动时能保持阶级团结的证据。这封信所预示的,除了要兑现萨摩对长州的承诺外,取决于人们如何理解该信就"修正政治结构"所做论述的解释,在那里,没有对这一修正的性质给出任何具体的界定。从西乡对胜海舟和大久保一翁公开的尊崇来看,[①]他个人脑海里所想的,想必也是他此时正督促岛津氏去做的,乃是发起某种雄藩会议,因为这是众所周知的胜海舟及其朋友赞成的做法。这一观点可以从英国公使哈里·帕克斯在访问鹿儿岛后写下的一封私人信件那里得到支持。他对岛津的官员的态度做了这样的描述:"他们对将军并没有恶意,只是希望改变体制,并不追求更迭王朝;领地上的贵族应当被允许在国家事务的管理上,或者至少在国家事务的立法上,有发声的权利。"[②]这与萨摩早前"公武合体"的观念的差别并不大。或许,它意味着一种更加正式的制度框架,但这距"明治绝对主义"还有很长一段路。

人们同样也不能认为在这一问题上,长州的思考有任何超出萨摩水平的见解,尽管它有着更长的反幕府活动记录。例如,木户在 1866 年 8 月写给品川弥二郎的一封长信中,讨论了对内战的反应(这封信充满了对幕府攻击长州行为的愤怒,尤其是对造成大量

---

① 在一封致蒉田坛兵卫(1866 年 4 月 3 日)的信中,西乡评论说,幕府不听取胜海舟和大久保一翁的建议,正在走向自我毁灭。见《大西乡全集》,1:727。

② F.O.46/69,帕克斯致哈蒙德,私人信件,长崎,1866 年 8 月 2 日。

妇女儿童伤亡的长州沿海炮击的愤怒），但并没有提及幕府讨伐长州失败在**政治上**的可能带来的结果。他说，"为了一时的愤怒就将国家的所有人都置于悲惨境地"的政策使人们开始怀疑将军统治国家的权利。① 不过，他没有试图进一步解释这一论断的深层含义。

实际上，在几个星期后写给九州某藩国官员的信中，他没有过多提及江户的罪行，而是着重强调了对外政策和封建阶级的责任。他认为，只要日本仍然不能在与世隔绝和完全意义上的开国之间做出决断——前者因天皇对条约的确认而告终结，后者仍不被国人所接受——它将总是被事态的发展牵着鼻子走。那么，这种犹疑不决的责任究竟在谁呢？在大名，他们"剥削他们领地上的农民，闲荡度日，沉迷酒色"，并且"不顾国家面临的危险，过着享乐的生活，其行为举止好像对他们周围的世界一无所知"。而"他们的陪臣效仿他们的做法，奴仆又效仿陪臣的做法"，使得情况变得更加糟糕。在这种情况下，木户说，"人们又如何知道何日见青天呢？"Ⅵ 这里既有吉田松阴的余音，也有后来引领木户摧毁整个封建体制的思想路线的征兆；但没有任何可付诸实施的关于幕府命运的言论。

如果说，在这个阶段，木户还没有认真思考幕府和藩国之间斗争的结果这一更大的问题，那么，有一个人这么做了。他就是朝廷公卿岩仓具视，他首先意识到，无论这一斗争结果如何，它都不必然使朝廷获益。在他于 1866 年秋天也即上面提到的两位岛津氏的呈文之后写的一份呈文中，他把岛津氏指出的江户对长州政策已引起众怒的观点拿了过来，并将其转化为朝廷应采取主动的主张。② 他说，"只有完成对长州的征讨，幕府才能在雄藩大名中维持威信。"在

---

① 木户致品川弥二郎，1866 年 8 月 23 日，载《木户孝允文书》，2：208－218，第210 页。

② 1866 年 8 月［9 月 9 日－10 月 8 日］，载《岩仓具视关系文书》，1：249－255。

这种情况下,京都可能保护自己的一种做法便是声明支持幕府,认定萨摩为叛乱者。另一种也是木户认为更可取的做法是,朝廷可以利用封建大名的意见,以服务于恢复天皇的统治(王政复古)。用他自己的话来说:

> 现今国家政治的所有问题,无论是维护和平还是爆发内战,以及我们是驱逐外国人还是与他们建立友好关系,都取决于天皇的命令。如果朝廷能唯以公共利益为重,大公无私,在听取建言并权衡各方意见之后再做决策,那么所有的舆论都会如同山泉一般,义无反顾地追随朝廷……自 1862 年以来,天皇的权威一直处于回升再兴的过程,而幕府的权力则每况愈下……这在很大程度上归因于国内尊攘志士的有力干预和活动……因此,我认为现在是重建皇室江山的时候了。认识到了这一点,天皇就应该发布命令告诉幕府,从现在开始它必须抛弃自私自利的做法,按照公共原则行动;天皇的统治必须恢复;在此之后,德川家必须与雄藩大名共商国是,为天皇服务。在传达这些指示时,还必须指出,让幕府……放弃其行政权力的目的,是为了使重振国威、战胜外国人成为可能。为达此目的,国家必须团结。为了使国家团结,政策和行政就必须出于一源。而要使政策和行政出于一源,就必须使朝廷成为全国政治的中心。这样才有可能遵守上天的旨意和民众的意愿。①

除此之外,岩仓补充道,将军的核心幕僚(一桥庆喜、会津藩主和老中)也充分认识到舆论已经转向反对他们的世袭权力。但是,

---

① 1866 年第 8 月[9 月 9 日-10 月 8 日],载《岩仓具视关系文书》,第 251-254 页。

他们与这个政权的干系太深了——他称之为"骑虎难下"——以至于不会甘愿承认失败。然而,作为现实主义者,他们仍可能欢迎一种能使他们保存德川家(如果不是它的特权的话)的和解,从而使他们得以逃脱进退两难的境地。

鉴于数个世纪的孤立无援造就的谨小慎微的态度在朝廷高级官员那里已是根深蒂固,岩仓的提议尽管非常机智,但当时却没有什么付诸实施的可能。为了做到这一点,朝廷内部必须发生权力转移。其实,岩仓的提议,甚至在雄藩大名那里,也不能完全接受:越来越反映大久保和西乡主张的岛津久光,[①] 仍然把重点放在领主的独立上,这与真正的天皇统治存在着潜在的冲突;木户,就其作为长州的代表而言,已经走向一种远远超越岩仓所愿意接受的尊皇主义。而在其余的即像土佐和越前那样与德川有更紧密关系的藩国那里,岩仓的解决之道获得接受的可能性,在 1866 年显然小于在 1867 年。

在接下来的 12 个月中改变这一局面的,不是出于对农民暴动引起自下而上的革命的惧怕,而是由于对在一个重整旗鼓的幕府下异见分子将遭到镇压的预期。1866 年 8 月家茂去世之后,人们一致认为后继人非一桥庆喜莫属。然而,庆喜却犹豫了,主要是因为他怀疑幕府有多大的胜算机会。因此,他建议应该通过大名会议选出新的将军;这次会议还要就国内外的重大政策议题做出决策;随后还要发起一场行政改革运动。[②] 在这一过程中,庆喜受到了如大久保一翁和胜海舟这样的"自由派"幕府官员的支持——胜在几年前就

---

① 大约在这个时期,大久保关于萨摩的目的的论述是,"[与长州]讲和,摧毁幕府权威,为朝廷威望的复兴打下基础"(大久保致西乡,1866 年 10 月 16 日,《大久保利通文书》,1:410)。

② 庆喜是在 1866 年 9 月 5 日在京都与松平春岳等会面时表述了这些观点的。见《大久保利通文书》,1:410。

评论道,如果江户希望使日本强大,而不仅仅是使德川永远统治下去,那么幕府就必须自行让贤①——庆喜在 10 月向主要大名发出信件,邀请他们到京协商。然而,大部分大名,因害怕牵扯到对他们来说过于危险的事务,而选择了避让;又因为萨摩的公开反对(这还是往轻里说的),会面的计划被取消。

结果,庆喜被他以前公武合体的盟友空前地孤立起来,这显然使他相信改革如果还能得到实施的话,必须由幕府来做。对这一问题,接受了胜海舟的建议,他在 1866 年 10 月 10 日向老中提出了最初的这些想法:在官员中提拔有才之人;军事改革,包括分设陆军和海军;财政经济;对条约国更加开放的态度。② 其后,在他继任将军时(1867 年 1 月 10 日),他接到法国公使莱昂·罗切斯(Léon Roches)基于相似思路的一揽子改革建议;③他也开始支持幕府内部一部分改革者,他们的政策建议,不但着眼于增强日本的实力以对抗西方,而且致力于增强江户的实力以对抗它在国内的对手。

这些改革者中级别最高的是两个老中,板仓胜静和小笠原长行,他们一直是庆喜在京都政治中的左膀右臂。等级稍低的是一些在中层行政中处于关键位置的"专家":在 19 世纪 50 年代任堀田正睦幕僚的永井尚志,他因与一桥派的联系而在 1858 年被贬,但在 1864 年底重新获得重用,被任命为大目付和外国奉行;小栗忠顺,他于 19 世纪 60 年代在勘定奉行这个财政职务以及与军事、外交相关的职务中越发突出重要;还有胜海舟,他是西乡隆盛的好

---

① Tanaka Akira,pp. 242 - 243.

② 庆喜建议的文本载于 Shibusawa, Tokugawa Keiki, 6:460 - 461。胜海舟关于这个问题的备忘录(写于 1866 年 9 月 1 日)见《续再梦纪事》,5:275 - 277。在这个备忘录中,改革的问题是以比庆喜的文件更为直率的方式论述的;改革还包括了另外几项内容:与雄藩大名合作,从而使政策能够建筑在共识的基础之上;制造西式船舰和枪炮;促进贸易、科学和工业。

③ 有关罗切斯的活动和建议的讨论,见 Ōtsuka;Sims, pp. 67 - 114。

第10章
维新运动

友,也是幕府海军事务的首席专家。以当时的标准,这些人对西方的了解不可谓不丰富。胜海舟和小栗忠顺都于1860年参加了赴美国外交使团;这个集团中还有外国奉行栗本锄云,他是罗切斯的翻译梅尔麦·德·加松(Mermet De Cachon)的朋友。此外,他们还得到了一些在欧洲受过训练的年轻日本人的支持,他们中有西周和津田真道,两人在1866年刚从莱顿回来就成为幕府的幕僚。①

这些幕府的改革者尽管在对德川家族的政治利益的投入程度上各有不同,但他们在军事和经济政策上都达成了广泛共识。在他们的领导下,有关扩大幕府军队规模,以西方模式将军队重组为步兵、骑兵、炮兵的措施得以采用。1867年2月,一个法国使团到来,帮助幕府训练军队。横滨炼铁厂的修建已经得到了法国的帮助,而伴随着炼铁厂的修建,出现了一所向官员和当地居民的小孩教授法文、数学和其他西方学科的学校。除此之外,一个大型造船厂于1866年在横须贺开工建设,同样是在法国人的指导下建造的,只不过它直至维新之后才竣工。为了支付这些建设所需的费用,双方达成了成立一家法日贸易公司的协议;该公司由法国和英国资本支持,享有经营日本商品特别是丝绸出口的特权,相应地它组织进口舰船和武器,以为幕府之用。

改革的进程早在家茂去世前就已开始。1865年2月签订了建造横须贺造船厂的协议,差不多与此同时,横滨的炼铁厂也开工了。栗本锄云在第二年的夏天被派往巴黎,安排机械设备、工程专家和教员的引进,并在几个月后,即9月份提出了建立合资企业的计划。换句话说,幕府"富国强兵"的计划与我们此前讨论过的萨摩计划差不多同时起步。除此之外,萨摩与比利时之间的利益安排同幕府与法国之间的利益安排有很多相似之处。富国强兵,对幕府正如对藩

---

① 有关西周和津田真道在莱顿的活动及其后作为幕府幕僚的活动,见 Havens, pp. 48-65。

国一样,本质上是对 1864 年"攘外"失败做出的反应。

然而,这一事实并没有带来**政治上**的团结一致。在萨摩,正如我们看到的——在长州、土佐和肥前也是一样——人们认为只有首先保住藩国,才能实现"富国强兵"救日本的目标。幕府官员同样也这样主张,但一个很重要的不同点:他们能够声称他们的将军代表国家,这决定他理所当然是忠诚的对象,而绝非犯上作乱者。这就使他们接受外国援助成为理所当然的事情,而根据西方的法律,外交官有权提供对外援助。因此,当 1867 年 3 月,罗切斯在大阪会见庆喜和板仓,提出能使幕府重申对藩国的权威的更加激进的计划时,幕府没有立即予以回绝。

罗切斯的提议读起来很像是很多明治政府将要做的事情的预演:与雄藩大名协商,佐之以他们对重组的中央政府的绝对从属;行政改革,包括设置处理财政、外交、司法、军队、海军等其他事务的专门机关;鼓励贸易、制造和采矿;向商业收入征税与削减武士的俸禄;安排武士进入农业和商业;以及向谱代大名征收现款支持职业军队的建设,军队将从更有能力和效率的幕府陪臣中征召士兵。①

罗切斯提议中的一些措施很明显与已经开始的改革非常契合,实施起来也不会有很大的难度。几乎与此同时,一些老中就被任命负责不同的政府职能(财政、外交和国内事务、军队和海军)并开始组建相应的政府部门。出现了许多打破以往身份局限的提拔。比如,永井尚志被任命为若年寄。同样采取了一些措施从幕府追随者那里募集资金,以支付军事改革的开支。

尽管如此,要说服一个封建政权废除封建主义,即使是作为保存它权力的途径也不容易——事实上,罗切斯正努力要做到的就

---

① 见 Henjo, "Leon Roche," pp. 188 - 193;Honjo, *Economic theory*, pp. 179 - 182.

是这一点。诚然,也不是每一个官员都完全反对这一提议;[vii]但很明显,像庆喜这样最有影响力的人,与人数众多且力量强大的幕府保守派一道,发现自己无法把对将军特权的支持,同维持现状这一更为普遍的意愿分离开来。罗切斯关于税制结构和封建阶级地位的提议,以及他关于政府的大部分言论,都是他们无法接受的。

然而,对于幕府的反对者来说,幕府认真改革的努力姿态才是当务之急,这足以引起了他们的警觉。岩仓具视在 1867 年 5 月将庆喜称为"不可轻视的对手";木户也说道,如果庆喜的计划取得成功,那么情况"就如家康再生一般"。① 英国公使哈里·帕克斯这样写到庆喜,"他似乎是我所见到的最为强势的日本人,他很可能会在历史上留下自己的印记。"②英国翻译官萨托甚至向西乡暗示"革命的机会还没有丧失",因为如果幕府与西方列强达成解决的方法,"那么就得向大名的机会说再见了。"③

实际上,西乡和他的朋友无需萨托来告诉他们这一点。木户认为当前的形势需要立即采取行动,他写道,日本"将陷入幕府和法国的魔爪中,如果朝廷的权威不能很快得以重建的话"④。山县有朋在 1867 年 2 月听说江户有计划再次攻打长州时,甚至提议九州宣布从德川统治中独立出来,置于以岛津为首的大名联盟的控制之下,四国和本州西部的藩主随后也会加入进来。⑤ 西乡和大久保写信给岛津久光,阐述了他们自己的目标:"国家的整个行政必须再次托付给

---

① 两个引文均见于冈义武,《近代日本的形成》,第 95 页。木户指的是德川家族的创始人德川家康。

② F.O. 391/14,帕克斯致哈蒙德,1867 年 5 月 6 日。

③ Satow, *Diplomat*, p.200.

④ 木户致品川弥次郎,1867 年 6 月 18 日,载《木户孝允文书》,2:300。关于木户对王政复古的看法这个具普遍意义的问题的讨论,特别参见 Umetani, pp.341-350。

⑤ Tokutomi, *Koshaku Yamagata*, 1:710-711.

朝廷；将军的地位必须降为雄藩大名中的一员，并与他们鼎力合作、辅佐朝廷；政策的决定必须考虑到国家的大局利益；对外条约问题的处理也必须留给朝廷，比照通行的国际惯例处理。"①

这些想法的形成很大程度上归功于岩仓具视，他现在已成为西乡在朝廷的首要盟友，与大久保合作密切。不过，岩仓在更为广阔的背景下阐明了这一点："天无二日，地无二主。显然，一个国家只有诏令统一，才能生存下来。如果朝廷和幕府像它们现在这样继续共存下去，那么，我们将既不能实现真正的攘外，也不能与外国建立真正的友好关系。因此，我迫切希望能够采取有力的措施废除幕府。"②他同样认为德川家应该"被降为雄藩大名的级别"。

从所有这些事中我们可以清楚地看到，1866 年和 1867 年初发生的这些事件，不仅因其显现了幕府东山再起的征兆，从而使反幕府的藩国有了更加强烈的紧迫感，而且还促使他们更加细致地思考现存体制的替代方案。原先具协商性质的大名会议的模糊概念（这个架构尚给幕府留下了行政执行的职能），现在被一个全新的计划取代。在这个计划下，将军的职位将被废除，一个以朝廷为中心的政府将得以成立，而在这个政府中，德川家将仅仅扮演一个封建大名的角色。

在这个阶段所发生的变化是逐渐实现的，这一点也反映在英国公使帕克斯的通信中，而他是驻日外国使节中消息最为灵通的人。[viii]1866 年 5 月，在幕府和长州的战争爆发前不久，帕克斯就认为岛津希望"通过提升天皇的权力（他预期自己能对天皇施加决定性的影

① 西乡和大久保备忘录，1867，第五个月[约在 6 月 12－16]，载《大西乡全集》，1：840。
② 岩仓具视致中山忠能和正亲町三条，1867 年 5 月 29 日，载《岩仓公实记》，2：35。
还有一个岩仓于 1867 年第三个月[4 月 5 日－5 月 3 日]写的长篇文章，显示了他就所有这些有关行政安排的影响上的详细的思考，不知比他的同代人要往前走了多少。见《岩仓具视关系文书》，1：288－300。该文章的内容将在后面考察有关新政权的观念的发展的背景下予以讨论。

响），来压制被他视为对手的将军的权力"①。10 月，当帕克斯听说
庆喜与众藩主计划中在京都的会面时，就推断了他们各自的观点：
庆喜"希望他的职位必须具有实质意义，而不能仅仅是名义上的"，
然而，藩主们却希望确立"天皇和将军间的相对权力关系……并给
予他们明确的地位参与国家事务"②。

此时，帕克斯对双方达成妥协还相当乐观。他认为庆喜继任将
军将提供"相对于人们之前所期待的更好的机会。"③然而，到了年
底，当很明显计划中的协商实际上并没有发生时，帕克斯开始动摇
了。庆喜的幕府支持者"显然倒向了绝对主义"，他注意到，尽管他
们在 1862 年参觐交代制度调整后不再有实力强迫藩主；而且庆喜能
否"通过劝说或更加强硬的手段"说服大名还有待观察。④ 接着传来
庆喜就任将军的消息，这显然加深了双方的分歧。"萨摩人，"帕克
斯说道，"将他的任职视作他们政策的失败，他们希望将将军的权力
置于极大的制约之下，并使一些主要大名能够分享到行政权力或其
中的关键部分。"⑤接下来又出现了幕府将再次远征长州的传言，证
实了帕克斯局势将不断恶化的观点。"我担心的是将军试图使用暴
力而非劝说来镇压大名"⑥。

这些报告的语调使我们很清楚地看到，这位英国大臣对他所认
为的特别是萨摩的目标是抱着极大同情心的。由于从前任那里继
承了不干预日本内政的特别指示，他谨慎地向日本人宣布"我们没

---

① F.O.46/68，见于帕克斯致哈蒙德，1866 年 10 月 31 日。

② F.O.47/71，见于帕克斯致斯坦利，第 180 号，1866 年 10 月 31 日。

③ F.O.46/68，见于帕克斯致哈蒙德，1866 年 10 月 31 日。此处所谈及的机会是通过
"将军和倾向自由主义的大名之间"建立反对"旧的、保守主义大名和天皇朝廷的功
能机构"而实现的。

④ 同上，1866 年 12 月 31 日。

⑤ 同上，1867 年 1 月 16 日。

⑥ 同上，1867 年 2 月 1 日。

有任何意图干预他们将选出来的政府的形式”；但他也指出西方的
利益在于维护条约规定的权利，这就保证了“外国人的同情将很自
然地给予最愿意履行这些义务的那一方”[1]。

在实践上，这第二条原则给予列强进行干预，或者至少做某些
近似干预的事情的理由。帕克斯相信剥夺大名“在他们国家政府中
的发言权”将导致动乱，而这将伤害到英国的贸易。因此，他试图通
过劝说幕府接受分享权利来阻止动乱的发生。与此同时，鉴于战争
爆发而藩主取得胜利的可能性，他也与幕府的对手建立了关系。这
是一种两面下注的政治保险。本着这一政治保险的态度，帕克斯同
样告诫萨摩和长州“在进行宪制变革时必须小心谨慎、深思熟虑”[2]。
在同一时期，萨托在一份条约港口发行的报纸上发表文章敦促列强
“抛弃只承认将军为日本唯一统治者这个早已不合时宜的做法”，并
“与萨长联盟签订条约以补充或替代当前的条约”。他认为，这不是
一场“废除将军的政治革命”，因为它“早已发生了”。它只不过是对
“事态的实际状况”的承认罢了。[3]

鉴于这些行动对日本舆论的影响（此时日本人和外国人都相信
英国已经走向反幕府），以及法国公使里奥·罗切斯越来越多地介
入幕府政事，那么，当我们看到这个国家的下一次大的国内危机也
是由对外事务问题所引起的时候，就毫不奇怪了。具体而言，这个
问题关系到兵库的开放，1867 年 3 月 11 日罗切斯与庆喜在大阪会

---

① F.O.46/68，帕克斯致哈蒙德私人信件(1866 年 5 月 29 日)中包含的备忘录。

② F.O.391/14，帕克斯致哈蒙德，1866 年 8 月 14 日。

③ 引自于 F.O.568。萨托三篇文章中的两篇(写作署名日期为 1866 年 3 月 16 日和 5
月 19 日)在该处全文刊载(第 566－575 页)。萨托(在其日本助手的帮助下)把三
篇文章翻译成日文，并以题名为《英国政策论》的小册子形式流传。参见 Fox, pp.
179－182；Satow, *Diplomat*, pp. 159－160；Ishii Takashi, *Zotei Meiji ishin*, pp.
505－513。萨托总在声称在这件事上他是在帕克斯不知晓的情况下行动的，但我
怀疑他是否敢于做违背上司意愿的事情。

面时提出了这一要求。罗切斯指出,根据1862年伦敦协议的条款,兵库应该在1868年1月1日开放。不能按期开放将使列强相信,幕府若不是不愿实施条约,就是不能将他的决定施加于朝廷和大名身上;这可能会促使列强对幕府使用武力,或者与幕府的敌人直接联系。① 随后不久,帕克斯在一封信中间接地重申了这一警告。在这封信中他把港口的开放视为当然,只是要求就如何在那里开展贸易的条件进行协商。②

庆喜的难处在于早在1865年底,正如我们已经看到的,幕府毫无异议地接受了兵库应保持封闭的敕令。这就使他在行动之前向京都提出申请,变得有必要或者至少比较明智。因此,在1867年4月9日,他写信给朝廷,坦白他并没有采取任何行动实行天皇1865年11月的命令,并要求撤回这些命令。他强调,如果兵库继续保持封闭,将有与外国发生战争的危险。他还认为有必要"采用外国的方式来实现富国强兵"③。朝廷对这两项提议都予以拒绝,将军立即遭到指责,还被要求重新审议,且这次要与大名协商。

庆喜在原则上对这一安排没有异议,但鉴于英国已迫不急待,他认为协商耗时太久,因此,在4月26日,他更加急切地再次提出了他的请求。但在5月3日得到的又是一个直截了当的否决。在接到这一回复24小时之前的一次公开会见中,庆喜还向法国、英国和荷兰的特使保证,条约将会按照签署的条件得到完全实施。

在朝廷这一强硬姿态的背后,存在着某种超出排外情绪(这些情绪确实存在,而且依然强烈)的东西。萨摩似乎因庆喜接受将军的职位而确信他已经彻底放弃了妥协的念头,因此只有通过形成藩

---

① *Ishin-shi*,4:627-628.

② *Ishin-shi*,p.629.

③ 庆喜致朝廷,1867年4月9日,载 Beasley,*Select Documents*,pp.308-310。朝廷和幕府在这个问题上交往的其他文件见第310-311页。

国联盟,才能把他拉回谈判桌——帕克斯的评论也直接证明了这一点。因此,大久保利用他在朝廷的影响力阻止就兵库问题做出决定,[ix]与此同时,西乡和小松则出发游说藩主。到 6 月 3 日,岛津久光、山内容堂、伊达宗基和松平春岳都抵达京都;西乡和大久保着手在他们之间做工作,以求共同达成一个以天皇的名义向庆喜施压的政策。

　　他们的主要建议包括:赦免长州(唯一的条件是其藩主需要隐退),因为它完全是"出于保护整个国家的利益这一真诚愿望"而行动的;开放兵库须伴之以使条约关系"完全彻底由朝廷负责"的措施;就幕府藐视朝廷关于兵库的命令这一"巨大且不可饶恕的罪行"而处罚将军。对将军的处罚包括削减其领地,并令其"加入封建大名阶级作为其中一员"。① 岛津久光颇为勉强地被劝服接受了这些提议(并从其陪臣那里得到关于他应该如何向"狡猾而邪恶的"庆喜提出这些建议的详细指示,包括要从尊重"民意"而非"倒幕"的视点进行谈论)。② 岩仓则开始游说朝廷里潜在的盟友,促使他们相信,现在应该接受兵库开放,因为它已经成为实现王政复古的手段。他指出,只要朝廷通过自己的特使就兵库开放问题谈成协议,朝廷就证明了处理对外事务是天皇而非将军的特权。③

　　接下来需要两位萨摩人做的事仅仅是打消其他藩主的疑虑。但事实证明这并不是一件简单的事情,因为此时他们所提议的,已经远远超越了大名早先所接受的,仅仅是对幕府的权威的限制。实

---

① 这些要点列示于大久保致岛津久光,约 1867 年 5 月 15 日,载 Beasley, *Select Documents*, pp.312-313。

② 西乡和大久保在这个时期为久光准备的各备忘录印行于《大西乡全集》,1:822-849。这里引用的备忘录(署名日期为 1867 年 6 月中旬)见于第 835-842 页。

③ 这个主张见于岩仓致中山和蹉峨[正亲町三条]实爱,1867 年 5 月 29 日,载《岩仓公实记》,2:36-37。

际上,他们最终的成功取决于对长州重要性,而非对兵库或将军命运的强调,因为通过将与庆喜的谈判置于"国家团结"的情境下,他们就可以避免与朝廷内排外派发生不必要的冲突。在这个意义上,长州问题成了反幕府联盟能否成形的关键。

不过,这个统一战线的形成,主要还是有赖于西乡的名望和大久保的政治技巧,事实也很快证明了这一点。1867 年 6 月 16 日,这四个藩主在与将军进行第一次会谈时,要求在就开放兵库达成公开一致之前,幕府必须发布一道"宽大"处理长州的命令。对此,庆喜回应道,尽管他个人希望同时采取这两项措施,但他认为延缓兵库问题的解决必将引起各条约签署国的不满。这一说法使大名在随后几天拿不定主意,产生了意见分歧。在与庆喜交谈的时候,他们发现其观点十分具有说服力,毕竟,在对外政策问题上,那些观点也正是他们自己的观点。但在会场之外,大久保和西乡却能够劝服他们相信——至少让与德川家联系较弱的岛津和伊达相信——最初对时机的要求在政治上是有必要的,即使庆喜使它们看上去并不合理。由此,经过一个星期的博弈,最终达成妥协。妥协方案由松平春岳提出,要求同时宣布对兵库和长州问题的处理。

然而,在大久保的催促下,大名们刚接受这一妥协,转身就拒绝承认。在这种情况下,庆喜决定不再等待意见的一致,而将这一妥协作为自己的建议递交给朝廷。他这样做只是改变了争论的场所,但其实质并没有发生变化:高级公卿一如既往,忠实地为幕府说话;相对级别较低的公卿在听取了大久保的通报后,重申了萨摩的要求;而被召集来做见证的藩主们则仅仅表示他们不同意。这就使幕府可以像在 1865 年 11 月那样采取行动:压制分裂的反对派,坚守自己的传统权利。6 月 26 日晚,摄政二条齐敬在朝彦亲王和前任关白鹰司辅熙的压力下,接受了庆喜的提议并使之成为敕令:开放兵库,因为将军和藩主都认为这已不可避免;至于长州,则采取"宽大的政策"。①

事实上,这个结果对幕府来说,与其说是胜利,倒不如说是一个新的对抗的开始,因为藩主们通过这次行动,再次迅即联合起来反对将军。两天后,6 月 28 日,岛津、伊达、山内和松平春岳正式上书朝廷,挑战了对这些事件的官方说法,他们要求要开放兵库必须首先赦免长州,并否认他们同意庆喜的妥协。他们说,日本首先需要的是向天下表明,"所有的事务都以公正且明确的方式得到处理",即以对长州的宽大政策来实现"国家的稳定",而这正是在与西方交往中获胜的前提条件。② 在短短的几个月内,同样的主张将被用来要求庆喜辞职。

注释

ⅰ 五代和寺岛在伦敦向英国政府陈言(在与劳伦斯·奥利凡的会谈中),日本政治争端中的一个问题是某些强藩有意于扩大对外贸易,而幕府出于其垄断利益的考虑予以抵制(见 Fox, *Britain and Japan*, pp. 174 - 175)。Toyama 在 *Meiji ishin* 第 122 - 123 页中认为这类言论,加上萨摩在条约港口进行的大量贸易行为,表示对幕府垄断的反对实际上来自日本商人,而他们的行动得到了藩国的保护。然而,在这个问题上,我更倾向于接受被归之于英国商人托马斯·格罗夫的看法,后者担任萨摩和长州在长崎的贸易代理商。这个看法认为,两个藩国实际上都无意于"不加歧视地向所有外国人"开放它们的港口,而是试图寻求"保证自己与外国人打交道的程度,限制在推动他们自己的观点或垄断所需的范围之内"(F. O. 46/47,帕克斯至哈蒙德,私人信件,1866 年 2 月 23 日,引自 Gower, *The British con-*

① 朝廷致幕府,1867 年 6 月 26 日,载 Beasley, *Select Documents*, pp. 319。关于前述在朝廷进行的讨论的记述又见同上书,第 314 - 319 页。关于整个事件的详细论述可见于《维新史》,4:634 - 643。
② 四位藩主致朝廷信,1867 年 6 月 28 日,载 Beasley, *Select Documents*, pp. 319 - 320。

sul at Nagasaki）。

ⅱ 一个把外国货物关税统一降至 5% 的关税会议,没有遇到什么困难便于 1866 年 6 月 25 日闭会了。但是,兵库开发的问题没有得到解决。朝廷拒不同意开放;幕府告知外国特使它无法比既定的安排更早地开放兵库,这个问题不得不在 1867 年春天再次被提出。

ⅲ 外国代表也了解日本国内复杂险恶的政治局势。在于 1865 年 10 月 30 日致幕府的一封信中,他们说他们的行为动机之一是希望他们的所作所为,有助于防止"战争行动的开始,这些战争行动可能会是内战(爆发)的信号,无论内战的结果会是如何,都只会损害在日本的外国列强的政治和贸易的利益"。(Beasley, *Select Documents*, pp.296)。

ⅳ 这一态度并非全新的。1863 年 10 月,一桥庆喜在写给老居的信中,谈及即将到来的与西方的冲突时写道,"幕府对萨摩和长州这两个藩国所采取的行动,对于幕府政体(国体)而言是非常重要的……在萨摩与英国的冲突中,英国战胜是国家的耻辱,萨摩战胜则是对幕府声望的打击"(Shibusawa,《德川庆喜公传》,5:563 - 564)。

ⅴ 土屋乔雄在《幕末动乱期》一文第 83 页给出了肥后大米价格的时间序列数据(按每石值多少银匁计,系农历各年第一月数据):1862 年,144.5 银匁;1863 年,177.5 银匁;1864 年,164.5 银匁;1865 年,207.5 银匁;1866 年,473.0 银匁;1867 年,1475.0 银匁。关于其他商品的价格上涨,见 Tsuchiya, *Ishin*, pp.39 - 42。

ⅵ 木户致渡边升,1866 年 10 月 6 日,载《木户孝允文书》,2:224 - 226,第 225 页。有趣的是,在这封信中,木户使用日本(Nihon)这个近代的词来称呼日本(Japan),而不是当时更加广泛使用的说法如皇国,"天皇之土"。

ⅶ 早在 1857 年,岩赖忠震,永井在通商条约谈判中的同事之一,就对伊达宗基谈到,"即便在通商得到许可的情况下,我们统治的方法,若无国内改革,仍旧是错的,因为像日本这样的封建制度在国外并不存在"(伊达致松平春岳,载《昨梦纪事》,2:61)。再者,据报道,1865 年 11 月小栗忠顺等人建议通过废除藩国,并以将军-总统制下的中央集权郡县制取而代之来应对大名的反对(秋月种木致松平春岳,载《续再梦纪事》,4:357)。

ⅷ 帕克斯在 1866 年夏天访问了鹿儿岛和宇和岛。除此之外,他的翻译萨托经常在中部和西部日本旅行,并与反幕武士和江户官员保持密切的联系。

ⅸ 例如,参见大久保致近卫忠熙的一封信。该信主张,尽管兵库迟早不得不开放(当时为 5 月初),但在雄藩大名就"一个将能平息帝国各方意见的合理可靠的政策"进行商议之前,必须避免承认兵库的开放。

　　到了 1867 年春天，大多数热心政治的日本人都已经明白，在诸如兵库开放那样的争论中首先涉及到的利害，是德川的权力施用范围，甚至是它能否存续的问题。就短期而言，存在着三种可能性。首先是幕府可能壮大自身力量，面对藩主的挑战重申它的权威，正如藩主在大多数情况下对异见武士所做的那样。其次是幕府主要的反对者——萨摩和长州——可能采取攻击性手段，寻求通过武力推翻德川政体。第三是观点温和之人（其主要代表为土佐和越前）可能找到一种为各方都赞成的国家统一事业的妥协方案。

　　毫无疑问，最后一种可能性最大。正如哈里·帕克斯爵士在 5 月写给伦敦的一封信中所评论的那样，除非将军给予更有权势的大名以"事务的参议权"，否则他几乎不可能"建立一个能够对整个国家实行普遍控制的全国政府"。① 他说，与此相对应的是，藩主之间的"猜忌与隔阂"使得他们很难维持"一个广泛的联合"，②这就使得庆喜可以通过表明"愿意按照宪法统治"并且"承认天皇的至高无上……"而再次获得有效的权威。③ 既是由于庆喜的个性，也因他个人的经验——我们必须记住他曾是"公武合体"的积极倡导者——庆喜自己倾向于这一方案。毕竟，这样的政策在一定程度上会满足

---

① F.O.391/14，帕克斯致哈蒙德，大阪，1867 年 5 月 6 日。

② F.O.46/67，帕克斯致哈蒙德，私人信件，1866 年 2 月 28 日。

③ F.O.391/14，帕克斯致哈蒙德，江户，1867 年 7 月 27 日。

幕府官员对德川家的袒护,同时得到绝大多数藩国的支持。结果,在 1867 年夏天和秋天所发生的事件中贯穿着一条导致将军辞职的线索,而将军的辞职,无论在他的盟友还是他的政敌看来,都是以放弃权力的部分形式为代价保住实际权力的一个谋略。

对温和派而言,支持这个计划的一个有说服力的主张是,正如五六月间的兵库争端所表明的那样,幕府仍然具有控制天皇朝廷的能力。温和派中的大多数人本能地不愿陷入公开的政争,因为在这样的政争中,反对德川幕府将会背上反叛合法政权以及在外来威胁面前破坏团结的双重恶名。这种普遍存在的不愿将事情推向极端的情绪,突显了萨摩和长州最终决定拒绝任何妥协的重要性。他们之所以这么做,是因为以幕府权力的存续——庆喜的宪政主张不过是个伪装而已——作为对国家需求的回应是不能接受的。换言之,对它们来说,领导权问题才是关键所在,无论是改头换面的德川霸权,抑或是大名—天皇控制的全新体系。基于此,他们发动了一场政变,这场政变根除了达成一致的可能性,并促使内战爆发。

显然,任何对明治维新所做的广泛讨论都需要判定萨摩、长州的这一行动,究竟不过是除了权力归属,社会观念别无差异的敌手之间的权力斗争,还是意味着更加激进的社会目标的存在。在某种程度上,问题的答案必须取决于对激进社会目标可能的产生方式以及对它们的激进程度的考察。这是我们在下面几章将要讨论的话题。但是,问题的答案同样取决于对 1867 - 1868 年间所发生的事情的详细考察,这是我们现在就要着手做的。

将军辞职

最先提议庆喜辞职的土佐领导人,在背景和观念上与萨摩领导人并没有多大差别,尽管在 1867 年的争端中,这两个藩国一般分别被描述成拥幕府派和反幕府派。土佐的关键人物是后藤象二郎

(1838-1897),150 石高的中级武士,因为姻亲关系而与吉田东洋有了联系。① 在 1864 年武市的忠义派瓦解后,后藤第一次被提拔到高位;当时他年方 26 岁。三年后,作为对他努力的奖励,他被提拔到 1500 石高的家老级别。和他密切合作的是福冈孝弟(1835-1919),也是一个中级武士(56 石高),不过他出身传统的家老家族,并担任过吉田东洋的幕僚。具有同样年龄与身份的是板垣退助(1837-1919),他是西式军事改革专家,是一个与山内有联系的富足的平侍家庭(220 石高)的当主。与后藤和福冈一样,他师从吉田东洋,并因为吉田的照顾而担任了一些具有一定重要性的职务(尽管众所周知他同情尊皇主义者)。这一集团内的其他成员还有神山郡廉(1828-1909),斋藤利行(1822-1881)和佐佐木高行(1830-1910);三人都是平侍,薪俸从 50 至 80 石高不等。

这些人没有土佐尊皇主义者所特有的与乡士和村长的联系。同样他们对土佐尊皇主义者提出的以天皇为中心的政体也没多大的热情。然而,这些人是改革派,不是保守派——至少在萨摩的西乡和大久保以及长州的木户和高杉的意义上,他们追求通过迥异于传统的方式实现“富强”的目标。板垣负责向土佐的武装力量引进了西式武器和组织,尽管有许多武士反对。为了在财政上支持变革,后藤使土佐投身商业,建立开成馆(Kaiseikan),促进本地的樟脑、纸、糖和茶的生产,发展采矿,建设渔场,从事对外贸易。在这方面他的主要助手是岩崎弥太郎(1834-1885)。岩崎弥太郎是得到吉田东洋庇护的乡士门徒,他协助起草了 1864-1865 年的工程项目计划,后来负责土佐在长崎的贸易机构(他在那里获得的商业经验使他在 1868 年后建立起三菱航运公司)。

这些事实与维新政治相关,并不仅仅是因为土佐在所有这些方

---

① 以下关于土佐政治的叙述的大部是基于 Jansen 的 *Sakamoto*,尤其是第 241 页以后。关于后藤的政治追随者,见我的论文《土佐政治团体》多处。

面与萨摩有着相近的模式——例如后藤与岩崎的关系,后藤主要关心政治目标而岩崎主要关心经济手段,就很像大久保和五代的关系一样——还因为土佐的政策使这两个藩国建立起直接的联系。后藤的改革项目不但使他得以在 1866 年访问长崎和上海,而且还使他和当时正负责萨摩对外贸易的土佐浪人坂本龙马达成一致。当这两个人在 1867 年初会面时,很快就同意征募坂本的非常规力量海援队作为土佐海军的核心。这支部队尽可能地通过从事运输和贸易来维持运转(这或许反映了坂本的商人和乡士出身);但它有官方的支持,并与其他流放的土佐尊皇派,特别是在长州积极活动的中冈新太郎,建立了宝贵联系。毫无疑问,这一联系使土佐与像坂本和中冈那样一批人建立一定程度的合作关系成为可能;这批人已经意识到,国家为政之道所需要的不是莽撞粗糙的攘除夷狄,而是在军事科学技术上"学习他人之长",以使日本能以平等地位与西方打交道。①

换言之,土佐的改革派与残存的尊皇派在富国强兵的旗帜下找到了共同点,就像他们在长州和萨摩的追随者已经做到的那样。他们还向反幕府的立场迈进了一步,尽管他们的藩主山内容堂并不愿意切断他与德川的联系。坂本原本可能希望他的藩国加入萨长联盟。中冈和板垣也是如此。不过他们像后藤一样意识到走一条独立的道路,即在江户与它的敌人之间调停斡旋,也许对土佐更为有益。实际上,正是坂本——将他从胜海舟、大久保一翁那样的"自由派"幕府官员,横井小楠和由利公正那样的越前改革派以及他在长崎遇到的西方事务专家那里得来的想法整合到一起——提出了一个改革的构想。② 如他在 1867 年向后藤解释的那样,这一构想勾勒

---

① Jansen 在 *Sakamoto* 第 252 页引用了中冈于 1866 年秋季写的一封信。
② Jansen,*Sakamoto*,p.294 - 302。

了如下的愿景:将军正式承认天皇权威;创设两院制立法机构以确保决策得到尽可能广泛的支持;任命有才之人担任官职,其人选来自公卿、封建领主和"平民";建立一支现代海军和天皇卫队。他宣称,通过这些变革,过时的法律和政策将被其他更适合日本当前需要的法律和政策所取代。

基于这一计划,土佐领导人与萨摩领导人展开对话。在 1867 年 7 月 22 日于京都举行的由后藤、福冈、坂本和中冈代表土佐,由小松、西乡、大久保代表萨摩参加的会议中,双方起草了约定两个藩国将共同致力于寻求将军辞职的协议。① 协议写道,"一方土地不可能有两个统治者,一个家庭不会有两个家长。"因此,将对日本的管理委托给将军而不是交由天皇来行使是"对自然秩序的违背"。这就需要废除将军的职务并将其降到封建藩主的级别。在此之后,政府需要通过京都的两院制议会运行,议会由公卿和大名组成的上院以及由"陪臣,甚至是诚恳正直的普通人"组成的下院构成,并由议会设计修订条约、改革体制和"安抚人心"的方法。

在这里,我们看到的是本质上与藩国联盟在 1868 年初所实行的政策无异的东西,唯一的例外是那些关于庆喜命运的条款。然而,正是这一点上,雄藩大名在接下来的几个月里出现了分歧。正如当我们在本章稍后进一步讨论这些政策时将要看到的,萨摩人在他们 6 月京都失败的影响下,已经倾向只有武力才能使江户屈服的观点。这意味着一种比土佐计划更为激进的解决之道——萨摩原先也是这么计划的,即允许庆喜下台并成为与岛津地位相同的大名。尽管这样,萨摩还是同意土佐进行尝试,只要它承诺得到令人满意的结果。所以萨摩同意等待,直到后藤通过他的努力使庆喜辞职。而土

---

① 基于后藤起草的协议正文的英译文见 Jansen, *Sakamoto*, pp. 299 - 301。该协议的日文文本,见 Katsuda, *Ōkubo*, 2:131 - 135。

佐则承诺如果调停失败,它将为反幕府军事行动贡献部队。

　　但是,要让仍身处高知的山内容堂相信这是土佐最好的行动路线绝非易事。然而,在 8 月 12 日,他做出让步,接受了后藤的观点,并同意担负起他的责任,即给庆喜写信。但由于与英国人的争端又被进一步推迟——英国人声称土佐海援队在长崎袭击了英国渔民,结果直到 9 月 17 日,容堂才向他的高级陪臣宣布了他的决定,[i] 然后起草了给幕府的文书,该文书包含了由容堂签名的总陈述,以及由后藤和他的同僚提出的一系列详细建议。①

　　容堂的个人陈述主要是关于国家团结的问题。他说朝廷和幕府的分割以及公卿和封建藩主的分割,在日本最需要国家实力的时候削弱了日本。只有"王政复古"才能团结"天下万民",方可改变国体并解决外患。[ii] 土佐官员的文书谈论的是相似的主题,但更为详细,体现了后藤与萨摩达成的协议。这些文书包含的内容有:应该通过两院制议会实现行政责任向天皇的转移;对封建权威和朝廷制度做"根本修正";成立一支驻扎于京都附近的天皇卫队;以天皇的名义并与藩主咨询后进行谈判达成新的条约;"适合各个年龄段的"学校系统;以及对能够"避免之前纷争,注重解决现存问题"的官员的任命。总之,日本必须做实现国家复兴所必需的事,这样它才能"无愧立足于民族之林,有望千秋万代长存"。

　　后藤带着这些文件于 1867 年 9 月 22 日离开土佐,由于恶劣天气数次拖延后于 10 月 1 日,也就是说在他与萨摩领导人会见两个多月以后才抵达京都。他发现西乡和大久保显然已经不再对他有所指望,因为他们已经在准备驱师进入首都。当后藤向西乡和大久保

---

① 这个文书的完整英译文载于 Ishii Ryosuke 著作,第 708－711 页。Jansen 在 *Sakamoto* 第 316－317 页中总结了容堂的陈述,并翻译了附文。两个文件的日文文本可见于《岩仓公实记》,2:75－78,那里将两个文件的署名日期定为 1867 年的第 9 月[9 月 28 日－10 月 26 日]。我尽可能采用 Jansen 的译文。

解释说,尽管有过协议,但还是无法说服山内容堂对以武力推翻幕府的任何尝试采取合作态度后,两人拒绝继续等待土佐的行动。不过,在小松的督促下,他们同意后藤按自己的计划行事,而他们则去完成他们的准备。① 10 月 29 日,土佐的文书按一定的规矩递交给老中板仓胜静,由后者转交给将军。而几天之后,坂本在私下对永井尚志发出了萨摩部署军队的警告。

　　实际上,庆喜也明白幕府和萨摩与长州的关系再次走向了危机。此外,他已经受到幕府官僚要求接受土佐现在提出的那些政策的压力。他最为得力的两个官员大久保一翁和胜海舟一直都主张采取这样的措施。老中稻叶正邦在 1867 年 11 月初写的备忘录中,建议废除将军的职位,不过得由德川家族的首领来担任关白的职务,藉此保证他在京都的影响,并通过一个包括公卿和封建藩主的议会进行统治。②

　　另一个高级官员大给乘谟提出了更加详尽的建议:幕府继续担任政府行政首脑,但根据两院制的全国大会或参议会的建议行事,而全国大会或参议会反过来又有地方上相似的大会的支持。他认为,这样就不仅是取消作为行政机构的幕府意义上的王政复古,而且是创建中央政府意义上的王政复古。它还可通过剥夺大名,包括德川家族的私人军队,要求他们将 2/3 的收入交由中央政权支配而得以强化。此外,还可要求他们将剩余的 1/3 分配到教育和工业发展上。按照这一计划,幕府的敌人就再也不能声称国家利益从属于德川利益了:"政府将会富有效率,人民将会团结一致,国家的利益

----

① *Kogoshima-ken shi*,3:453-454.值得注意的是,萨摩的领袖们在这个时段遭受到了来自鹿儿岛方面的反对,这拖延了萨摩军队的部属。见 Jansen,*Sakamoto*,pp. 324-325。

② 原文载于《淀稻叶家》,第 328-331 页。

将会得到满足……所有力量都将用于防卫整个国家,所有的财富将用于作为整个国家的支出……不会有人再说政府为私人所有,国家为私人所用的话。"①

另一个计划是由刚从莱顿学成回国的西周在庆喜的要求下起草的,它给同样的想法换上了西方的外衣。在他的计划中,天皇将拥有批准法令、主持典礼宗教、征募军队和要求大名为其服务的权利。将军则将仍然掌管着自己的领地并管理国家行政,并有权任命官员,出任两院制大会中由大名和武士(而不是普通人)组成的上院的主席。这个大会——即藩国的代表大会——将就一般政策进行立法,但它的决议要得到天皇的批准。获取天皇的认可将是将军的职责之一。②

其中一些提议设想幕府在新的伪装下继续保留,无论是作为封建大会的行政分支或是作为更加中央化的官僚机构的核心。还有一些提议则暗示为了使将军的敌人满意,幕府官员最后可能会被牺牲。不过,所有的提议都试图利用土佐的和解方案,为德川家族在新的秩序中保留一个关键位置。

这似乎也是庆喜的态度。③ 尽管后来他声称自己辞职让位于封建大会,是在国家变得越来越不团结的情况下运行行政的唯一途径,④但是,毫无疑问,他视自己为任何最终可能会出现的政府的实际领袖。其他很多人也这么认为。正如我们将要看到的,萨摩和长州仅仅将他的辞职视为一种权宜之计,公武合体的另一种变体。研究幕府的历史学家福地源一郎认为同样的想法在朝廷和幕府的高

---

① 大给乘谟 1967 年 11 月 13 日文书,《淀稻叶家》,第 334 - 342 页,见第 337 页。

② 见 Havens, pp. 61 - 64。又见 Asai, pp. 45 - 56。西周建议的日文文本载于 Ōsatake, 1:87 - 99。

③ 关于庆喜的观点的最详尽的讨论见 Ōsatake, 1:147 - 164。

④ Shibusawa, *Tokugawa Keiki*, 4:79 - 80.

级官员中也很流行，虽然他们对此持赞成而不是反对的态度。① 哈里·帕克斯爵士如下一番对庆喜的评论，反映了当时江户的气氛："我十分怀疑庆喜是否将放弃毫无疑问是由他所代表的那一大派势力以及如此巨大的利益，将政府拱手让给他的反对者。如果他这么做，对日本以及对外国利益来说都是不幸的，因为这个国家急需一个强者来掌舵，以避免无政府主义的吞噬。"② 后来，当帕克斯得到关于现状更加准确的信息时，他赞扬庆喜敢于"违背其支持者的公开意愿和利益"而行动；③ 但他注意到只要庆喜保有"钱袋权"，任何事都不会摧毁将军的影响力，而只要他保持着对几乎 1/3 国家收入的控制，他就控制了"钱袋权"。④

有鉴于此，我们毫不奇怪地看到，庆喜在与松平春岳以及一些可以接触到的高级幕府官员商议之后——很重要的一点是，庆喜没有征询幕府各方的意见——于 11 月 8 日向萨摩、土佐、安芸、备前以及宇和岛的代表宣布了他的决定，即向天皇移交他作为将军的行政权力（而不是他的头衔）。几天后，他又以同样的措辞向天皇提交了文书。他说，通过这样做，他希望确保"政府由一个中央核心领导"，以使日本能够"在世界民族之林拥有自己的一席之地"。⑤

幕府在向列强的公使解释这一变故时，更加明确地阐明了它的动机：日本当前的动荡不安起因于江户"因害怕战争而向外国屈服"的错误观念，而且，某种程度上，正是要维持那些通商条约，庆喜现在才意欲"把他从祖先那里继承来的行政权力移交给朝廷"。接下来，他将"呼吁天皇召集由各大家门的当主组成的大会，让他们充分

----

① Fukuchi，Chap. 30.

② F. O. 46/82，帕克斯致哈蒙德，私人信件，江户，1867 年 10 月 15 日。

③ F. O. 46/82，帕克斯致哈蒙德，江户，1867 年 11 月 28 日。

④ F. O. 46/82，帕克斯致哈蒙德，江户，1867 年 12 月 16 日。

⑤ 在 Gubbins 第 305 页和 Ishii Ryosuke 第 712 页有英译文（两者的译文有些小小的差异）。日文原文载于《岩仓公实记》，2:74 - 75。

讨论当前的局势,共同制定有关政府的法律"①。

帕克斯报告说这些消息使江户极为震惊,但他自己却表示赞同。他声称,外国利益在日本最为需要的是稳定。如果庆喜不采取这些措施,日本或许早已陷入内战之中。但是,现在看起来"这个无法运作的日本政府,已有相当大的机会被一个"以京都而非江户为中心的"合理系统所取代"。他在给外交部的埃蒙德·哈蒙德的信中写道"看到政府的光辉将如此突然地离开这座精致的城市令人不无伤感,但是,这座城市所有的炫耀之物和重要地位,乃是得自于一个我们希望终结的体制,一个组织不善、群龙无首的封建体制"②。

帕克斯能够以这样的口吻写信,足以证明此时在日本甚至在江户,必须进行重大制度变革的看法,在多大程度上为舆论所接受。然而,这并不意味着把权力从幕府转移到其反对者手中的观点也得到了同样的认可。许多谱代都愿意以武力对抗萨摩和长州,认为庆喜的辞职不过是一个权宜之计,一个最终将带来天皇对将军的重新授权以及将军名望恢复的策略。而朝廷的高官,此时正面临起草庆喜来函回复的任务,也抱有相同的想法;但他们同样受到来自萨摩人的压力,这些萨摩人和"反对派"公家联手,希望利用这次机会实现真正的"王政复古"。

和往常一样,朝廷对此类情形的回应模棱两可。11月10日,一道敕令宣布接受庆喜做出的请求(但并未明确指出是他的提议)。与此同时,雄藩大名连同像岛津久光以及在井伊直弼的肃清运动中"隐退"但实际上仍然是他们藩国真正(如果不是名义上的)领导的那些人,再次被召集起来商讨对策。在讨论悬而未决时,朝廷决定

---

① 幕府的备忘录见 Shibusawa, *Tokugawa Keiki*, 7:212-220, at p.218。该文件不甚精确的翻译见于 Gubbins, pp.306-311。

② F.O.391/14,帕克斯致哈蒙德,江户,1867年11月28日。顺便指出以下,我们应注意到帕克斯的通信清楚地表明,在这个时期他同情的是土佐的解决方案,而非如人们有时所主张的那样同情萨摩-长州的方案。

一切照旧如初："迄今为止在幕府控制下的领地和城市继续像往常一样管理,尽管它们将受制于未来发布的命令。"①对一些人来说,这似乎是不祥之兆,蕴含着将军可能终将失去其领地的意思;但当两天后庆喜要求朝廷对这一文件做出澄清时,他立即——不可思议地——从关白那里得到保证,涉及到的只是向天皇提供收入的土地,即那些向来由幕府替天皇管理的土地,而不是德川自己拥有的封地。

一周后,11 月 19 日,庆喜更进一步提出辞去将军职务的请求。朝廷再次以需要与藩主商议为由推迟做出决定。而在这期间,庆喜仍须像以前一样履行职责。确实,在此刻,将军辞职这个带着巨大不确定性的事件,其变化不定并没有带来任何人们所预想到的巨大变化。藩主没有表现出赶赴京都参与决策的迹象。②庆喜则保持克制,未对他的敌人采取行动。朝廷则陷入了混乱与分裂。月末,绝望的后藤再次前往土佐,看他能否说服山内容堂前来打破僵局,而萨摩和长州的代表们继续为一条十分不同的解决途径做着准备;他们已经视这条途径为必需,而且一定要由他们自己来实现。

政 变

1865 年和 1866 年间发生的事件,让萨摩和长州新的领导人——一方主要是西乡和大久保,另一方主要是木户和高山——坚定了他们对幕府的敌意。他们坚持认为幕府"自私自利的"政策招致了国家的灾难。但是,幕府仍保有足够的传统权威,以抵御他们为变革而集聚的所有压力,不管这些压力是像 1865 年底那样通过朝

---

① Ishii Ryosuke,p.713.
② 田中惣五郎在《明治维新体制史》第 47-53 页中给出了一长串大名给朝廷的答复的名单,他们请求朝廷对他们未能出席会议予以谅解。

廷,还是像 1867 年春那样通过藩主施加于幕府。因此,幕府必须"打倒"。自诩为"有才之人"和"志士"的藩国官僚的个人野心、地方爱国心以及日益增长的国家意识,在必须倒幕的主张下集合在一起塑造了反幕府联盟。

但是,我们在这里必须对目标与手段做出区分。显然,直到 1867 年年中,在那些对倒幕问题有过思考的人中间,绝大多数对江户体制的替代制度,只有极其模糊的想法。某种通过领主议会运行、以天皇为中心的封建主义已是他们想象之所及;而且这样做也是明智的,或许正是这种模糊性使它能够将各种社会团体,从公卿和封建大名到下级武士甚至到富裕的普通人,都引入到这场运动中来。它同样给各种意见(从传统主义到西式改革)以及具体政策(既包括土佐的政策也包括萨摩长州的政策)留下空间。

土佐的提议如 1867 年 6 月后藤与萨摩的协议所设想的那样,实质上是试图劝说将军调整他自己与藩主之间的力量平衡,并使之有利于后者。由于在仅仅一个月之前的兵库危机中藩主的联合行动并没有实现这一目标,于是大久保一方面从一开始就怀疑这一策略能否成功,但另一方面他仍然不愿平白无故地冒犯他潜在的盟友,所以正如我们所看到的,他同意实施土佐的计划。与此同时,他一直在考虑如果土佐行动失败,可能需要采取哪些行动。正如他此时在给一位身在鹿儿岛的同事的信中所写的那样:"我们已经非常清楚地看到,幕府已决意不惜一切代价追求它的一己私利,向忠诚于天皇的藩国施加压力,企图以恐吓让它们屈服。这使我们别无选择……很可能幕府最终将整个天皇朝廷置于自己的掌控之下……因此我们必须让我们的军队做好准备,聚集国内的支持,展现我们向天皇效忠的决心。没有这些我们将一事无成。"[1]信的其他内容是

----

① 大久保致蓑田伝兵卫,1867 年第 6 月[7 月 2 - 30 日],载《大久保利通文书》,1:475 - 476。

关于军队的调动,表明这绝不是空谈。尽管如此,在像大久保这样的老练政客准备使用武力之前,仍然有许多事情要做。毕竟,在朝廷,在其他强藩,甚至在萨摩和长州,依旧有许多怀有敌意以及犹疑不决的势力,而它们的影响力不能轻易忽视。

7月17日,长州在京都的代表品川弥二郎和山县有朋,在与萨摩领导人的谈话过程中被告知,如果有必要的话,萨摩打算使用武力争取朝廷对其政策的支持。[1] 萨摩人心头所念——他们的言论如往常一样含含糊糊——是像萨摩和会津在1863年所做的、长州在1864年企图做的那样,攻占皇宫。木户和高杉很快获知这一消息。然而,此后不久,他们又获得了土佐和萨摩达成协议的消息,这使他们对大久保究竟做何打算心生疑虑。在8月被派去询问这一点的品川得到这样的保证,即协议不会产生任何影响,因为土佐注定会失败;但直到大久保在两个月之后亲自拜访山口,联盟双方的信任才得以最终修复。在10月15日与长州领导人的会谈中,[2]大久保强调岛津久光已经认识到过去太多次上呈请愿书都是无果而终,所以他不会再把希望寄托在这种行动上;他将诉诸武力,并希望长州采取相同的行动。在私下交谈中,大久保警告必须立即攻取皇宫,以免幕府抢先一步,幕府可能会得到外国的帮助。木户表示同意。他评论道,"如果珍宝被劫走"——意指天皇本人——"我们将无枝可依。"[3]

我们可以从对这些讨论的记叙中发现两件事:首先,现在最先采取行动的是萨摩,其次,在长州仍有许多人,尽管团结一致坚决抵抗幕府的攻击,却下不了像1864年那样再次冒险发动进攻的决心。

---

[1] *Kagoshima-ken shi*,3:442-443;Katsuda,*Ōkubo*,2:124-126;Craig,*Chōshū*,p.339.

[2] 这些发展在大久保的日记中有比较详细的描述,见《大久保利通日记》,1:392-396。又见木户的传纪,《松菊木户》,i:810-816。

[3]《大久保利通文书》,1:395.

很大程度上是因为木户的影响力，长州领导人的疑虑才最终得以消除。但胜利的前景依然渺茫，所以有必要继续小心行事，以免做出的决定被突然逆转。

另外，萨摩方面几乎存在着同样的问题，同样必须在开始任何军事行动之前加以解决。我们一直在讨论的那些计划不是在鹿儿岛，而是在京都制定的——在那里，岛津久光被像大久保、西乡和小松那样的积极分子包围着。不过，在他的都城里，政治势力的平衡却十分不同："公武合体"（他自己之前的政策）的追随者，对那些看来是指向尊皇主义的行动进行了抵制，他们本以为这样的尊皇主义行动在他们镇压"志士"的行动中已经被消灭；而保守主义分子则像长州的保守分子一样，沉迷于大名和藩国狭隘的地方利益，反对任何可能危及这些利益的行动。①

于是，当大久保前往长州时，岛津便赶赴鹿儿岛确保军队调动的指令能够得到实施。为了达到调动军队的目的，他不但必须动用权威，还得依靠劝说。岛津及世子在 10 月 24 日联合签署了宣告，暗示——非常狡诈地——在动乱发生的情况下需要动用军队保卫朝廷。三个星期后发布的另一道宣告则说，在目前日本国内动荡不安的局势下，需要对紧急情况——包括在京都发生暴动——做好准备，因此萨摩应当迅速行动起来以保卫国家的统一，因为新的天皇，15 岁的睦仁——他的父亲孝明在 1867 年 2 月过世——太年轻，还不能独自安定国家。该宣告承诺萨摩无论如何都不会首先诉诸武力。② 这与大久保此时在长州所说的完全相反，但它在萨摩起到了它的预期目的。萨摩的积极分子得到大多数年轻武士的支持，争取到他们所希望得到的决定。

----

① 关于萨摩在此时的局面，参看 Katsuda，*Ōkubo*，2：205 - 208，214 - 220；*Kagoshi-ma-ken shi*，3：449 - 450、457 - 458。

② 这两个宣告的文本载于 Katsuda，*Ōkubo*，2：214 - 217。

为此,他们必须诉诸对天皇的忠诚以及对藩主的责任意识。局势表明,对于萨摩的积极分子而言,能否操纵朝廷的公开言论,是他们能否控制自己追随者的关键。岩仓具视这个从 1866 年到 1867 年初的强制软禁中渐渐走出来的朝廷官员,被证明是萨摩人在朝廷中的得力盟友。实际上,他已经开始在公家中拉拢同情倒幕事业的一派人,一旦时机来临,这些人可以用来改变朝廷的领导层:三条实美(他的流放地已经从长州迁到九州岛);嵯峨实爱,公认的京都下级官员中极端分子团体的领导人;中御门经之,岩仓的同僚;还有或许是所有这些人中最重要的一位——新的年幼天皇的外祖父中山忠能。

岩仓的总体策略可见于他在 1867 年 5 月底,即关于兵库开放的讨论的前夜,为嵯峨和中山准备的长篇备忘录。① 他认为重要的是朝廷克服自身的不团结,并做好随时采取行动的准备。公开号召推翻德川将招致灾难,因为朝廷不能像江户期待谱代的支持那样指望支持他们的藩主。不论是朝廷事业的正当性,还是朝廷敕令所具有的威信,都不足以弥补这一差距。要想成功,就必须实际或潜在地使用武力,而这只有萨摩、长州、土佐和一些其他藩国才可能提供。因此,直到使众藩主自己认识到这一点之前,京都能做的也仅仅是维持与他们的关系——岩仓将他们称为"朝廷的手足",并牢记其长远的"宏伟设计",即创造"朝廷受到尊敬,幕府和强藩受到控制"的局面。②

基于这种考虑,岩仓着手开始为了朝廷的利益而利用萨摩和长州的军事力量,而与此同时他还要维持政治平衡,以免出现岛津或毛利霸权替代德川霸权的局面。他的目的似乎可比之于土佐的目

---

① 1867 年 5 月 29 日备忘录,见于《岩仓公实记》,2:33 - 39。

② 1867 年 5 月 29 日备忘录,见于《岩仓公实记》,第 37 页。

的,尽管是为了天皇而不是藩主着想。然而,在幕府似乎依然强大
而且自信的情况下,就像兵库争端中表现出来的那样,实现这些目
标的机会几乎不存在。

到了秋天,萨摩和长州领导人越来越难以保持其追随者的决心
不变,而土佐方案则有使如安芸和备前那样的"中立"藩国为达成另
一次终将失败的妥协而团结起来的风险。这就促使西乡和大久保
以及长州的广泽真臣转而寻求天皇对他们计划的秘密支持。于是,
在 11 月 3 日,在后藤向板仓递交土佐请愿书不到一周的时间内,大
久保起草了另一份文件,这次是以萨摩的名义,要求获得天皇推翻
将军的敕令。① 该文件从简要重述江户失职的历史开始:对外事务
上的软弱,物价的上涨,武士和平民中间不断出现的骚乱。然后,它
转向幕府对待长州的政策,指责幕府的政策在极为不公的讨伐远征
中达到了顶点,以至于与大名离心离德,导致庆喜和岛津公开决裂。
现在的危险是将军可能试图"占领朝廷、肆意统治",这势必引发内
战。因为战争将要在面临外来威胁的情况下进行,所以它只能带来
一个结果:日本的毁灭。为了避免这一结果,将军必须去职走人,萨
摩和它的盟友已经做好这一准备。只要有天皇的命令,他们将"诉
诸武力惩罚将军的攻击性行为,消灭背信弃义之人,为国家长治打
下基础,这样就能安抚天皇的心灵,缓解百姓的痛苦"②。

岩仓立即对这一请求表示支持,尽管措辞与大久保有所不同。
在他自己的一份备忘录中——他还要求中山将这一备忘录呈送给
天皇——他强调在封建统治的几个世纪内"人民从整体上来说已经

---

① 事实上有两份文件:一份短的陈述,写给了中山、嵯峨和中御门经之,由小松、西乡
和大久保签名;另一份文件是一个较长的解释性备忘录。文件文本载于 Katsuda,
Ōkubo, 2:171-175。

② 同上,第 175 页。

感觉不到在他们之上还有一个神的儿子"①。据此,他说,废除将军职位不仅仅是对政府最近一系列过错的惩罚,而且,它还将使"政治制度的大变革"以及采取措施推进"国家财富与力量"成为可能。

这一谋划所设想的愿景远远超出了封建权力重新分配的程度,它当然会让使高级朝廷官员感到恐惧,即使是像近卫忠熙这样同情萨摩的人也是如此,如果他们知道了这个谋划的话。但它对一小群公家尊皇主义者却极具吸引力,而这些人通过中山可接触到睦仁(明治)。ⅳ 11 月 8 日他们获得了对长州大名及世子的秘密赦免。第二天,同样是私下,他们获得了——也有可能是伪造的,因为一直以来对它的真实性都存有疑问——大久保所要求的敕令。庆喜被解职,他的两个助手,会津和桑名的藩主受到惩罚。(这两个藩主之所以被单独挑出来,似乎是因为他们是负责控制京都和朝廷的幕府官员;会津的松平容保是京都守护,桑名的松平定敬是京都所司代。)

无论真假与否,这道敕令还是发挥了它的设计者所希望的一个效果:萨摩和长州团结起来,开始集结部队向京都进军。ⅴ 此外,与此相关的传言很可能影响了庆喜的辞职,他的辞职几乎发生在同一时间。接下来,在 11 月 16 日,当西乡和大久保离开京都时(凭借天皇敕令,迫使他们在鹿儿岛和山口更为保守的同僚行动起来),他们在朝廷的盟友以为庆喜的辞职使敕令变得多余而放松警惕,撤销了这个文件。此后不久,松平春岳抵达京都,开始在被公认为赞同"公武合体"的藩主中,聚积起对土佐计划的支持;在这个过程中,他明确地略过了萨摩,但包括了德川系的尾张和宇和岛。

因此大久保于 12 月 10 日回到京都时,发现形势急转直下。他感到他必须做出让步,于是告诉春岳,如果能证明庆喜是真的要放弃他的权力,那么萨摩和长州就愿意让尾张和越前充当中间人加以

---

① 该文本仅注明写于 1867 年第 10 月[10 月 27 - 11 月 25 日],但显然是写于 11 月 3 日。文本载于 Katsuda, Ōkubo,第 179 - 181 页。

调解。① 然而,松平却无法从幕府那里获得相同的让步,主要是因为会津的固执,会津直到现在依然要求采取行动处罚长州。与此同时,大久保在重建他在公卿中的影响力方面也没有取得什么进展。除了岩仓,其他公卿似乎对他关于这次机会很可能是尊攘志士最后一搏的主张半信半疑。使这一混乱局面乱上加乱的是,一直极力促成山内容堂前来京都扮演积极角色的后藤象二郎,将他所知道的大久保的计划告诉了春岳,而松平春岳立刻将这一信息传达给庆喜。

在所有这些发展中,有两个事实尤为显著:首先萨摩和长州已经走得太远,以至于很难全身而退,无论其余各方结局会怎样;其次它们的前景如何,在很大程度上取决于是否有能力证明它们是在遵循天皇的意愿行动。这就意味着要不惜一切代价控制皇宫。正如木户从长州给他在京都的代表品川弥二郎的信中写到的那样:"现在至关重要的是我们应该使天皇处于我们的监控之下。如果幕府掌控了天皇,那么无论我们表现出怎样的决心,尊皇主义者和积极分子的士气都将一蹶不振,我们的计划也将以失败告终。毋庸置疑,这将意味着所有相关藩国的灭亡。而且还很清楚的是它将给天皇国家带来无法弥补的伤害。"②这同样也是大久保和岩仓的看法。于是他们决定在 1868 年 1 月 3 日,无论有没有其他藩国的支持,都会将已经秘密发布而又撤销的反幕府宣言正式地公布于众。

1 月 2 日,岩仓将来自萨摩、土佐、安芸、尾张和越前的武士召集到他家,请求他们为"王政复古"事业助一臂之力。(其他三个参与密谋的公卿,中山、嵯峨和中御门,原本要参加这次聚会,但在最后时刻因不同原因而缺席。)③岩仓所陈述的迈出这一步的理由现在被描述为天皇自己给出的理由,它们本质上就是大久保和岩仓在 11 月

① Katsuda, *Ōkubo*, 2:237-242.这发生在两人于 12 月 22 日进行的会谈中。
② 木户致品川,1867 年 12 月 17 日,载于《木户孝允文书》,2:338。
③ 关于这些事件最详尽的叙述,见 Katsuda, *Okubo*, 2:263-289。

递交的陈情书所提出的理由,即国家危机和幕府内外政策上的失败。因为这些事故,庆喜应被革除职位。而为了使新议会——五个藩的藩主将被邀请加入其中——发布指令时不会出现动乱,必须在第二天清晨拿下宫门。

这天晚上,小御所会议召开再次商讨对长州的惩罚这一存在已久的议题。庆喜、会津和桑名的藩主以身体有恙为由没有参加会议,他们应是事先得到警告——毕竟,即将投入政变的军队中包括了来自他们亲戚封地的部队。但是,参议会中的朝廷成员当晚参与了长谈。事实上,这次会谈历时太长,以致打乱了黎明攻占宫门的安排,导致尾张人贸然进入了皇宫(他们最终道歉并撤退),以及接下来对计划的紧急调整。尽管有这一变故产生的种种混乱,到早晨10 点钟皇宫已被牢牢地掌握在尊皇主义者手中。中山、嵯峨、松平春岳以及会津和尾张的藩主在会议结束后还留在那里。岩仓这时加入进来,带来草拟好的敕令,并得到了天皇的准许在紧急召集的会议上宣布这一敕令。幕府的追随者,包括大部分朝廷高官,都被拒绝进入紧急会议。

在这次会议上通过的声明①接受了庆喜提出的辞呈,并宣布天皇意欲恢复他古己有之的执政责任,因为"重建国家声望"需要这么做。为此,声明宣称,不但要有新的政策,而且要有新的人事。因此,现行的朝廷和幕府高级官职均将废除,取而代之是一个由总裁、议定和参与构成的三级职位体系。大部分最初的官员在敕令中有详细列出:有栖川宫亲王被提名担任总裁,这是一个政治上"中立"的选择;担任议定职位的,是两个皇子,加上那些名义上发起政变的人,即三个公卿中山、嵯峨和中御门以及萨摩、土佐、安芸、尾张和越

---

① 该文本署名日期为 1868 年 1 月 3 日,载于《岩仓公实记》,2:148 - 150。该文本的英译文见石井良助著作第 714 - 716 页。这个文本仅用于朝廷内部。1 月 8 日向大名发布的通告使用的是同样的言辞,但省略了任命名单。

前的大名(或者是他们家门中的显赫人物);担任参与的有五个公卿,包括大原重德和岩仓具视。除此之外,每个有人担任议定的藩国均可任命三位参与(不言而喻由武士出任)。长州此时在议定或参与两个层级中都没有代表,因为它的藩主尚未得到正式的赦免。三条实美出于同样的原因也被排除在外。[vi]

　　这一行政体制暗示着决策模式也将发生改变。天皇的敕令本身承诺"既往不咎",提拔"有才之人",还将采取措施缓解近年来因物价上涨而带来的困难,物价上涨使得"富人不断地聚集更多的财富,穷人则在苦海中越陷越深"。换句话说,尽管这次事件有着宫廷革命的表象——关于它的消息甚至直到五天以后才传到封建大名那里——而且敕令大多是人们熟悉的套话,它里面还是暗藏着开启改革的意愿。不过,那些撰写文件的人能否长期掌权以实现他们的承诺还有待观察。

内　战

　　尽管这场政变看上去像宫廷革命,但如果就此认为维新以及在此之前长达几个星期的密谋,完全逃过了公众的注意,那就大错特错了。在京都,多年来大字报和小册子一直对时政进行持续的评论。这些大字报和小册子大都出于年轻的"志士"之手,从而从属于尊皇攘夷的传统。这些公共意见批评幕府处理与外国关系的方式,批评朝廷对江户的俯首帖耳,批评幕府官员收受贿赂并批准"可耻"的政策。[①] 换句话说,他们保持了一贯的"尊攘志士"的口吻。同样在1867年末发生了许多街头抗议活动,这些抗议活动因群众高喊的

---

① 相关的例子可见芳贺登,《幕末志士の生活》,第46—47页,概述认定这些小册子的始作俑者大多是为参与政治访问京都的乡村头面人物,也即1863年的志士的政治继承人。又见下中弥三郎,《大西乡正传》,2:99。

口号,而被历史学家认为是在评论天皇预期重掌权力:"えじゃない
か"(e ja nai ka)即"这不是很好么?"。一直以来都有人认为这些抗
议是反幕府团体组织的,以显示大众对他们的事业的支持。① 英国
外交官阿尔杰农·密特福德(Algernon Mitford,后来的里兹代尔爵
士)在1867年12月13日于大阪见证了一次这样的抗议活动,不过
他甚至根本没有看出来这是一项政治活动。他报告说看到数以千
计的"欢快的狂热分子",他们"身着节日的盛装沿街起舞",并且"高
声呼喊直至声音嘶哑"。当他询问这究竟是为什么的时候,他被告
知这是因为下了一场写有神道众神名字纸片的"奇雨"。结果,他在
备忘录里细述了"辉煌过去的神圣仪式",而没有涉及政治。②

　　在某一方面米特福德的印象可能是正确的:对那些消息相当灵
通的当时的人来说,1867年12月以及1868年1月发生的事件,并
不像对我们那样具有那么大的决定意义。帕克斯在发给伦敦的一
份文件中评论道,对我们来说,这次危机并没有显现出"达到震惊警
告的级别",尽管他补充说"一旦刀剑出鞘,总有许多邪恶的激情失
去管束的危险——尤其是在一个半开化的国家里"③。历史学家冈
义武引用了一位来自佐仓的武士的话,后者注意到在京都"人们并
没有表现得有多么惊讶……大部分人似乎在怀疑这个新政权能否
长久"④。

　　此类信念很可能导致了幕府未能迅速采取措施应对宫廷政变。
让我们再次转向帕克斯,他对这些事件的看法是基于他在事件发生
后与庆喜的会谈。根据他的看法,要将军辞职的提议曾被普遍认为
是"一个通过少数圈内人开会投票把他再次推向首席行政长官地

---

① Okay,pp.105-107.

② Redesdale,2:414.他确认了群众呼喊的口号是"えじゃないか"。

③ F.O.391/14,帕克斯致哈蒙德,大阪,1868年1月5日。

④ Oka,p.115.

位——如果不是国家首脑地位的话——的计划";其结果是"采取行动的一方……感到有必要主动出击";而庆喜则似乎对此攻击"不屑一顾,无心反击",可能是因为"在他看来,他的对手联盟将很快自行解体"①。庆喜的这一态度使帕克斯把庆喜描述为"用心缜密更胜于鲁莽"。② 对庆喜态度的这一描述确实可以由幕府所做到的或者没有做到的事所证实。幕府的反应基本上是依赖尾张和越前的家族忠诚,加上土佐尽职的官员,把萨摩和长州孤立起来,并确保德川家的利益在天皇政府中得到适当的代表。

改组后的参议会的第一次会议,于1月3日在天皇被"恢复"仅仅几个小时之后召开。这次会议讨论的首要议题是对于庆喜,除了解除他的将军职位外,还应当做什么,如果需要有什么处置措施的话。大久保认为,除非将军不仅放弃他的职位,还放弃他的领地,或至少是他的绝大部分的领地,否则,新的政府就将徒有虚名,没有实际的意义。如果将军继续占有1/4的国家领土,无论政权取何形式,他都注定将占据统治地位。岩仓同意这一观点。但是,山内容堂和松平春岳却催促立即邀请庆喜进入参议会。由于安芸支持萨摩,尾张力挺土佐和越前,参议会很快陷入绝望和分裂。接下来是休会,以便进行私下的商讨(伴有萨摩用词强烈的威胁),这些商讨(和威胁)以妥协告终,尽管已是深夜:到这时唯一正式决定下来的是解除庆喜的职务;并给予尾张和越前劝说庆喜放弃领地的机会,然后再考虑任何其他行动。如果庆喜不放弃领地,那么他将不被允许在政府中占有一席之地。③

第二天松平春岳和尾张的德川庆胜就将这一决定传达给身在

---

① F.O.391/14,帕克斯致哈蒙德,大阪,1868年1月10日。

② F.O.391/14,帕克斯致哈蒙德,大阪,1868年1月10日。

③ 关于这次会议最详细的叙述见 Katsuda, *Ōkubo*, 2:294-298。关于1868年1月的政治操作的一般性讨论,见 Osatake, 1:164-177;Asai, pp.105-111。

二条城的庆喜。庆喜表达了愿意谈判的意愿,即使他的表态不是那么明确。土佐和越前受此鼓舞,继续他们的调解努力,在接下来的一个星期多提出了一系列扩大参议会成员的提议。根据这些提议,参议会成员扩大的范围不仅要包括庆喜,而且还要包括许多其他藩主。此外,他们还提议为了维持天皇行政开支,应向所有大名的收入征税,而不是靠没收庆喜的领地。与此同时,在1月6日,庆喜撤退到大阪,显然是为了使他的随从离开极易挑起冲突的地方。

起初,萨摩的地位因为这些举动而被严重削弱。岩仓告病。岛津久光身处鹿儿岛,而他的儿子忠义则被证明无法与来自土佐和越前的经验更加丰富的藩主在参议会上抗衡。西乡和大久保因为仅仅是参与,从而无法直接参加最高层级的争论。然而,由这些因素汇成的、显然正走向妥协的潮流,因对长州的正式赦免而中止。1月21日,三条实美在长州藩兵的护送下抵达京都,并被立即任命为议定。六天后两个长州平侍广泽真臣和井上馨被任命为参与。此外,尽管松平春岳和山内容堂获得了仙台、福冈、肥后以及肥前(全国最大的四个藩)大名的支持,大久保却赢得了因幡和备前伊达家的支持以及许多其他地区尊皇派的合作。实际上,由于绝大多数藩主(包括谱代,尽管他们依附于德川家)在站在哪一边的问题上犹豫不决,[vii] 纷纷寻求托词解释他们为何无法赶赴京都参会,双方势力的分布要比咋眼观之的印象要平衡得多。至少大久保这么认为。[1] 这使他得出了值得冒险进行一场实力较量的结论。

现在的事实是尽管有土佐和越前的调解,以及大量幕府官员表现出来的无心应战,[viii] 但双方都有众多视战争为解决争端唯一途径的不妥协者。在幕府方面,会津的松平容保和桑名的松平定敬就属于那种极难被说服的人,为此他们离开京都前往大阪;而一旦到了

---

① 关于他对局势的评价,见大久保致襄田传兵卫,1868年1月22日,其中包含了对京都政治的详细阐述,载于《大久保利通文书》,2:128-145。

那里,他们继续要求与萨摩和长州军事对决,而反对那些希望撤回
江户的人(在那里将军想来能够在他的中心区域坚持抵抗)。① 同样
不能确定的是会津和桑名能否一直处于庆喜的控制之下。萨托记
录的他与幕府军官久保田千太郎 1 月 7 日在大阪的一次谈话就很
能说明问题。对于禁止敌对行动的天皇敕令一旦颁布就必须服从
的说法,久保田的答复是:"是的,将军必须服从,但他的陪臣
不必。"②

　　也有同样性急的萨摩人。他们中的一些人,想必在西乡的命令
下,在江户挑起一个又一个扰乱治安的活动,希望以此促使江户周
边的藩国里掀起反抗幕府的起义,等待他们的只能是镇压,而且人
员伤亡惨重。③ 当这一事件的消息传到大阪,它就成了点燃导火索
的火星,因为它最终劝服庆喜和他比较温和的幕僚,必须首先采取
行动阻止事态进一步落入萨摩手中。1 月 26 日,他们取道鸟羽和伏
见向京都进军,显然是为了展示实力,以增强土佐和越前在京都斡
旋的筹码。

　　大久保在随之而来的危机中再次扮演了关键角色。在 1 月 27
日为岩仓所写、意在督促朝廷禁止庆喜进入都城的文书中,大久保
指出自月初政变以来出现了两个错误。第一个错误是允许土佐、越
前和尾张进入政府,使之陷于一长串关于将军命运的讨论之中,而
不是立即剥夺他的官职和土地。第二个错误是让庆喜转移到大阪,
并继续其仿佛仍是全国统治者一般的行为,尤其是在与外国代表打
交道的问题上。现在出现的同等严重的第三个错误——允许他返
回京都并参与政治——将是决定性的,因为这将鼓舞他摇摆不定的
支持者,使他重新获得影响和权力。确实,大久保认为,现在唯有把

----

①《淀稻叶家》第 329 页清楚地表明这个辩论甚至在萨摩—长州政变之前就开始了。
② Satow, *Diplomat*, p.299.
③ 详细讨论见 *Junnan rokko*, 3:1-4.

问题推到战争的地步才可能防止这一局面的出现。而且,由于在这样的局势下,无论是议定还是参与都不可指望,萨摩和长州必须有意愿自己做出决定,即便导致好像是"萨摩—长州的朝廷"在做决定也必须在所不惜。①

重要的是,在天皇对上述文书的答复到达萨摩和长州领导人之前,两个藩的军队就已经行动起来。在鸟羽和伏见,两个藩约六千藩兵(总数中包含来自土佐等地的少数部队)与大约万人的幕府军队相遇,并将其击败,逐回大阪。这场胜利,无论在政治还是在军事上,都被证明是关键性的。庆喜立即取道海路撤回江户,拒绝反攻。如他后来所述,这样做是因为他下定决心为国家而降服新政府(尽管他直到逃回江户之前,始终没有向别人甚至是老居吐露这个事实,从而给人感觉他是要回到据点重整旗鼓)。② 无论真相如何——而且确有证据表明在全国许多地方,包括幕府,确实存在着一种要避免全面内战从而避免外国干预的强烈意愿③——其效果是使庆喜的对手们大获全胜。

1月31日,即庆喜逃回江户的同一天,朝廷发布敕令,谴责将军,要他对敌对行为负责,并解除了其追随者对他的责任。三天后,大阪城投降。会津和桑名的军队沿着东海道即通往江户的道路溃逃,而京都周边支持幕府的藩国不失时机地与新政权言和示好。有的如彦根藩早在鸟羽伏见之战之前就这样做了。其他的藩国甚至走得更远,以至于对有拥幕行为的人进行惩罚。在江户,来自东部和东北部43个藩国的代表起草了一个陈情书,呼吁朝廷对庆喜本人宽大处理,但是有好些代表甚至连这份陈情书也不愿签署,而是更

---

① 《大久保利通文书》,2:154-158。

② Shibusawa,*Tokugawa Keiki*,7:341-349.

③ Katsuda,*Ōkubo*,2:485 载有当时在江户的胜海舟通过越前的一个武士送交京都的一封信的全文,该信呼吁朝廷避免敌对行动。他说,这只会起到给予列强干预的口实的作用。又见 Oka,pp.129-132;Sakata,*Meiji ishin shi*(1960),p.208.

愿意退回自己的封地,静观事态的发展。于是,毫不奇怪,2 月底有栖川宫亲王率领远征军讨伐江户,与其说是一次军事行动,倒不如说是胜利的展示。[1]

现在,庆喜寄希望于谈判以求得问题的解决。谈判是通过胜海舟进行的,后者被任命为幕府次级参议(若年寄),以与他的责任相区配。3 月 8 日,他向时任有栖川宫亲王参谋长的老友西乡隆盛写信建议谈判。他写道,"尽管他是德川家的陪臣",他也是"天皇土地上的臣民"。以此身份,他相信及早恢复和平符合两者的最大利益。[2] 此时,西乡和有栖川宫的总部已经移至距离江户一百余英里的静冈。对于胜海舟的来信,他们提议停战,将军投降,并把自己置身于肥前大名(他的兄弟)的管束之下,并且移交他的城堡、军舰和军队。4 月 6 日,胜海舟获得与西乡会面的机会,在那里,后者接受了上述条件,仅要求以水户替代肥前作为庆喜的管束者。西乡表示同意。他在下达了停止军事行动的命令后,马上前往京都,在那里岩仓以正规的形式传达了这一协议:庆喜辞去德川家族之首的职位,其位将传给田安家,持有不超过 70 万石的封地;唯有那些公开反对朝廷的官员将受到惩罚。在 5 月 3 日,一旦庆喜证实他接受这些安排,江户城即被占领。十天后,有栖川宫举行了国事规格的入城典礼。

双方的任何一方都发现把这个协定加诸于追随者的头上并非易事。在京都,岩仓、大久保和木户不得不竭力克服尊皇主义者的反对,他们要求更加严厉的惩罚,致使协议条件的公布不得不推迟了好几周。在江户,西乡不得不使用武力镇压三千名德川陪臣抗议对他们领主的处理方式。幕府海军的一部,在榎本武扬指挥下,拒绝投降,逃到北方。更严重的是,东北部的藩国组成了一个以仙台

----

① 关于谱代反应的概述,见 Kimura and Sugimoto,pp. 306 - 310。

② *Ishin-shi*,5:201.

和会津藩为首的联盟，显示出以有组织的方式抵抗新政权的意愿。他们强调萨摩和长州是"邪恶的顾问"，天皇是被蒙骗了，并准备保卫他们的封建权利。但是，在9月西乡指挥了一场镇压他们的大规模军事行动，他们的主要距点，会津的若松城堡于11月初被最终占领。到这年年底，东北动乱终告平息，尽管代价巨大。

这样，就剩下榎本及其部队有待平息了。榎本和八艘军舰以及约两千人（其中包括幕府高官板仓胜静、小笠原长行和永井尚志）逃到虾夷岛（北海道），并要求把那里变成德川封地。这超出了京都所能容忍的范围，尽管榎本在北海道受到人们的尊敬。于是，在1869年，一旦春天来临使作战成为可能，一支强大的军队被派往制服"叛乱者"。北海道于6月29日陷落，和平得以在全日本恢复。这时，榎本做出的一个动作非常恰当地标志着时代的变化特征：他把自己在荷兰当学生时做的航海笔记送给了击败他的军队司令。他说，这些笔记"将有益于国家"，不管他本人会面临什么样的命运。①

他的对手也同样不吝做出爱国主义重于封建忠诚的表示。1869年11月1日，在国家团结的名义下，庆喜得到赦免（尽管没有被恢复原位）。出于同样的理由，尽管慢了一些，那些服务于庆喜的人，甚至包括曾为他的事业战斗的榎本，也被赦免。其中的一些人——大久保一翁、永井尚志、榎本本人——最终都在明治官僚体制中获得高级职位。因此，这就证明了对国家强盛的追求，使胜利者有必要做出和解的姿态、不拘一格地使用"有才之人"。这使"倒幕"政治很快成为过去。

注释

i 这一宣布反映了容堂对已做的事情的保留态度。在这一宣布中，他特别否认有任何"摧毁幕府"（倒幕）的用心，并在提出要求庆喜辞职的建议

---

① 引自 Fukuzawa，pp. 276-277。

的同时,加上发展海军和贸易的计划,这意味着要富国强兵(见《维新史料纲要》,7:222)。

ⅱ 这里有两个与术语相关的有趣现象。尽管使用了"天下万民"的表述,但他所具体提及的唯有统治阶级的构成部分,这就使我们难以主张容堂在使用"天下万民"的说法时,是在现代的意义上想到民众的支持的。再者,国体这个词尽管在后来(也为某些容堂的同代人)用作指称一个以天皇为中心的政体,但在容堂的陈述中显然是用于指**现存**结构即包含幕府和藩国的结构的。因此,这个文件所具有的封建味道,比英译文所透露的要强得多。

ⅲ 大久保一翁在 1862–1863 年就向松平春岳提议:将军辞职恢复为大名地位,并保留德川家族在家康掌权之前所拥有的领地;设立两院制议会,在京都或大阪开会讨论基本政策;由五位从上院选出的大名担任行政委员会成员。见 Ōsatake, *Ishin*,1:76.81。

ⅳ 直到 1868 年睦仁天皇才采用了年号明治。

ⅴ 不过是到了一个多月之后才有军队实际到达那里。萨摩的第一支部队于 12 月 10 日到达长州的三田尻。两天后随之到达的是由西乡指挥、由大名岛津忠义陪伴的三千余人的主力。这支部队于 11 月 18 日到达京都。与此同时,长州军队也开始向东进发,并于 11 月 31 日到达位于大阪近郊的西宫。土佐的一些部队于两天后到达京都。见《维新史料纲要》第 7 章多处。这些行动使用的一个借口是当兵库根据条约义务于 1868 年 1 月 1 日开放时,可能会发生与外国人的冲突。同上书,第 387 页。

ⅵ 对公家的任命,很有意思地反映了严格的等级障碍是如何被忽略的,尽管是以一种温和的方式被忽略的。敕令提名担任官职的八位公家,他们的同事或者是大名(议定),或者是武士(参与),而这八位公家都属于朝廷的中级而非高级公卿,尽管其中的一些人以朝廷的标准看已经过得很好:嵯峨、中御门、中山和岩仓拥有从 150 到 350 石不等的俸禄。尊皇主义者中唯一的一个高级公卿是三条(469 石),他属于一个堂上公家家族,而按传统朝廷的高级官职均由堂上公家家族之人出任。(译者按,公家包含两个阶层,堂上公家可与天皇同席而坐,地下公家则不可与天皇同席而坐。)三条后来如岩仓一样成为议定(想必是因为他们分别与长州和萨摩的密切的关系)。

关于这些人的地位和俸禄,参见 Fukaya,*Kashizoku*,pp.96－97。

ⅶ 幕府官员也是如此。其中的一位池田长发后来评论道:"虽然它让我极度烦恼,但我仍然袖手旁观,因为我没有固定的想法;在这个场合下无所谓政策之争"(Burks,"A Sub-leader,"p.290)。

ⅷ 福地,《幕府衰亡论》,第30章评论道,幕府中许多仍然忠诚于德川家族本身的官员,因为庆喜的改革项目对他们的利益造成的伤害是如此之大,他们对是否全力支持庆喜一直犹豫不决。

　　1867 年末和 1868 年初发生的事件有两个特征值得强调。其一,它们的运作方式是封建性的,并充满个人色彩:表现为那些最终都可诉诸其私家军队的雄藩大名之间的争斗。其二,它们代表的是为权力而进行的斗争,而非意识形态之战。斗争当下涉及的利害不是日本的基本制度是否需要改变,而是那些以将军的名义执政的德川家臣,是否由另一批意欲以天皇的名义掌权的诸侯,特别是来自萨摩和长州的诸侯所取代。出于这个理由,幕府的对手对口号的兴趣甚于对行动计划的兴趣:他们机敏于王政复古即"恢复天皇统治",或富国强兵即"使国家富裕、使军队强大"之类的泛泛而谈(这些言论或许因他们指责幕府"自私"、"滥用"权力而被放大),但却在如果他们取得政权后将可能采取哪些具体的措施上语焉不详。在政治争论中此类现象并不罕见。

　　胜利,或者对胜利的期待,改变了这一切。这类现象屡见不鲜。一旦新领袖必须发号施令而不仅仅是宣传鼓动之时,他们就面临如何使用他们手中的权力的问题。这导致他们发起了一场更为具体的政策争论。他们都从一些相同的目标、一些共有的信念出发:国家统一要求政治变革,因为在外患当头的情况下,国防有赖于国家统一;而这在某种意义上,使朝廷能够扮演一定的角色;他们还有一个共同信念,愿意"以夷制夷",即采用西方的技术,为增强军力和经济服务。换句话说,他们的态度至少部分地反映了社会中支持他们的那些人的利益:改革大名的技术现代化和 1863 年"志士"

的政治观念。

于是,说1868年初帝国政府的政策尚待决定,并不等于说对他们将采取什么方向,我们没有任何征兆可循。一方面,传统政体的性质,围绕着这个政体而产生的强烈的情感之争,限定了可行的取代幕府的政治选择的范围。另一方面,新领袖的特征,意味着某些政治和社会变化将要发生,而其他的变化不太可能发生。虽然这一点从未获得清楚的宣示,这个集团的成员一直就一系列的方案进行讨论,而最终的决策也来源于这些讨论。因此,对早期明治政治的讨论,可以从介绍这些观念(包括具体的和一般的观念)的背景开始。

然而,我们还需考察局势,因为做出决定的那些人也无法完全掌控事态的发展。他们要尝试做什么事情,以及在什么时候做,往往是由他们觉得能够做到什么事情决定的。因此,在我们转入探讨明治社会的形成这个更为广阔的问题之前(这是本书后面几章将要讨论的问题),我们应该首先考察紧接着王政复古之后政府面临的日常问题,也即考察"绝对主义"演变过程中出现的现实性和理念性的两类因素。因为正是这两类因素的互相作用,而非一者压倒另一者,给予了日本一个中央集权的、西式的官僚制国家,一个以公开宣称"恪守传统"、其权威系由神道信仰信条认可的天皇为元首的国家——这几乎不可思议。

影响与观念

1868年最初几周日本政治的中心问题是在天皇统治被"恢复"后,德川家族是否,或者在何种程度上,应该保留政治影响力。但是,几乎同等重要的是藩国与中央政府关系的改变必须走多远的问题。换句话说,当时的人们争论的问题只局限于相当狭义的政治领域,涉及的是政府的组织以及政府组织的性质问题,诸如封建制度与由天皇任命官僚的郡县制度相比的优越性问题。最初,有关社会经济结构的问题,除了那些与权力归属直接相关的问题,均未被提出。从逻辑上而言,这场争论从检讨天皇的地位开始,因为对他个人的控制一直是此前斗争的焦点。

在好几个世纪里,日本天皇一直是一个象征,而非一个统治者。他是"民族独立、历史传承、国家统一、内部和谐以及统治者与被统治者之间和谐"的体现。[①] 因此,对于维新领导人而言,天皇非常重要,因为他能够给予明治政府领导人以合法性,一如在过去的近七百年中,天皇的先人给予将军以统治合法性一样。像德川统治者一样,明治领导人也给予天皇以巨大的仪式性尊敬。这样做使他们能够在一个"不因对德川政策负责而被玷污的"主权的名义下,[②]强调一种文化的延续,但实际上他们所追求的路线在日本历史上并没有真正的先例。从长远的观点看,这一点,对他们把对日本人的心理冲击控制在最低水平,重新塑造日本人的生活方式来说,是至关重要的。从短期的观点看,这一点也是把难以控制的诸藩联盟维持住的关键所在。如一位当时的观察家所言,新政府的存在一度"完全系于他(天皇)神圣之名的光环之下"[③]。

但是,由此我们绝不能推断明治政府的功能只能在一个中央集权的行政框架下运作,一如早些年间志士所鼓吹的尊皇主义并没有排除封建国家的存续一样。像真木和泉和武市瑞山一类的志士,虽然常常蔑视他们的藩主,却并没有废除藩主赖以生存的整个体制的打算;他们提出以天皇为中心的封建制度取代幕府,创造一个天皇所有的国家,他们以及朝廷公卿都能从中获得一定的回报。因此,他们对江户的仇恨,起因于希望实现驱逐外夷,绝非必然意味着对

----

① Webb, "Development", p. 187。关于这同一话题,又见 Hall, "Monarch"。

② Hall, "Monarch," p. 41.

③ Adams, 2:132.

革命性创新的呼唤。实际上,在这一点上,我们必须转而思考另一个不同的传统,一个与其说是政治的倒不如说是学术的传统。这个传统视封建制度为对中国规范的背离,而这个规范在日本非常久远的古代就已确立。

德川的学者不会意识不到他们生活在一个与中国有很大不同的政府体制下;其中的不同,不仅在于天皇和将军的双重权威,而且也在于领地制、封建义务和世袭身份上。① 他们明确地把一个具人身依附和分离主义倾向的制度(封建)同另一个强调中央集权的制度(郡县)区分开来,而且会非常自然地会比较其制度的优劣。封建诸侯自己,和幕府以及大名的儒教学者们认为,封建制度对军事力量的增强,提供了比中国体制更好的基础;他们还相信封建阶级结构提供了一种中国所无法企及的持续的社会稳定性。然而,作为儒家学者,他们对他们所教授的东西是否受到重视,有着一种职业利害的关切。这一关切又夹杂着他们对在中国,如他们当中的一位学者所言,"生于农家之人"亦能"升至国之宰相"②的景仰。所以,对于他们来说,两个传统中的任何一个都并非必须不遗余力去卫护。

这一事实对日本进入现代世界具有某种重要意义。首先,因为两个体制都为人熟知并在部分上被接受,因此,就有了把忠诚从"封建"制转向"官僚"制而不掀起巨大的情感波澜的可能。其次,因为关于官僚制的知识仅仅是学理性的——作为一种现实的官僚制在历史上和地理上都是遥远的,所以用新概念重新塑造官僚制并不困难。鸦片战争时期,日本评论者把中国的战败归罪于其行省制度在军事上的缺陷。他们相信封建制能够避免这些缺陷。然后,当他们

---

① 他们有关这个问题的讨论可见浅井清的《明治維新と郡縣思想》第16-38页。
② McEwan, p.22.

自己的国家与西方打交道也不成功时,他们开始论证封建制也有缺点,尤其有问题的是一直备受珍爱的诸侯分立制度。这个制度导致的碎片化和分立化,置整个国家的安全于危险之中。这实际上是在以"西方的"方式,为中央集权官僚制做论证。不过,他们能够把这一制度附会为熟知的郡县制,而非某个西方的模式,使这个制度为人们接受变得大大容易起来了。

在日本就以上问题进行论述的人中,大多数是为藩主服务的武士学者,然而正是在天皇朝廷中,存在着一种可归之为中国式中央集权结构的残留。很重要的一点是,这是后来被取代的 8 世纪模式的残留,而不是当时的宫廷高级职位,这些职位如关白是幕府借以在朝廷行驶权力的渠道。因此,在这个背景下,呼唤回到过去——复古一词意为恢复古代,就意味着在宫内,权威从藤原家族转移出去,一如在全国,权威从德川家族转移出去一样。毫无疑问,出于这个理由,王政复古的号召对如岩仓具视那样的低级公卿具有巨大的吸引力,如果一切照旧,他们不可能指望获得最高的官职。

确实,正是岩仓提出了以日本这一传统特征为基础的宪制方案。在他于 1867 年春天为雄藩大名来到京都与庆喜讨论兵库和长州问题而准备的一份文件中,他已经就日本在其统治者每每执迷于"为小权而争执"的局面下,怎样在政治上变强的问题进行了探索。①他说,只有一个解决办法:"把全国六十多个藩国改造成一个坚强的帝国,以此保证民族的统一。"

不过,尽管如此,岩仓仍旧感到封建制力量强大以致无法忽视:"自镰仓幕府创建(1192 年)以来,军人家族一直拥有自己的领地,各个领主在自己的领地内经营管理。现在,任何贸然管制他们的企图都将困难重重。但是,如果不进行管制,我们就不可能奠定向世界

---

① 署名日期为 1867 年第 3 月[4 月 5 日 - 5 月 3 日]的备忘录,载《岩仓具视关系文书》,1:288 - 300。

展示天皇优越的基础。"①因此,在他的心目中,他所预期的愿景仅仅是藩国臣服朝廷,而非摧毁藩国。他提议建立地区政府,这些政府的行政管理范围将大于藩国,这个制度复活了 8 世纪的"七道"体制,即在京畿区域内的五国(又称畿内)之外,日本全土被划分为七道。统治这些地区政府的官员"将从天皇家族亲王、宫廷公卿和封建领主之中,按选贤任能的原则任命"。这些人将按一定的期限在道内轮流任职,并"承担指导和控制道内封建藩主的职责……并协调彼此之间的行政管理责任",贯彻为国富所需要的新旧政策:促进农业,开荒垦殖,为福利项目筹集资金,扩大税基;发展对外贸易;于小学之外,在每个地区建立一所地区性大学,这些学校的授课应包含儒教价值,确保国家的年轻一代不至于"为逐利之途所诱惑",即便他们被鼓励走上这样一条道路。

岩仓在这个文件中提出的建议,预见到了不少明治政府早期所要面临的问题及其对策。实际上,唯一缺失的是那些最终将为明治政府涂上现代官僚、工业和军事体制色彩的西式元素。同样在政府问题上,他勾画出一个可替代幕府的天皇体制,但这个体制既没有让权力从当下的统治阶级那里旁落他人手中,也谈不上对封建体制及其政治形式作完全西式的攻击。可以说,岩仓所论就是日本传统凭其自身所能走得最远的地步。

当然,另一方面,日本不再局限于它自己或者中国的经验,无论在文化上还是在政治上都是如此。其悠久的"兰学"传统,于 19 世纪中叶在外部威胁的阴影下在深度和广度上大大扩展。而到明治早期,这一传统又因外国领事和公使愿意教授日本人西方社会的运行方式,以及那些到过外国的日本特使和学生的亲身观察而加强。在幕府自 1860 年开始的外交出使活动中,有的人就专门负责搜集有关

---

① 署名日期为 1867 年第 3 月[4 月 5 日-5 月 3 日]的备忘录,载《岩仓具视关系文书》,第 297 页。

西方社会制度方面的情报，以为他们自己和上司所用。① 好几个藩
国获准派遣自己的人员加入幕府的外交使团。而有的藩国则自行
派出留学生甚至使团，如萨摩在 1865 年所做的那样。在少许场合
下，还有个别积极分子能够自费出洋，只需得到官方的赞成；例如，
在长州就有好几例。结果，到王政复古的时期，日本已经拥有了一
个"专家"核心，他们的知识，在有的场合中，仅仅是建筑于对欧洲或
美国的一次访问的基础之上；但在另一些场合中，则反映了他们长
年学习的结果，或许包括在西方大学学习的经历。这些"专家"不仅
能够在科学和技术方面，而且也在法律、政治、经济和哲学方面，以
其所学补日本传统之不足。

当时，一方面，在日本居住的西方官员和人士一般都好为人师，
而另一方面，武士官员都受到中国式的上书请愿传统的熏陶。这保
证日本的统治者能够从这两个集团那里——无论是他们自己的毛
遂自荐还是应政府的要求——获得大量的建言。这些建言通常出
自于那些地位较低的日本人之口，唯有在建言是有吸引力的时候，
他们才可能产生决策影响。西周尽管在莱顿接受过训练，但在幕府
的最后几年中却基本被忽略而倍感挫折。② 然而，当有想法的人恰
好也是有地位的人的时候，他就能向政府高官们面呈自己的观点。
正是部分由于王政复古使不拘一格广开言路之风盛行，或者至少是
由于出现了从重地位向重能力的转变，维新开启了巨变的大门。

如前所述，明治政府所继承的现代化思想路线之一，是幕府内
部围绕法国公使莱昂·罗切斯提出的方案发展起来的。这个路线
的目的是通过军事组织、税收和国家一般行政的改变，增强将军对
大名的权威。它的主要倡导者是一群与外国打过交道的中层官员。
但是，他们却能够赢得若干上司支持他们的如下观点：封建制——

---

① 关于外交使团对"政治"信息的搜集，见 Osatake, 1:42-56。
② Havens, pp.57-59.

对此他们意指当下幕府与藩国之间的关系——必须让位于对更强的中央权力的需求。于是，就有松平春岳在 1867 年 11 月与板仓胜静谈论时，提到恢复天皇统治必定导致创建行省体制（郡县制度）的观点。① 松平据此反对恢复天皇统治。庆喜本人据说在几周后声称，如果日本要变强大的话，它迟早必须追随英国的样板，放弃封建制度。② 帕克斯在这一年年初与庆喜共进晚餐（该晚餐完全是按照外国风格进行的，饭后喝咖啡）后，称将军对封建制、郡县制之类问题的建议持开放态度，并对汽船、煤矿、铁路和电报抱有兴趣，这些给他以深刻的印象。③

　　这些评论所蕴含的有必要就政治制度的**效率**，以及这些制度如何分配权力的问题做出回答的体认也体现在幕府领袖于 1867 年末讨论过的制宪计划中。尤其是大给乘谟于 11 月 13 日提交的文件所传达的信息，似乎已是近明治而远德川了。④ 该文件写道，在一个正走向"启蒙"（开化）的世界上，当许多日本人都希望"一举扫除旧习"，引入西方做法的时候，有必要仔细思考一下如何才能维护传统秩序的问题。政治问题是他首先关切的事情。乘谟相信唯有采取一种令人信服地把国家利益放在首位的体制，在政治上才是可行的。当然，将军的权威也能得以维持。但是，它必须加以修正（通过建立有大名和武士参与的全国性和地方性谘议院），并增强实力以反对地方特殊主义（通过废除大名控制的私家军队，建立一种藩主须将其收入 2/3 贡献国库的税收体制）。与此相适应必须建立一支现代的陆军和海军，其成员从武士阶级中体格健壮、智力健全者中招募；必须建立一个奉天皇之名而行动的政府；必须实施"开化"政

----

① Asai，pp. 74 - 75.

② Asai，p. 37.

③ F. O. 46/80，帕克斯致斯坦利，第 78 号，1867 年 5 月 4 日，大阪。

④ 这一文本载于《淀稻叶家》，第 334 - 342 页。

策,根据这个政策,藩主需要把他们剩余收入的一部分用于开办学校,设立工厂,建造铁路等等相关事业。

把大给的思想与岩仓在数月前提出的观点相比较,令人惊奇的一点发现是在这两人之中,是这个幕府官员更加"现代"和"西方化",尽管他仍旧忠于德川家族,仍旧忠于封建领主的阶级利益。显然,他知道这些问题事关重大,已经超出了将军及其敌人正在进行的权力之争所牵涉的问题的意义。还有一些别的幕府官员,如胜海舟和榎本武扬,也持类似的看法。这些幕府官员在因内战激起的情感随着时间流逝而平息后,都服务于明治政府。换言之,现代化,甚至政治现代化,绝非仅仅是政治同盟的产物,或由萨摩和长州垄断。不过,尽管我们承认这一点(这是重要的一点),我们还须认识到历史剥夺了幕府拥护者决定国家未来发展路线的能力。他们的方案因试图为德川权力保留相当大的位置而遭到排斥,他们对政策的影响也因幕府军在鸟羽伏见的战败而终结。结果,他们最终的贡献更多地在于制造舆论氛围,而不是建造一个新的国家。这个任务落在他们的对手也是继承人的身上。

然而,我们仍可主张,尽管出现权力中断,幕府关于宪制改革的观念仍然通过土佐和越前传递给明治政府。在 1867 年 10 月撰写呼吁将军辞职的土佐文件中扮演了重要角色的坂本龙马,是江户胜海舟的老朋友,从他那里,坂本产生了日本如何以西方方式变富变强的构想。越前的由利公正也同他们保持密切的联系。在这三个人的理想社会中,官职依靠能力而非由出生决定,而政府中包含了某种代表会议的成分。① 这就意味着必须对封建制度进行攻击。

实际上,这一点清晰地显示于一位越前武士在 1867 年于长崎向坂本出示的一份文件中;据说,这份文件的观点得到了坂本认同,认为"几乎就等同于"他自己的观点。该文件指出,"六十六个藩国有

----

① Jansen,*Sakamoto*,pp. 338 - 341.

二百六十三位藩主,每一个都在自己的领地中独立行政。在如此分裂的局面下,我们怎能把国家做强,怎能提升国家威望? 封建制度必须马上废除,郡县制必须在一个能够控制全国的帝国政府领导下立即建立。"①这段话的精髓被吸收进土佐向庆喜提交的文件。除此之外,这份文件还主张要兴办学校,保护"合理公开的"贸易条约,以及清除"私利"和"不合时宜的习惯"。② 于是,这些建议成为公众辩论的话题,对 1868 年 1 月之前和之后的政策发展产生了影响。

连续性的另一种形式,是由英国公使哈里·帕克斯爵士向日本政府慷慨提供的。帕克斯是能够代表他那个时代的人物。在他看来,维多利亚时代的英国正是文明发展的顶峰。再者,虽然他毫无疑问地坚信西方在日本的特权地位,是对双方都有益从而值得卫护的东西,他也知道这个特权的存留需要法律和秩序支持。他在 11 月 27 日即他闻悉庆喜辞职的那一天,向伦敦致信时写道:"为了国家的普遍利益,与同外国列强保持友善的谅解同等重要的是,必须有一个强有力的政府,它的权威应在整个帝国都得到承认。对于这一必要性的认识已是与日俱增。"③为了达到这一目的,必须使雄藩大名承认"一个享有管治一般立法、司法和国防等一切事务权力的最高权威"。不过,帕克斯对这个目的能否实现表示怀疑,除非"军事服务与武士土地收入挂钩的制度"被"一个更好地适合于文明政府建设的体制"所取代。在次日另一封信里,帕克斯观察到,幕府关于宪制改革的方案最终必定要"打击大名的势力"。他认为,这些改革的受益者将是大名的武士陪臣,而反幕府运动依靠的就是这些人。他们对其"首领几乎毫无信任可言",而且似乎"不达到自由表达意见

---

① Asai,pp.37.

② Jansen,*Sakamoto*,pp.316–317.

③ F.O.46/82,帕克斯致斯坦利,第 194 号,江户,1867 年 11 月 28 日。

的目的"决不罢休。①

对于明治领袖(其中的某些人帕克斯在他们获得明治政府官职之前就已认识并打过交道),帕克斯以同样的力度表达了他的反封建见识和期待。例如,根据他自己的记录,他在1869年1月曾对岩仓这样说道:"贵国现在正在天皇领导下重组政府。显然,后者需要中央组织和物质力量的支持;尽管有许多事情可以留给地方政府去做,但政府的某些核心功能,如立法、国防、外交等等,应当由中央把持。"他认为,唯有这样做,才有可能"纠正分治离心这一长期困扰日本政体的问题"②。

这类政治建议并非特例。对于帕克斯来说,同其他外国人一样,认为好的政府不过是文明国家的一个特征而已,文明国家还应享有因经济增长而带来的社会和物质利益。1867年他在谈到幕府官员时写道,"我的一个目标是把他们的注意力从军事动作转向工商实业。"对外贸易"将通过引入企业和产业精神和创造资产阶级——两者都是日本急需的事业——大大增加国家的财富"。③抱着这一思路的帕克斯,在维新后找到了向明治政府提供咨询等帮助的机会,这些机会有的是因人所求而来的,但更多的往往是帕克斯主动所为。他咨询建言的问题远远超出严格意义上的外交职责,包括灯塔、铁路、货币、农业租税、武士津贴、工厂和教育等问题。

毫不奇怪,帕克斯如此教授的东西最终超出了日本人能够接受的范围,于是他的影响渐渐衰减。然而,在此之前,他的角色已经被日本人接替。后者的建言,更具爱国主义之性质,从而更有说服力。许多访问过欧洲或者在那里求学过的日本人,都对欧洲的

---

① F.O.391/14,帕克斯致斯坦利,江户,1867年11月28日。

② F.O.46/106,帕克斯致斯坦利,机密,横滨,1869年1月13日。

③ F.O.46/67,帕克斯致斯坦利,私人信件,江户,1867年10月15日。

文化的优越性是如此信服,以至于在他们回到母国后都抱定决心,致力于传播"文明",把日本从半野蛮状态提升为文明之国。[①] 他们所言之文明,指的是赫伯特·斯宾塞和萨缪尔·思麦尔[Ⅱ]所言之文明,自由贸易之文明,社会达尔文主义之文明,也即当代西欧特别是英国之文明。在文明的名义下,这些有留洋经验的日本人批判自己国家的文明:封建制从政治到社会各个侧面,儒教从道德到理性,均受到批判。他们毫无保留地要求采纳西方的一切,从铁路到国会,从发型到哲学。然而,他们否认这样做就是不爱国或者反日。福泽谕吉说道,"我最大的希望始终是引导整个国家走上文明之路,把日本建设成伟大的国家,军力强大,贸易繁荣。"[②]当田口卯吉主张他要求日本接受的模式具有普世性时,他遭到了只知道拷贝西方的谴责。对此谴责,田口的回答同福泽的见解一样分明:"我们学习物理学、心理学、经济学等科学,不是因为西方创立了它们,而是因为它们是普遍真理。我们为在我国建立宪制政府而奋斗,不是因为它是西方的政府形式,而是因为它符合人类的本性。"[③]

有关西方及其制度的著作,如在维新前夕出版的西周的《万国公法》(国际法)和福泽谕吉的《西洋事情》(西方现状),均为那些参与政治的人们所利用——据说中冈慎太郎在 1867 年 5 月把一本福泽谕吉的书送给了岩仓具视[④],从而帮助形成了一种讨论日本如何解决其面临的问题的舆论氛围。不过,这些著作尚未转化为一种具体的压力形式,并在那些关键的地方发生影响。这时,西周和福泽

---

① 这触及到了一个很大的问题,对此我们无法在这里做适当的讨论。它在如下的著作中得到了详细的考察:Sansom; Blacker, *The Japanese Enlightenment*; Havens; and Pyle。

② Blacker, *The Japanese Enlightenment*, p.121,引自福泽的自传。

③ Pyle, p.90.

④ Jansen, *Sakamoto*, p.250。关于当时日本人对西方的政治知识的了解程度的更详细讨论,见于 Asai, pp.92 - 103。

本人在政治上都不活跃。他们对萨摩和长州都保持距离，因为两个藩国都曾与极端的排外观点密切相关。但是，他们又不愿支持在他们看来蒙昧的幕府。[1] 因此，至少在明治时代的头一两年里，他们并无机会接触到权力中心。事实上，西周一直为德川服务到 1870 年。就像其他一些曾从幕府那里领薪水的现代化论者一样，西周作为官僚和宣传家的重要性，等到若干年之后，政策路线大局已定，任务转向制定改革的详细计划时，方才显现出来。

这就意味着，我们必须到明治领导集团中，特别是到萨摩的五代友厚、寺岛宗则和长州的井上馨和伊藤博文那里，寻找明治政府初期政策思想的来源。他们都曾访问过西方，并从自己的所见所闻中得出结论，尽管他们从他们在西方学习年月中所获得的知识还不够全面。英国的稳定与日本的分裂形成了鲜明的对比，给五代留下深刻的印象，使他早在 1865 年就极力主张政治改革是国家富强的先决条件。[2] 寺岛讲得更加具体，至少就制度改革而言。他在维新前夜写给萨摩当局的信中说道，他在欧洲学到的一切东西，都使他坚信封建体制必须被摧毁。他认为，"权力之所以转移到幕府那里，是因为领主制度的存在。我相信要实现真正的天皇统治，所有领有土地的藩主必须被废除。"[3]藩主最终应把他们的土地都交给天皇，变成平民；而作为第一步，他们可以把收入的一部分交给朝廷，向天皇控制下的国防军提供部队，并确保在新政府中任职的官员领取工资而非授田。

在长州，伊藤提出了极其类似的观点。1868 年 1 月，他写信给木户，力主从对地方封建忠诚转向对国家忠诚，转向对"公共利益的

---

[1] Havens，pp. 66－70；Blacker，*The Japanese Enlightenment*，pp. 25－27.

[2] Tanaka Akira，pp. 202－205.

[3] 寺岛写于 1867 年 11 月 27 日的备忘录，见 Katsuda，*Ōkubo*，2：606－608, at p. 606。

关切"①。一年后,作为新政府的一名官员,他论证道,国家统一将使日本能够"平等地与外国接触,能够产生一个文明开化的政府"。而国家的统一建立在废除藩国——如果有必要的话用暴力废除——的基础之上。② 他紧接着提出了一份希望政府采取的政策清单。这份清单由他以及多位兵库官员共同签名(此时伊藤任兵库知事),强调了与外国保持友好关系的重要性,以符合普遍的"自然法";强调了学习西方的重要性,藉此日本方可"睁眼看世界,改革那些几个世纪传下来的陈规陋习";强调了通过废除藩国建立有效政府的重要性,这样,"日本人才能从片面的律法中解放出来,毫无例外地服从于统一且正义的统治";强调保证所有的人,"不分贵贱",从限制职业和居住权利的一切封建束缚中解放出来。③

从这些论述中,可以清楚地看到,在维新后的一年之中,伊藤就使自己成为同代人中"进步"之人的代言人。不过,此时他尚未成为一个最具政治重要性的政治家,五代和寺岛也是如此。他们的服务和能力已经使政府中有人听取他们的声音;但是,唯有到 1868 年末,在大隈重信的领导下,这些人才聚集起来,在大隈的领导下,成为一股不可小视的政治力量,同样也是大隈将涩泽荣一、神田孝平等更具才能的前幕府人士引入这个集团。④ 一旦到了这个阶段,他们就能向政府施加压力,要求它进行西式改革计划。而在此之前,他们所作的不外乎影响他们的上司:大久保、西乡、木户和岩仓,后者因

① 伊藤致木户,1868 年 1 月 28 日,载于《伊藤博文传》,1:332 - 333。
② 伊藤备忘录,约在 1868 年 12 月或 1869 年 1 月写成,载于《伊藤公全集》,1:第 1 部分,第 165 - 168 页。
③ 文本署名日期为 1869 年 1 月[2 月 1 日-3 月 12 日],载于《伊藤博文传》,1:420 - 425。文件的签名者之一是陆奥宗光,通过他而与土佐建立了链接。陆奥虽然出身于德川藩国纪伊一个家境良好的武士之家,但曾与坂本龙马一起服务于海援队。见 Jansen, "Mutsu," pp.311 - 313。
④ 见 Sakata, *Meiji ishin shi*(1960), pp.229 - 232, 235 - 239。

为他们在推翻幕府中的作用而掌握了政府大权。

当然，大久保以及他的同事绝非反对政治改革之徒。但是，他们中间没有一个人在日本之外的地方生活过，没有一个对西方有充分的了解。因此，他们总是抱着谨慎的态度看待改革。他们唯有在其他办法都已试过且作用不佳之后，才愿意使用他们的手段和经验来推进更加激进的现代化（或西方化）。实际上，正是通过他们，现代化者的计划得到了现实的检验，那些似乎是值得追求的事业，得以从政治可行性的角度进行验证。这一过程经历了好几年。

建立政府

执政是一件剪不断、理还乱的事情。不说别的，单单因为局势自会决定何者必须优先处理、何者可以缓后对付，就足以说明这一点。1868 年的日本也不例外。在这一年 1 月获得权力的人们，虽然真诚地相信他们的使命是拯救国家，而这唯有通过"富国强兵"才能实现，但是，他们还必须解决一系列与这个目的并无直接关联的问题。他们必须打赢，或者成功地终止内战；必须设法为战争筹资；必须搞出一套班子来治理那些已在他们控制之下的国土。这些事对他们自己的生存而言都不可或缺，而他们相信做得好坏，反过来将决定国家的存亡。但是，这些当务之急，确实在明治政府的初期，使它的领导人难以把注意力集中在制度改革上。

幕府一旦被推翻，新领袖发现他们必须继承幕府的责任，其中的一些必须马上行动。外交事务就是如此。在那里需要处理的问题紧急而且棘手。考虑到此前几年中发生的事情以及朝廷所发布的各类文件的基调，非常合乎逻辑的一点是，大多数武士，尤其是那些现在看到他们事业成功的武士，自然会期待随着政权的变动而来的是某种"驱逐"外夷的行动。如木户 1867 年春天在长州对他的支持者所说的："我们年轻的志士只看到他们眼前的敌人；对于世界大势认知却错得离谱。"①结果,1868年初见证了一系列对外国人的攻击:2月4日在兵库有肥前军队的攻击,3月8日在堺市有土佐武士的攻击,之后于3月23日,两个浪人试图在京都刺杀帕克斯(这两个浪人具有典型性:一人原先为僧人,另一个是一个乡村医生18岁的儿子)。

这些袭击让天皇政府尤为不安的是它们可能导致西方干预内战,或者推迟对权力转移的承认。帕克斯本人曾直言愿意接受任何"正规的政府",而不问它采取什么形式。② 他已经成功地使外国代表们发表了保持中立的宣言,但这是在罗切斯的反对下做到的,后者的一些军事顾问其时仍在德川军中服务。这使得局面变得微妙,尤其是因为在堺市被袭的是法国人。

同时,对外国人的攻击,如岩仓所言,也提供了一个向世人证明天皇统治已成为现实的机会。在1867年,正值讨论兵库开放之时,岩仓敦促朝廷承担谈判的责任,藉此剥夺庆喜掌握的权力。他当时是这样描述自己的盘算的:"以处理对外事务为表,寻求收回天皇管理全国权力为实。"③现在,与大久保一道,他把这个盘算运用于1868年的局势,藉此说服犹豫不决的朝廷承诺惩治凶犯,向外国人道歉,并(于2月8日)公开宣布幕府缔结的通商条约,在对令人不满的条款加以修正的情形下,将得到维持。④ 排外的要求事实上已经转为修正通商条约的要求。事情到此并没有终结。2月29日一份由越前、土佐、萨摩、安芸和熊本诸藩藩主共同署名的文件,与一份由长州单独提出的文件,敦促政府安排天皇召见各通商条约国使节,借

---

① 木户致黑田清纲,1867年4月23日,载于《木户孝允文书》,2:286 - 287。在1868年2月(致伊藤博文的信中),木户把他的批评延伸至其他藩国的武士那里,后者正在对外国人施以攻击。见 Sakata, *Meiji ishin shi* (1960), pp.217。

② F.O.391/14,帕克斯致斯坦利,大阪,1868年1月5日。

③ 岩仓备忘录,1867年5月29日,载于《岩仓公实记》,2:36。

④ 该敕令全文载于 Katsuda, *Ōkubo*, 2:431 - 432。又见 Oka, pp.139 - 142。

此表明政府拒绝攘夷。他们认为,这一举动将标志着日本不再以"井底之蛙的视野来看世界",表示向西方国家学习的意愿,"取人之长、补己之短。"①朝廷没有什么迟疑地接受了这一请求。这毫不奇怪,因为朝廷所拥有的军力无不来自于这些藩主。

帕克斯正是在前往参加天皇和列国公使会见(上述的往来导致这次会见的发生)的途中遇袭,而且日本外务省发现有必要在未来的几个月内,坚持不懈地对武士们进行外交事务问题的教育。② 尽管有这些情况发生,上述朝廷的决定仍然为新的领导人赢得了从外交事务问题上暂且喘息的时间。这就使他们能够把注意力转向同样紧迫的确立其自身权力地位的问题。他们在整个国家中的地位即使有,也是相当脆弱的,因为鸟羽伏见之战后各藩迅速向入皇政府臣服是明哲保身,观望待变,而绝非尊皇主义的复兴。同时,在京都本身,朝廷公卿对日本的新外交方向愤懑不满,加之土佐和越前对萨摩和长州拒绝庆喜保留其大部分领地一直耿耿于怀,③从一开始就对胜利者的团结构成威胁。如木户所言,"萨摩和长州有许多言论使那些本来就不相信我们的人愈发生疑。我们虽然相信我们的所作所为都是在为朝廷考虑,但要让全国信服这一点却是难上加难。"④这个论断使他(一如它也使大久保和岩仓)去寻求各种方法,巩固统治者的同盟。

---

① 1868 年 2 月 29 日备忘录,见《岩仓公实记》,2:315 - 317。**Black**,2:178 - 181 有一欠平衡的英译文。

② 例如 Redesdale,2:487 - 491 给出了外务省一篇文章的全文,该文是为了在 1869 年召开的一次武士大会准备的,其目的显然是要大会拒斥任何残存的攘夷情绪。

③ 山内容堂的一封署名日期为 1868 年 1 月 6 日的信件(载于《岩仓公实记》,2:168 - 169)对萨摩和长州的高调和新政权核心圈子没有适当地向大名咨询做了抱怨。

④ 木户致三条实美,密信,1868 年 1 月 22 日,见《木户孝允文书》,2:353 - 356,第 356 页。

在一定的层次上,明治领导人为达到强化同盟的目的,可能操作传统的联盟和家族纽带,与那些有意在中央政府任职的藩主建立关系,例如,九州岛的熊本(外样,54 万石)就是如此。在更低的社会层次那里,他们可以指望许多不同地方的尊皇主义者和改革者的支持,在过去的十年中,志士的活动已经和这些人建立起联系,以及像他们这样的人,或是不断加大对其藩主的压力,要求后者宣誓忠诚于天皇的事业;或是作为个人可能被纳入新的明治政府的官僚队伍。肥前(外样大名,35.7 万石)就是一个很好的例子。在那里,大名锅岛直正一直在通过采用西方技术追求"富强"的同时,在全国政策上保持谨慎中立,而尊皇主义者在 1868 年初已经形成了很大的声势。而他们的领袖,大隈重信、江藤新平、副岛种臣,是一群与那些在萨摩、土佐和长州取得控制权的领袖有一样背景的人物。他们很快就成为明治政府中的重要人物。①

在 1868 年 1 月宣布废除朝廷和幕府官职、创立新职之时,所有受到任命的官员都与政变有直接的关联。这就是说,除了极少数亲王,所有的高级参议(议定)和次级参议(参与)均或者是反幕府公卿,或者是反叛藩国的代表。但在其后几周,参议人数大大扩张了,其意图显然在于扩大政府的支持面。不可避免地,一旦长州被宽恕,它的代表即加入参议的队伍。此外,只要被政府发现,新的同盟者就不断被招入政府。于是,到政府进行重大重组的 6 月 11 日(紧接着江户投降之后),有超过 100 人获得了议定或参与的职位。

在此期间,总共有 30 人被任命为议定:有 5 位亲王;12 位公卿(大多是有名的尊皇主义者,不过也有 2 位前关白,近卫忠熙和鹰司辅熙);13 位大名或其亲戚(最早得到提名的 5 位大名来自萨摩、尾

---

① 关于肥前的维新政治,特别参见 Shibahara, pp. 91 – 96, 102 – 103, 107 – 112。最近出版的两个传记也很有用:Nakamura Naomi, *Ōkuma Shigenobu*;Sugitani Aki-ra, *Eto Shimpei*。肥前技术发展在第 5 章(第 123 – 124 页)有过讨论。

张、安芸、越前和土佐,肥前的大名和前大名,来自长州、熊本、备前、宇和岛、安房与津和野藩的代表也得到了任命)。参与的人数更多,共有 102 名。他们包括 43 位公卿和 6 位没有公卿地位的朝廷官员。其余的 53 位均来自藩国,主要来自那些提供了议定的藩国:23 人为高级武士(很重要的是,其中仅有 3 位来自萨摩藩,没有一个来自长州、土佐和肥前藩);21 位是中级武士;2 位(长州藩的伊藤博文和萨摩藩的寺岛宗则)则或因其出身可视为低级武士,虽然那时他们已是旗本;7 位无法归类,只可把他们视为武士阶级一员。

而在下一个阶段,即从 1868 年 6 月直到行政结构再次调整的 1868 年 8 月期间,参议人数大大减少。以前有 30 位议定,现在只有 21 位,大多数为大名和尊皇主义者公家(但没有亲王)。参与人数削减得更加厉害,从 102 位降至 22 位。这 22 个人之中,有 3 位公卿(而以前有 43 位);其余的 19 位为藩国的代表(而以前有 53 位);2 个大名和 1 个大名的继承人;2 个高级武士;13 个中级武士;1 个低级武士。换言之,在早先名单上存在的高级武士中的大多数现在已经被略掉。同样有意思的是,现在仅有 7 个藩国在参与那里得到代表;而尾张、宇和岛、备前藩则没有得到任何代表,甚至尽管它们的藩主仍为议定。这一切,意味着统治集团的基础在地理和社会上都被缩小。对于统治集团来说,不但传统社会中的上层人物,而且某些直到最近仍很有权势的大名,都变得不那么重要了。

类似的权力集中化也反映在行政结构上,即官职本身的性质上。在 1868 年 2 月中旬,朝廷设立了政府七部,其名字来自于曾经存在于所谓的天皇统治黄金时代的七官:神道、内国、外国、海陆军、会计、司法和"制度"。在这个月末又增加了第八部总裁局,负责料理政府的一般事务。这些部的长官和首席次官都是议定或参与,从而给予参议会成员以行政执行的权能。

在 6 月这个体系被一个更为精致的体系政体书(Seitaisho)所取代。这个体系以西式的权力分立之名,设置了立法部门和行政部门

（行政官）。立法部门由上下两院构成，前者成员包括议定和参与，后者成员则由各藩和天皇的领地提名产生。行政部门减少为 5 个（行政、神道、会计、军务、外务），由行政官统领，而后者还负责管理从德川家族没收来的土地。按规定，这些部门的首席长官都必须是亲王、公卿或者大名，但在实际上大多数关键决策都是由议定和参与（如前所述，到这时其人数已相当之少）做出的。行政官职位本身由三条实美和岩仓具视担任，两人均为公卿，分别与长州和萨摩藩过从甚密。两人都是议定。在部门中，真正掌权的是副大臣，他们大多是参与，继续发挥他们作为参议和官僚的双重职能。

随着这些变动，我们看到，到 1869 年中，形成了大约 30 人的一个集团，一个可被称为第一代明治领袖的集团。它包含三类人：维新前统治阶级中那些在新秩序中生存下来的高级官员，他们之所以生存下来，部分是因为他们赞同和维护了朝廷和贵族的利益，部分因为他们比他们阶级中的其他成员更具有才能；那些在维新运动后期担当领袖的武士，更具体地说，那些曾在 1867 年统治萨摩、长州和土佐藩政治的武士；最后，那些从其他藩国、特别是从政治"中立的"肥前招入政府的武士，但也包括从其他地方招入政府的一两位以改革者而名声远扬的武士。

在第一类人中，公卿之中首推三条和岩仓，不过中山忠能（1809 - 1888）和德大寺实则（1840 - 1919）继续在宫中发挥重要的作用。在大名中，锅岛直正（肥前）、伊达宗基（宇和岛）、松平春岳（越前）一直到 1871 年废藩之前均占据重要的政府职位。而其他大名中的大多数，包括山内容堂（土佐）和岛津忠义（萨摩）都从 1869 年起，不再在实际意义上参与中央政府。

第二类人几乎所有的名字现在都为我们所熟悉：来自萨摩藩的有大久保和西乡，与两人一同进入中央政府的还有他们的主要支持者吉井友实、寺岛宗则、松方正义和大山严；来自长州的有木户和广泽真臣，然后是前原一诚、大村益次郎和井上馨，外加两个初露头角的年轻人伊藤博文和山县有朋;来自土佐的有后藤和福冈,紧随其后进入明治核心参议成员之中的有板垣退助、斋藤敏行和佐佐木高行。

在第三类人中,有两位著名的中级武士改革者,于1869年被明治政府的反对派暗杀的横井小楠,以及来自越前藩的财经专家由利公正(1829－1909)。两人都曾是松平春岳的策士。这类人中的其他人,如前所述,大多来自肥前。他们的领袖是大隈重信(1838－1922)。他是一个家境殷实(400石)的炮兵专家的长男,①比木户和大久保岁数略小。他的背景是一位受人尊敬的尊皇主义者,但他能在政治上升到高位的首要原因是他作为一名"专家",在与"富强"相关的事务上特别有用。早年他学习过兰学,后来学英语;从1864年起,他负责肥前藩在长崎的外贸事务,这段经历使他与商业接触,获得商业经验。他后来成为外交家、现代化推动者、官僚、政党政治家、首相和舆论家,是明治史上一位杰出人物。1868年之前与他在肥前藩共事的好几个人,后来都成为非常重要的人物。他们之中,有副岛种臣(1828－1905),曾与大隈一起学习英文;有大隈的侄子大木乔任(1832－1899);②有江藤新平(1834－1874),一个出身于低级武士家庭的人,③他在维新前曾因尊皇攘夷活动而遭到惩罚,又在1874年因替封建制张目反叛天皇政府而被处死。

江藤出现在上述的名单中这一事实,让我们清楚地看到第一代明治领袖在日本未来走向的问题上,并非只有一个统一的观点。这些领袖中,既有"保守派",又有"进步派",两派彼此之间后来发生殊

---

① 关于1868－1869年创设的官职及其任命最有用的讨论,可见于 Robert A. Wilson,pp.9－46;高级官员的名单见上书第105－119页。参见我的论文"Councillors of Samurai Origin",那里讨论了新的领导的地域和社会出身。

② 关于大隈的背景和早期生涯,见 Nakamura Naomi,pp.1－43。

③ Sugitani,pp.1－3.他的父亲是一个町里小官(以疏忽政务闻名,对酒和皮影戏的兴趣大于对其职责的兴趣)。

死的斗争。不过,他们也在某些方面具有一致性。至少,明治领袖中的武士成员在年龄和家庭背景上的相似之处,足以让他们以大体同等的条件合作共事。他们相互打交道时,关心地区差异甚于关心阶级差异。[IV] 同样地,他们在性情上也颇有相通之处:残忍、随时准备动武,但也具政治现实主义,从而懂得考虑行动的后果。在他们之中,已经几乎找不到任何 1862 和 1863 年意义上的志士的影子。他们大都阅历丰富,通常有在藩国官僚机构工作的经验,依靠自己的政治技巧走过惊涛骇浪的时日,把自己送进全国政府。志士如果还活着的话,一般都存在于同德川作战的军队之中,因此我们可以判断明治政府逐步形成的过程中,不仅把出身高贵者推到一旁,也把尊皇攘夷派的莽撞之徒排除在权力之外。尊皇攘夷极端派被释放,并得到平反;如果他们还活着,则常常得到奖赏;他们都得到了荣誉称号,即便去世也是如此。但他们很少被委以重任。①

新的领袖群体的本质和视野,反映在他们劝服国人接受他们新近获得的权威的努力中。这部分是一个操纵藩国联盟的问题:选择哪些藩国在政府里得到代表,选择藩国中的哪些人得到支持,即支持那些有望使地方政策与政府保持一致的人。他们自然想到的是在击败幕府斗争中,总能战胜其敌手的武士政治家。而同样地,这些武士政治家对武士骚动具有第一手的认识,对如何处理这些骚动有一定的办法。早在 1868 年 2 月,明治政府即规定各藩可以派代表参加武士大会,从而给予那些没有在议政官那里得到代表的藩国发出声音(尽管不是控制性的声音)的机会。而从这一制度中,发展出两院制立法(议政官)制度,后者于当年 6 月被纳入政体书制度。而仅在五个月之后,议政官即被纳入行政,而后在 1869 年初又被公议所替代。公议所是一个由 200 多个武士构成的议事机构,在此后的几个月内,它多次集会,讨论诸如废藩、佩剑、强迫贷款以及禁止基

---

① 关于一些相关的例证,见我的论文《土佐政治团体》和《萨摩政治与武士阶层》。

督教等事务。[1] 讨论远非建设性,但它们也达到了目的。公议所设置就是为了在关键时刻,给封建的观点提供表达意见的场所。这个机构的活动到 7 月告停。

对于一个依靠藩国提供武装力量的政府而言,与藩国商议的过程是合乎逻辑且必不可少的。这些过程一直持续到新政权感到足够强大而无需同藩国商议时方告结束。同样重要的是利用天皇威望的能力。这样做同样很自然,因为对于那些在自己藩内把其大名用作政策工具的武士而言,在一个更大的舞台上让天皇扮演类似的角色,并不会有什么困难。因此,这些武士乐于同那些依照传统或自利之心而强调日本政治生活中的天皇标帜而非封建现实的人合作。明治政府的多项重大决策,如对德川家族的惩罚,就是以**天皇**,而不是冷酷的官员的决定形式出台的。天皇现身于京都之外,这在好多代人的历史上首次出现。神道及其礼节也备受尊崇。神祇官享有很高的正式地位,并以一位亲王为其首长。而在全国各地,神道学说和教师都受到政府的鼓励。[2]

1869 年 3 月出版并在各地流行的一本小册子,就显示了新政策的特点。各地的"体面之士"受命学习它,并向大众传授它揭示的原则。[3] 第一条原则是日本人,作为日本人,欠天皇感激之情,因为他保护并养育了日本人。这一亏欠必须以尊皇来偿还:"以虔诚之心接受天皇的意志,卑微的我们要服从他的命令;我们要下定决心为天皇献身。"第二条原则是日本人必须以天皇政府喜爱的方式行事。他们尤其必须遵守与外国列强签订的条约,这些条约现在已经得到天皇的准许。为了避免"暴力且无法无天的行为"带来的"耻辱"(这

---

[1] Robert A. Wilson,pp. 49 - 54.

[2] 参见 Oka,pp. 144 - 148;Delmer Brown,pp. 101 - 103。Tanaka Sōgorō 在 *Meiji ishin* 第 27 - 37 页中引用了后来任职于神祇部的大须藩武士 Yano Gentō 写的一篇长文,该文从神道传统阐述天皇统治的观点。

[3] 这个小册子的译文见 Redesdale,2:503 - 510。

些行为将招致外国的轻蔑），日本必须"让天皇的敕令遍知于天下"，并且"团结成为一个整体"。

利用天皇的尊严来支持新生政权的最好例子，是 1868 年 4 月颁布的所谓五条誓约。在很大的程度上，誓约试图使藩国打消对那些推行"维新"之人态度和目标的疑虑。誓约的主题在 1 月 16 日发布的通告中已经可以窥见，它是："（从此）万事皆将由天皇朝廷决定。决策须广泛征求意见，行动须基于公众的看法，而非特殊派别（即幕府）的私人利益。传统的德川体制及其法律中的好的东西应当加以保留。"①然而，在德川覆灭已成定局之时出现的誓约本身更进一步，描绘了新政府将要采取的行动的政策框架。

好几个人共同起草了这个誓约。② 第一稿是越前的由利公正在 1868 年 2 月 2 日举行的一次会议后写就的，在这次会议上，包括三条和岩仓在内的朝廷官员讨论了政府获得政治和财政上的支持的必要。除了再次重复此前做出的政策将通过"公共议论"决定的承诺，由利主张，为了避免人心不服，必须让人民"实现他们的抱负"；武士和庶人必须团结起来促进国家的福祉；"天皇国体"之基础必须通过向"全世界寻求知识"而加以巩固。

在这个阶段，这个文件仍旧非常笼统，尽管它清晰地反映了起草者对经济的兴趣（或许还反映了他早前与富农和商人的关联）。一两天后由福冈孝弟撰写的修改稿体现了重大变动。它专门提到由封建大名组成的国会，并指出除了庶民的抱负之外，"文武官员"的抱负也将得到施展。显然，在这里出现了一个新的重点：作为统治者的朝廷与封建集团的团结，而非"民众的"参与。福冈本人后来谈到了这一变动："并不是我要轻看大众，我只是不把他们视做重要

----

① 朝廷致大名；文本载于《岩仓公实记》，2：199。

② 关于誓约的不同草稿的最详细论述，见于 Inada, 1：1 - 22。英文有关论著见 Ishii Ryosuke, pp. 141 - 145；Pittau, pp. 12 - 13。

的政治因素。"①

　　这个文件在其后的几周停留于福冈的修改版状态，这可能是因为新领袖们正专注于外交政策和内战问题。无论如何，直到 3 月 10 日朝廷宣布天皇将召见外国使节没有任何修改发生。此后，木户对福冈的草稿做了润色，并新加了一个与外国事务相关的条款。"历来之陋习"必须破除，意即必须抛弃锁国政策；"普世公道"（即国际法）必须遵守。经过此番修改，又经岩仓和三条少许语词的更动。比如说，在其中某个阶段（尽管无法确切地断定于何时），福冈的大名大会在修订稿中变成"普召天下之士"的大会。这个文件最终于 1868 年 4 月 6 日正式发布，其内容为：

　　　　一、广兴会议，万机决于公论；

　　　　二、上下一心，大展经纶；

　　　　三、公卿与武家同心，以至于庶民，须使各遂其志，人心不倦；

　　　　四、破历来之陋习，立基于天地之公道；

　　　　五、求知识于世界，大振皇基。②

　　如果我们根据誓约这一非常概括的言论，就断言明治领袖们现在心中已经很清楚他们将要进行什么样的改革，那显然是很不现实的。但是，如果我们把誓约看做一个纯粹的公关举动，一堆意在为新生权威赢得民众支持的说辞，而不予考虑的话，那我们就太多愤世嫉俗了。参与撰写这个誓约的人级别之高，用心之深，都意味着誓约不只是为赢得民众的说辞。进言之，誓约的用词反映了（尽管

----

① Akita，p. 8.

② 我的翻译主要参照石井良助著作第 145 页的措辞。还有多种英译文。参见 Sansom，pp. 318 - 320.

不够清晰）他们在文章信件中详细记载了的（岩仓）、在藩国行政中
（木户和大久保）表明的政策承诺：政治统一，这意味着新的政治统
治基础将比此前更为广阔；富国强兵，为此必须利用西方技术，抛弃
排外政策。就此而言，誓约所表明的态度为推行现实可行的计划奠
定了基础。

注释

ⅰ F.O.391/14，帕克斯致哈蒙德，江户，1867 年 7 月 14 日。这里的话
隐约涉及莱昂·罗切斯的行为。帕克斯在另一封信中指出，罗切斯"更愿意
做的是为日本人的军事抱负或虚荣出谋划策，而不愿对他们的商业繁荣贡
献智慧"（同上书；1867 年 3 月 16 日）。

ⅱ 萨缪尔·思麦尔（Samuel Smiles）（1812－1904）以作为一系列阐释
与工业化社会相适应的道德的小册子的作者而著称，其著作名为"性格"、
"节俭"、"责任"等等。他最为人知的著作"自助"（1859）于 1871 年被翻译为
日文。

ⅲ 在 1873 年创立的明六社——一个专门从事于传播启蒙思想的俱乐
部——的创始人中，大多数是前武士，明治官僚，并与幕府学习西方知识的
机构番书调所（番书研究所）和开成所有直接的联系。他们作为知识分子比
作为官员更具影响（可想而知是因为他们与幕府有过从的历史之故，至少在
明治初期）。参见 Havens，*Nishi Amane*，pp.164－169。

ⅳ 大久保因意识到新政府中的武士成员因来自不同的藩国而彼此之
间并不十分了解，所以他才在新政府成立的初期常常出于社交目的与他们
见面（Katsuda，*Ōkubo*，2：508）。

有趣的是，在 1868 年 4 月宣布的五条誓文中，并不见在这一年早些时候明治领袖中酝酿的一系列变革的蛛丝马迹。这些变革首先导致了 1869 年的版籍奉还，使大名成为天皇的行政长官，受命治理他们曾经以封建方式世袭的领地；然后又导致了 1871 年的彻底废藩，取而代之的是由天皇任命的人员治理的县。这一进程成为创造"明治绝对主义"的关键一步，其意义之重大，足以称为"二次维新"。

这一进程也是历史学家争论的焦点。在乔治·桑塞姆（George Sansom）看来，这个过程"主要是事后之举"，它之所以必要，是因为新的统治集团无法通过"一个业已过时的行政机关"来有效地行使权力。[1] 在赫伯特·诺曼（Herbert Norman）看来，推翻德川政权运动的**性质**决定这一进程不可避免。一旦斗争的获胜方意识到他们唯有在"把霸权从德川家转移到其他家族或家族联盟"和建立"一个中央集权国家"之间做出选择时，这一进程就开始了。[2] 许多二战后的日本历史学家很可能会强调，决定这一进程的关键因素是封建阶级成员愿意将他们的权利转交给一个可以接受的中央政府。他们之所以愿意这样做，完全是因为他们认定这样做将使他们保持相当大的特权；不这样做的话，他们就会因"大众"骚乱而失去这些

---

[1] Sansom，pp. 338–339.

[2] Norman，*Japan's Emergence*，p. 91.

特权。①

在前一章里,我们考察了作为 1868 年之后政治制度形成背景的一些影响和思想。现在我们转向对这一进程中的政治,特别是其中的关键阶段的考察。正是在这些阶段,执政者终于相信有必要在他们权力范围以内进行激进的变革。因为他们中大多数人是通过操纵封建权术才上升到具有影响力位置的武士,要说服他们相信他们到目前为止赖以生存的整个体制应当被打破绝非易事,更别提用一种源于异国且必定会挑起保守派不满的制度来取代它。因此,他们的决定无异于对其民族主义决心的考验。

版籍奉还

从一开始就有迹象表明,明治政府里的一些人并不希望简单地用一种以天皇为中心的封建主义取代幕府体制。比如岩仓,想的总是更加深远,不过他又是一个非常现实的人,谨言慎行,不轻易把自己的想法说出来。与此相似,大久保在 1868 年就力主将天皇和他的都城从京都和朝廷里那令人生厌的气氛中迁移出来。这显然是因为他认为唯有通过此举,才能使天皇制成为统治日本的有效工具。大久保说,公卿几乎都是"女流之辈",根本无法担当责任。② 而天皇由于过分受到推崇,已经到了"自以为是、以自己为至尊至慧之神明,最终为上下各层人士所疏离的地步"③。藩国则"桀骜不驯",态度多变,"一片乱象"。在这种情况下,首先需要团结全国以"改变懒散这一放任数百年的恶习",这就迫切需要天皇从幕后走到台前。

---

① 参见《明治维新史研究讲座》,4:83 - 87。

② 大久保 1868 年 5 月 23 日信件,转引自 Tanaka Sogoro, *Meiji ishin*, p.125。

③ 大久保 1868 年 2 月 16 日备忘录对把首都转移到大阪进行了论证,载于《大久保利通文书》,2:191 - 195,第 193 页。Black, 2:184 - 187 中有英译文,此处引用略有改动。

天皇必须"采取简单且直接的措施扫清这些积弊","履行君王之责任",而变得像其他国家的君主一样——"出行只有一两个随从陪伴,关心人民的福祉"[1]。

在木户的支持下,大久保通过这一类论证,最终达成了他的目的。江户,现在的东京,或"东都",成为天皇政府的所在地。这个例子显示了现实的考虑是如何使得传统不再得到延续(在这个例子中,现实的考虑是害怕一个脱离政事并受其反动随从陪臣压力的天皇,可能变成反对根本性变革的中心)。另外一个能够推出相似结论的例子,是明治领袖难以通过像1868年上半年存在过的藩国联盟去达成并推行决定。每当需要就事关要紧的问题做出决定之际,明治领袖核心圈首先必须就应该做什么在圈内达成一致。考虑到这个圈内的人物多样纷杂,这个一致本身就不易达成。正如帕克斯所说,"日本在恢复秩序、建立一般政府的道路上遇到的最大的困难,或许就在于无法合作,对于一群一直被禁止搞任何结社活动,而且其行为多为嫉妒和寡信之心主宰的人而言,合作必定不是常例,只是例外。"[2]一旦决策者达成一致,他们还须赢得他们藩主的支持,并操作协调朝廷的各方利益以获得天皇的同意。最后,他们还必须确保政策在各个地方都能实行。为此,他们就需要依靠朝廷的声望,自己藩国的示范,以及他们的朋友在全国各地的游说。总而言之,这种方式既反复无常又效率低下。对成长于雄藩大名严明纪律下有着专制习惯的人来说,这是不可接受的。

如我们在前一章所看到的,在1868年,决策者已经在塑造中央政府自身结构方面取得了实质性进展,只具象征性的人物和"闲"职

---

① Black,2:184-187,有意思的是,哈里·帕克斯爵士也和大久保一样不喜欢京都,或许部分因为他曾在那里受到攻击吧。他说,京都是"第二个麦加",朝廷公卿们必须除却那里的"偏见和狭隘之心",然后才能接受"更为理性的观念"(F.O.391/14,帕克斯致哈蒙德,1868年8月8日)。

② F.O.391/14,帕克斯致哈蒙德,1868年10月7日。

不断减少,从而使那些在达成决定过程中必须咨询的人的身份和权威相对清晰起来。这就留下问题的第二部分,即政策,一旦决定下来,该如何推行到日本各地。假设这个问题不能靠再建立一个幕府来解决——如果没有其他原因,萨摩和长州之间的竞争就决定这一方法不可能——那么,问题的解决必须涉及到在中央和地方权力之间,也就是政府和藩国之间,形成一种新的关系。

朝这个方向迈出的切实可行的第一步是以略加改动的方式,再施行德川统治下的某些原则。在 1868 年 6 月政府变动中,一部分内容涉及到禁止大名相互结盟或发行硬币,如以前他们也被幕府禁止这样做一样。与此同时,从将军那里接收过来的土地(加上年末会津藩战败后,从幕府支持者那里没收的九百万石)直接归朝廷控制,作为府和县由天皇的官员管理。言明这一改革的措辞暗示着与封建做法的决裂。然而,在实际上,这一切所做的,只不过是使天皇变成自己的将军,变成全国藩主中最有实力的一个。

天皇的行政安排,如德川的安排一样,现在成为全日本的模范。1868 年 12 月 11 日,仅在军队宣布平定西南叛乱五天之后,一个指导大名对"三类地方组织"——府、县、藩——做一定程度统一安排的天皇敕令即被颁布。① 该敕令详细阐明了如何完成这一统一安排:明确分离各藩国的事务与藩主家族的事务;对高级官员采取标准的(也是新的)称呼,而能否担任这些职位则取决于他们的才能,与出身无关;任命一名官员作为藩国在京城的代表,在那里他将成为议事所的成员。

所有这些措施,一旦实行,极大地增强了政府影响藩国的手段,因为它们壮大了支持政府目标的那些人,即"有才之人"的实力。简而言之,朝廷与地方改革集团之间的联系已经取代了幕府与保守的

---

① 该文本的英译文见 McLaren, *Japanese Government Documents*, pp. 26 - 27。又见 Asai, pp. 84 - 86;Tanaka Sōgorō, *Meiji Ishin*, pp. 132 - 134。

上层武士之间的联系。对于如萨摩的寺岛宗则和长州的伊藤博文那样了解西方做法，并视藩国存在为阻碍进步、削弱统一的人来说，这一切还远远不够。对于其他人而言，这一切已到了他们可以接受的极限。正如一个越前武士所说的那样——毫无疑问他表达了松平春岳的观点——任何要求所有藩主，而不仅仅是将军把领地交出的提议都将"使国家陷入动荡与不安"。这一建议本身就有问题，他说："一国之土无疑是统治者的领土；但即便是统治者的领土，随意将其收入自己手中也并非正当之举。"[①]

岛津久光也深有同感。他和其他"开明"大名一样，从没有将改革的需要与打击他们自己的政治社会特权联系起来。认识到这一点，他们的武士认为，再怎么说，只要这些大名仍然是反幕联盟的重要成员，触犯他们就不明智。因此，那些负责起草文件表示愿意向朝廷上缴十万石萨摩领地充作对天皇军队花费的贡献的武士官员，显示了他们对现实的考虑至少不低于对天皇的忠诚。虽然"上缴[全部土地]是得当的，就像镰仓时代之前的情形那样，"但他们认为，"在现在的条件下不可能做到。"[②]基于相同的现实主义，朝廷认识到接受领地将使它与大名的关系陷入普遍的尴尬，认为最好是谢绝萨摩官员上缴土地的请求。

在克服大名对这件事上的保守主义态度上，首先采取行动的是木户孝允。也许是因为伊藤的影响，也许是因为他不像大久保那样精于算计，木户很快就对京都政治的纷繁复杂失去了耐心，而试图寻求另外的道路。他在1868年初写道，新政府有两项责任："提拔各方面的有才之人，投身提高人民福祉的事业，"并且使日本"与世界上其他国家并驾齐驱"。但是如果国内没有一个有效的权威，两项

---

① Asai, pp. 109 - 110.

② 浅井清，《明治维新と郡縣思想》，第117页，那里引用了该文件（1868年3月4日）的内容。

任务就都不可能完成。而且,既然权威的建立依靠的是创建一支天皇军队,而不是继续依赖各藩国的军队,只有藩主将领地和人民交给天皇才会取得实质性的进展。①

伊藤同意木户的观点。此外,他还找到了一种使政策得以实施的方法。他说,对于那些看不到把个人利益从属于国家统一事业之重要性的大名,或许不得不诉诸武力。但是,对于那些**确实**交出他们藩国的大名,应该给予新设的贵族成员资格,享有俸禄和等级,若有能力还可获得官职等奖赏。至于他们的陪臣,条件合格者可任职于军队或官僚机构。其余的可回到他们先前的藩国土地,如果需要,可以通过特殊的救助项目给予经济上的援助。②

从这里可以清楚地看到,大约到 1868 年底,明治政府中的长州领袖——尽管他们不一定仍然身在长州——已经设计好了后来废除藩国所需的计划的框架。他们也获得了他们大名的准许(尽管是很勉强的),与他们的同僚特别是来自萨摩的同僚来讨论这个问题,没有萨摩同僚的合作,事情将寸步难行。有的萨摩领袖,特别是寺岛,已确定对此持支持的态度。土佐的后藤也是如此。他在这一年的夏天就向英国译员密特福德表示,无论"彻底废除封建体制"有多么困难,他自己都将一如既往地支持天皇,而不是藩主。③ 对于那些持不同政见的人,有很多理由可以用来说服他们。如木户所言,如果允许各藩国继续各行其是,政府将退化成一个由众多"小幕府"组成的集合体,④这一局面与维新意欲终结的那个局面一样糟糕。

---

① 1868 年第 2 月[2 月 23 日-3 月 23 日]备忘录,见《木户孝允文书》,8:25-26。

② 1868 年 12 月/1869 年 1 月备忘录,载于 *Ito Ko zenshu*,1:Part 1, pp.165-168。

③ Mitford 提供的备忘录,1868 年 8 月 6 日,载于 F.O.410/12, pp.337-338。

④ 木户致三条和岩仓,1869 年 3 月 13 日,载于《木户孝允文书》,3:237-243。岩仓似乎接受了这些说法,并在几周后跟帕克斯的谈话中略加变动地使用了这些说法。当时,他提到因每个大名自身都像"一个小天皇"一样的事实所产生的困难(根据帕克斯的报告)。见 F.O.391/15,帕克斯致哈蒙德,江户,1869 年 6 月 7 日。

或者用伊藤的话来说，"如果我们不能在国内实行统治，就不能在与外国打交道中把事办好"；①因此，问题的利害所在，不是国内斗争中谁胜谁败，而是日本国家的兴亡。

木户是在 1868 年 11 月 2 日首次与大久保讨论这件事的，尽管他在日记中表示当时他并没有准备好将他的想法完全展现出来。②同样谨慎的大久保，同意试探其他一些萨摩人的想法，而后藤在土佐也做着同样的工作。然而，他们得到的反应非常复杂。到 1869 年初，大久保至少开始认为取得任何进展的唯一道路，是做他们在 1867 年底那些充满了阴谋的日子曾做过的事情：先发制人，把一个既成事实摆在大名和藩国面前。他在给岩仓的一封信中写道，国家需要坚定不移的路线方针。而事实上，"今天所做的明天就变了，今年所做的明年就变了，"③于是，混乱不断加剧。2 月 24 日，大久保与长州的广泽和土佐的板垣会面，再次讨论应当如何处理藩国的问题。在其后的几天内，在肥前的代表也有参与的情况下，他们决定以他们的藩主的名义递交文书，将这些藩主的领地交由天皇处理。

这份文件于 1869 年 3 月 5 日被呈送到朝廷。文件的开头简要提及，在遥远的过去，将军僭越天皇，"假借天皇权威窃取"并掌握了权力。它说，在所有的将军包括德川将军的统治下，这一"无约束的专制主义"使天皇与原本属于他的土地分离。为此，现在有必要恢复原状。

> 我们居住的土地是天皇的土地。我们统治的子民是天皇的子民。那么，我们怎能轻易地把它们据为己有？我们现在把版籍奉还于皇室，请求朝廷处置它们，请它安置

---

① 伊藤致木户，1869 年 5 月 5 日，载于 *Ito Hirobumi den*，1：438-440。
②《木户孝允日记》，1：99-100。
③ 大久保致岩仓，1869 年 2 月 6 日，见 Toyama, pp. 265-266。

应该被安置的,拿走应该被拿走的;而且,我们还请求朝廷发布必要的命令,处置雄藩大名的土地,决定那里的变革,并且为所有的事务定下规则,从制度、地位和军事组织的规定到与制服和装备相关的规定。这样,国家事务,不分大小,都将掌握在一个唯一的权威手中。这样,名实才能合一,才能实现我国与海外诸国的平等。①

解析这份文件颇有几分困难。它封建性的语调意味着在统治者发生变化之时版籍奉还是适当的,因为这个统治者一定会通过相应的奖惩安排,对诸侯的领地或加以核准或调整。在这份文件中,没有一处表明,土地一旦上缴,就不会返还给那些业已持有他们的人,如果这些人理应持有这些土地的话。然而,与撰写这份文件的人密切接触的帕克斯则深信这是发生激变的前兆。在给伦敦的报告中,他写道,"我很高兴地说,阳光已经射出云层……几位雄藩大名已经站出来,请求把他们的领土——他们的收入、军队、司法等等,上缴政府,交到天皇政府的手中,以建立一个强大的中央政府。"②文件中的"唯一权威"和使"名实合一"的提法,似乎证明帕克斯的判断不假。

这个文件的含糊暧昧,可能是有意为之,因为这使大久保和岩仓可能摸着石头过河,而不至于在保守主义过于强大之时失去妥协的机会。朝廷3月6日的答复(这个答复主要是大久保和岩仓的功劳)表明事实正是如此。该答复说,四位大名所显示的忠诚值得嘉许。但是,对于一件如此重要的问题的最终决定,必须在咨询各方

----

① 据《岩仓公实记》,2:671 所载文本翻译。有若干对这一文件的当代翻译,在细节上与我的翻译有所不同,见 McLaren, *Japanese Government Documents*, pp. 29 - 33;Gubbins, pp. 313 - 315。

② 见 F.O.391/15,帕克斯致哈蒙德,江户,1869 年 4 月 6 日。

意见之后方可做出。咨询的方便时间是在天皇于5月或6月到东京时。① 换言之，领导层建议需要时间以评估反应。

大名对这一举动的反应非常复杂。② 到此为止一直与新政府保持密切合作关系的藩国，包括越前、鸟取和熊本，加紧追随萨摩、长州、土佐和肥前的，向天皇呈交了自己的版籍返还文书。这样一来，其他大多数藩也追随其后。这样，到7月底做出决定之时，仅有14个藩国置之不理。事实上，几乎没有任何地方出现公开的反对。

但是，这并不意味着废藩的观点已广泛赢得了支持。当问题于6月和7月被提交到公议所讨论时，约有40个藩国的代表，在越前代表的领导下，表态支持伊藤提出的方案，即县由天皇的官员统治，但在"现在这一段时间"，从大名和高级武士中选拔这些官员。另外60个藩国的代表赞同最终被采取的妥协方案：任命大名为原先他们自己所有的土地上的行政长官，并继续实行武士领地制和俸禄制。但是，有超过100个藩国要求以这种或那种形式保留"封建制"。有的论证道，现状足够好，相信土地只是在形式上上缴，然后再还复给藩国，仅接受最低限度的天皇监察。其他的藩国代表试图仅仅以天皇取代将军，而让其他一切保持不变。事实上，一位武士告知密特福德，藩国能否"无需革命"即予以废除值得怀疑，因为废藩将"牵涉太多的既得利益"。这位武士说，甚至大名也不过是在嘴上说说废藩而已，"他们并没有把心思放在这件工作上。"③

1869年8月2日由公议所准备的一份文件（该文件主要是在熊本的推动下准备的，该藩现在的做法否定了早先其藩国代表的做法），为上述说法提供了证据。该文件认为，地方行政的两种不同体

①《岩仓公实记》，2:672.

② 这个问题在 Asai(pp.159-171,190-199)和 Kimura and Sugimoto(pp.329-332)那里得到了比较详细的讨论。

③ F.O.46/109，Mitford 提供的备忘录，1869年5月20日，帕克斯致克莱登，第114号，机密，1869年5月28日。

系的共存——一以藩国为基础,另一以郡县为基础,将导致混乱和
动荡。而郡县制度在中国没能使它抵御西方,这意味着出于军事上
的考虑,日本也不应该采取这一制度。进而言之,因为藩国的存在
从来没有阻碍朝廷命令的实施,现行的关系不应仅仅为了行政统一
而受到干扰,不管在理论上行政统一是多么值得追求。①

对这股反对暗流,明治领袖了如指掌。大久保在 1869 年 4 月写
给岩仓的信中注意到,"一种不安的和平笼罩着国家;大名陷于怀
疑,大众充满迷惑。"②三条从东京报告说那里的武士骚动使他害怕
会出现新的对外国人的攻击,从而导致"极其危险的局面"。他说,
人们已经"开始在各个方面表达对前政府的思念,并就新政府的失
败表示他们的轻蔑"③。

正是在这一背景下,大久保、木户和岩仓没费什么气力就同意,
在对藩国的未来进行公开的讨论之前,他们必须采取措施保证首都
的秩序。其中的一项,如大久保在 7 月指出的,是调整政府结构,改
变它的人事安排,以提高效率、争取人心。他说,照目前的状况,政
府遭帕克斯轻蔑("他讥笑我们就像我们是孩子似的"),受武士侮辱
("他们对待我们就像对待奴隶")。④ 在他的建议下,政府内部进行
了一场"选举"。"选举"结束之后,高级职位的数目降至十人,其中
四人为公卿(包括三条和岩仓),一人为大名(肥前藩主锅岛),五人
为武士(包括大久保、木户和后藤)。一到两周之后,70 万石的天皇
俸禄发放,用来奖赏内战中的军功。这些俸禄的大部分发给了萨摩
和长州人。‖最后,一些"值得信赖"的部队被派驻东京。

然而,此时尚不清楚这些准备究竟要用来支持哪样的政策,因

---

① 1869 年 8 月 2 日公议所备忘录,见 *Higo-han*, 10:31 - 33。
② 大久保致岩仓,1869 年 4 月 26 日,见 Akita, p.6。
③ 三条致岩仓,1869 年 5 月 17 日,载于《岩仓公实记》,2:706。
④ 1869 年 6 月 6 日备忘录,载于《大久保利通文书》,3:161 - 194。

为政府内部处于分裂状态,公议所内也是一样。伊藤、井上和那些后来被称为"学生党"(因为他们曾在海外留学)继续坚持只改变名称远远不够,必须废除藩国。但许多大名和高级武士也同样坚持反对形式变化之外的任何变化。结果,如大久保在一封写于 7 月 12 日的信中所表示的,他已经确信把郡县制推广到全国各地是"不现实的"。他说,这是"一个需要逐步渐进的行动,需要在一定的范围的行事,不可鲁莽"①。其他"政治家"如木户和岩仓也倾向于这个观点。

达成一个妥协的任务再次落到了岩仓的身上,后者现在已经毫无疑问地成为最能干的公卿。在一份大约于 7 月初撰写的文件中,他提议让大名担任郡县的知事或副知事,各自负责管理他们此前的领地,然后,由他们从自己的陪臣中任命"有才和有教育之人"担任自己的副手。大名可保留他们收入的 1/10,这些收入最初应用于偿还藩债,其余的可用于特别的地方支出,如大名家族支出、武士俸禄和行政费用。在一般的政策事务上,他们必须受制于天皇的指示。这样,"郡县制的观点就可在封建制的包装下得以实现。"此外,社会秩序也可随之归于统一。为达到这一目的,首先得强调陪臣对(通过知藩事)天皇的责任;其次要建立一个新的贵族制,在这个贵族制下,前公家和大名凭出身获得贵族地位,武士(可能还有其他人)也能作为"地方有名望者,即那些有杰出服务表现的人,或者道德高尚、学问优秀之人"而升为贵族。②

岩仓于 1869 年 7 月 9 日拿到高级官员核心圈内去讨论的,基本上就是这个计划。长州的广泽真臣和肥前的副岛种臣如大久保一

---

① 大久保致桂久武,1869 年 7 月 12 日,载 Katsuda, Ōkubo,2;692-694。政府内部关于这个问题的讨论见 Asai,pp.173-190。

② 岩仓备忘录,1869 年第 5 月[6 月 10 日-7 月 8 日],载于《岩仓公实记》,2;728-730。参考,他的早期提议在第 12 章(第 304-305 页)得到了考察。

样表示支持。木户最初主张更加普遍的改革,但后来在大家同意知藩事的任命不得世袭的前提下,放弃了更加普遍的改革主张。经过这样的修正,岩仓的计划最终成为政府的政策。

这项政策很快向公众公布。7月25日朝廷宣布它接受大名版籍奉还的请求,并命令所有尚未做出这个请求的大名照章而行。这表明,大名将成为知事,保留其藩国收入的1/10用于其家族开支。同时颁布的其他敕令,把公卿和封建领主定为同一类贵族,称之为华族;把武士分为两个两大类,士族(绅士)和步卒(战士),以取代现有的多重等级;建立一套审查继承性俸禄的制度;还对有关地方官职和财政的规定作了修改。如英国公使所言,这是"伟大的一步":"天皇虽然在财政上没能从这一变革上得到什么,而且大名仍旧保留了他们的大部分权威,但从此开始,天皇政府的官员就成为**国家的官员**而不是为他们**自己**而统治。"①

废 藩

接受版籍奉还、任命大名为他们之前藩国长官的决定做出后,接着而来的是1869年8月15日中央政府的进一步重组。② 这次重组的一个特征是它更多地强调了其权威来自于天皇,其标志是给予神祇官很高的地位,并引入了一个新的朝廷等级体系,不同层次的官职需要与这个体系对应。另一个特征是强化行政部门(此后被称为太政官),同时减少里面握有实权的人数。

右大臣这一最高职位由三条实美担任。其下是三个大参议(大纳言);这三个职位首先由两个公卿(岩仓具视和德大寺实则)和一个前大名(肥前的锅岛直正)担任。锅岛一年后离职(并于1871年初

---

① F.O.391/15,帕克斯致哈蒙德,江户,1869年8月28日。
② 见 Robert A. Wilson,pp.66-86,任命名单载于第120-125页。

逝世),但又有两名公卿分别在 1869 年 12 月和 1870 年 11 月被任命担任这一职务。再下面是参议,所有的参议都是武士:最初只有两人(肥前的副岛种臣和长州的前原一诚),后来有四人出任(一两个星期后加上了萨摩的大久保利通和长州的广泽真臣),随后的两年中参议的人数一直都在变化(最少两人,最多七人),另有六名武士在不同时期出任过这一职务(长州的木户孝允、肥前的大隈重信、萨摩的西乡隆盛以及来自土佐的佐佐木高行、斋藤敏行和板垣退助)。

向太政官负责的是六个省:民部省、大藏省、兵部省、刑部省、宫内省和外务省。他们的首长一般由皇子、公卿或大名(比如松平春岳和伊达宗城)担任,但通常是担任副职(大辅)的武士握有实际控制权。大隈重信就在民部省和大藏省担任大辅,而长州的伊藤博文和萨摩的吉井友实是他在这两个部门的直接下属(在他们共同服务于一省的时间里)。大木乔任(肥前)担任民部省的大辅;长州的大村益次郎、前原一诚和山县有朋在接下来两年先后担任兵部大辅;萨摩的寺岛宗则任外务省大辅。换句话说,来自这四个藩国的少数几个最先提议版籍奉还的武士垄断了政府的关键职位。这使得对参议会和行政部门的控制可以集中在为数不多的几个人手中的程序得以延续。1869 年 9 月 15 日,担任着最高职位的六个人(一个右大臣,两个大纳言和三个参议)书面承诺他们将携手合作并坚持集体决策。①

假设这些政府重组举措解决了政府团结的问题,至少在当时一度如此,但首都以外政府权威的问题依然没能解决。公议所此时被另一个议事机构众议院取代。众议院在大约一年的时间里(众议院在 1870 年休会,之后就再也没有召开过)给武士的意见表达提供了

---

① Iwata,pp. 132 - 133;Katsuda,*Ōkubo*,2:702 - 708(该处给出了文件的文本)。该文件的前言是一段关于需要全国团结的话。这个前言是用"尊皇主义"的术语包装的。

场所。然而,更重要的是为求得各藩国统一行政而采取的步骤。

如前所述,在 1869 年夏天,伴随着版籍奉还的决定的,还有关于藩国收入分配、简化武士阶级结构和俸禄修正(蕴含着削减)的指示。在 1870 年 10 月 4 日又有进一步的规定发布,这些规定把在过去两年里发布的规定整合在一起,并做了新的补充。[①] 像往常一样,这些规定提供了地方行政职务和术语的标准模式。它们要求知藩事(前封建领主)每三年到京城参加会议,在那里停留三个月(参觐交代的变种);设定了会计和地方货币控制的程序;重申了知藩事家族财务必须与公共支出相分离的规定;限定了地方官员在法律处罚以及发放俸禄等事务上的权力。12 月又有一项新规定,该规定将地方军队的规模控制在每 1 万石高 60 人的水平上,这些做法与幕府的做法如出一辙。

这一计划在各个地方推行的效果差别巨大。例如,在谱代藩佐仓,新的行政机关的高级职位似乎仍由上层武士牢牢把持,但是各个层级的俸禄都有很大程度的削减,所以人们的经济地位开始更多地取决于职位——在某种程度上也就是能力,特别是在中低级的职位上——而非世袭等级。这就加速了武士的官僚化,拉大了官员和普通人的距离,也迫使更多的家庭从农业和商业中寻找额外的收入。因此,这就使佐仓在摧毁武士作为一个阶级所享有的特权的道路上取得进展,尽管权力结构几乎没有发生改变。[②]

与此形成鲜明对比的是,在熊本,中央政府的行动极大地壮大了低级武士改革者的力量。他们同他们在乡士和富农中的同盟一道,一度控制决策,其力量之强,颇似 1862 和 1863 年间的志士。在他们的强力推动下,税赋得以减免,众多武士官员被免职,地方垄断

① 10 月的法律总结于石井良助著作第 94 - 95 页。
② 参见 Kimura and Sugimoto, pp. 323 - 347。

也被打破,甚至迫使大名辞职让位给世子。①

可以预计的一点是,在明治参议会有代表的那些藩国的政策目的(如果不是政策效果)具有更大的一致性。肥田在江藤和副岛的推动下,公开承诺它将通过选拔"有才之人"来降低地位的重要性,同时继续它在维新前追求"富强"的政策。② 在土佐,改革者(在某种意义上的)在山内容堂的支持下,一直长期执政;然而,板垣退助不断提升的影响导致 1870 年一系列前所未见、对传统社会进行更激进攻击的计划出台。因为一条于 1869 年 12 月 26 日颁布的政令,土佐的乡士、步卒和许多乡村领袖都属于士族即士绅阶层。而现在人们所希望的是废除基于世袭职位所形成的阶级差别;创立一支职业军队来取代武士;终止那些倾向于阻碍经济选择和竞争的特权和限制。③ 因此,土佐成为把武士变成符合社会团结和国家富强利益之生产者的试验场。

萨摩的情况因大久保利通及其亲信觉得必须把大部分时间花费在国家的首都而变得复杂起来。这削弱了鹿儿岛的领导集团,这个集团被证明无法应对级别较低的武士积极分子(他们东北讨伐归来后要求获得权力)和保守的上层武士(他们不愿意放权)之间发生的争斗。大久保不得不于 1869 年春天为了解决这些问题回到萨摩。由于他的劝说,西乡隆盛同意担任地方官员与尊皇主义者共同致力于实施改革的计划。他们首先做的是以才能提拔官员并使俸禄同职务的责任挂钩,取代官位与地位挂钩的规定。另外,整顿重组行政体系,以增加其专业化的功能;更加清晰地界定官职,削减官员数量。在这年末,残留的武士领地被废除,武士的俸禄遭削减。从此

① 参见 Ōe, pp. 51 - 60。
② 参见芝原拓自,《明治维新の權力基盤》,第 111 - 112 页。
③ 这些改革在 Jansen 的《坂本龙马》第 361 - 368 页中得到了讨论。板垣对世袭特权的批判体现于他在 1870 年第 11 个月[1870 年 12 月 22 日-1871 年 1 月]写的一个备忘录中,该文本收入《自由党史》,1;7 - 9。

以后,岛津家族俸禄被限制在最高不超过1,500石,其他上层武士不得超过700石,中级武士不得超过200石。俸禄在200石之下的不受影响。①

相似的发展模式也见于长州。在那里,早在1868年12月藩国就宣布它的目标是"富强",向才俊开放职位,改造官府结构。在第二年的10月,俸禄削减得以实现,其幅度之大为萨摩不及。它把最高的俸禄享有者(那些超过1,000石的)削减至他们原先价值的10%,而对其余的俸禄享有者则规定不得超过100石。在这之后不久就进行了军队单位的重组,然后废除了武士阶级内部的地位细分。最后,在1870年7月,武士家庭被准许从事农业或商业活动。②

一事显而易见:贯穿于明治早期在藩国发生的重组,是利用中央政府的影响,保证地方政权掌握在那些愿意实施中央政府计划的人手中。如果藩国没被废除的话,它们也必须服从命令,藉此才有可能实现国家的统一。不幸的是,要达到这一服从,就必然产生两种不同的变化,而无论哪一种变化都容易导致敌对。第一个变化是基于明治政府的同情者存在于中下级武士阶级之中这一并非不合理的预期,它强调凭能力而非出身取得官职。这就为在那些"有才之人"尚未取得官职的地方,开辟了取得官职的道路;在那些他们已经取得官职的地方,为他们地位的巩固添加砝码。对世袭官职原则的攻击很自然地会引起传统优势地位被剥夺的人们的反对。第二个变化是把新政策延伸到整个武士阶级,其目的仍然是确保在未来通过个人努力获得财富,而不是靠世袭。这个变化是第一个变化合乎逻辑的结果。两个变化都蕴含着一种地位和官职的归属依功能主义(但非平等主义)而定的方式的倾向,目的是提高军事和行政的效率。但是,第二个影响还使许多不属于任何上层阶级的普通武士

---

① 见《鹿儿岛县史》,3:522-550。
② 见《维新史》,5:727-731。

家庭,丧失了任闲职小官获得微薄收入的可能。而到此为止,尽管经济走向对这些普通武士家庭不利,但这些收入曾一直保护他们免于不利的经济走向可能给他们带来的最坏结果。例如,俸禄在各地都遭到大幅削减,那些在内战中被击败的藩国削减幅度更大,但在胜利的藩国那里的削减幅度也很可观,除了最低收入群体。[①] 结果,对政府政策进行抵抗的,不仅仅限于失去权位的少数人,还有大量的普通武士,他们遭受的地位和收入损失价值虽小,但却直接影响了他们的生存。再者,传统主义者和保守主义者(他们自己未必受到上述的影响)却因被他们视为这些政策伴生物的偏重商业和崇洋媚外而被触怒。[②]

在萨摩,岛津久光和西乡隆盛在 1870 年中对政府的态度变得越来越具批判性。对明治政府的现代化计划,他们都拒绝合作。这鼓励了其他人站出来表示不满。例如,在鹿儿岛躁动不安的武士中,就有一个在 8 月公开自杀,以此表示他的悲愤。在他的绝命信中,他列出了自己的种种不满。他首先抱怨的是官员任命问题。他说,官职落入了那些"沽名钓誉之徒手中","派别而非德行决定官职的归属"。接着,他抱怨高物价、高税收、铁路和通商条约,并对不讲原则、只讲权宜的风气盛行痛心疾首,认为这些风气使人们"把昨天还被斥为邪恶的事情在今天当作善举来歌颂"[③]。在这里,他相当全面地表达了武士的感觉,特别是那些曾带着尊皇攘夷的朴素信念支持反幕运动,但却在当下的政治中找不到尊皇攘夷空间的萨摩武士的感觉。唯有西乡(或者看起来是如此)才能防止他们把那些在首都的大臣们当作泄愤的靶子,因为,他们把目前的局面归罪于这些大臣。

---

① 在 Niwa 的 *Meiji* 第 16-21 页中有关于俸禄削减的详细考察。
② 关于这一反抗的一般讨论,特别见浅井清,《明治维新と郡縣思想》,pp. 221-243。
③ 横山正太郎文书,1870 年 8 月 21 日;它的翻译出现在帕克斯致格兰维尔,第 31 号,1871 年 3 月 17 日。

其他地方则没有这个约束。三位以改革者著称的人士遭到攻击并被刺杀:横井小楠于 1869 年 2 月 15 日;大村益次郎于同年年底;广泽真臣于 1871 年初。在 1869－1870 年的冬天,长州情况危急,直接起因是藩政试图解散长州非正规部队(诸队),并把它们并入常备军,但也反映了一种更普遍的、对外交政策和武士俸禄不满的情绪。大约有 2,000 人反叛,攻击山内,迫使那些以前曾率领过他们的人——木户、井上和品川(高杉已死于 1867 年)从东京返回,使用忠诚的武士军队镇压了反叛。[①] 部分反叛者逃到了北九州,在那里加入熊本和真木和泉之前的领地久留米的其他反叛队伍,使得这一带在 1871 年春天之前始终处于动乱状态。最终,来自萨摩、长州和熊本的军队平息了他们的反叛。

帕克斯在东京被告知,这些骚乱中的大部分都是由低级武士对明治政府索求藩国财政的不满,加之农民"革命后就不必缴税"这一天真的看法所致。[②] 换言之,"被遣散的战士"与"农业或劳动阶级结成统一战线"[③]。帕克斯的高级随从亚当斯(F. O. Adams)后来就骚乱的情况写道:"自维新以来,当愚蠢的农民因苦于官员制造的不公正而群起抗争时,他们从不缺乏出自武士阶级的人[来领导他们]。这些武士对自己地位的降低深感不满,[并且]无法理解天皇的顾问们采取的对外国人友好的基本政策。"[④]

上述事实还表明,明治领袖继承了幕府比较难以解决的问题。

---

① 《松菊木户公传》,2:1217－1243。又见 Tōyama, pp. 272－274,那里指出,在这个个案中的所带的行为方式,不但有如尊皇攘夷的信徒,而且还具有典型的武士的特征,尽管在他们的队伍中有富农和富商的成分。

② F. O. 46/138,帕克斯致格兰维尔的附件,第 8 号,机密,1871 年 3 月 25 日。该附件报告了与外务省的伊达宗基和寺岛宗则在 3 月 8 日和 23 日,就可能威胁到外国利益的骚乱问题的会谈。

③ F. O. 46/138,帕克斯致格兰维尔的附件,第 3 号,机密,1871 年 3 月 17 日。

④ Adams, 2:246.

德川晚期日本的社会和经济震荡，表现于武士、债务和农民起义。这些问题不会因政府的转变而消失，一如权力的转移并没有使"不平等条约"突然变得可以接受。就这些困苦都被归罪于"政府"而言，它们会像削弱旧政府一样削弱新政府。再者，显然，一直到此时为止，维新后修正藩国结构的尝试对改进政治稳定毫无助益。诚然，这些尝试是在追求统一的名下进行的，但它们实际上却动摇了统一，即便是在那些被参议会理所当然地认定为是政府主要的支持者的藩国那里也是如此。于是，尽管有版籍奉还以及以此为基础的改革，在 1869 年，原本就有的三个政治问题依然存在，尚未解决：政府自身的目标的统一；在多大程度上依赖萨摩和长州支持；在多大程度上把权威加诸全国。

用另一种方式说，现在不仅仅是政府的政策濒于破产，而且是政府本身也岌岌可危。用木户于 1869 年 9 月写给大久保的信中的话来说："除非政府在主要政策上做出坚定并一以贯之的决定，否则，毫无疑问，依靠它来拯救我们的国家无异于水中捞月。持续犹豫不决，造成人心混乱，只能导致灾难性的结局。"[1]一年之后，他仍能够说同样的话。

这些困难部分与一群坚定的现代化论者有关，他们由大隈重信和伊藤博文领导，并在大藏省打下了根基。这些人在 1869 年夏天因大藏省与民部省合二为一而获得了对地方政府的一定程度的权限，他们抓住这个机会强制推行了一系列的藩政改革，尤其是那些与财政和俸禄相关的改革。这些改革在各地都引起保守主义者，包括他们某些同事的不快。如三条所评论的，尽管他们都很有能力，但却欠缺谨慎："他们没有中庸的精神，也没有容忍的度量，因此不可避免地遭到人们的谴责。"[2]木户虽然基本上支持这个群体努力要做成

---

① 木户致大隈，1869 年 9 月 5 日，载 *Ōkuma*，1；120。
② 三条致佐佐木，1870 年 7 月 11 日，载《伊藤博文传》，1；504。

的事情,但也曾在日记中这样评论伊藤:"深谋远虑,却未深察我们自己国家之现状。结果,他之所言在理论上都不错,但在实践中却无法结合现实可能性来评估理论的优劣。"①

这些都不是大久保追求的特质。他更加关心的是维护政治基本盘不乱。在 1870 年夏天,为了减轻大隈和他的朋友之间明显的分歧所带来的影响,他同原和松方一起试图拆分大藏省和民部省。他们成功地做到了这一点,不过是经历了一场重大的冲突,且对重建参议会的团结毫无益处。② 然后,在 10 月底和 11 月初,大久保与木户、三条和岩仓进行了一系列的讨论,以寻求恢复早先的反幕联盟;这时,这个联盟已从遭到破坏滑向面临崩溃。他们达成了两项决定:第一,在中央政府内部,必须加强参议的权威,特别是他们对大藏、民部两省的控制;第二,必须重新努力采取措施来确保他们与萨摩和长州的同事之间的合作关系。

广而言之,这就是说进步主义和保守主义之间的平衡,必须为了政府的整体权威向保守主义倾斜。在实践上,它变成岩仓领导的赴鹿儿岛和山口的天皇使团的计划,借此大久保和木户可以进行必要的谈话。他们的主张被证明是有说服力的。1871 年 2 月初在萨摩,岛津久光和西乡隆盛都被劝服到东京任职。然后,在长州,毛利敬亲也同意去首都表示对政府的支持。最后,当岩仓回到京都之时,其余的人转到土佐说服板垣加入他们的事业。到 3 月底,整个使团回到东京。

尽管有很丰富的文件,但要发现这些来来往往究竟是为了什么是非常困难的(除了明摆着的一点,为了政治权力的事情)。相关者直接提到的只有两件事:对核心藩国集团内部团结的再次公开强

---

① 木户日记,1871 年 7 月 28 日,载 *Kido Kōin nikki*,2:52。
② 这场冲突在 Sakata 的《明治维新史(1960)》第 245 - 257 页中得到了较为详细的考察。

调,以及旨在提高东京政府效率的计划。但是,我们有理由相信,在
这一两个月内明治政府做出了一个关键的特别决定,即废除藩国。
实际上,常常有人认为——我觉得是过于仓促了——上述往来的主
要目的就是废藩。①

有若干因素导致在 1871 年做出这个决定比在 1869 年更加容
易。因素之一是许多藩国一方面受困于大藏省的财政要求,另一方
面又苦于武士对削减俸禄的反对,因而要求变藩为县,就像德川的
领土一样。它们当中的大多数都是小藩,受到的经济压力最大。不
过,有少许几个大藩——盛冈、名古屋和德岛——也赞同这一方
案。② 然后,还有证据表明(这些证据主要见于众议院中的辩论),许
多武士发现早先就版籍奉还做出的妥协难以令人满意,因为在这个
妥协下,他们与知藩事的关系,无论在地位上,还是在个人忠诚上,
都非常别扭。另一个外在促进力量来自于哈里·帕克斯,他一直不
停地提醒掌权者需要将日本"打造成一个坚实的、精巧的国家,由统
一和正义的法律统治",③不单因为这是通往文明的必经之路,而且
因为它会给予参议会干预地方事务的手段,以惩罚那些攻击外国人
的武士。参议会的一些成员看到了这个论证的吸引力,却是出于与
帕克斯不尽相同的动机。

在政府联盟内部,来自土佐的官员认为废藩可以达到他们矢志
不渝追求的目标。这个目的见于他们此前提出的建立封建大会的
建议:稀释他们来自萨摩和长州的同事以藩国为基础的统治。④ 岩

---

① 参见 Robert A. Wilson,pp. 96 - 98,以及那里引用的权威说法;又见 Asai,pp.
272 - 278。

② Asai,pp. 245 - 258. 关于藩国的财政困难(这个问题在后一章中将得到更详细的考
察),特别参见 Niwa,*Meiji*,pp. 9 - 47。

③ F. O. 46/139,帕克斯致格兰维尔,第 72 号,1871 年 5 月 2 日,报告了他在 5 月 18
日与天皇私人会面上他对天皇所谈的内容。

④ Asai,pp. 265 - 272。

仓也被这个主张所吸引。在他写于 1870 年夏天的一封长信中,他基于两点主张废藩:第一,它是终止因内部分裂造成的软弱政府并创造位于藩国之上,而非以分割的领土为基础的政府的唯一途径;第二,因为国防需要的是国家军队,而不是由各藩国提供的、组织和训练形式各异的军团。①

在原则上,这些主张对那些与大久保和木户相近的人,对那些已经选择了中央官僚生涯而非在本藩勤务、现在又难以折返的人,也颇具吸引力。事实上,自 1869 年以来,他们一直关心的,不是废藩是否值得,而是是否出现了废藩的适当时机。这一考虑使他们在 1871 年春天仍旧小心翼翼。

木户早在几个月前就赞同采取一条渐进主义路线,逐步推广。他写信给三条道,废藩"应从那些受朝廷直接统治的地区开始,为那里受苦已久的人民大众松绑解压,让他们获得自由之权。这样,到了各藩发现它们无法维持旧有的习惯,因而和平地把自己置于朝廷控制之下的时候,朝廷之行政将自然而然地建立起来"②。大久保也反对不必要的仓促行事,因为他完全了解明治政府对保守主义者西乡在萨摩影响力的依赖,一如它对进步主义者木户操纵长州的依赖一样。③ 他看到的一个危险是私人性的:损害统治核心权威的风险,这一权威部分系于他们作为藩国联盟成员发言人的地位。另一个危险是全国性的:引起大范围的武士暴动从而摧毁政权的风险。很

---

① 1870 年大约第 8 月[8 月 27 日-9 月 24 日]备忘录,载于《岩仓具视关系文书》,1:338-362。该文件据说是肥前的江藤新平撰写的,但岩仓把它当作自己的文书,并在上面签了名字。

② 木户致三条,1870 年 9 月 15 日,见《木户孝允文书》,4:102-106,第 104 页。

③ 这里所涉及的困难表现于三人于 1871 年 3 月 15 日在大阪的一次会面上,当时,他们正在从土佐去东京的途中。在三人中,木户和西乡之间发生了激烈的意见冲突,而大久保权其困难地避免了另一次公开的决裂。见 *Shokiku Kido Ko*,2:1375-1376。

重要的，当岩仓于 1871 年 5 月 20 日跟帕克斯谈论国内局势时，他把三件事联系起来：废除藩国，建设一支由不再受藩国控制的军人组成的天皇军队。大幅度削减武士俸禄。①

　　所有这一切，一言以蔽之，在明治政府内部发生的争论不关乎目的，只关乎手段，不关乎使国家强盛本身的政治目标，而关乎它的实施。在这场争论中，一边是如大隈和伊藤那样的官员，认为不废藩则无全国统一之可能；另一边是如大久保和岩仓那样的官员，认为断无既废藩而在废藩过程中又不摧毁政府自身统一的可能。木户则很不易地骑墙其中：他同情第一边的主张，但接受第二边的现实主义。就文献所示，在这个时刻，这五个人所关心的除了时机和手段外别无其他（这可解释为什么在史料中基本上找不到相关决定的记录）。

　　缺乏这样的文献记录，我们只能断定完成统一进程的决定可能是在 1870－1871 年冬天做出的。毫无疑问，这个决定不会晚于 1871 年 5 月 20 日，这天，岩仓告诉帕克斯政府已下定决心要达成这样一种局面："肥后不再是肥后，萨摩不再是萨摩。"② 不过，在把这个决心转化为法律之前，仍然有许多事情要做。虽然已经达成协议，在 3 月底来自萨摩、长州和土佐的军队进驻东京，以防对改革的抵抗，此后仍然发生了几件使改革推迟的事情：岛津久光最终明确表示不愿意来东京；长州和萨摩对镇压北九州的动乱发生分歧；毛利敬亲的离世迫使木户回到山口重新安排长州政治。直到 7 月中旬这些事情才终告解决，政府的关键成员回到东京，得到了多支忠诚的部队的支持。

　　他们首先关注的是职位调整，使决策权集中于他们自己的手中，这在 1871 年 8 月 11 日的一次重组中完成。经过重组，木户和西乡成为仅有的参议，大久保为给他们让路降格为大藏卿。一个

----

①② F.O.46/139，亚当斯致格兰维尔，第 7 号，最高机密，1871 年 6 月 12 日。

月后,民部省再度被废除,其职能转移至大藏省也即大久保的手中。其后两年也一直是这样:由武士来担任主要省部的礼仪性首长,以取代那些到这时为止一直担任这些职务的公卿和大名。更为直接地,这次重组向西乡等保守主义者保证:激进的大隈派将得到控制。

　　几乎就在同时,废藩的最后措施得到实施。木户在7月21日正式向太政官三条提出这个问题,主张把事业推进到超越1869年的所作所为的时机已经到来。大久保和西乡表示支持。在政府重组之后,他们开始坐下来确定细节。① 8月24日在由萨摩和长州领袖——他们决定不邀请土佐的领袖和公卿——出席的一次会议上,他们决定将以敕令而非咨询的方式采取行动,而西乡应做好镇压一切反抗的准备。这一点达成后,三条和岩仓被告知行动的计划,大隈和板垣被定为参议,以确保肥前和土佐的合作。最后,在8月29日,天皇召见了29个身在东京的大名,最终宣布郡县制将推广至整个日本。他们聆听了完整的敕文。"为了保存日本国民的和平,为了让日本能以平等身份立足于世界各国,"敕文解释道,"……我们决定,有必要把国之政府统一于唯一的权威。"②

　　废藩问题的解决方式清楚地体现了萨摩和长州明治领袖构成的核心武士统治集团的强势。他们不仅愿意抛开他们的大多数公家和大名同盟,甚至到了不与他们商量的地步,而且还敢冒与他们的武士同事中仍旧忠诚于藩国的人们发生正面冲突的风险。他们知道这是一场赌博,只消看看他们所做的军事准备。而且,赌注非常之高。在大名这方面,同样的危险因他们获得了"可观的货币利

---

① Katsuda,*Ōkubo*,2:856 - 859;《松菊木户公传》,2:1457 - 1460。该文件的调子显示,废藩的问题是一个被一度搁置而现在被重新激活的问题,而非一个这个集团最近的行动才开始进行作业的目的。

② 天皇敕令,1871年8月29日,译文见石井良助著作第717页。

益"而大大减小。① 他们被允许保留藩国原先财政收入的 1/10 作为
自己的收入。作为一个另加的利诱,他们都将成为国定贵族的一
员,这将保证他们的社会声望。这两个措施合力促使大名无异议地
接受变化,但也有少数例外,如岛津久光就仍希望继续享有权力。
但是,如我们将看到的,许多武士的命运并没有这般好。事实上,他
们的不满成为明治政府挥之不去的一大难题。

关于日本社会的变动这一更加广泛的问题(废藩决定是这个问
题的一部分),我们将留待后面再谈。在这一章的结束部分,让我们
来看看就这个决定所产生的狭义上的政治后果。在中央政府,它是
现代官僚制以及以此为基础的政治风格形成的关键阶段。这首先
是因为它改变了政策过程,把它从一个需要操纵中央和地方两方面
利益(朝廷、封建大名和藩国政府)的过程,转变为一个那些残存的
封建和地域的忠诚必须通过中央内部派别斗争表现出来的过程。
这些忠诚不再是政策操作的对象,而变成影响政策的因素。在这一
情景之下,有才能且有足够经验但却缺乏"封建"权力即无法驾驭一
个藩国资源之人,就有可能依靠其官职或在官僚的追随者而成为政
府的关键人物,Ⅲ与此同时,那些到此为止凭他们的世袭地位而在明
治政府建立之初颇具重要性的改革型大名开始淡出舞台。

就此而言,这一变化是反封建的。然而,它的反封建性不在于
从外部,即从商人或农民的立场向封建社会发起了攻击。恰恰相
反,这一攻击发自于封建社会内部的人(以看似传统的形式发动),
其攻击的对象仅仅是那些妨碍了他们建设一个强大日本事业的封
建制度。结果,他们所摒弃的仅仅是那些对政府性质具有决定性影
响的封建因素,与这些因素相伴生的社会架构得以保留。在这个世
纪的剩余时间里,绝大多数高级官员仍然出身武士。在 1871 到

---

① 这个说法来自 McLaren,他对整个事态的发展做了很好的描述。见他的 *Political
History*,第 82 页。

1885 年之间担任过参议职务的 22 个人,无一例外都曾是武士。而在 1900 年之前被任命为知县的人之中(根据一个随机抽样),86% 曾是武士。① 同时,专业技术,特别是西式专业技术变得比家族地位甚至地区归属更为重要。ⁱᵛ 因此,武士出身所代表的特权背景仍然重要,但世袭地位本身已不再决定一个人的生涯发展模式。这是提拔"才子"政策逻辑上的结果。它还是 1868 和 1869 年政府重组中显现出来的走向武士掌权趋势的自然延伸。

同理,废藩成为了告别封建分离主义的最后一幕,这一封建分离主义曾是改革的一部分,因此,与它的告别,就是与"公武合体"残存的印迹以及封建大会的观念告别。在 1871 年底之前,大名们已经接到命令必须住在东京,他们当中大多数的知县职位都被武士取代,而这些武士通常来自其他地方。在其后的 1 月份,在被废藩基础上建立的 302 个县被减至仅有 72 个县,自此,藩国不但失去其名,而且失去其实。紧接着,县又被划分为市、区、町、村。在 1873 年底,它们都被置于新成立的、由大久保担任长官的内务省的管理之下;这个省掌握了干预地方事务的广泛权力。此后不久,政治家开始抱怨"集权之恶",并视之为新政权不太理想的产物之一。② 这导致了 1878 年郡县大会的成立,但这并没有改变明治体制的特征。对于作为一个整体的日本而言,地方自治和封建统治一道消失了。

注释

i 江户是在 1868 年 9 月 3 日重新命名的。天皇从 1869 年中开始居住在那里,但他在东京的住所,即前将军的城堡,是到 1783 年才被宣布为"皇居"的。在《维新史》5:447－471 中有关于这些决定的争论的长篇讨论。又见 Iwata,pp. 117－119。

....

① Silberman,"Bureaucratic Development," pp. 352－355.
② Steiner,pp. 33－34.

ⅱ 于 7 月 10 日公布的最大的奖赏分给多位大名,包括长州和萨摩藩
(各得 10 万石),土佐、肥前、鸟取和备前藩。武士接受者包括西乡隆盛
(2,000 石)、大村益次郎(1,500 石)、板垣退助(1,000 石)。就此目的拨付
资金的决定,尽管有来自对财政负责的官员的反对,是在这一年很早的时候
做出的(Katsuda,*Ōkubo*,2:683-688),所以,实际上宣布的时机可能是很
重要的。确实,直到 10 月 30 日对政治服务(其对赢得支持的重要性被设想
为低于军事服务)的奖赏才宣布。受赏人包括三条和岩仓(各得 5,000 石)、
木户、大久保和广泽(各得 1,800 石)、后藤(1,000 石)。在《维新史》第五卷
的附录中有两次受赏人的完整名单。

ⅲ 陆奥宗光是个好例子。他出身于德川显要藩国纪伊(和歌山)的一
个中等富裕的武士之家,1864 年后与土佐浪人一起加入军队,然后逐步上
升为明治政府高官(最终担任了外务卿)。但是,甚至他在 1868 年也觉得有
必要恢复与和歌山的联系,以为自己提供某种藩国的"基础"。见 Jansen,
《陆奥宗光》一文,特别是第 311-320 页。

ⅳ Silberman(*Minister's*,Tabel 12,p.70)证明,被研究的在 1875 到
1900 年之间取得重要官职的 69 人之中,不低于 47 人有某种西式教育或专
长。表 11(同上书,p.68)证明西式影响与低级武士出身之间具有相关性。
Sidney Brown 在"Ōkubo Toshimichi"第 221-223 页中注意到尽管在来自
萨摩、长州、土佐和肥前的人在参议和大臣中占压倒性优势,他们的直接下
属却未必符合这同一模式;在战争省最高阶位的官员中超过 1/3 来自这四
个藩国,但在大久保领导的内务省 51 名高级官员中仅有 5 名来自萨摩或
长州。

第14章
财富与国力

　　废藩本身不是目的。对于明治政府的大多数人而言,废藩是为了完成"复古"之任务,藉此形成一种使政府事务得以运作的政治结构。因此,废藩是迈向政治统一的又一步,为强国所必需。但是,废藩并不是灵丹妙药;它不可能一举解决所有与政策制定相关的问题。诚然,在最广泛的意义上,明治政府的目标是依据新领袖于1868年前后,他们自己藩国的经验来制定的:富国强兵,体现在采用西方军事技术,采用新的经济活动为引进西方军事技术筹资;还体现在提拔"有才之人",在这里得到强调的是武士的职能基础而非其世袭背景。尽管有这些相同点,但是,由于藩国的经历各不相同,"富国强兵"的政策未必能在全国范围内推行下去。同样地,承担这些责任的人,尽管在背景和人生履历上大体相似,但在眼界和性情上大相径庭——有的谨慎,有的热情,有的保守,有的极端——结果,他们往往互相之间也难以达成一致。

　　在这样的局面下,把口号转化为政策的进展相当缓慢,延续于明治的大部分时间。这还带来一些巨大的争议。其中之一是文化传承的问题:当日本引进那些似乎为建设强国必不可少的西方制度时,它能在多大程度上保持基于传统文化之上的民族特质? 在这里,攘夷与开国的老问题以一种更加精致的形式再次呈现。另一个问题是社会问题:追求新的目标,像统一和效率,是否会摧毁在过去200年存续的日本社会? 更具体地说,追求社会的统一(这与行政统一不同),是否会导致武士阶层的毁灭,使得非武士即"平民百姓"能够被动员起来成为政权的支持力量？所有这些问题都令当时的日本人三思而后行。结果，澄清政策的**内涵**过程，以及相应地必须做的确定改革方案的**范围**，都带来了巨大的争议。唯有当这一过程完成——至少暂时地完成之后，才能说复古告终，明治时代的帷幕得以拉开。

制定政策

在考察早期明治政策制定的问题时，一个很有用的方法是检讨岩仓具视的思想发展历程，因为他常常充当了明治政府核心圈的发言人角色。1867 年春天，在京都就开放函馆和惩罚长州明争暗斗之时，岩仓具视草拟的备忘录预示明治国家许多特征：通过地方行政长官控制大名的天皇统治形式；刺激经济发展，特别是在农业和外贸领域；旨在教授实用技术和传统道德的教育体系；在平等的地位上与列强重开外贸条约谈判。[1] 而在岩仓及其同事掌权之后，随着对西方更加深入的了解，更多的西方元素得以采用。1869 年 1 月，岩仓向英国公使咨询"如何才能富有成效地把西方的制度移植到日本"，因为，"虽然日本有自己的文明，但是，我们必须承认……在许多方面，我们的文明不如你们的文明。"[2]帕克斯没有错失这个教导日本人的机会。其他人也没有错过这样的机会，无论是那些身在日本的外国人，还是那些去过欧洲和美国的日本人。

结果，到 1870 年的仲夏，当岩仓准备另一个关于一般政策的长篇论证时，他的思想更加具体了。首先，现在他建议立即废藩，其理由是一个因封建主义而支离破碎的日本势必是软弱的，无力保卫其人民生活免于外国的威胁。"国家之安全就是个体之安全，国家之

---

[1] 1867 年第 3 月[4 月 5 日–5 月 3 日]备忘录，载《岩仓具视关系文书》，1：288–300。
[2] F. O. 46/106，帕克斯致斯坦利，机密，第 5 号，1869 年 1 月 13 日。

危机就是个体之危机。"①照此逻辑,他推论道,税收必须统一于中央集权之下,藉此保证财政稳定和地区之间的负担平等;武士特权必须终结,因为他们不再为国家提供军事和行政服务,因此不该从公共资金那里得到酬劳。同理,教育必须成为国家政策的工具,为国家富强做出贡献。这就意味着教育不能以教育武士的儒教形式进行,必须采取一个全新的体系。在这个体系中,有以提高人民识字率为目的的小学;有因商业的重要性而设立的商业学校;还有女子学校,女子最终将作为母亲,在家庭教育中塑造国民价值观上扮演最重要的角色。

岩仓提出的关于新日本的此类蓝图,特别是对日本取得与西方平等地位的强调,获得了明治领导层的广泛支持。群马藩主细川吉行作为一个典型的保守派大名,也在1869年6月的一封信中表达了许多相似的观点(尽管很大程度上是用儒家的方式)。② 而在那些与事物的核心更加接近的人之中,已经被认为是"进步"人士的肥前的大隈重信,在1870年秋天就已力主日本必须在如下三个方面都统一行事:行政统一于内务部之下,军队统一于军事部之下,税收统一于财政部之下。③

大久保利通也接受了日本必须向"文明和启蒙"的方向前进,虽然作为一个比大隈更加谨慎的政治家,他认识到任何可能触犯根深蒂固的既有特权的改变,都必须小心谨慎对待。在1869年他就说道,"我们绝不能仅仅因为一件事物是新的就要看好它。我们必须

---

① 1870年大约第8个月[8月27日-9月24日]的备忘录,载《岩仓具视关系文书》,1:338-362,第348页。

② 1869年6月3日备忘录,载 *Higo-han*,9:794-797。

③ Niwa, *Meiji*, pp.131-132,引用了大隈署名于1870年第9月[9月25日-10月24日]的备忘录。

循序渐进,三思而行,而不能急于求成,以免危及我们的目标。"①
1870 年春天,他特别警告大隈,鉴于中央集权计划必然激起动荡,改
革者的行动过于超前了。② 岩仓也有相似的保留。如帕克斯向伦敦
的报告所透露的,明治政府参议会成员"很不幸地害怕反对党,后者
对前者决定的任何创新都予以激烈的攻击"③。

这些发展的背景之一是到岩仓撰写其政策建议的 1870 年,在明
治政府中已经形成了一个改革或者革新(维新)党,它要求进行的
"富国强兵"改革,其彻底西方化的程度,为 1867 年反幕府联盟大多
数成员所不能接受。④ 该党的核心成员是那些以尊皇主义政治和对
西方的直接了解而著称的明治政府要员,包括大隈本人,他在担任
大藏省(财政部)次官期间(1869 年 8 月到 1870 年 9 月)把该部变成
明治政府中的"启蒙"中心;还包括伊藤博文和井上馨,两人曾在大
隈手下和内务省任职;以及萨摩的海军和工业专家五代友厚,他曾
于 1868 年与大隈在外务省共事。这一核心集团因一群西方事务"专
家"的存在而得以强化,这群人,如西周、涩泽荣一和神田孝平,有的
有曾服务于幕府的政治污点,但他们接受的西方训练的完整性和全
面性,在当时的日本很少有人能够企及。根据帕克斯的看法,他们
因有在外国生活的背景而常常被称为"留学生党"。⑤ 暂时在 1871
年接替帕克斯的英国代办亚当斯报告了岩仓对这群人的评论:他们
要"立即采用外国的发明,以电报的速度推进国家建设"。与他们形
成鲜明对比的是保守派,他们对"突然而不加深思地做出众多变革

① 1869 年第 1 月[2 月 11 日-3 月 12 日]备忘录,载《大久保利通文书》,3:8-13,第
   11 页。
② Sidney Brown, p. 203.
③ F. O. 391/15,帕克斯致哈蒙德,1870 年 3 月 26 日。
④ 参见 Sakata, *Meiji ishin shi* (1960), pp. 229-243;Toyama, pp. 301-304;Sidney
   Brown, pp. 199-202。
⑤ F. O. 391/15,帕克斯致哈蒙德,1870 年 3 月 26 日。

持反对态度"。岩仓补充道,他本人的观点认为"真正的政策很可能就位于这两个极端之间"①。

事实上,岩仓和大久保在随后展开的辩论中扮演了至关重要的角色,因为他们一方面对冒犯保守派的激进变革保持警惕性,同时另一方面又保持足够开放的心怀,使他们在那些他们被劝服相信必须彻底改革方能实现政府目标的事项上,能够影响极端的变革行为。这就使得他们的意见成为衡量任何改革建议是否可行的试金石;而这就决定,在改革派和保守派的公开冲突于1873年到来时,他们支持前者的意愿具有决定性的意义。

但是,在我们转入讨论这场争论及其解决的方式之前,我们不妨先从1871-1873年之间提出的问题中,挑出若干问题加以仔细的观察。这些问题与铁路、教育和征兵制相关。因为它们能够充分地说明各种不同的建国方略,所以将在这里予以考察。我们将把俸禄和土地税改革等问题留给下一章讨论,这些问题当然也能说明不同的建国方略,但在下一章中放在金融和社会变动的背景下讨论更为合适。

改善交通是各派力量出于各种不同的理由督促明治政府要做的事。作为产业和商业增长的推进剂,交通发展得到了那些要日本进入"文明与启蒙"的时代的人的支持。在政治上,改善交通能够从有助于国家统一和提高行政效率的角度得到辩护;而在军事上则是维持秩序和国防建设的手段。因此,改善交通以这种或那种方式,对许多不同观点的人都有吸引力。同样地,它也招致那些不喜新鲜事物的人的反对,招致那些带着恐惧心理看待西式发明、认为几乎每一种西式发明都必定有利于外国人甚于有利于日本人的人的反对。所以,考察交通改善的问题,可方便地帮助我们判定各派对引进技术的态度。

---

① F.O.46/139,亚当斯致格兰维尔,第7号,最高机密,1871年6月12日。

例如,所有的这些论断都体现于关于电报系统的争论上。日本最初的电报系统是在伊藤博文的影响下引进的,而伊藤博文在这件事上得到了一个英国工程师的指导。1870 年 1 月从东京到横滨的电报线铺设完毕,另一条从大阪到兵库的电报线于次年 12 月完成;在其后的五年里,电报网络延伸至大多数主要县郡中心城市;国际间的联络,即把长崎和上海、符拉迪沃斯托克连接起来的电报线,也于 1871 年建成。

尽管如此,电报网络的建设并没有像铁路建设那样引起那么多的争议,这无疑部分可归因于铁路似乎更具文化变动的意味。19 世纪中叶毕竟是欧洲和美国的铁路时代。按照西方自己的评价,铁路意味着进步。这一事实在西方与日本打交道之初就已见端倪。佩里于 1854 年带给日本的礼物中,就有一个小型火车(以及一个电报装置)。根据他关于这一正式展示的报告,小火车立刻造成轰动。实际上,有的幕府官员"为了不失去坐车的机会……直接爬到车顶上"。于是,展示现场就出现了这么一幅滑稽的场面:"一位神色严肃的高官坐在小火车上,以每小时 20 英里的速度在环形轨道上转圈,宽大的长袍在风中飘扬。"[1]

不过,这个"新式玩具"很快就得到了足够的重视。在德川统治的剩余年份中,有关建设日本铁路的一系列建议被提了出来。[2] 在1865 - 1866 年期间与比利时商人的交往使五代友厚提出了建设一条铁路连接大阪和京都的萨摩计划,以为西南强藩对朝廷首都可能进行的军事干预改善通道(首先经由海路到达大阪),但这一计划最终夭折。出于同样的企图,但站在相反的政治立场上,幕府的现代

---

[1] Hawks,1:357 - 358.

[2] 我关于铁路政治的叙述主要是基于田中時彦《明治維新の政局と鉄道建設》一书的精致而细腻的研究。这个研究的大部分内容都在他由两个部分组成的论文《明治维新与铁路引进》中得到了概述。

化论者在法国公使莱昂·罗切斯的支持下,于 1866－1867 年间,仔细地研讨了江户—京都间铁路的建设计划,其目的在于加强幕府在朝廷的地位。另外,幕府与美国方面就在江户与横滨之间修建铁路的谈判也无果而终。

幕府覆灭之后,这些方案中部分得以复活。1868 年,新政府中来自肥前的成员,日本铸造铁炮领先的藩国的代表,提议在东京和京都之间修建铁路,或可解决国家依靠两个中心行政的问题。同时,美国外交家开始就他们早前与幕府官员商谈过的项目向新政府施压,要求后者认可之前的协议。这一举动激起了哈里·帕克斯爵士回应。他向新政府提出,如果日本人自己承担铁路的修建计划而不是让美国人做的话,英国将提供工程和金融上的援助。他说,这样做的话,建设一条铁路只好不坏:它将是“一个**日本的**事业”,而非“对外国公司的妥协”;因此,它不会成为外国统治的象征。如果修建铁路的事业要得到日本人民的支持,就必须依此方式行事。[1]

帕克斯的计划得到了英国工程师布伦顿(R. H. Brunton,他曾受日本政府雇用指导灯塔的建造)于 1868 年 4 月提出的详细建议书的支持。这个建议书勾画了一条连接东京和大阪的铁路蓝图。这条铁路将由国家管理,其建造费用由政府资金承担,其中从东京到横滨的一段将首先建成。这个提案得到了明治政府中的大多数改革派,特别是大隈和伊藤的支持。但是,很重要的一点是,考虑到帕克斯的动作,首先采取行动确保这个计划被正式采纳的部门,是曾担任过岛津齐彬兰学顾问的前寺岛宗则领导的外务省。在向参议会(太政官)提交的署名日期为 1869 年 11 月 14 日的一份文书中,外务省从国家富强的角度,对建设铁路做了总的辩护。它宣称:“铁路将使抹平分配不平等成为可能,从而减缓因谷物大米等商品短缺和价格上涨而带来的危机(指 1869 年的歉收)。另外,铁路还有一大好

---

[1] F.O.391/14,帕克斯致哈蒙德,1868 年 12 月 18 日。

处,它使我们能够在那些现在仍旧是空地和荒地的地方开垦种植;而在紧急危难之际,铁路使军队的迅速调动成为可能。"[1]为了使建造这条铁路的论证更为有力,外务省的信件声称建造这条铁路的第一段即从东京到横滨的一段的花费,几乎可以肯定将由横滨的商人承担,铁路的开通必将大大地增加城市的繁荣,商人自然会从中受益。

外务省的陈情信,加之于帕克斯进一步的公关工作,[2]使建造这条铁路的原则性协议得以达成,紧随其后的是就获得英国贷款开始谈判。然而,此时仍有一系列的障碍有待克服,围绕着英国贷款而出现的种种困难(这些困难部分是由于个人之间的冲突而导致)使计划迟迟得不到实施,这就给予反对派以充分的时间积聚反对力量。于是,在1870年初,一群保守官员,包括吉井友实和海江田信义这两位有影响的萨摩人,以及前备前藩主池田茂政,均试图以为此花费的大量金钱不如用在国防和国内赈济上为由,要求搁置原初的决定。对于开建东京横滨线,还有来自兵部特别是兵部大辅前原一诚的反对,他和他的同事们论证道,这条铁路的修建将导致那些被卷入这个地区交通的日本人贫困化,从而制造潜在的动乱根源;同时,它还会使保卫首都抵御外国攻击变得比没有铁路要困难得多,因为法国和英国在横滨都有守卫使馆的驻军。如果一定要修铁路的话,他们认为最好是修一条通往日本东北部的铁路。这将有利于开发不发达的北海道地区,并使国人得以到达那些受到俄国威胁的前线。兵部的反对是如此之强烈,以至于它在好几周内,拒绝交出计划用作横滨线东京站建设用地的地盘,那里正好是兵部的一个兵营。

---

[1] 该文书的内容载于《大日本外交文书》,2;3(第5卷),第73-76页。

[2] F.O.391/15,帕克斯致哈蒙德,1870年4月22日报告说帕克斯曾与约20位据信为反对这一铁路计划的日本企业家共进晚餐——而这是由日本官员安排的——意在劝说他们把资金投入到东京—横滨铁路线。他在更早的时候就同一问题与大隈和伊藤商谈过。

为了反击此类动作,大藏省内拥护建设这条铁路的官员们,尤其是涩泽荣一,在 1870 年 4 月又撰写了一封新的陈情信,并同外务省联名提交给政府。① 这封信首先重复了外务省提出的论据,即因交通落后导致的地方物价波动伤害了国家经济,使日本无法有效地与西方世界竞争。然后,它谈到了当日本在福利和国防之类事务上急需经费之时,铁路花费是浪费的反对意见。这个意见,它写道,与英国和法国的情况相左。英法两国在铁路上的花费,远远不是浪费,而是转化为这两个国家富强的主要源泉之一。实际上,东海道那样传统的交通所产生的成本才是浪费,因为那些居住在道路沿线的人们,每年必须为维持东海道的通行付出 200 万两的代价,这只会使他们变得贫穷。五年消耗的成本,就可建造一条铁路。再有五年节约的资金可用于救济地方百姓,大大地改善他们的生活。与此同时,铁路通过把国家的主要政治中心连接起来,使稳定和协调得到保证,而以其他方式花费财政资金则达不到这个目的。

尽管有前原的反对,这些主张仍然说服了议政会,使东京横滨线的修建得以进行。它在英国的指导下修建,并于两年半以后,即 1872 年 9 月竣工。与此同时,大阪神户线于 1870 年 7 月开始修建,并于 1874 年完工。在 1870 年 12 月,这些工程的责任都由新成立的工部省承担。一旦这些事务的管辖权转移到伊藤博文的手中(1871年),铁路计划不再就原则上的问题受到责难,尽管这些计划有时会因资金短缺而停工。结果,到该世纪末,日本已经具有一条从北方港口城市青森经东京和大阪到达九州长崎的铁路干线,另有支线通往日本海岸。几乎所有的线路,除了第一个例外,都是只用在日本国内筹措的资金建设而成。

由于铁路是一种使用异国技术生产的异国产品,因此毫不奇怪许多日本人对它不抱好感。但是,教育则是一件相当不同的事情。

---

① 1870 年 4 月 14 日备忘录,载于《明治前期财政》,2:83 - 84。

根据儒家信条,教育是一项与仁和孝同等重要的德行,事实上,正是教育培养仁孝德行。为此,历代大名都主张陪臣接受教育,并为陪臣设立学校。这样做使他们留给了明治领袖一个几乎无人质疑的信念:教育不但本身就是善,而且应当由国家来负责推行。如前所述,岩仓一直把设立新学校置于他明治新政府的任务清单中。

因此,维新之后人们争论的问题不是**是否**要建立一个教育体系,而是应当建立一个什么样的教育体系。在德川统治之下,公卿和武士,以及众多凭借财富(如果不是凭借其地位)而处于统治阶级外围的人,都接受过中国文化和思想的训练,且往往是相当周详的训练。少数人,特别是德川统治较晚的时期,在接受上述训练之外,又学习了另外 些不同于中国传统义化和哲学价值的知识,即所谓"兰学";此外,还有一大批出身平民阶层的人,除了熟知德川政府认可的儒教行为准则外,还具备基本的读书认字能力,并掌握某些劳动技能。这一切使得日本成为一个识字率(和计算能力)相当高的社会。为创造一个现代国家提供了坚实基础。甚至,在明治维新之前,就有了种种有关建立一个更加广泛的教育体系的提议,以通过道德训练和聚揽人才为国家服务,增强国家的权威。[1] 这些都是典型的明治特征。

从现代的、中央集权化的政府的观点看,一个把实用的技能训练和培养正确的公民道德结合起来的教育体制是值得追求的东西。然而,明治政府为达到这一目的做出的最初努力却远谈不上成功。[2]幕府建立的三所分别专注于儒教、洋学和医学训练的学校,都延续下来,其招生对象范围比以前扩大了许多。1869 年 7 月它们被整合为一个被称为大学校(Daigkkō)的单一机构,这个机构后来更名为大学(这个词是 university 的现代译名),并在下一年的 3 月被分为

---

① Dore,pp. 249 - 251.

② 关于这些努力的讨论,见《维新史》,5:600 - 610。

宗教、法学、科学、医学和文学五个学部。除了培养精英,这个新机构在理论上还负责监督各县的教育,但在实际上它哪件任务也没有完成好。由于缺乏在直辖地以外的地方进行干预的权力,大学所能做的教育监督非常有限,从而使得既存的藩校和私校一切如旧。就是在东京本身,有关应当提供什么样的教育的争执使得整个大学体系声名扫地。这个体系里内斗不断,先是中国传统教育(汉学)和日本传统(国学)拥护者之间的冲突,继而两者携手攻击"西学"学者。最终,在 1870 年 8 月,该机构名义上的长官松平春岳辞职,大学被废除,留下其组成部分各行其是。

一如在许多其他事务上那样,废藩使教育体系改革得以重新启动,因为废藩把原先由封建大名履行的职责转移至中央政府。这马上导致肥前人大木乔任领导下的教育部(文部省)于 1871 年 9 月成立,接下了制定国家教育计划的任务。重要的是,整个过程似乎完全由官僚主导。在决策过程中,政府内部似乎没有出现明显的争论;而且决策是建立在研究外国教育模式的基础上,这一研究发端于早先时候由大学派出的一批学者对欧洲的访问。结果,1872 年 9 月 5 日颁布的《教育法》(《学制令》)主要体现了官员的西方化倾向。

《教育法》序言的性质表明新官僚的控制力是何等之强。该序言写道,教育对于公民和国家大有裨益:

> 人之所以立其身、治其产、兴其业,以遂其生者,无他,端赖修身、开智、长其才艺也,而修身、开智、长其才艺又非学不可。自为日常之用的语言、写作和计算起,到为官、为农、为商、为匠、为工等各行各业必需之知识,到法律、政治、天文、医学等等为止,事实上对于人类所有的职业而言,无一业无需求学……为此,知识乃是立身之本。①

① 引自于 Kikuchi《日本教育》第 68-69 页对该序言的全译文。

385

除这些基本上是功利主义的观念之外,《学制令》还批判了武士阶级垄断教育,这个批判,如我们将看到的,与官僚们在征兵制上的论述有许多相同之处。该文件指出,因为日本学制有误,"世人一直误认为学习是那些位于武士阶级之上的人的事情。"农民、工匠和商人,以及妇女,"对学习一无所知,视学习为超过自己本分的事。"这个局面必须结束。"自此要做到一村之中,(不分阶级和性别),邑无不学之户、家无不学之人。"①

除了阐发这些"现代的"原则外,《学制令》还设立了一个由大学、中学和小学组成的教育体系,在这个体系中,既有的机构被废除,新的机构被创造。到1880年,据估算,40%的儿童都入读小学,而在1900年几乎所有的儿童都入读小学。但是,在今天被我们视为明治教育体系的一些根本特征——西方技能和日本伦理的结合,强调中央对课程教授内容的严密控制——只是在其后多年的发展中逐渐形成的。换言之,这些特征是明治社会发展的产物,而非直接出自《学制令》。我们甚至可以说这些特征是对《学制令》的回应,而《学制令》本身并不包括这些;这是因为,在1872年没有出现关于教育的公开争论,在当时,这给了文部省的现代化论者一个毫无阻力的操作空间,但与此同时,缺乏争论不过是推迟了传统主义者的反对,而在铁路和征兵制上,一开始就招致了传统主义的反对。

毫无疑问,1880年代出现的民族主义反应赋予官方宣扬的教育目的以一种非常不同的基调。因此,尽管1890年明治天皇颁布的《教育敕语》在年代上与我们所研究的年代相距较远,但我们仍不妨从该敕语中引用一段话来结束对明治维新教育政策的讨论,这样做部分是为了显示它与1872年文件的反差,而且也是为了说明在1872年保守主义态度只是被搁置而没有被克服。"尔臣民孝于父母、友于兄弟、夫妇相和、朋友相信;恭俭持己,博爱及众;修学习业

---

① 引自于Kikuchi《日本教育》第68—69页对该序言的全译文。

以启发智能,成就德器;进广公益开世务,常重国宪遵国法。"①显然,到 1890 年,教育政策的重点已经从功利主义转移到塑造合格且**守法**之公民。

在这一点上,军事改革和教育改革的遭遇非常相似:勿庸置疑,两者都是武士愿意为之奋斗的事业,即便他们在如何界定这些事业的问题上,众说纷纭,莫衷一是。军队应当如何装备的问题也许最容易解决;尽管它会如我们所期待的那样,引起我们在讨论铁路时所出现的同样的对技术的偏见。这个问题不至于在明治政府的成员中造成分裂,或者在明治政府的成员和基层官员之间造成分裂。大多数早就决心日本必须与西方硬碰硬。因此,在武器的选择问题上,明治政府提出的计划,在本质上从未遭到严厉的质疑。

但是,在军队的组织问题上,情况就远非如此,因为这涉及到重要的政治和社会问题。在有的藩国,如我们在此前的章节中所看到的,1858 年后十年的经验已经让人们意识到武士阶级结构,按照它既存的形式,已经不再是形成一支军事力量最有效率的基础了。吉田松阴呼唤招募出身卑微的英雄入伍;高杉晋作在长州组织非正规部队的创举;吉田东洋在土佐对传统军事技能的攻击;萨摩试图按照西方的方式组建陆军和海军建制的努力;幕府基于法国方式和建议的军事改革——所有这些都是寻求新方法协调武士遗产和时代需求的例子。恢复天皇统治并没有解决问题,因为武士继续把自己视作国家的首要保护者。

对于一个在内战中诞生并面临如何将其权威加诸人民之上的政府而言,对军事力量的控制必然是件大事,特别是考虑到这个政府的军队的大部分是由大名提供的现实。正是在这一背景下,岩仓在 1870 年 8 - 9 月的备忘录中设想由地方部队创建的军队,坚持找到使他们脱离地方归属并完全服从政府指挥的方法,以确保它们真

---

① 英文来自 Kikuchi《日本教育》第 2 - 3 页。

正地听从政府的命令。① 与此相似地,大久保利通主张应建立天皇检阅军队的制度,"这样,人们就会忘掉他们属于藩国的事实,努力成为朝廷的战士。"②有证据表明,实现军队统一成为废藩的缘由之一。毫无疑问,废藩终结了这个问题,至少以这种特殊的形式。

然而,废藩并没有就国家军队将是一支什么样的军队,特别是军官如何产生、战士如何招募的问题做出决定。而且由于它使整个武士阶级的未来变得不明朗,便成为最高层的领导人所要争论的问题。③ 例如,来自土佐的军官谷干诚力主所有的武士之子都需要接受一段时间的军事训练,由他们构成一支精英部队,平民唯有在需要的时候方可加入。长州的前原一诚持有相似的观点,他也要求以武士作为现代军队的核心。萨摩的岛津久光和西乡隆盛的部分追随者也持同样的看法。

许多其他明治领袖在依照欧洲的模式创建一支征兵制军队上,持有同样坚定的立场。两位长州人领导了这个运动。第一个是大村益次郎,于1868-1869年任战争部次官,为此提出了一个详细的计划。这个计划建议从藩国中——但并非必然从武士中——挑选男子为天皇服务,五年一期;在服役期间,他们的服装和装备应由中央政府出资解决;他们在服役结束之后将得到一笔退役金,以部分取代俸禄。这个计划遭到了大久保的阻拦,他认为这尚不成熟,④而消息的走漏则导致大村在1869年底被一群愤愤不满的武士暗杀。从此之后,继续并完成大村未竟的事业的担子落在山县有朋的肩上。

1869年8月山县与西乡的弟弟从道主动提出离开日本到欧洲

----

① 《岩仓具视关系文书》,1:357-358.
② 大久保致岩仓,1870年10月1日,载 Katsuda, Ōkubo, 2:777。
③ 关于征兵制的导入最好的论述见于 Hackett 的《现代日本兴起中的山县有朋》和他的论文《明治领导人与现代化:以山县有朋为例》。
④ Katsuda, Ōkubo, 2:726-277.

访问。他们在那里特别是在法国和德国所见到的一切,使他们深信,为了强兵,征兵制一如现代武器一样必要。结果,当他们于 1870 年 9 月返回日本并立即被任命为战争部高官后,便成为改革集团的中坚。

在废藩之前,他们的行动重点放在组织和训练的技术细节上,这样做的原因之一(但绝非唯一的原因)是恢复了在东京职位的西乡隆盛,在明治政府权威即将受到检验的关键时刻,拒绝支持会带来巨大变化的改革方案。然而,一旦藩国被废除,这一约束即告解除。于是,在 1872 年 2 月 2 日,此时作为次官的山县,和他的两位来自萨摩的助手西乡从道和川村纯义一道,提出了建立征兵制军队的建议。[①] 该建议指出,战争部"当下的关切"是国内的安全,但它还必须为应对外国攻击做长期的准备。两个场合都需要一支常备的征兵制军队和接受过训练的预备役部队。该建议以近期成功地与法国作战的普鲁士为例,建议征召 20 岁的男子,"而不问他们是武士还是平民",按照西方的方式训练两年,然后投入预备役。[②]

来自诸如谷干诚和前原一诚之类的人的反对使这个计划未能马上被接受,但是通过诉诸欧洲例证的权威,并通过强调高杉在长州领导的那支非武士武装的成功,山县最终如愿以偿。1872 年 12 月 28 日,政府发布创立征兵制的天皇敕令,附带着独立的对敕令的解释。[③] 紧接着在 1873 年 1 月 10 日《征兵法》颁布,该法规定三年的现役和四年的预备役,尽管附带有非常宽大的豁免条款。

天皇敕令注意到,只是在封建制度下,日本才出现了战士和农民的分野,因此,为了使征兵制改革更易为人所接受,敕令力图把

---

① 该文本载于 Tokutomi, *Kōshaku Yamagata*,2:183 - 187。

② 两个文件的英译文均可见于石井良助,pp. 723 - 724;又见于 Tsunoda et al., pp. 704 - 705(此处日期有误)。日文文本载于 Tokutomi, *Kōshaku Yamagata*,2:195 - 196。

③ 详细细节见 Hackett, *Yamagata*,pp. 66 - 67;Ishii Ryosuke, pp. 194 - 196。

它描述为过去状态的复原,仅是由于对外国的做法的认知而有所修正,也仅仅是修正而已。与此相反,太政官的文件即《征兵法》则利用这个机会对武士阶级进行了猛烈抨击。它说,在德川时代,武士桀骜不驯、惹是生非,依靠他人的劳动生存。如今,由于废藩和征兵制的引进,他们终于与平民被放在同一水平线上,"两者都是天皇的子民":"在游手好闲地生活了好几个世代之后,武士的俸禄被削减,其佩剑的特权被勒令取消,于是,出自各个阶层的所有民众终于获得了自由选择的权利。由于这个创新,统治者和被统治者被置于同一基础之上,人民权利平等,通向兵农一体之路的障碍终被扫除。"①

在这些抨击的背后,人们能看到若干势力的作用:朝廷对武士统治的长期怨恨;出生低微的"有才之人"对凭其社会出身而成为他们上司的那类人的不满(山县有朋出身于步卒之家);与封建偏见不相容的西方理性(该文件草稿大部是由在莱顿受过训练的前幕府官员西周撰写的)。② 但是,文件未能显现出来的一点是它倡导的措施含有压制民主和平等的目的,尽管它使用了一些鼓吹民主的字眼。凭借征兵制,如后来的历史所表明的,明治政府为自己打造了不仅可用于对外政策,而且可用于维持国内秩序即镇压武士叛乱和农民骚乱的工具。③ 因此,征兵制是一项增强政府权威的措施,使之更少而非更多地依靠民众的支持。而从历史记录来看,我们可以断定改革者始终将这一目的挂在心上。对于他们来说,征兵制构成了一个支撑明治国家生存的机器的一部分,使之能够应对来自外部和内部的挑战。就其**原始意义**而言,征兵制并不是一项社会政策;但是,因为它牵涉到武士军事功能的废除,它迫使重新调整政治权力的阶级

---

① Ishii Ryosuke, pp. 723 - 724.

② Havens, pp. 194,196 - 197,207 - 208.

③ 详细讨论见 Norman, Soldier, pp. 41 - 47。

基础。因此,武士遭到打击,但从这个打击中获益的是官僚,而非农民,不管官僚口头上如何称道人民的"权利"。

轻重缓急之辩

上述关于铁路、教育和征兵制的决策是如何做出的简短论述,清楚地表明本章开头提到的岩仓 1870 年夏末备忘录包含的方案并不是对已经达成的共识的陈述。在那时,无论是改革的内涵,还是改革的广度,都没有得到充分的辩论;而倡导了最终成为"现代"日本标志的解决方案的那些人,此时仍需努力,以使方案被明治政府采纳。武士俸禄改革和土地税改革也是如此,对此,我们后面将加以考察。在所有这些问题上,每个改革方案都会引发偏见,这些偏见有时来自于传统主义,有时则反映了阶级或集团根深蒂固的利益;这些偏见在政府成员之中产生的分裂作用,一如它们区分政府成员与其共同敌人的作用一样强。

结果是一场事关轻重缓急的争论,而这一争论,决定了在未来数年之中是哪些议题成为明治政府的核心政策问题,又是哪些人成为明治政府的核心人物。这是一场持续不断的争论,先是关于某个问题,然后关于另一个问题;但是,考虑到在此前十年之间发生的事情,我们可以推定,这场争论必定触及到国内政治和国际事务的关系问题。这里提出的是一个熟悉的问题:日本在国内进行能够使它立足于世界民族之林的改革的同时,在对外国人的妥协上还必须走多远、走多久?对这个问题,如在 1868 年前一样,有所谓"负责任的"和"不负责任的"两种回答。但是,现在这个问题被置于一种不同的外交环境之下,争论的焦点部分在于修订条约以及对启蒙的追求,这集中表现为岩仓率领的、于 1871 年底成行的赴欧洲和美国的使团;部分集中于与朝鲜关系的恶化,在岩仓使团 1873 年归国前不久与朝鲜关系恶化到了危机的地步。

向海外派出一支天皇使团的最初提议实际上发生于明治维新之前,见于岩仓本人于 1867 年写就的两份文件。① 他力主派出这样一个使团,首先公开宣扬天皇的权威,以否定将军缔约的权力;其二使天皇的事业获得国际承认的保护,从而使日本获得免于外交压力的喘息空间,以便于进行改革;其三是作为学习西方文明的机会,特别是学习那些可能使日本富强的东西的机会。在这些目的中的第一个目的,随着幕府被推翻已经没有意义。但其他两个目的仍然存在,而且在 1868 - 1869 年的事变之后,似乎没有其他什么目的比这两个目的更值得明治政府追求。

1868 年初做出的肯定通商条约和给予外国代表面见天皇礼遇的决定,虽然是为了避免外国干预内战的不得已之举,但却极大地冒犯了排外攘夷的势力,以至于尽快争取"平等"成为能在政治上加分的举措。结果,岩仓最初派遣使团的想法逐渐与外务省在 1869 和 1870 年独立考虑的一个计划联系起来。1858 年与美国通商条约的第八款言明协议在 1872 年 7 月 4 日之后应可"加以修订",这给予使团成行的一个外交上的起点。

同时,向西方学习改造日本的观念——这与六七世纪遣唐使的传统相连——得到了现代化论者和他们西方或受过西方训练的顾问的大力鼓吹。美国传教士盖得·富贝克(Guido Verbeck)在 1869 年夏天听说有这么一个计划后,就给他以前的学生大隈重信去信,建议如果向外派遣使团的话,应当成立专门的小组,分别研究西方的法律、财政、教育和军事。② 这为他取得了在 1871 年底与岩仓多

---

① 1867 年第 3 月[4 月 5 日-5 月 3 日],载于《岩仓具视关系文书》,1:288 - 300,第 290 - 292 页;致中山和嵯峨,1867 年 5 月 29 日,载于《岩仓公实记》,2:33 - 39,第 36 - 37 页。关于使团及其起源最好的英文论述是 Mayo, "Rationality in the Meiji Restroation"。

② Altman. 从富贝克的信中可以清楚地看到,他希望看到的这样一类向西方学习的一个结果是日本将采取对宽容基督教有利的措施。

次会面的机会。在议政会之中,木户支持这个计划,虽然其目的与大隈不尽相同。与他许多年轻的同事一样,木户也希望亲眼观察欧洲,但在1870年岩仓告诉他国内政治形势使他不宜出国。现在,他在这个使团的计划那里看到了实现自己夙愿的机会。① 最后,任职于大藏省的大久保利通和井上馨,鉴于关税改革成功与否从长期的观点看取决于外国人是否愿意接受日本是"文明的"(国家),而关税改革对于税收而言又非常重要,赞同了这个计划。②

于是,很显然地,岩仓使团是在多方影响下成行的。它在1871年10月被正式批准,此时的国内危机由于废藩而稍加平息。这些影响中的大多数都反映在对使节的指示中。③ 该指示由太政官三条签署。它首先就日本的国际地位与西方国家的国际地位做了比较。日本"已经丧失了平等的权利,一直处于他国的欺凌和侮辱之下",所以,"在日本人与外国人之间的平等原则,在东方和西方之间的互惠原则,并没有得到维持。"因此,政府的第一要务是必须终结这个不平等的局面。"我们必须恢复我国的权利,改正我们法律和制度中的缺点;抛弃过去武断的习惯,恢复到清明质朴之治;努力重建人民的权利……努力争取与列强平等的地位。"因此,使节应该负有两项使命:就条约修订进行探索性商谈,为未来的谈判做准备,这一谈判应在适当的基础已经奠定后再进行;为在日本实行西方政府视为修订条约前提的改革,即那些使日本社会能为国际标准"所接受"的改革投石问路。

为了达到这个目的,指示接着写道,使团当包括一支专业团队,分成三个小组。一个小组将研究"大多数文明的欧洲和美洲国家实

---

① *Shōkiku Kidō Ko*,2:1321-1324。

② 大久保和井上共同署名信件,1871年第8月[9月15日-10月13日],见《大久保利通文书》,4:361-363。

③ 该文本署名日期为1867年10月16日,载于《岩仓公实记》,2:927-934。

行的宪法、法律、规制"。另一小组将搜集经济信息：关于银行、税收、货币的信息；关于工商贸易的信息；关于铁路、电报和邮政服务的信息。第三个小组的任务是考察教育，包括课程设置和"官民学校"的行政以及商业和技术学校的信息。所有这些都需要"本着在日本采用并加以建设的态度"加以学习。此外，使团的所有成员还须注意学习任何"将有利于我国"的知识，特别是那些有关陆海军组织、武器和训练以及与之相关的军事基地、武器弹药库和船坞管理等方面的知识。

使团成员的决定上出现了某些延迟，这部分是因为派别内斗，部分是因为明治政府中力量较弱的成员如三条，觉得在废藩之后就让多位政府高官离国是操之过急。但是，如下的主张消除了这一疑虑：使节必须具有足够显赫的地位，具有代表日本发言的足够权威，能凭借其政府高官的身份给他们欲访问的对象留下深刻的印象。结果，大久保、木户和伊藤都被任命为岩仓的副手。在使团出发之前，亚当斯在英国公使馆招待了他们，并在寄往伦敦的信件中表明了对他们的看法。他写到，伊藤是"一个聪明且能干的家伙，却往往被外国人视为二流人才"①。不为外国人知晓的大久保"不擅言辞"。木户言语不多，却是"使团中最热衷进步的成员之一"。作为正使的岩仓是"日本绅士"的典范，不但能力卓越、直言坦率，而且还具有足够的保守精神，足够"制衡明治政府中极端进步主义成员近乎共和主义的倾向"②。

在正式照会通商条约国公使之后，使团搭乘汽船于 1871 年 11 月 23 日离开横滨；使团共有 107 个成员，其中有 48 位官员,59 个学生（包括 5 名女生）。他们于 1872 年 1 月 15 日抵达旧金山，然后从那里乘火车前往华盛顿，于 2 月 29 日到达。在那里他们的行程计划

---

① F.O.46/143,亚当斯致哈蒙德,1871 年 12 月 8 日。

② F.O.46/151,亚当斯致格兰维尔,第 13 号,机密,1872 年 1 月 12 日。

有变,因为,在美国的首都他们发现了就条约修改进行实际谈判的某些可能。大久保和伊藤为了取得必要的授权返回日本,而其余的使团成员则滞留华盛顿。但是,东京对此持犹豫态度(其理由是在这个阶段采取行动为之过早,他们尚没有做好准备),其后美方也失去了兴趣(这意味着在欧洲将会碰到更大的困难),因此,就修正条约进行谈判的建议就此打住,在整个出访期间再也没被认真提及。当大久保在 7 月返回华盛顿之后,使团决定继续前进到欧洲,并在 8 月 6 日从波士顿乘船去利物浦。这是一个长途旅行的开端:使团于秋季到达伦敦,12 月到达巴黎,于 1873 年 2 月到达布鲁塞尔和海牙,3 月到达柏林,整个行程包括与国王和国家首脑的见面,与政治家的晚宴,观光和许多繁重的工作。

对于本书的目的而言,所有的这些活动所产生的最为重要的结果是对木户和大久保的影响,他们分别作为长州和萨摩的高级代表,在日本政策的制定中发挥决定性作用。两人的见解都因所见所闻而发生了很大改变。木户在 1872 年从美国发出的信件中坦言,他此前从未意识到西方在文明开化上领先于日本如此之远:"我们现今所有的文明不是真正的文明,我们现今所有的开化不是真正的开化。"①唯有教育,在"真正的学校"进行的教育,才能弥补差距。也是从这个时候起,木户开始思考议会制度在日本的作用,相信它们也是更高级文明的标志。②

与此相反,大久保思考更多的是国力而非启蒙。俾斯麦给他留下了巨大的印象。他给在日本的西乡写信说,"我觉得这个人无所不能。"③英国的工业也给他以深刻的印象。在一封写于 1872 年 12 月 20 日自伦敦寄给大山严的信中,他写道:

----

① 木户 1872 年 1 月 26 日信,载于《木户孝允文书》,4:319 - 321。

② Pittau, pp. 41 - 48.

③ 自柏林发出的信件,1873 年 3 月 12 日,载于 Katsuda, Ōkubo, 3:54 - 55。

我们近来的旅行去了许多非常有趣和著名的地方,法院、监狱、商行、工厂——从船坞和铁厂到制造制糖机器、造纸机器、毛纺厂、棉纺厂、银质餐具厂、玻璃厂等等——以及煤矿、盐矿,甚至还有教堂和城堡。我们几乎无所不看。我们所到之处,尽是煤炭和钢铁,其他什么也看不到……工厂的数目增加之多前所未闻,只见烟囱林立、黑烟滚滚……这些充分解释了英国的财富和国力为什么如此之强……而且,据说,英国城市里贸易和工业这一巨大的增长都发生在过去的50年间。[1]

对于木户和大久保两人而言,这些经验改变了商业和工业在他们价值序列中的相对位置,一如更早与西方的接触对一群现在被称为"改革者"的人,特别是伊藤博文、井上馨、五代友厚、福泽谕吉。事实上,对于五代友厚和涩泽荣一来说,跟西方的接触促使他们决心献身商业而非政治,这反映为他们决定辞去官职投身商界。留学生井上省三于1873年自德国发出的一封信里解释了他为什么从军事转向实业,这个解释所提供的理由是大多数人都愿意接受的。他写道,虽然日本人人都说文明开化和富国强兵,甚至孩子也把它们挂在嘴上,但很少有人认识到,"如果国家要富裕,军队要强大,教育要兴起,那么,首先需要鼓励人民从事生产,制造各种各样的产品,出口海外,进口我国缺乏的物品";因为这才是"欧洲文明与开化的根本"[2]。

木户和大久保尽管没有走这么远——确实他们没有达到放弃政治的地步——但现在至少完全接受这样一种观点:工业和商业的

---

① 大久保致大山严,1872年12月20日,载于《大久保利通文书》,4:476-470,第468页。

② Ienaga,p.260.

成长本身就是目的,而非仅仅作为军事改革融资的手段。从这里出发,最终产生了政府干预经济事务的一套政策,而这正是在其后的几个十年中明治工业化的一个显著特征。更为急迫的是,他们正是秉持这一观点,在一场日本正在发生的危机中推进了改革的事业。

这场危机的产生有其复杂的根源。它部分出自东京改革派官员和其他官员于岩仓使团在外游历期间所出现的分歧。在使团于1871年底出发之前,就废藩之后必须采取的措施已经达成几项决定,包括对征兵制和土地税改革之类问题的原则性协议。显然,即便在使节们不在的情况下,这些改革项目仍有必要继续推进。同时,由于新的政府机器仍然没有经过多少历练,似乎不能让它承载过多的压力。于是,那些将随使团出访和那些留守东京的人在1871年12月签署了一份措辞精密的十二点文件,相当细致地规定了"看守"政府拥有的权限。十二点中包括誓言团结,即在所有重要事务上与参议会的出访成员交流信息的承诺,并对东京任命新高官或招募更多的外国人的自由予以限制。此外,它还包含了如下的承诺:"我们决意于在使团回国后,再实施国内事务上的重大改革,为此,在此期间应尽可能避免引入新的改革。"①

然而,粗略看一下在1872年和1873年初引入的改革措施——包括废除德川对土地买卖的禁令,陆军部和海军部的分离,教育法和征兵法的颁布,采用西洋历法,和与土地税相关的几项改革制度的建立——使人对上述约束的承诺能否得到履行生疑。而且,即便我们下结论说,严格而言,在这份清单中的改革措施没有超出已经达成一致的原则,但在如何实施这些原则的方法方式上,仍有许多不确定性。尤其是大藏省的现代化论者,因为要求废除武士俸禄,

----

① 该文件签署日期为1871年11月18日,载于 Katsuda, Ōkubo, 3:21-25。又见 Iwata, pp.150-154。文件的签名者包括三条、岩仓、木户、大久保、大隈、后藤、板垣、副岛和伊藤。

土地税征收标准化并以现金支付,以及一系列用以支持这些改革的
"西化的"方法,而使问题变得异常尖锐。这是因为,他们的观点在
武士那里激起敌意,在农民那里引来震惊,并在政府内部这些集团
的代言人那里招致憎恨。

三条没有岩仓能干,也不像后者那样灵活,无法把他的施政班
子团结起来。西乡作为武士在政府中的首要代表也是如此,况且他
对正在发生的一切本来就持保留意见。结果,保守主义者和进步主
义者之间的冲突日趋激烈,并在 1873 年 5 月井上馨和涩泽荣一以
"以命令打造文明"的做法对国家的损害为国家目前的经济状况所
无法承受为由辞去大藏省官职时达到高潮。有趣的是,他们也抱怨
改革进展过快,使人民难以消化吸收,从而导致反抗,而非推动进
步。他们说,"虽然我们的法律体系在改进,我们的人民却筋疲力
尽,"并警告"我国没等到成功那一天就陷入贫穷之中了"。[i]

明治政府内部各个小圈子就改革步伐和深度的争斗,一直持续
到木户和大久保被从欧洲召回以控制局势。然而,这些争论并不是
岩仓使团成员最终回国后面临的危机的直接原因。它起自一个外
交政策问题,具体而言,产生于朝鲜对明治政府试图获得它对日本
新政权的承认(这是一个非常传统的外交举动,是中国的朝贡国之
间的礼仪)的拒斥。1869 年朝鲜曾拒绝了日本的示好,不讲任何礼
貌。[①] 此后,在东京,义愤填膺的说辞层出不穷,间或也有一些外交
举动,并在 1872 年夏天派使团到釜山那里达到高潮。但这次出使归
于失败。

东京的许多人士视朝鲜的行动为对日本的尊严的打击,它应当
为此遭到惩罚。毕竟,日本没有必要接受来自于一个亚洲邻国的侮
辱,即便它不得不咽下来自西方侮辱的恶气。包括西乡在内的另一

---

① 关于朝鲜事件最好的叙述是 Conroy, *The Japanese Seizure of Korea*, pp. 17 - 77。
又见 Iwata, pp. 164 - 172。

些人则从另一个角度看待争端——把它视作为武士阶级找事做的一个机会，这个阶级的特权，包括军事特权，正在被迅速剥夺。对朝鲜的征讨将使武士的能量和抱负得以施展，如西乡在1873对板垣所言，这是"一个意义深远的计划，将把那些希望发动内斗之人的注意力引向国外"①。他是在重复木户1869年的一些论调，当时，木户认为强迫釜山开港以使朝鲜追随日本，"可能不会给我们带来物质上或金钱上的利益。其实，我相信我们会遭受损失。但是，这将使我国步入正轨，使人们的目光从国内事务转向国外事务，并给予我们的陆军和海军以实战经验。唯有如此，我们才能确保我们的国家有朝一日将再次崛起，并永保强国之位。"②

事实上，从1873年春东京的观点看，真正的问题不在于攻打朝鲜是否有必要，而仅仅在于这样做是否明智。西乡认为这样做是明智的，只要朝鲜首先发起攻击。因此（或许因为他试图追求一项他觉得比管理政府更适合自己气质的事业），他建议自己担任特使以另辟蹊径，并相信他的不免一死将为惩罚性远征提供借口。板垣主要出于对武士命运的关切，支持西乡的这个建议。外务省卿副岛也表示支持。后藤、江藤和大木也有响应，尽管他们似乎部分出于与大藏省官僚的斗争而采取这样的行动，大藏省因战费支付问题而反对攻打朝鲜。无论如何，不管主战派成员出于何种动机——且战费如何不菲——参议会于1873年8月17日决定接受西乡的计划。这等于是决定与朝鲜开战。唯因天皇坚持这个决定必须等待岩仓归来确认，而岩仓归来已经为期不远，才没有立即开战。

到这时，木户和大久保已经回到日本。大久保已于4月离开法国，自5月26日起一直身在日本。木户坚持要先陪同岩仓访问俄

---

① 西乡在1873年8月的信，见 Tsunoda et al., p.657。
② 木户致三条和岩仓，1869年3月13日，载于《木户孝允文书》，3：237–243，第241页。

国,不管东京的争斗,但也于 7 月末回到了日本。因此,在朝鲜争论的最后阶段,两人都在国内,尽管他们在欧洲时关系有所疏远,此时也不能并肩作战。大久保尽管身为大藏卿,却不是参议会成员。实际上,他自认为他对影响事态发展无能为力——"像蚍蜉撼大树",他这样向大山严描述自己①——并小心地离开东京。与此相反,木户则尽其所能约束蠢蠢欲动的主战派,虽然他实际上没有出席任何一次参议会会议。8 月,他向朝廷提交了一封信,在信中他强烈认为日本尚不足以推行西乡计划的军事行动。它"尚未开化","财富和国力都没有得到发展";"只有独立之名,而无独立之实"。在目前的发展阶段,他说,没有什么比"搞好我们的财政经济"更加重要的了,确实不应该发动可能带来巨大外交风险、危险而又出师无名的海外战争。最好"专注于我们自己的事情,打造我们国家的实力",而把征韩之事待到改革项目有足够的时间运作生效后再做不迟。②

木户的主张,看来非常有可能得到了大久保私下操作的援助,因为当天皇做出等待岩仓归来确认参议会计划的重大决定时,他人在箱根,而大久保也在那里(表面上他是在去攀登富士山的途中)。无论如何,天皇的犹豫——或者他的勇气——使计划搁置起来直到岩仓和伊藤于 9 月 13 日归来,紧随其后的是一系列否决政府此前做出的有关朝鲜的行动。

第一步是使大久保再度担任参议,这一点在 10 月 12 日完成。两天后,继对大久保表示支持之后,三条和岩仓建议重开参议会讨论朝鲜问题。岩仓首先在会议上发言,以对付北方俄国威胁和发展日本的国力更为急迫为由,要求放弃进攻朝鲜的计划。对此板垣表示不同意,西乡也不同意。木户因病没有出席会议,但此时大久保

① (自欧洲)致村田新八和大山严,1873 年 8 月 15 日,载于《大久保利通文书》,4:521－523。

② 备忘录,署名日期为 1873 年 8 月,载于《松菊木户公》,2:1580－1584。

发言道出木户 8 月信件中的主张,即大规模的军事行动,必须等待国内"财富与力量"的基础打好夯实之后方可进行。会议以僵局结束,一直休会到第二天。

在会议再度召开之前,西乡以最强烈的言辞写信给三条和岩仓,使两人向他的立场有所靠拢。然而,当他们在其后的参议会会议上立场之改变已经非常明显之时,大久保和木户两人当即表示辞职(10 月 17 日),显然意在向西乡施加压力。这一招果然管用,即便不是以两人意下的方式,因为 10 月 18 日三条在重压之下支撑不住,留下岩仓领导政府,导致竞争各方的天平再度发生变化。这时,岩仓果断采取行动。尽管有来自西乡、板垣、江藤和后藤辞职的威胁,他于 10 月 23 日召开参议会,宣布他有意于建议天皇逆转派遣使节到朝鲜的决定。"主战派"成员随即宣布辞职。

毫无疑问,在这一切的下面,有多种暗流交汇:个人之见的好恶,封建和地方的争斗,真正的政策面的分歧。整个事件提供了一个关于日本政治中派系斗争以及废藩后政治制度运作方式的极为精彩的案例。但是,我们这里关注的是事件的结果,因为危机决定了明治政府的性质和它在此后二十年的政策。

首先,它标志着由各级各地公卿、封建大名和武士基于复古形成的松散而广泛的联盟,走到了最终解体的阶段,留下来的是一个对国家未来持有比较一致观点的小核心集团。西乡的辞职造成萨摩团队的分裂,他们当中有一半以上的人撤回了鹿儿岛。因为这些人中有许多是军职人员,这就使明治军队比以往任何时候都更像一只长州人的队伍。长州的分裂没有那么厉害,因为它没有涉及到像西乡和大久保那样的个人冲突。但是,江藤退出政府则引来同一藩国多位官员(大多数为武士)的辞职,他们对那些损害其地位的改革颇为不满。土佐的板垣和后藤转向政党政治,试图聚合一类新的追随者抗衡官僚力量。

换言之,所有无论是因为对过去抱有情感纠结,或者是由于对未来持有极端不同观点,从而对明治政府走中庸之道的那些人的政策表示不满的人,都选择了其他的道路,从而使得大久保(现在牢固地掌握了新成立的内务省)在政府中的地位得到巩固。岩仓仍然与他密切合作,大隈、松方正义、伊藤和山县也是如此。木户则不那么可靠,但他从未作出公开决裂的举动。他们一道训练了一代官僚,这些官僚通过训练获得的习惯和观念,构成了日本近代史上一个新的阶段特征。

在最后一章,我们将进一步考察他们创造的那个社会的某些方面,并同时考察他们的政策所引发的反抗。不过,为了更好地理解那些政策,这里首先值得对大久保在这时表达的观点予以更多的关注,因为他的地位使他能将自己的主张强加于其同事之上。叙述这些观点最好的起点是从他就朝鲜危机写的一则文字(显然写于 1873 年 10 月)谈起。[①] 该文字有七个要点,专门针对当下的问题进行议论;但是,作为一个能够反映他更具普遍意义思想的文件,最好把它分作两个部分加以理解,一则处理国际因素,另一则处理国内因素(不过我们必须记住他论证的本质是这两类因素的联系)。

让我们从第一类因素开始:大久保说,日本已经与欧洲的国家和美国以明显不平等的条件签署了通商条约,其不平等事实上竟然到了法国和英国能够以日本政府无法对其公民提供适当的保护为借口建立兵营的地步。他抱怨道,他们对待我们"好似对待他们的依附国"。于是,修订那些使我们饱受屈辱的条约成为国家的当务之急。然而,能否成功完成这项任务,还要看我们的方法是否谨慎。在北方,俄国正伺机利用日本和朝鲜发生战争可能带来的机会以分一杯羹。更危险的是,英国将因此获得干预日本内政以确保其金融利益的借口。众所周知,在印度,英国首先创立了一家贸易公司,然

----

①《大久保利通文书》,5:54-64。在 Tsunoda et al. 第 658-662 页中有关键部分的翻译。以及 Conroy 著作第 47-49 页。前者更加忠于日语原文。

后用公司利润建立了一支殖民地陆军和海军,最终利用印度统治者之间的争斗,建立起一个陆上帝国。"我们日本必须对此深思,迅速采取措施刺激国内生产并增加出口,通过国家富强来弥补我们的不足。"

转入国内问题,大久保承认,过去五年间发生的许多激进变化,包括废藩,已经引起了太多不安,不利于社会统一。再者,它们还导致了大量政府支出,而这一点因对朝鲜的敌意有增无减。为此目的募集额外的收入,无论是通过重税,国外借款,或发行纸币,都将带来动乱蔓延的危险,"导致日常用品流通的混乱和不畅,给人民带来痛苦。"这"最终甚至可能导致叛乱"。就现在的局势而言,等到国家收获了那些"为我国富强而已实施的种种举措"的果实之后,再发动战争亦为时不晚,而"不必要的敌意"无疑将迫使政府放弃这些举措。事实上,战争将资源调离生产部门,并增加昂贵的海外武器的进口,其对经济的损害将使国家回复到 1868 年的状况:"进口和出口之间差额巨大,陷日本于无尽的困难之中。"

在某种意义上,这番言论是现实主义政治的一番作业,如它关于外交事务的现实主义开场白所表明的:"尽管是耻辱,有的事却不得不忍;正因为它是耻辱,不会总对它安之若素。"但大久保这番言论的用意不止于此,他把整个明治政策置于民族主义的语境下。日本唯有通过放弃传统方能被拯救,为了国家的未来,必须牺牲过去。藩国必须废除,武士必须被征兵制取代,经济必须以新的方式发展。必须采取一系列在概念上全新、在内容上激进的改革。实际上,不但必须采取这些措施,而且甚至不得不(如果有**必要**的话通过武力)将之强加于那些认为因此而受损的人身上。为了避免叛乱的发生,任何可能的措施都必须采取,这一点绝没有问题。但这仅仅是因为叛乱是国家在国际领域虚弱的根源,而不是因为它体现了社会的不公和人民的苦难。

注释

ⅰ 井上和涩泽 1873 年 5 月 7 日辞职书，见于《世外井上公》1：549 -
561，第 553 页。辞职牵涉到的具体事件是所谓江藤为首的司法部和大木为
首的文部省滥用财政资金。从两人辞职后的事态发展来看，很重要的一点
是须注意到大久保仍然担任大藏卿，尽管当时不在位。

第 15 章

财政与社会

从某个侧面,可以用大久保在 1873 年末采取的立场,来结束对明治政策变迁的研究。富国强兵的口号,在经历了从其传统的农业社会和封建制背景转向西式现代化背景之后,这时也成为明治政府的官方计划,其目标在于使日本获得抵抗西方的力量。

但是,这并非故事的全部。明治改革中还有另外一个要素,财政要素;它把政府政策与维新前的社会经济变化即本书开头谈论的某些问题连接起来。它涉及到武士和农民——德川社会的两大支柱;通过改变他们在社会结构中的地位,财政政策带来了作为新的"绝对主义"国家一大特征的权力再分配。对这个话题的讨论所涉及的年份虽然超出了我们到目前为止所遵循的断代,但它对于理解明治维新的重要性,再加上它的许多核心特征均在 1871 - 1873 年之间已然成型,决定它成为一个我们必须现在加以探讨的问题。

武士俸禄

废藩不但给明治政府以政治上的收益,而且还给它财政上的责任。这些责任包括在全国各地征收土地税,并决定征收税率是多少,这个话题我们下文即将讨论。更直接地,废藩把偿还封建债务和向武士支付俸禄的责任放在了政府而非大名的身上。一直有种说法认为这是为置换政治权力而必须向封建阶级付出的代价。[1] 对于明治领袖来说,这确实是个很棘手的财政窘境。

在明治政权建立的前一两年,其财政一直受困于内战和政治上的不确定性,而国家的 3,000 万石土地中,仅有 800 万也即那些曾属于德川家的领土被置于朝廷的控制之下的现实,又使明治窘迫的财政雪上加霜。[2] 从这 800 万石土地那里获得的收入相对较少,这一方面是因为在当时的局势下税收不易征集,另一方面是因为幕府土地产出的税收本来就低于全国平均水平。结果,巨额的军事开支导致巨大的财政赤字。这些赤字只能通过大量借债——大部分来自于三井以及其他大阪和江户的钱庄(利息 18%)——和发行没有准备金的纸币加以弥补,[3]这些手段使明治政府从一开始便负债累累。到 1870 和 1871 年虽然大局已定,但用于债务的开支依然庞大。在那些年份,收入和支出大体保持平衡(见表 3),尽管这仅仅是通过不断地借债和钞票发行达到的,这显然不能无限制地做下去。

在某些方面,废藩改善了明治政府的财政状况。使用新的货币单位即日元(它取代了两)测量,土地税收入从 1871 年的 1,130 万日元或总收入的 51%,上升至 1873 年的 6,060 万日元或总收入的 71%(请忽略 1872 年,当年从旧体系向新体系转换所导致的问题歪曲了数据)。在这样的收入背景下,行政成本上升了约 2,000 万日元,俸禄等相关支出成本上升了约 1,600 万日元,因此,通过接收藩国,明治政府在收入上的增加多于它在支出成本上的增长。换一个角度说,在 1871 年,它需要使用它的**全部**土地税收入来满足俸禄和行政支出成本——这一局面比与之前的幕府所面临的局面相比没

---

[1] Seki, *Meiji Ishin*, pp. 105 - 106.

[2] 我的关于早期明治财政的讨论主要是基于上书,第 21 - 25 页、105 - 117 页;以及 Niwa, *Meiji Ishin*, pp. 9 - 30, 19 - 25, 155 - 160。

[3] Tanaka Sogoro, *Meiji ishin*, pp. 110 - 115;Honjō, *Social and Economic History*, pp. 323 - 332, 342 - 344.

有丝毫改善——而在1873年，这些支出成本所占比重下降到4/5。即便我们把同时出现的军事支出增长完全归因于原先由藩国支出的项目，把这项支出加上上述两项主要支出，我们得到的1873年支出总额仍然小于同年的土地税收入。

表3 政府收入和支出，1870－1874（百万日元）

财年	收 入			支 出			
	合计	主要来源		合计	主要领域		
		土地税	纸币和贷款		行政（中央和地方）	军事	俸禄
1870	20.9	8.2	10.3	20.1	6.7	2.9	4.2
1871	22.1	11.3	6.5	20.0	5.8	3.3	5.5
1872	50.4	20.0	24.0	57.7	20.9	9.5	20.6
1873	85.5	60.6	12.5	62.7	25.8	9.7	21.7
1874	73.4	59.4	1.2	82.3	26.7	13.6	36.1[a]

资料来源：关顺也，《明治维新与地租改正》（京都，1967），第21、51页所载表。

注释：部分因为历年制度的改变，会计时期因时而异。我在这里使用的年份尽可能近地符合政府财年。"俸禄"项下的数字包括明治政府从幕府那里接收的其他各种"封建"花费。

[a]这个数量的约1/5是对那些接收俸禄置换的人的一揽子支付。

从这些数据中并不必然推出新的局面是令人满意的结论。毕竟，明治政府接收的藩债合计数目相当大：根据原始的记录，大约欠国内债权人7,400万日元，欠外国债权人400万日元。[1]大藏省的一个特别部门从1872年初开始研究这个问题。在这项研究完成后，明治政府于1873年3月决定对产生于1844年前的债务不予赔偿、全部取消。后来，主要通过利息调整，剩下的3,400万日元债务又被削减至2,300万日元。同样地，通过谈判，外债也被削减至280万日元，于是，政府需要支付的最终的债务总数为2,600万日元弱。但是，在这个数目之外，还需加上为兑付仍在流通中的大名纸币的2,200万日元，这就使国库在若干年内需要支付的资金量，与它在

1873 年在俸禄和行政上的支出 4,800 万日元相差无几。

面对筹集这一总额资金的需要,加之西式改革特别是军事改革不断增长的花费,明治政府同藩国官员(明治政府继承了这些藩国官员的责任)一样,对每年经常性的俸禄支出消耗了大约 1/3 的土地税收入感到震惊,因为这项收入是明治政府的主要收入来源。如前所述,在最近的几年中,在天皇政府的督促下,藩国已自行尽其可能地削减了俸禄。假如不这样做的话,明治政府对俸禄的经常性支出规模,甚至还要比上面报告的规模大得多。在最近的几年中,几乎在每一个地方,最高的俸禄都被降至原先价值的 1/10;尤其是在许多中小型藩国,中下级武士的俸禄也被削减,有时被减至仅够生存的水平。① 这些事实意味着全国需要支付的俸禄总额(包括中央政府和藩国政府的支出),已经从维新前夕的估算额 3,460 万日元减至1871 年废藩时的 2,260 万日元。ⁱ 这意味着在 1872 年及其后明治政府必须支付的俸禄,仅相当于一两年前幕府和大名自己收入中应支付数额的 3/5 左右;而且如果考虑到通货膨胀的因素,实际价值还要少上许多。这些支出中的大部分是以小额的方式,支付给了数量庞大的武士家庭。ⁱⁱ

这一事实的重要性,在于它几乎没有给进一步压缩留下任何空间,哪怕仅仅是为了避免使占日本 3,000 万人口的 5% 或 6%,在政治上强势的人口普遍陷于真正的困苦也不能这样做。事实上,摆在明治政府面前的只有三条道路。它可以无所作为地沿用旧制,继续

---

① Niwa(*Meiji Ishin*,pp.16‐26)把藩国分作五类,从那些(大多在内战中属于被击败的一方的)把**所有的**武士的俸禄,不管它们原先处于什么水平,削减至接近生存水平的藩国,到那些仅把最高俸禄削减至 1/10 而对其他仅作少许削减甚至不做任何变更的藩国。后一类藩国中包括萨摩、土佐和肥前。Fukuya 详细地报告了俸禄削减在前幕府陪臣(pp.168‐181)和若干藩国(pp.201‐227)那里的情况。我们还需注意到朝廷公卿的俸禄在 1871 年 1 月也得到了削减(普遍减少了 37.5%),这一削减不仅适用于世袭的收入,而且适用于维新后对公卿的政治服务的奖赏。

支付俸禄,并接受由此带来的对其经济政策自由选择的束缚。它可以寻求其他收入来源,依靠它们来满足新的支出需求,而这实际上将使土地税的很大部分变成俸禄的抵押。或者它可以废除俸禄,承受动荡甚至反叛的风险。事态的发展表明,在这些道路中作出选择漫长而艰难。

一系列因素促成了最终的决定。其中一些出于鼓励"有才之人"的政策,这项政策以在等级体制**以内**选贤任能开始,却又因以效率为名摧毁这个体制而告终。这个政策在 1871 年之前就已经在多个藩国实施。它们采取的形式往往是在增加文武官员薪酬的**同时**削减俸禄,这样,决定武士收入高低的重点,就从出生转向职能。例如,在保守的萨摩藩,所有俸禄 200 石或更多的人的俸禄,在 1869 年都被大幅削减。而在此之后导入的是一个针对地方最高五级官员(从最低的兵队长和区助理到最高的藩国参议)的五级薪酬制度,这五级中最低一级获得 50 石的收入,最高的获得 1,200 石的收入。①同样的举措也出现在其他的地方,有时更加激进。因此,在佐仓的崛田藩,到 1871 年,在将近 500 个武士家庭中,只有 33 家仍然有 30 石或更多的俸禄,而最高的俸禄是大名家系的 200 石。但是,最高的薪水在 60 到 150 石之间,获得这些薪水的人其所得跟他们在俸禄体制下一样多(或者甚至更多)。②

这种做法的一个结果,是使每个武士阶层中少数有才干者和大多数平庸者之间的区别,在经济上得到了体现。这个局面,在 1871 年后中央政府官僚队伍的建设方式那里,在采用征兵制作为军人募集的基础那里都得到了验证。因为,现在已经成为事实的是:在全国的许多地方,武士阶级已经无法控制——无论是依靠利益还是依靠感情——许多最活跃成员的忠诚,他们在为天皇政府的服务中找

①《鹿儿岛县史》,3:539-540,544-548。
② Kimura and Sugimoto, pp.335-347.

到了施展抱负的机会,也得到了可观的报酬。他们放弃了地方的羁绊,如志士曾经做过的那样,献身于一个充满机会和活力的世界。在这个过程中,他们中的一些人,或者直接通过自己的学习和经验,或者间接通过他人的学习和经验,形成了这样一个信念:他们不但必须放弃而且要彻底摧毁他们出身的那个阶级的特权。与这个信念相伴的是一种西方式的理性,一种用来辩护他们做什么不做什么的理性判断。我们已经在征兵制的出台那里考察了这一理性运用的一个好例。征兵制的出台是前长州低级武士山县和一位出身较高(但接受西式训练)的前幕府顾问西周共同努力的结果。

从这个观点出发发表的最有远见的言论出自于板垣退助之口,他(作为一个家境优越的中等武士家庭的家督)的阶级忠诚,在这个问题上明确地让位于他的现代化倾向。在 1871 年初向土佐当局提交的一封信中,他论证道,人类的技能是自然的禀赋:"没有一项技能靠的是阶级分隔,把人分作武士、农民、工匠和商人的分隔。"[1]因此,以往武士通过对政府官职的垄断,先行占有了本该属于全体人民的地位,"贬低了下面的阶级。"改变这一切的时间已经到来,他写道:"我们应当首先把迄今为止由武士垄断的国家军政职能向人民开放……从而使每个人都能发展知识和能力……都有成就其天生抱负的机会。"[2]

法国民众抵抗普鲁士的成功,板垣接着写道,证明了设计一套能够赋予人民这些权利的制度,对于国家的强盛来说是何等重要。"为了使我国自立于世界,成功实现国家富强,全体人民都必须培养珍惜爱国主义的感情,必须建立使得人人都得到平等待遇的制度。除此之外,别无它法……毕竟,人民富强,国家才能富强;人民贫弱,国家必然贫弱。"[3]这些思想,与板垣后来关于创设议会的主张一脉

---

[1][2][3] 板垣退助备忘录,1870 年第 11 月[1870 年 12 月 22 日-1871 年 1 月 20 日],载于《自由党史》,1:7-9。

相承,这个主张认为,议会可以使人民的意志统一于国家行为。不过,他的近期目标是通过废除把人分成三六九等的世袭标签而实现社会的团结——作为富国强兵的一部分。

如果这一主张所要求的不过是愿意把以前曾专门属于武士的某些特权,也给予其他人的话,那么,当时的明治政府已经接受了这一点。明治政府的成员们清晰地意识到他们掌握国家政权得益于非武士阶级的帮助。板垣本人后来评论道"富农和商人"中曾"产生了 1868 年革命的领袖",①因此,这些集团必须得到承认。于是,在 1868 年到 1873 年之间,一系列有关阶级归属和特权的政令得以颁布。②

在 1868 年 8 月 2 日,紧接在奉还版籍之后,有关武士的各种不同等级的称呼正式被两个新名称取代:士族(适用于中级及以上的武士)和兵卒(适用于低级武士),藩国的官员们根据本地的实际情况把这些称号授予各个武士。这就引发了一系列的地位阶级身份的调整,并使某些乡士和农村上层阶级获得与他们的影响力更为相称的地位。例如,在土佐,奉还版籍后士族分为五等,乡士被置于第四等,村长(大庄屋)被置于第五等。[iv]此外,那些仍然包括许多板垣所言的富农和商人在内的平民,被给予具有家族之姓的权利(1870年 10 月),与武士或贵族家族通婚的权利(1871 年 9 月)。士族被允许不必佩剑(1871 年 9 月),从事农业、商业和工业而不失去其地位(1872 年 1 月)。特定社会集团须着特定的服装和发式的规定也被终结。

---

① 备忘录,1874 年 2 月 20 日,载于 McLaren,*Japanese Government Documents*,p.445。有趣的是,法国公使马西姆·库崔(Maxime Qutrey)显然基于那些曾服务于他的前任罗切斯的人提供的地方知识,在于 1868 年 7 月 9 日给巴黎的一个报告中评论道,"国家正在经历一场最严重的危机,中产阶级似乎企图慢慢地取代至今为止还独自把持着政治舞台的上层阶级。"

② 主要参看 Ishiii Ryosuke,pp.102 - 106;Fukuya,pp.145 - 151。

这些改革不可避免地在前武士中引起相当大的不满；但只要改革局限于提高他人之地位而没有直接降低其自身地位的话，不满尚在可控的范围之内。俸禄则是一件非常不同的事情。大多数士族依靠俸禄生活，而且知道他们要依靠俸禄来获得维持其社会形象所需要的收入。因此，在藩国已经对俸禄所做的削减水平之上，任何进一步削减俸禄这一政府财政负担的努力，都必须考虑到士族预期产生的不满。[①] 例如，尽管木户相信政府有责任取消那些"不必要的"支出，而用于俸禄的支出正是问题的所在，他仍然认为抛弃几个世纪以来一直作为国家保护者和支持者的那些人并使他们陷入贫困，是大错特错。他在写于 1873 年底的一封充满感情的长信中这样写道，这样做就是背信弃义。[②] 它将损害政府在国内和国际上的威信，甚至激起叛乱。他建议使用某种强制储蓄方案来解决问题。根据这个方案，俸禄的持有者应将其收入的 1/3 交给国库，以此交换到政府的定期债券。通过这个方法，他们最终能够积累足够的资本，不必再依靠俸禄生活。

岩仓也深知，在受领人已经不再为国家服务的情况下，俸禄的存在已经不再合情理。但是，出于对动乱的恐惧，他对终止它们持有同样谨慎的态度。他在 1870 年夏天提出的一篇政策分析文章中提出了一个解决方法：使用证券（vouchers）来支付俸禄，这些证券是需要纳税的，但那些希望筹集资本购买土地或进入商业的人可以把它们卖掉。换言之，他要给政府寻求一个削减其承诺负担的机会，通过逐渐地在市场上兑现证券，同时也鼓励武士从事"体面的职

---

① 关于明治政府对俸禄问题的讨论的最详细的阐述是 Fukaya（pp. 259 – 397）。我在此的有关概述得益于该书甚多。

② 备忘录，1873 年 12 月 7 日，载于《松菊木户公》，2：1640 – 1648。木户曾在两年前的一次与英国代办亚当斯的会谈中谈到过类似的想法。见 F. O. 46/141，亚当斯致格兰维尔，第 80 号，机密，1871 年 9 月 18 日。

业"。如该文件的其他许多建议一样,这个提议与1873年底采取的政策已经很相近了。①

直接走向那一政策的第一步出现在1873年初,当时,大藏省中具有改革意识的官员们开始强调,政府财政必须改革。在大隈的支持下,井上馨(长州)和吉田清成(萨摩)力主日本举借外债,并将其中的一部分(1,000万日元)用于削减俸禄。具体而言,他们建议,在每一笔俸禄中1/3不再支付,另外2/3以可在市场上流通的债券偿还。这些证券政府将分六年分期偿还:即,每一笔俸禄都将以相当于六年分期付款的数量予以兑现,但用于这一目的的资金的年价值仅相当于俸禄年支付额的2/3。这个方案比岩仓提出的计划要极端得多;而且因为它属于岩仓使团离国前未曾协商好的项目,因此必须征询那些不在岗位的参议会成员(当时在美国)的意见。

岩仓和木户都反对这个方案,后者在日记中义愤填膺地写道:"士族不是罪犯,他们是我们天皇土地上的人民。"②当大久保和伊藤在那年夏天因谈判授权事宜暂时返回东京时,他们显然也对此方案有所怀疑。无论如何,正是针对这些意见,大隈和井上在9月提出了一个修正方案:该方案提供了更长的分期支付时间(长达16年,而非6年),并给予俸禄的持有者以立即支付价值相当于八年俸禄的一次性证券的选择。

甚至这个方案也被证明争议太大。这个问题在1873年11月使团归来和朝鲜危机解决之后才得以解决。那时,大藏省提出的一个方案建议对俸禄征税。该方案得到大久保的支持,但遭到木户和伊藤的反对。大隈和前幕府官员胜海舟一道主张这一措施将极不得人心,为此,他们建议应允许武士用俸禄兑换现金,如果他们愿意这

①《岩仓具视关系文书》,1:338-362,第349-354页。
②1872年5月14日日记,《木户孝允日记》,2:175。

样做的话,世袭俸禄以相当于 6 年的分期支付偿还,非世袭俸禄以相当于 4 年的分期支付偿还。然而,尽管有木户的反对,大久保仍然坚持俸禄也必须纳税的主张。最终,两个决定同时颁布(1873 年 12 月 27 日)。

中央政府对俸禄纳税设置的税率非常悬殊,对 5 万石的俸禄征收 35%,对 5 石的俸禄征收 2%,结果,对上层武士的惩罚甚于下级武士,一如藩国在 1871 年前削减俸禄时所做的一样。据估算,对仍在支付的 470 万石俸禄,一年大约能产生 50 万石的税收。对此政府提出的辩解是德川时代削减俸禄时惯用的说法:军事改革成本。与此相反,不高于 100 石的俸禄持有者可选择把俸禄兑换为现金,但这个措施是为了给俸禄持有者提供经济机会,而不是为了增加政府财政收入而提出来的。政府的通告宣称,俸禄转换政策的引入,是因为许多武士发现他们无法利用一年前获得的从事农业或商业的许可,而这"极可能是因为缺乏必要的资本"。①

经过这番运作,对于大多数武士来说,就再也没有什么东西可以期待了。明治领袖中的改革者此时专注于财政,把财政问题放在对武士的歉意之上;政治家如板垣则继续关注国家的团结,特别是不可忽视的非武士阶级的利益;而在中央集权者如岩仓和大久保的意识中,一个职业的官僚和征兵制军队意味着武士继承制的终结,或者至少是这个制度的转型。只有木户继续反对,但他的影响式微。在 1874 年 11 月,可选择的俸禄转换被推广到超过 100 石的俸禄持有者;在 1875 年 11 月所有的支付都被兑换为现金;在 1876 年 3 月,大隈提议对剩余的俸禄做强制性转换。这一措施在 5 月不顾木户的进一步反对而达成协议,并在 10 月宣布。

对那些价值在 1,000 石或更多的世袭俸禄,发放的是利率 5% 的带息且资本兑现价值为 5 到 7 年半的俸禄收入债券。俸禄的价值

----

① 该文件载于 McLaren, *Japanese Government Documents*, p.557.

越小,相对的资本兑现价值越高,并以利息 7% 且 14 年收入为最高
限度。于是,对于居于最高水平、具有 10 万石年俸禄的前封建藩主,
现在发放给他的债券具有 50 万日元的票面价值(即五年收入),利息
5%,这样,他的年收入为 2.5 万日元。而对于位于另一极端的 100
石俸禄持有者而言,他得到的债券价值 1,100 日元(即 11 年收入),
利息 6%,因此他每年能得到 66 日元的收入。非世袭俸禄按照相当
于世袭俸禄减半的待遇转换。① 最后,在这些规定下,总共有 1.73
亿日元的债券和 73 万日元现金支付给 31.3 万人。这一政策的实施
使政府用于俸禄的花费,在 1877 - 1880 年之间降至一年 1,500 万日
元,大体相当于 1873 年支出的 70%。② 考虑这些年持续的通货膨
胀,武士的损失甚至更大。

这个决定对日本经济影响巨大。詹姆士·中村估算,截至
1878 - 1882年,对债券的利息支付不超过农业收入的 2%,不及德
川时代用于支付俸禄的份额的 1/10。③ 因此,对武士的剥夺使更多
的收入可用于地主和政府之间的分配,如果农民并没有因此得到更
多的收入的话。它还给许多士族提供了一些可用于投资的资本,不
管是投资于土地还是如国民银行那样的新型金融机构,④并迫使其
他士族——那些很快失去资本的人——进入生产性雇佣行列。出
于这些理由,这个决定在日本的现代化中扮演了相当大的角色。

但是,同样重要的是它标志着日本社会的性质发生了变化。虽
然摧毁的是武士集团根深蒂固的特权地位,而非其在社会中更为广
泛的影响力,但是,如果国家统治阶级形式上的结构要更加准确地
反映真实的权力分布,这一步至为关键。在这个意义上,只有摧毁

---

① 这些安排的详细见于同上书,第 562 - 566 页。
② 参见丹羽邦男《明治维新の土地变革》第 156 - 157 页中显示政府财政各项收支的
表。对那些债券的利息实际支付额为年 1.16 千万日元。
③ James Nakamuru,p.159.
④ Norman,*Japan's Emergence*,pp.99 - 100.

武士特权才能解决德川"矛盾"之一,即财富、地位和官职不统一的问题。然而,无论从哪个主要方面来看,解决这一矛盾的运动并不以阶级分野为基础,这场改革首先是一群武士的作品,他们不但意欲以鼓励有才之人的名义攻击地位比他们高的人,而且也愿意以国家需要的名义攻击他们的同类人武士。诚然,尽管他们中的少数人与非武士阶层有联系,甚至具有非武士出身的背景,但我们没有令人信服的证据表明这少数人代表了非武士集团的利益。换句话说,这场胜利与其说是低级武士对高级武士的胜利,或者非武士对武士的胜利,倒不如说是**特定的**武士对其他所有人的胜利。

土地税改革

在讨论日本废除封建制度时,赫伯特·诺曼指出,"大名俸禄转换,虽然象征着前统治阶级和一个主要靠商人和土地利益支持的政府之间的妥协,但仍然同时代表着一个影响深远的社会进程,在这个进程中,高利贷者、地主、商人、钱商和前大名的利益被消融、被植入、被固化而最终同质化,原有的成分则模糊起来。"[1]他还注意到,土地税改革也在这一进程中发挥了作用,尤其是因为它"有助于地主阶级的进一步巩固,而这能够给政府在农村的统治提供政治基础"。日本学者关顺也持类似的观点,认为土地税是地主为获得封建土地而付出的代价,一如俸禄是政府向封建权威付出的代价一样。[2] 其他日本历史学者尽管强调点有所不同,但对土地税改革在地主制度的发展从而在日本社会的塑造上的重要性,有着同样清晰的认知。[3]

---

[1] Norman, *Japan's Emergence*, p.97.
[2] Seki, *Meiji Ishin*, pp.120 - 121.
[3] 关于他们的观点的一个有益的总结,见于《明治维新史研究讲座》,4:229 - 235.

因此,如下的看法是有根有据的:明治领袖在从封建阶级(他们本身只是这个阶级的一部分)那里接手政权之后,发现求得包括地主和商人在内的其他社会集团的合作,是一件值得做甚至必须做的事情。同样明显的是,通过这样的举措,他们决定了在未来几十年中日本统治阶级的走向。然而,这些陈述仍然没有完全回答我们一再关注的某些问题;尤其是这些社会变动究竟是明治领袖目标的一部分,还是一个当时明治领袖不得不处理的问题。准确地说,这些问题涉及到对明治社会而非维新政治的研究。但是,我们必须对这些问题稍加考察,即便是在本书比较狭窄的论题范围之内。

我们或可从这样一个观察开始:1870 年统治日本的任何政府,不管是什么性质,都将必定发现不得不处理乡村问题,因为乡村是最大的税收来源,是明治政府统治的大多数人的家园。这些问题有两类,或者更确切地说,是围绕着两类不满的源泉产生的问题。这两类问题都产生于德川时期的经济变化。

首先,如我们在前面不时所提到的,武士和封建大名的财政窘境,使得各地农耕者的财政负担只增不减,引起了巨大的民怨。其次,在比较发达的地区——那些靠近江户的地区、北海道、京都附近的地方、濑户内海的沿岸地区、北九州的某些部分——已经随着地主经济的出现和商业的发长,在乡村之中出现了财富的再分配。这一变动,已经歪曲了税负,给社区带来分裂的威胁。

再者,在 19 世纪中叶发生的一系列事件使财政状况变得更加糟糕:战争赔款、国防备战,最终还有内战,这些都增加了政府对收入的需求;对外贸易的影响,外贸创造了对货物的新的需求,从而给那些能够利用这些新需求的人带来新的机会。结果,农民反叛的频率(该频率反映了农民对上述事件造成的困苦的怨恨)仅因对维新的期待而略有下降。但就在几个月内,反叛的频率再度攀升:在 1868 -

1873 年之间有 177 起爆发,其中有 66 起与税收相关。[1] 而且,在熟知的对征税人和高利贷者的抗争之外,现在又加上了对东京试图实施的某些改革的具有传统保守特征的反应:铁路冒犯了乡村的神灵;征兵制征走了乡村的男人;教育要求乡村出钱。

正是在这样的背景下,明治政府不得不考虑财政收入的需要。甚至在废藩之前,政府内部已经有人考虑在从德川家族中获得的土地上进行土地税改革了,其观点之不同,足以反映政府内部对这个问题的意见分歧。对于政府需要而言年贡总是不足,又因通货膨胀愈发不足,这是因为,许多年贡已经被用作现金支付。而且,年贡还因地而异,差距甚大。这一局势,造成了明治政府各部门之间的冲突;大藏省关注的是收入的最大化,坚持必须维持,甚至增加年贡收入,而地方郡县知事则因担心农民暴动,都想方设法以负担超重为由在本地搞税负减免,以降低动乱的风险。

这两类官员从他们不同的前提出发开始提出改革问题。[2] 颇具戏剧性地,萨摩的松方正义在 1869 - 1870 年间,以日田县知事的身份呼吁减税,并消除因地区差异带来的不公正,藉此去除导致动乱的源泉。他的主张反映在 1870 年 8 月内务省向太政官提交的一封信中,并在岩仓几个月之后写就的关于政府的基本政策的文件中得到了回应。

在更早的时期,松方正义的同事、摄津县(大阪)知事陆奥宗光提出了一个极为不同的方案:以全国一致的、不仅适用于天皇土地也适用于藩国的税制标准化迈向行政统一;所有的年贡均以现金支付;把更大的税收负担份额加诸商业。大体相似的计划也见于曾服

---

[1] *Nihon kindaishi jiten*,p.774. 又见 Seki,*Meiji Ishin*,pp. 45 - 48,52 - 54;Norman,*Japan's Emergence*,pp. 72 - 77。

[2] 关于这些发生于 1871 年前的讨论的下述资料主要基于 Fukushima,pp. 16 - 62;Seki,*Meiji Ishin*,pp. 17 - 20,25 - 34。

务于幕府的"西式"专家、现为大藏省官员的神田孝平提出的建议。在 1869 年初夏，而后又在 1870 年 7 月，他提出了以土地估值为基础的货币土地税方案，初步可根据土地在过去 20 或 30 年产生的税收收益记录进行估算。他论证说，这样的税收将在行政上，比现行的各地的不同做法更加容易管理；将为中央政府提供一个稳定且可预测的收入；而且，由于它依据的是现期的土地价值，并根据市场价格的自由起落不断调整，从长远的观点看，将比封建制下的调查（检地）和定期谷物估算方法对农民更为公正。

像松方的方案一样，孝平的方案也被提交至其上司特别是大隈重信，后者从 1870 年底就开始全力推动财政统一。然而，当在此后一年进行的废藩，把设计一个通用全国、而非仅仅用于此前东京管理的 25% 土地上的税制的任务摆在明治政府面前时，这些官员的影响力更为直接。

大藏省此时非常清楚它现在背负着新的巨大责任，特别是需要为藩国债务和武士俸禄筹资。而此时它所处的背景是原先的藩国被重组为郡县（县）和城市地区（府）；由于从 1872 年 1 月起只有 75 个县和府，与此形成比较的是以前有接近 300 个藩国，许多新的单位包含了以前的好几个单位（事实上，有 29 个县或府整合了五个或更多的藩国）。鉴于在封建贡赋上地区实践的既存差异，这一整合使县府官员面对更大的农村动乱的风险，因为当村民了解到他们所得到的待遇与相邻地区的居民不同时，就会向官府要求"公正"。政府的代表发现，在尚无现代军队或警察的支持下，无法对这些要求置之不理。同时，他们知道，大藏省也断不会支持全面减税至最低水平的做法，因为这势将把收入降至危及稳定的水平。因此，税制改革作为一种能够避免这一困境的手段获得了人们更大的关注。

最先将这个问题提到议事议程的是大藏省做出的。1871 年底，时任租税局副局长的松方就这个问题准备了一份重要的文件。[①] 在这份文件中,他毫不含糊地道出如果未能将不同地区的税负平等化,国家将面临的危险。他还提请人们注意,对任何企图改变或调整既有习惯的做法,农民会天生地怀疑它们可能不过是提高实际税率的幌子;而鉴于人们对德川土地调查官的认识,这一怀疑似乎十分有必要。为此,他警告,如果想获得任何意义上的地方合作,改革的每一步都必须谨慎,向农民解释清楚。

以这个传统主义开篇,松方在文件主体部分却展现了关于税收和经济政策关系的完全非传统主义的观点,几乎没有向一般意义上的农村偏见做出什么让步。他说道,在封建统治者那里,政策目标是实现地方的自给自足,并为坏的收成做好准备,即从安全和稳定的利益考虑对土地及其生长的谷物加以控制。因此,税法被故意设计成限制性的,而不会刺激增长。在日本新的局势下,这一做法必须改变,这样生产才能增长以为国家和人民的财富积累服务。因此,那些限制性的规则必须废除:包括禁止土地买卖的规则;限制农民种植谷物自有的规定;甚至那些禁止粮食进出口的规定。换言之,土地税改革将是新农业政策天生的组成部分。

这一点在次月由井上馨和吉田清成签署的另一份大藏省文件中得到了补充。他们认为,过时的种植实践,无论是由限制性规定还是由农民的守旧习惯造成的,都必须予以终结,因为它们对税收和国富有害无益。另外,必须建立一个旨在“减轻加诸土地之上的税赋,从而鼓励增加生产”的税制。[②] 英国代办亚当斯在报告与岩仓谈话时,记录了对大藏省行动的一种解释,即明治政府准备通过向

----

① 该文件的署名日期为 1871 年第 9 月[10 月 4 日-11 月 12 日],见于《大久保利通文书》,4:394-399。

② Seki, *Meiji Ishin*, pp. 135-136.

商人阶级征税以减轻农民的税负。①

在岩仓使团临行之前,大藏卿大隈重信和大藏大辅井上馨向参议会提出了土地税改革计划大纲。② 他们在强调为了防范动乱须避免不同地区之间的差异之后,建议采取一种用货币缴付的土地税,并按照事先同意的土地价值按比率纳税。他们注意到,做到这一点的一个前提是,必须解决持有权证书的发放问题,必须正式解除对土地出售的禁令(这个禁令已经被广泛忽略了),唯如此才能创造土地市场,以此为基础进行土地价值的估计。

这一普遍原则以及该文件所包含的特别建议很快被接受。为此,大藏省承担了在岩仓使团外访期间进行更加细致的研究和准备工作。明治政府立即宣布了自由种植谷物的政策。禁止土地销售的命令也在 1872 年 3 月 25 日被撤销,两周之后关于土地持有易手后证书问题的规定得以颁布。在 8 月份,这一规定的适用范围推广到所有的土地,不管它们有没有被挂出销售;而使用货币缴付税收的权利(这项权利已在 1871 年赋予天皇领土上的居民)被推广到曾经属于藩国的那部分土地上。到土地税规定本身于 1873 年 7 月发布时,只有少数农民仍旧缴付实物租税。

但是,这并不是说,从一项事关原则的决定到一个能够完全运作的体制的进步,仅仅发生在官僚内部并且毫无争议。诚然,大部分的工作都是在大藏省地租改正局中进行的。该局先后由陆奥宗光和松方正义担任局长,两人都是具有县知事经验从而能平衡财政利益和农村不满风险的现代化论者。尽管如此,他们拟定的规制草案仍旧遭遇到了很大的阻力。相当大部分的阻力是技术性的,但是,对有关的讨论的检视将显示有的反对意见更具广泛意义,涉及

----

① F.O.46/141,亚当斯致格兰维尔,第 63 号,机密,1871 年 9 月 8 日。
② 致太政官书,1871 年第 9 月[10 月 14 日-11 月 12 日],载于《大久保利通文书》,4:392-394。

到维持武士和地主各自的利益。

那些实际被采用的土地税规定的最早的重要草稿(尽管大部分没有标明撰写日期),看来是 1872 年秋天的产物。[①] 第一批规定关于土地价值评估,已经引起了一些问题,之所以这样,不仅仅是因为民众素来对政府的动机持怀疑态度,这些态度将导致人们歪曲或低估他们对土地产出的估计,而且还因为土地的出售价格不可避免地包含了对税负负担的考量成分。结果,大藏省建议采取如下步骤进行价值估计:由所有者首先进行估值;如果这一估计值被质疑,由乡村会议加以核准;如果仍存有异议,由官员进行估算,如果是自耕农,便将土地所产作物的年净值乘十,如果是佃农,则对租金进行相似计算。土地的所有者要么接受最终的官方估值,要么接受别人以他自己的(想必较低的)估值提出的任何购买要求。一份大体包含了这些内容的草案曾在地方官员中传阅,征求他们的意见。另一个草案也是如此。这个草案提议 3% 的税收水平,即相当于作物净值30% 的税赋水平。该草案称,根据大藏省的记录,该水平相当于以往全国各地贡赋缴付额的平均值,因而可以判断较为合理。

在传阅这些文件的过程中所产生的批评中,[②]有两类值得特别注意。一类批评反映了富农的观点,这些富农的财富与其持有土地所承担的税赋相对于其产出而言较低息息相关。他们的代言人试图通过设立一个过渡期使向新体制的转移变得容易一些;在这个过渡期,税负的增加或减少,对于一个给定的个案而言,均不得超过40%。另一派批评者从前武士的立场出发,认为俸禄的存在是封建阶级对土地拥有法律权利的证据,因此,在发放土地证书时必须保

---

① 关于导致 1873 年的土地税最终决定的政府内部的讨论的最详尽的阐述是福岛正夫,第 84 - 105 页、123 - 198 页。又见 Seki, *Meiji Ishin*, pp. 133 - 136,150 - 183; Niwa, "Jinushi-sei",尤其是第 250 - 254 页、258 - 270 页。
② 见福岛正夫著作第 137 - 154 页。

护武士的利益。而做到这一点的一条路径是坚持土地的"公共权益"——显然指的是以前曾由幕府和藩国持有的贵族权利——必须出售给私人,而非径直转给土地占有者或地主。购买者需要以20次同等金额分期付款的方式支付土地购置费。藉此筹得的资金,这些批评者声言,不但可用于偿付现代化(铁路、学校等等)的成本,而且可为武士俸禄融资(而俸禄本身可用作购买土地的担保)。而且,一旦土地以此方式转为私有,就能以其价值的4%对其征税,这里的价值由其交易价格决定。

为了解决这些主张所显示的冲突,土地税问题与俸禄问题一道,被提交到1873年4月召开的地方官员会议上协商。井上馨主持了会议的前半段,大隈重信主持了会议的后半段。大约有包括陆奥在内的十位大藏省官员和65位来自县和府的官员出席会议。会议没有解决俸禄问题,因为地方官员和大藏省代表各执己见、互不让步;前者继续强调武士动乱的危险,后者坚持政府的财政需要。在土地税方案问题上也出现了类似的分歧,这些方案于4月13日在会议上讨论,并受到严厉的批评。但是,在这个问题上,会议最终达成原则性协议。原则性协议达成后,会议设立了一个委员会,负责在咨询大藏省的情况下,解决土地税方案的细节问题。该委员会于4月15日开始工作,并在一个月之内、实际上是5月10日,向全体会议提出它的建议。这些建议经过局部的修改于两天后被接受。

在这几周之内,出现过好几个草案。第一个草案由大藏省提出,虽然它在制定过程中也向上述委员会和其他人进行了咨询。这个草案建议采取3%的税率,但同时表示有望于近期开征商业税,藉此使降低土地税率成为可能。有关这个草案的讨论带来了多项修改。其中之一是剔除了可能降低土地税的提法,这个修正显然是在松方的要求下做出的,他认为对于一个已经深陷债务之中的政府来说,做出这样的承诺实在危险。修正之二是(在县府官员的要求下)引入一项用于地方的附加税,该税按国税税率的1/3征收,这就使土地税的总税率达到 4%。修正之三则是关于在与地方未能就土地价值达成一致的情况下，官方如何测算的问题，这一点成为后续争论的一个热点。①

　　致力于收入最大化的大藏省，终于使委员会接受了实际上对自耕农的税收从谷物估值的 31.4% 增至 34%（通过三个连续草案）的计算方法。这一点是通过如下方式达成的：在保持已经取得共识的 3% 的税率不变的情况下，调整可计为成本的支出等款项。有关佃农的计算更为复杂，因为它涉及到有关租金水平的预估；然而，通过强调对不同类别的农民施以同等待遇的重要性，大藏省再次能够增加自己的所得份额，从第一份草案的 26.3% 增至第三份草案的 34%。由于地主的份额几乎保持不变（仅从 33.7% 增至 34%），结果，在最终的版本中，留在佃农手中的作物份额从 40% 降至 32%。

　　面对中央政府的要求，地方官员实际上在维护地主的利益上，比维护佃农的利益做得要成功得多。毫无疑问，他们在为地主而战上做得更为努力，这或许是出于一种社会地位亲近之情，或许是出于这样一种信念：乡村上层阶级的不安，如武士的不安一样，比通常出现的农民暴动更为可怕。而且，除了在土地税率计算方式上占到便宜外，地主确实还在与官员发生土地估价争端时，更有能力维护自己的利益。因此，这些补充规定实际上创造了鼓励地主经济的局面，而地主经济已经开始推及到以前并不盛行的地方。

　　于 1873 年 7 月 28 日颁布的地租改正法，强调了天皇"人民平等承担税负、不加歧视征收租税"的意愿。② 然而，该法的实际规定显示了它对政府自身财政利益的关注，远远大于对任何税赋平等原则的关注。在它的规定下，标准的租税用现金支付，并给国家带来既定数额的收入，该收入额大体上同改革前国家获得的收入大体相

---

① 细节见于 Fukushima，pp. 189 - 193；Niwa，"Jinushi-sei"，pp. 266 - 268。
② 文本见于石井良助著作第 722 页。

当。这是大藏省一直努力追求的目标,而这基本上也是该省的实际
所得。① 此外,它也是农业和农业生产者所可能承受的方式,尤其因
为新法驱使比以往任何时候都更多的农民出卖农作物换取现金。
这是一项他们中很多人都缺乏技能的作业,这就导致了地税改革的
一个副作用:财务失败致使佃农和失地农民增加。另一个副作用是
恼人的所有权问题——由于地契的发放方式——不但是以有利于
平民不利于武士的方式,而且是以有利于地主而不利于自耕农的方
式解决的。在所有这些方面,地租改正法不啻是地主的权利法案。

但是,这些发展的大部分并不是写成文字的地租改正法的产
物,而是该法在此后几年的实施方式带来的结果。对可耕地地价估
值和土地丈量于 1876 年完成,对森林和荒地的地价估值和土地丈量
到 1881 年才完成。在这整个阶段,明治政府以维持税收为重,通过
对各县布置总量目标等手段,对乡村施加了相当大的压力,迫使它
们接受政府的土地价值估算。在这个过程中,政府的所作所为引发
了不少民怨。实际上,民怨如此之大,以至于政府被迫于 1877 年 1
月把土地税率降至 2.5%。②

从长远的观点看,政府采取的上述决定,使得高地租的地主体
制有利可图,从而确定了日本农村社会朝佃农经济发展的趋势,同

---

① 福岛正夫(第 183 - 184 页)注意到大藏省曾预计由于土地税改革土地税收入将减
少 5.4 百万日元。然而,随着土地税法的实施确认了用那些到此为止尚未被征税的
可耕地弥补预期收入的做法,这甚至使收入略有增加。关于瞒报和低报的问题(到
这时仍然存在),James Nakamura 在第 52 - 104 页做了长篇的探讨。Niwa 在 *Mei-
ji Ishin* 第 156 - 157 页中报告的表给出了后来土地税收入的数据,这些数据表明,
土地税收入从 1873 年的 6.06 千万日元的峰值下降至 1875 - 1876 年的 4.3 千万日
元,到 1875 - 1876 年土地税改革实施已大体完成。我们必须注意到这里引用的最
后一组数据应当没有包括地方土地税,把它们加进来土地税还要增加 1/3。

② Seki, *Meiji Ishin*, pp.186 - 193;Ishii Ryosuke, pp. 184 - 186;James Nakamura,
pp.185 - 192。重要的是,这一决定是在武士对俸禄问题的不满所造成的骚乱达到
顶点时做出的。

时抑制了租入土地的改良或合理化经营。① 它们还肯定了德川晚期
经济变化给乡村带来的新的社会关系,因为它们给予村庄里比较富
裕的家庭以操纵土地估值的机会,一如他们以前也能操纵幕府和藩
国的封建税估一样。例如,威廉·詹布里斯(William Chambliss)曾
证明,在血洗岛,名义税赋对小土地所有者的增长幅度,要远远大于
对大土地所有者的增长幅度;大土地所有者还大大受益于强迫贷款
(御用金)的封建要求的终止;尽管有中央官僚机器的创设,大土地
所有者仍然对乡村事务保持相当大的控制力。② 但是,应当指出,拉
大农村富人和穷人之间的距离,并非政府税收政策的唯一后果。通
过以这些方式偏袒地主,政府的决定还促成了资本集中于那些可能
把它用于现代化目的的人手中;在这个意义上,它有助于现代经济
的发展。ᵛ

　　这些关于明治时期在农村社会发生的事情的评论虽然也算切
题,但已把我们带离我们的本初主题,即 1871 - 1873 年间政府政策
决定的性质问题。在这里,我倾向于接受关顺也的主张:明治政府
政策的**初衷**,不管它导致了什么后果,是将收入首先用于现代化和
俸禄支付的需要。③ 确实,在这个阶段,我们难以看到武士或地主的
阶级利益对政策决定构成直接的、决定性的影响。武士的利益显然
从属于国家富强的要求,正如他们在征兵制和俸禄问题上所受到的
待遇。武士对土地权利的声称,尽管曾拿到桌面讨论,但从未被认
真地考虑过。至于地主——或者更确切地说富农(豪农)——的利
益,1873 年讨论的证据表明,他们的行动大体是防卫性的。这就是

----

① 关顺也,《明治维新と地租改正》,第 122 - 133 页。平野義太郎在《日本資本主義社
　会の機構》第 28 页指出税收减少进一步增加了地主阶级的利润,因为地主因此获
　得的节省(是地主付税)并不必然传送给佃农。
② Chambliss, pp. 72 - 77, 94 - 96. 这个村子位于幕府领地,在维新前它的贡赋低于全
　国平均水平。
③ Seki, *Meiji Ishin*, pp. 392 - 393.

说,乡村里那些境遇较好的人们所关心的,与其说是如何推行他们
自己设计的税制,倒不如说面对政府的收入要求如何保护自己的利
益。而就他们后来在土地税改革中获益而言,那也是因为他们能够
利用一个并非由他们自己有意识创造的机会。

反　对

对维新社会(虽然未必是对其领袖意图的)特征的一种检验方
式是考察它引起的反对力量,后者可以说是明治政府政策的一面镜
子。因为在我们这最后两章讨论的决策中,有的无可避免地是分裂
性的,尽管关于团结就是力量的话题不断地被提及。这里的团结是
大多数人心目中所有的特指的团结。木户在 1873 年底反思他在欧
洲得到的教训时,把团结放在摧毁封建主义的背景下考虑:

> 一根木棍,哪怕是很粗的木棍,也可被小孩折断。但
> 是,要是把十根木棍,哪怕是很细的木棍,绑在一起,一个
> 成年人也难以把它折断……同理,如果一个国家由多个小
> 君王分治,各人在自己的地盘上具有完全的权威,……各
> 个君王就将追求于己有利的目标,为他自己的收益出谋划
> 策。在这个体系下,国家强盛变得虚无缥缈……这样的君
> 王怎能抵抗一个能把各方力量团结起来的强敌呢?①

在其后的一年中著文主张日本创设代议制的板垣,则以相当不
同的观点看待团结:"怎样才能做强政府? 需要依靠帝国人民的同
心协力……一个由人民选举产生的国会,将在政府和人民之间创造
一个感情共同体,它们相互结合成一个整体。那时,也唯有那时,国

---

① McLaren, *Japanese Government Documents*, p.570.

家才会强盛。"①

甚至大久保也承认政治形式对国家的统一和强大至关重要,虽然他在尽早颁布宪法这一特定问题上反对板垣的观点。他说,英国这个人口和面积均不及日本,却"把它的权力延伸至海外,把许多土地置于其控制之下"的国家所树立的样板,证明了"国家的兴衰取决于支持它的民众所具备的素质以及培育这一素质的政府体制"。在日本,"当人民和政府团结一致时,"现代化就不会无果而终。②

这是一个视民族主义目标高于社会变革(除非社会变革仅限于作为达到更高的效率或消除民众不满的手段)的人所说的话。他的同事们大抵也是如此。甚至木户在上面引用过的文件中也就他们的决定说道:"真相是我们所做的改变,没有一个不是不可避免的。发生的改变,首先是因为我国的内部条件,但同时,虽然在较小的程度上,也与我们同外国的关系相关。"③这当然带来一个问题:究竟什么才是"不可避免的"。这个问题曾在明治领袖中多次引起争论。但这并不意味着"改良"社会意义上的改革是政府政策的首要目标。那么,在什么意义上,明治政府的政策遭到反对了呢?

确定反对性质最容易的途径是考察那些来自武士的反抗。大多数武士丧失了他们的特权,包括俸禄,而且发现自己被那些蔑视自己最珍贵信念的人所统治。毫不奇怪,考虑到他们尚武的传统,许多武士以武力抗争。更有甚者,当他们这样做的时候,在很多场合下,是在那些心怀不满的寡头的领导下进行武装抗争的,而这些寡头在上述问题上,每每与其在政府中的同事们争执不休。于是,江藤新平于 1874 年初在肥前举起反叛的旗帜,部分是因为有关朝鲜的决定,部分则与废藩相关。有包括地方官员在内的 3,000 余人参

---

① McLaren，*Japanese Government Documents*，p. 430.

② 备忘录,1873 年末,载于 Beckmann，p. 113。

③ McLaren，*Japanese Government Documents*，p. 571.

加了叛乱。大久保本人亲自指挥镇压了这次叛乱。①

1876 年,有关强迫进行俸禄转换的政策一经宣布,又引来新的、更加广泛的争端。10 月,武士攻击了熊本的政府办公室,杀死县知县。几天之后,附近的秋月也发生骚乱。11 月,前原一诚领导了长州的一场叛乱。最后,在 1877 年 1 月,一些仇恨东京政策和大久保的萨摩武士(他们称大久保为叛逆者),在西乡隆盛的领导下起义了。② 这场叛乱直到 9 月才被扑灭。那时,西乡的军队(曾一度人数多达 4 万)余部被政府军击败,而后者的规模又一次只及敌手的一半。西乡在战场上自尽。八个月后,在 1878 年 5 月 14 日,西乡的一些同情者(来自于前藩国加贺)刺杀了大久保,为西乡报了仇。

大多数武士骚乱发生在"尊皇主义"藩国——萨摩、长州和肥前——这一事实告诉我们明治维新运动的某些特征。那些为打倒德川幕府做出贡献的普通武士,绝大多数在这样做的时候,根本没有想过采纳他们领袖在 1873 年底所采取的政策。然而,同样地,他们缺乏组织把他们的意愿表达出来,一如 1860 年代的"志士"同样缺乏这样的能力。结果,诉诸暴力(如果不屈服的话)就是他们唯一的出路。由于他们的暴力活动的失败,武士从此不再是日本政治的决定性因素。不过,在几乎所有的领域,武士的教育、家庭纽带和遗留下来的声望,仍然给予他们和他们的人数不相称的影响力。再者,他们的态度和观念树立的规范,为其他人所向往,从而仍对社会行为具有广泛的影响。一些情况下,他们把行为准则转给了特别的继承人,特别是军官和警察;这些人中,许多以前就是武士。在另一些情况下,他们推动了社会中特定压力的产生,尤其引人注目的是要求"强硬"外交政策的压力,这个传统源自"攘夷"。不过,我们不能

① 参见 Toyama, pp. 337 - 338; Iwata, pp. 180 - 183; Conroy, pp. 51 - 53。
② 关于这场叛乱,当时的人有详细的记叙。见 Black, 2:476 - 499; Mounsey。

说,在此之后,武士仍在古老的意义上"统治着"日本。他们对现代化的反抗,表明他们正确地认识到现代化对他们自己和他们的地位都构成了威胁。

不幸的是,即使我们能够搞清楚武士抗争与那些人离开明治政府的关系的话,我们也无法清楚地把日本社会中的"新"力量与留在明治政府中的人联系起来。如前所述,朝鲜之争的一个后果,是有的寡头为了组织意在削弱大久保及其同盟权力的立宪运动而离开了政府。这场运动首先由板垣、后藤以及其他土佐武士领导,后来大隈也加入领导层。它最终代表的是那些"资产家",首先是地主和商人的利益,这些人虽然不再像在德川时代那样被完全排挤于政治事务之外,但觉得自己在正在兴起的官僚国家那里没有得到适当的代表。就此而言,明治中期的政党与其说是维新动荡的表现,倒不如说直接体现了明治维新后长期的社会变动。

同时,我们应当明白他们反对明治政府的本质。因为提拔"有才之人"的原则已经给予他们有限的获得权力的路径——第二代领袖的武士背景就不如第一代那么浓厚——因为追求"富强"的政策给予那些具有经济专长(不管是在农业还是在工商方面的专长)的人以机会,地主和商人总的说来是能够并且愿意在**体制内**追求自己的目标,而无意于打破体制。我们甚至可以说,他们曾经享受过的与封建权威共生的关系,在本质上已被转移至明治天皇政府那里,不同之处仅在于他们的利益得到了新政权之政策更好的维护,因此,他们甚至连潜在意义上的颠覆者都谈不上。

最后,农民的境遇如何?与维新使地主成为统治阶级(在较广的定义下)成员,从而给予他们前所未有的机会不同,村庄社会中最低阶层的获益微乎其微(如果有任何获益的话),而在政治上他们无疑没有获得任何收益。农民像武士一样,对许多改革(以及原先苦难的延续)进行了暴力抗争。像武士的抗争一样,他们的抗争也遭到了无情的镇压。实际上,得到电报和铁路支持的现代军队和警察队伍所具有的更高的效率,再加上那些处于乡村结构上层的人,比过去更加愿意支持当权者,最终,农民甚至连通过叛乱制约政府行为也不再可能。1880 年代的反叛被镇压后,农民变成政策制定的对象,而不是决策的参与者,甚至连投票权都没有。这一局面,直到 20世纪,随着工业社会在日本的兴起,方才发生变化。

注释

ⅰ 这些债务的地理分布差异很大,但似乎与政治结盟的差异没有任何显著的关系。例如,土佐藩的债务,按债务比其石高计算,大体处于全国平均水平。长州也是如此,虽然它的债务显然是 1864 年后与幕府作战成本带来的结果。萨摩藩远远低于全国平均水平,但某些亲幕府藩国也是如此。最清晰的区别见于大藩和小藩,这无疑反映了因规模不同带来的问题的重要性。丹羽邦男在《明治维新の土地变革》第 10 - 13 页中估算小于 1 万石高的 182 个藩国中,只有 62 个或者 1/3,有低于全国平均水平的债务,而大于 1 万石高的藩国中,超过一半(38 个藩国中 20 个)低于全国平均水平。在《日本近代史字典》第 647 - 654 页中有一张表显示了各藩的债务。

ⅱ 这些数据来自于 Fukaya, *Kashizoku*, p.250。这本著作还征引了另一不同的估算,而没有试图对两个估算加以协调:1868 年前俸禄总额为 1.3 千万石高;1869 年 900 万石高;1871 年 490 万石高。稻谷价格的变动至少可部分解释两个估算之间的差别。

ⅲ 丹羽邦男在《明治维新の土地变革》第 24 - 25 页中分析了 1870 年福冈、1874 年长州的俸禄构造。在前一个个案那里,不到 100 石的俸禄占支付俸禄全额的 81%;在后一个个案那里,低于 25 石的俸禄占 63% 的比重。

ⅳ 事实上,对士族范畴的稀释程度最终比这里所谈的要大得多。部分由于这一转变由地方执行而产生的变异是如此之多,明治政府在废藩之后决定进一步简化士族分类。它于 1872 年 3 月 8 日发布了取消兵卒范畴的命令。具有永恒的兵卒地位的人都变成士族,而其余的人,也即那些并非通过世袭方式获得兵卒地位的人都成为平民。见 Fukaya, pp. 154 - 157。

ⅴ James Nakamura，*Agricultural Production*，pp. 159－169. 中村把这个论断与另一个论断联系在一起：到明治时期结束为止，土地税改革（和通货膨胀）的总的效果是大大降低了国家对农业社区的要求，从而使农业生产的更大份额留在私人即地主和耕种者的手中。

第 16 章

结 论

如我们在本书开头所说的那样,明治维新的历史涉及到了许多不仅仅对日本有重要意义的主题。它也是亚洲对 19 世纪西方扩张做出的回应。因此,研究明治维新就触及到帝国主义与民族主义的性质以及它们与现代世界变动之关系的问题。同样地,维新至少在某些方面可以称为革命。人们一定会问,这是怎样的一场革命? 与其他时期这个世界上其他地方巨大的政治动荡相比又如何? 那么,将它与其他地方的政治动荡区别开来的一系列特征,在本质上究竟是日本独有的? 抑或是源于西方卷入的事实和特性? 最后,既然维新是日本现代化的历史起点,其进程对经济增长理论至关重要,这就提出了另一个问题,即在多大程度上,社会的激进重建是一个前现代经济向现代经济转变的必要条件,而非仅仅是其结果而已?

显然,尽管日本的个案是讨论所有这些事件的一个要件,但它不必然是决定性的。因此,像这样一本将维新作为日本历史的一部分,从日本的内部对它进行考察的书,并不应该指望其能够提供出放之四海而皆准的答案。它**所能**做的,也是本书的结束部分的评论真正想做的,是要以这样一种方式来表述它的结论,即其他人可能使用本书的结论来思考上述普遍问题。不过,在我们表述结论之前,有必要用一种为详细叙述所不及的概括的方式,复述一下这个故事。

＊　＊　＊

在德川统治下,日本社会因经济变化而逐渐改变着,以至于到19世纪,在当时的现实与传统的理想之间出现了裂痕。大量现象——传统秩序已经不见了踪影——都表明了这一点:武士因为债务或是成为踌躇满志的官员,或是穷困潦倒沦为制伞匠;农民抛弃实际的农业生产或是成为商业生产者和乡村企业家,或是沦为苦力和半佃农;城市商人或是以与当局共生的形式享受着封建恩惠,或是躲进他们自己的城市亚文化。

这些事情以不同的速率发生在不同的地方,打破了幕府与藩国力量之间的平衡,这种平衡最初依赖于精心计算过的土地分配。因为这些事情毕竟发生了,所以它们导致了一系列社会动荡:身份差别变得模糊,引发了武士的骚乱;经济崩溃,导致农民暴动。这些动荡反过来又体现在许多疑惑"这世界怎么了"的文学作品和"改革"的企图上,而后者所追求的,要么是重建理想的过去(重建封建权威和它的乡村基础),要么是利用商业增长为统治阶级的利益服务(尽管要在道德品质上付出代价)。其结果之一是使更多的武士得以在一定程度上参与政治。另一个结果是使人们更加熟悉"改革"的理念,并激发出一种相信这个社会正处于从内部毁灭的危险之中的情绪。

然而,这个国家的社会和政治制度被证明具有非常显著的持久力:它们虽然受到威胁,却仍然距离被摧毁非常遥远;因此,在1850年,它们怎么看也不像是处在被消灭的边缘。这尤其是因为那为了抑制武士和封建藩主可能出现的不满而设计的制约与平衡体系,以及为同一目的而有意为之的地域上的碎片化,被证明也能够对可能从武士阶级外部挑战现存秩序的"资产家"施加控制。因此,他们中的大部分人都通过遵从,而不是反抗来获得升迁的机会，他们通过婚姻或购买来获取地位，但在政治上仍然保持消极。

正是在这种情形下，在 1853－1858 年这几年间，有了西方要求建立贸易关系——这些要求最终导致了"不平等"条约的签订——的事件的介入。通过炮舰外交产生这些条约的方式，与条约的内容同样重要，因为它煽动了日本人的情绪，使之猛然高涨，其程度之强，为任何国内问题引发的情绪所远不能及。它的重要性，不仅在于对日本自尊的打击导致了对"行动"（并不一定是某种特定类型的活动）的呼唤；而且还因为它在如下的意义上成为"国"耻：日本社会的各个领域、各个阶层都能感知它的存在。因此，在它的冲击下，构成德川权力基石之一的地域和社会的分隔开始被打破了。

此外，西方带来的屈辱又引发了争斗和争论。当人们质疑国家领导人的效率，特别是他们保卫日本的能力的时候，争斗就产生了；争斗促使人们发问，哪怕是隐约地发问，如果当政的领导人失败了谁来替代他们的问题，从而使潜在的导致国家政体分裂的因素浮出表面。而争论则既涉及到短期的外交事件，又涉及到长期的文化问题，但它有一条贯穿始终的中心线索：为了保存自己，首先在技术，或为达到特殊的目的所需特殊的制度设施的层面上，然后更广泛地在社会的激进变革层面上（如工业化给西方社会带来的变化），日本必须抛弃它的传统。

不得不首先应对这些问题的是德川幕府，因为它是外国人必须打交道的、自封的条约签订与执行的权威。幕府部分出于自身利益的考量，部分出于对西方列强优越的认知，而走向了妥协。然而，由于这样做，它同时成为反外排外者和改革主义者宣泄情绪的目标。首先向它发起攻击的是一群由水户、萨摩和越前领导的封建藩主，他们赞成基于两项主张的改革方案：即日本必须整合资源以抵御西方的侵略，而为了使这一点成为可能，雄藩大名对将军的某些义务必须解除。换句话说，他们把国家的生存与互相竞争中的各藩国的封建服务联系起来。由雄藩大名参与的有关条约以及德川继承问题的争端，把天皇朝廷和他们自己为数众多的武士追随者带入了政治舞台。从长期的观点看更重要的是，他们的行动为一个新的反对运动铺平了道路，这个运动由低级武士以及某些自称武士但其实处于武士边缘的人组成。他们坚持认为藩主和将军一样都不能挽救日本，为此转而将天皇视作为忠诚的焦点，将"志士"作为实现他们理想的工具。

在1858年，井伊直弼不顾两方面反对势力，强力推行条约和幕府的权威，这一行动引发了一场持续了十年的三角斗争。在这一过程中，幕府和藩主都因为过于忌惮对外战争的危险而在行动上畏首畏尾。"志士们"依靠他们矢志不变的"尊皇攘夷"决心——其重要性在于它的情感号召力，而不在于作为一项政策——依靠着他们置生死于度外的炽热情感，一度成功地占得行动的先机。尤其是他们促成了幕府和藩主都极力避免的与列强的争端，导致了1863年和1864年对鹿儿岛和下关的轰炸。然而，他们既没有合适的组织使他们能够利用他们创造出来的动荡局面，也没有计划使他们在普通大众那里获得有效的"革命性"支持。实际上，他们到最后仍旧是反叛者，他们希望通过暴力达到的状况，给他人创造了按照其意愿塑造事态发展的机会。他们不是什么极端的新鲜事物的谋划者。正因为如此，当志士的极端主义使幕府和藩主团结一致对付他们的时候，他们就被迅速镇压下去了。

可以想见，在这个时点是有可能在封建阶级的上层出现最低限度的权力再分配的——一种日本式的大宪章。这一权力的再分配可以因与外国人的妥协，以及军事应用上对西方技术的有限引进，而得到巩固，犹如在同一时期的中国所发生的事情一样。中国毕竟与日本一样，也面对着西方的威胁，其国内局势的一触即发毫不逊于日本。中国的官员提出的一系列应对危机的举措，在种类和语调上与日本武士提出的方案并无二致。① 从这些不同的提议中,中国的官员们形成了所谓的"自强"政策。这一政策尽管像日本的方案一样,最终是为抵御西方而设计的,但它首先强调的是国内重建秩序的任务,即重建儒教国家的权威。曾国藩在写于 1862 年 6 月的日记中这样描述了何为优先该做的事情:"如果我们希望找到一个自强的方法,那么我们首先应视政务之改革、选贤任能为急务。"②大多数日本的改革藩主应该都会接受这种言论(如果是以封建语言来表述的话)。与此相似地,我们可以将玛丽·赖特(Mary Wright)所描述的中国同治时代的领袖的特点用到改革的藩主身上:他们试图改造其国家,使之在"不对传统的……价值或体现了这些价值的制度进行革命性变革的情况下,"能够在一个新的世界里有效地发挥作用。③

我们的这一离题的目的并不是要表明中国和日本在这些事情上是完全一致的——两者之间有很多重要的差异,我在这里并没有涉及——而是为了强调日本在 1864 年以后,与这一显然属于"中国"的模式分道扬镳的重大意义。诚然,幕府在其剩下的岁月中依旧坚持自己版本的自强:对条约国的和解政策,佐之以西式改革,两者的目的都是为了重建幕府对其国内对手的权威。然而,除此之外,"志士"——中国没有对应的这样一群人——在很大程度上成功地改变了日本政治的特征。

"志士"尽管失败了,但他们却揭示了十分有力的情感的存在,这些情感在其后的决策中是不能忽视的。"志士们"所造成的骚乱

---

① 参见例如邓嗣禹和费正清翻译的文章,特别是魏源、冯桂芬、曾国藩和李鸿章的文章。这些文章与如井伊直弼、堀田正睦、水野忠德和岩濑忠震的言论具有很大的可比性(参见 Beasley, *Select Documents*, Section Ⅰ, Ⅱ and Ⅲ)。

② Teng and Fairbank, p.62.

③ Wright, p.8. 这本著作对中国 1860 年代的自强运动做了最好的分析,特别见第 2－10 页及 43－67 页。

同样不可忘记,特别是在当时众所周知的农民暴动蜂起的背景下。结果,他们促成了反对运动焦点的两次变化:从"尊皇"到"倒幕",这是一个封建藩主和不满的武士都赞同的目标;从"攘夷"到"富国强兵",在后者的构想下,排外的偏见和现代化的努力走到了一起。此外,1863－1864年的事件——这些事件无可置疑地展示了西方的军事力量,加之众多雄藩大名重新强调了封建纪律——在一定程度上使德川的敌人团结起来,因为大名通过再度重申他们的目标,现在能够招募残存的"志士"加入他们的事业。

至少在表面上,这就是事情的发展脉络。然而,在实际上,大名只能通过分享藩国的领导权,甚至失去藩国的领导权来做到这一点。在这些年间扮演关键角色的长州和萨摩藩,都出现中级武士官僚团体在1864和1865年掌权的情况,而这个集团既能在由上层武士构成的"当局"和下级武士积极分子之间调停斡旋,与此同时,他们自己还在很大的程度上控制(或修正)了政策。结果,长州这个"志士"避难所因其与江户的争端而成为倒幕的当然中心,并因此转向接受"富强"学说。对于萨摩而言,"富强"学说乃是前藩主岛津齐彬现代化活动的自然延伸。在它那里所改变的是它与幕府的关系;它逐步认识到即使有朝廷的帮助,江户仍旧不会被影响或被威逼接受足以让萨摩"满意的"政策;萨摩因此与长州逐步走向合作。这两个藩国在1866年初的结盟完成了这一势力重组。这一同盟标志着倒幕与富国强兵的联姻,标志着反幕政治与追求国家强大的联合。

由于德川(体现为一桥庆喜个人)也赞同上述的最后一个目标,因而此后的竞争便集中于谁能最好地实现这一目标的争论上。幕府指责他的竞争对手在面对外来威胁的时候分裂国家。萨摩和长州领导人则声称幕府的一己之私扭曲了富国强兵,使之成为反对藩主而不是抵御外国人的武器。在这两种说法中,后一种被证明为更为可信。萨摩和长州同盟通过操作其他藩国以及他们自己藩国的封建分离主义情绪,促成了一个更加广泛的反幕府联盟,并通过这一联盟成功地迫使将军辞职。六个星期后（1868 年 1 月 3 日），尽管有土佐调停的努力，这个联盟还是成功摧毁了幕府。这就是王政复古，短暂的内战中的胜利巩固了王政复古的成果。

然而，人们很容易夸大这些事件的重要性。的确，它们关闭了日本过去一个方面的大门，即废除了德川运行其权威并令其长存的核心制度。同样，这些事件的实施者，是那些意识到迫切需要以非传统方式增加日本财富与力量的人。不过，总的来讲，他们对未来国家的形态为何模样依旧模糊不清，这将首先取决于胜利者联盟中的不同集团，在那些它们都已经赞同的口号的定义上，能在多大程度上达成一致，并将它强加于其他人。这就牵涉到设计一个幕府的替代品，来作为统治日本的机器；赋予有关“改革”的理念以内容，首先是在军事和经济方面赋予“改革”理念以内容；并以有助于稳定的方式调整社会结构。因此，所有这些都提出了更进一步的要求：不仅仅是在技术上，而且在那些被认为能够决定“文明”性质并解释西方力量优势的基本问题上，日本领导人决定在多大程度上追随西方模式。

因此，正是在这个建设阶段，而不是之前的破坏阶段，过去几百年中社会经济变化的重要性才完全显现出来。新的统治者确信好的政府需要“有才之人”，而他们在出生高贵的人中很难寻觅；此外，他们还认识到在国内大部分地区，一个由富农、地主和乡村官员组成的阶级已经成功地在武士和土地之间形成势力；这两个认知促使新的统治者不但告别幕府，而且摒弃了封建主义。其结果之一便是废藩，它标志着把西方理性运用于日本现实，以达到创建一个集权的、官僚制国家的目的。另一个结果是征兵制，在这里，对德川武士“衰败”的谴责，同对欧式军事力量的概念一道，形成了如下的认知：军队的有效性不但有赖于武器装备，而且取决于组织形式。这两个变化诱使明治政府采取了解除武士特权、以军功取代世袭等级的政策。由此产生的合乎逻辑的结果是，政府的需要也导致了对乡村社会既存现实的接受,尽管这个现实与儒教官员所希望看到的不一样;这一发展意味着对中农—自耕农保护的终结,对乡村精英业已获得的地位的肯定。

正因为蕴涵于"富强"政策中的变革,在实践中被证明要比人们所期待的激烈得多,这些变革才引发了争论和危机。在藩主和武士中,都有一些支持明治政权、把它视作保卫日本手段的人,因这个政权有在他们看来是不亚于江户的卑躬屈节之行为、崇洋媚外之动作,而触怒而愤恨。另有一些人,虽然在接受西方技术的问题上别无异议,但否定有进行重大社会变革的需要,或者是对他们的既得利益受到攻击而感到不满。结果,1873 年的最后几个月见证了一场对明治政府已陆续出台的政策的挑战,其后,又发生多次那些无法扭转明治政府政策之人发动的抗争。明治领导人在回击挑战上获得了成功,这一成功奠定了接下来几个世代日本历史的模式。

* * *

历史提供了许多克服传统惯性和束缚的不同驱动力量的例证:帝国的野心、宗教的信仰、对社会正义的追求,新兴阶级的抱负。对 19 世纪的日本来说,民族主义就起到了这个作用。在我们已经研究过的这些年份的资料中一次又一次地出现了这样的论述,它们把各种政策——经济的、政治的以及外交的——均置于"国家"利益的背景下,立足于它们能够"重建我国的力量"或"使天皇享誉海外"来使这些政策合法化。此外,大多数重大政治危机均集中在日本与外部世界的关系问题上:1858 年,条约的签订与德川继承问题挂起钩来;1863 - 1864 年,"志士"的命运在外国轰炸的背景下被决定了;1873年,关于韩国的争论使得关于国内政策轻重缓急的争斗公开化了。贯穿始终,日本的舆论从一直是从对外来威胁的感知,走向对国家认同的认识,并以要求国家统一和独立的方式表现出来。

通过与中国的对比，我们可以看到日本的反应是何等地快、何等地彻底。在中国，尽管在士绅和官员中有着广泛的排外情绪，但是，至少是在19世纪末之前，中国始终是以一个民族的身份保卫着一个受到威胁的文化的方式、而不是以一个国家的身份保卫着一个遭到攻击的国家的方式行动的。[①] 而在此很久以前，日本人就已经在民族主义中找到了一个协调文化传统与当下冲突的途径，而他们之所以能够做到这一点，是因为他们找到了以更为清晰和精致的方式，通过维新追求"富强"的道路。

这一新发现的民族主义深深影响了"自由主义"的宪法运动。"我一生的追求就是增强日本国家的力量"，福泽谕吉1882年写道，"与对国家力量的考虑相比，国家内部的统治问题、政府落入何人之手就显得无足轻重了。即使是一个在名义和形式上都是独裁的政府，只要它能足够强大以使日本强大，我就对它感到满意。"[②]这里，民族主义的福泽战胜了自由主义的福泽，哪怕仅仅是暂时的战胜。

一家叫《日本》的报纸，就从更宽泛的视域，主张对外国方式的采用需要有所限制，并以此庆祝1889年明治宪法的颁布。该报宣称，它无意于"复活狭隘的排外主义"，因为"我们承认外国文化的优秀。我们珍视西方的权利、自由和平等的理论……首先，我们看重西方的科学、经济和工业"。然而，它继续写道，这些事情"不应该仅仅因为它们是西方的而被采纳；它们之所以被采纳只能是因为它们能对日本的福祉做出贡献"[③]。在1889年的东京，这是一个保守主义的警告，警告不要走得太快或走得太远。而在同时期的北京，这已经算得上是改革的呼声了。

人们一定会问，考虑到两个国家都有着悠久的政治和文化统一

① 参见 Levenson，特别是第 109–125 页对中国的文化主义和民族主义的分析。

② Blacker, *Japanese Enlightenment*，p. 134.

③ Pile, p. 134.

的传统，为什么日本在一代人的时间内就形成了民族主义，而民族主义在中国的出现则要慢得多，效果也更弱？当然，地域大小的不同是一个因素。在领土狭小且海岸线漫长的日本，外国人以及他们船队的出现很容易被大多数民众发现，这使人们更容易相信他们带来的威胁，也更加容易采取行动。而中国不仅辽阔，而且复杂——在口语、社会习俗甚至作物种类上，因此，在中国实现民族主义意义上的行政和经济的统一，就会遇到更大的现实上的障碍，正如在印度和奥斯曼帝国发生的情况一样。中国没有做好转变为一个"国家"的准备，而日本做到了。

然而，除了这些，两国之间的历史差别对研究明治维新也有特别的意义。一个是日本在文化选择方面相对的自由：它不像中国那样受制于一个视角看它的社会以及它在世界上的地位。日本早已引入了中国文化的元素，并与它自己的其他文化因素长期共存；因此，吸收欧洲文化的一部分，并不会损坏完整且独特的日本文化实体，只不过是给现存的由两种文化——其中就有一种无论如何也是"外国的"——增加了第三种可能性。例如，在前现代的日本，医药是一门中国学问，使用大量的中国药物，因此接受西方方式并不会带来多大的震动。武士的谋生手段，战争，也是学习中国的经典文本（尽管是体现在完全日本式的神秘色彩中），也在 17 世纪得到了"荷兰"的帮助。接受异域的模式不会受到什么约束。正像阿礼国刚开始熟悉日本人的时候所做的评论那样，"他们没有中国人那种愚蠢的自负，这种自负使中国人忽视或否认了外国事物的优越性。"①

政治制度也是如此。德川时代受过教育的日本人不会看不到

---

① Alcock，2：259－260.这段话是作者对日本的经济潜力进行估计时指出的。阿礼国评论道，随着时间的进展，日本人很快就能从西方学到东西，并可望很快能够出口"不输于谢菲尔德制造的刀剑"，或能与英国和法国做的最好的丝品相媲美的丝绸品。

他的国家的政治体制和中国是不同的,而中国的政治制度在他们所阅读的哲学家眼里是理想的模式。他的国家不仅有天皇还有将军;它通过封建系统而不是官僚系统来治理。这不仅有助于提升他们的日本人意识,而这种意识也是民族主义的一个要素;而且,它还使日本人意识到,在所知和所能接受的界限范围之内,仍有众多差异存在的余地。

换句话说,在摧毁幕府,重建天皇权威,建立中央集权的官僚国家的过程中,日本人认为他们自己是在他们历史中已经包含的众多变量(无论他们如何解释这些变量)中,重新选择一番新的组合。因此,维新能够以一种不至于招致太大反对的方式与复古联系起来。这一点又因为统治阶级的本质和道德而尤为如此。在中国,文官拥有官职靠的是他们拥有儒家的美德,即成为他们的整个社会赖以建立的信仰体系的模范。毁坏这个体系的部分结构,就是颠覆整个体系,削弱他们的力量。在日本却不是这样。的确,武士是接受了儒家的道德观念以及与之相伴的一些官僚习性。不过,他们并不依赖这些获得统治的合法性。作为封建藩主或陪臣,他们的地位靠的是出身,或者是因对过去军功的奖励而获得的世袭地位。他们的原则,武士道,虽然能与儒学共存,却强调了不同的美德,尤其是军事方面的美德。因此,他们并不觉得有完全接受或抛弃儒学的必要。他们能够——像明治社会所做的那样——在个人和家庭的行为情景下运用儒学,而在政治和经济生活上则转向了其他理念:民族主义的理念,这个理念还能够被抹上几道神道的色彩;西方的理念,可用于解释新的工业和商业现象。至于这个新的混合体并不是那么具有逻辑的混合体这一事实,并不会给他们带来多少烦恼,因为旧有的混合体也是同样地不合理的。

最后,我们必须注意到,与中国不同,日本在一个**军事**统治阶级的领导下进入这个历史阶段的重要性。就士兵更倾向于保卫一国的领土而非保卫一套思想观念、更倾向于保卫国家而非保卫文化而言,这一点与民族主义也有关联。它也关系到现代化,因为它在人们对明治政府政策的轻重缓急众说纷纭的情况下,对共识的形成做出了贡献。确实,用一种军事思维的习惯处理各种问题,可能是武士对明治社会——从而也是对现代日本国家建设,做出的最大贡献。

综上所述,我们可以断定,民族主义在 1853 年后的 20 年里有双重功能:首先,它提供一个促使人们采取行动的动因;其次,它塑造了他们的目标及其轻重缓急。不幸的是,这一对已发生的事情令人愉快的简单解释并不完整。与民族主义和外来威胁的线索同步发生的,还有另一条线索,社会变革的线索;而转向这一线索,我们就从对人们目的的讨论,转向了对他们所处的环境的讨论。历史就是在这两者的互动中被塑造的。

这一"环境"的一方面是经济增长给德川阶级结构带来的压力。在最底层,农民暴动到 1850 年已经成为日本社会的常见现象,而暴动正是对封建统治者的税收要求和逐渐转型的乡村生活的反应。然而,暴动的政治作用是间接的,它们对国家领导人的影响力,远不及暴动在中国对领导人的影响。农民暴动的存在——它们发生的几率的增加——就像幽灵一样在日本游荡,在许多情势下出现。农民起义威胁到封建藩主的财政,而从儒家的角度看,它们意味着对封建藩主治理的批评。起义还引起人们的担心,害怕在一个生死存亡的关键时刻,国家力量可能因此被严重削弱;因此,起义也是"内忧外患"这一公式的一个成分。然而,尽管如此,农民起义似乎并没有成为促使统治阶级行动的**最主要**的决定因素。之所以如此的原因在于,农民没有找到那些能把他们的行动转变成有效政治运动的理论学说或领导人,结果,在明治维新的历史上,他们始终是一个有待解决的难题,而不是一支可以借助的力量。

那些可能领导农民的人——新兴的农村地主精英、地方钱商和生意人、乡村官员和低级武士——在事实上却追求了相反的抱负。在德川治下,他们与武士阶级本身有着爱恨交加的关系;这个关系一方面使他们模仿武士的教育和生活方式,通过各种手段寻求等级和地位;另一方面使他们为1860年代的恐怖主义者和阴谋者队伍提供了大量人手。同样的暧昧也存在于维新之后,因为在这个时期,他们甚至在积极地参与去除武士特权的过程中,仍然为把武士道德移植入明治统治阶级之中助一臂之力。此外,尽管他们有时也准备——即便是不成功地——呼吁农民支持他们反抗一个否定他们期望的政权(如在大和与但马起义以及水户内战的个案中),但是,每逢农民起义,他们因是剥削农民的最直接的例证,总会遭到农民的攻击的事实,再加上提拔"有才之人"的明治学说给他们开放的新机会,使他们归根到底也要以权威的名义控制乡村,而不是充当为农民争取"权利"的代表。

事实上,如果可以从最宽泛意义上界定统治阶级,包括所有对政治治理有实质贡献的人的话,那么,1853年到1857年间发生的事件的结果之一就是扩大了日本统治阶级的边界,把新兴的农村地主精英、地方钱商和生意人、乡村官员和低级武士包括进来,而不是把他们排除在外。似乎存在着这样一个合乎逻辑的演进:最初,上层武士的无能为中级武士(如大久保和木户)打开了权力之路。这反过来又为下层武士的兴起铺平了道路,他们的崛起通常在时间上稍晚一些(伊藤、山县和松方)。最后,尽管过程缓慢,普通人也获得了一定的影响力,最初是以集体的形式通过官僚机构或政党团体获得,但最终个人也获得了权力。无论这些人是不是"资产家"——地主的儿子——它都清晰地表明了权力中心的重大转移。

尚待考虑的是武士本身。到19世纪中叶,他们的地位在某些方面已经显得有些反常,因为他们既不是**持有土地的**绅士——尽管大名或许可以被归为有地贵族——也不是**领薪的**官僚。此外,人们不能简单地把他们视作只关心自身利益的特权集团。他们没有以统

一的方式,对时代的大问题——财政和对外危机等大问题——做出
反应;在我们已经讨论过的争端中,也没有迹象表明他们有足够强
烈的阶级利益共同体意识,以克服他们彼此之间的不和。他们当中
的少数人确实因不满而比以往更为积极地投身政治,包括全国性和
地方性的政治;这使得他们成为当时政治骚乱中为任何其他集团都
无法比拟的最引人注目的成分,他们对政治的影响力毫无争议地比
农民和乡村精英更加重要。然而,他们的所做所为,很难被称为"一
个武士运动",哪怕仅仅是因为武士们参与政治的方式是如此地多
种多样。那些具有合法地参与藩政的最低限度地位的人,与那些没
有这一地位的人参政的政治活动是如此地不同:前者成为官僚机构
内的派系,后者却只能冒着生命危险在官僚机构之外行动。

与此相似,由于幕府为了最大限度地减小大名挑战其权力的可
能,而对政治社会做的严格的垂直分层的制度安排,因此在藩国与
藩国之间,我们看不到两个必然相同的模式。在萨摩,一个有为的
改革藩主的出现,在没有打破适用于高级职务的等级体制的情况
下,在决策过程中给予中级武士以间接的却有效的发言权。结果,
他们能够推动避免产生大量背叛藩国"志士"的政策。在土佐,另一
个改革藩主帮助中级武士获得很高的职务和影响力;但这些武士所
追求的路线,把他们与一个由乡村武士和村长领导的尊皇主义运动
分离开来,而在那些乡村武士和村长中,有很多人逃离土佐参与了
恐怖主义活动。在长州,中级武士尊皇主义者,在那些可勉强算作
武士,甚至连武士都算不上的人的支持下,在与上级武士和保守分
子的对抗中,最初通过官僚机构,继而通过控制藩主,夺取了权力。
这三个藩国的情况远没有穷尽各种变异。在许多藩国,改革者和尊
皇主义者尽管有来自其他藩国的志同道合者的支持,但直到1868年
都一直无法取得什么进展。

事实上,从这个画面中,我们所看到的,不是武士为自己利益而
与社会其他集团相区隔,而是不同的武士集团在与封建权威和非封

建压力的不同关系下活动。结果证实了这一点:提拔"有才之人"的做法,最终成了创造真正依靠薪水的官僚体制的手段,而不是把武士阶级官僚化的手段。不过,我们得承认,武士拥有的教育机会或家庭关系,往往使他们享有的获得优势地位的机会,要比严格按他们的能力所决定的要大得多,这就使前武士(ex-samurai)或武士后裔成为日本精英的一个重要成分;我们还得承认,一些武士,那些最有才干的武士,还将在另一个世代统治日本的政治;但是,1868 - 1873 年做出的那些决定,剥夺了武士作为一个集团享有世袭垄断官职(包括文职和军职)的权利,紧接着还剥夺了与这些官职相连的武士俸禄。

行文至此,我们不难看到,我们所考察的无法简单地或完全地使用社会阶级的概念来加以解释,那么,让我们来看一看我们早前考虑过的民族主义政治的两个特征。首先,政治事务显然只引起了少数人的关注。农民并没有真正参与其中:他们的政治活动,就像他们的行动所表现的那样,只事关乡村社会问题,而不涉及国家的命运。此外,在数十万个武士和乡村精英家庭中,绝大多数人并没有像尊皇主义者、爱国主义者甚至传统主义者那样**积极地**参与政治。[i] 此时的民族主义还不是大众运动。其次——这一点天然地存在于"民族主义者"这一称号中——尽管像征兵制和地税改革那样的政策都有重大的社会影响,维新政治并没有**直接**把关于社会的冲突性观念变成争论的问题。因此,维新政治中的权力之争并不是互相竞争的利益集团对"权利"的分配的公开竞争。它与"民主"无关。[ii]

让我们离开这些基本上都是消极的结论,转向考虑更加积极的结论。那么,我们该如何确定政治斗争和社会变革相互之间的关系呢?我建议做如下的思考:

1. 在德川晚期,日本政治活跃的少数人的阶级成分已经反映出经济变化的结果,因为这一构成与**正式的**社会权威的分布并不相符:少数大名、少数上层武士、相当大数量的中级武士、数量大得多的下级武士和位于武士阶级之外的"资产家"。这一分布与各个集团在人数上的分布,在比例上互相吻合。然而,此时还没有哪个日本人做好准备,主张决策的参与应该以这种方式与各集团人数成比例进行。根据传统,政治事务几乎是完全属于藩主及其高级陪臣的特权。因此,这一方面与传统规范的分离,就意味着在我们已经讨论过的这一阶段的起初,就有一个新的统治阶级的轮廓,从旧的统治阶级之中浮出。大多数的关键性论战正是**在**这个阶级**里**发生的。

2. 在条约签订后各种治愈国家疾病的建议中,通常均有阶级或团体利益的因素,尽管它们并不一定是决定性的因素。幕府和封建藩主尽管互为敌手,却都主张在不扰乱社会的情况下保卫日本;中级武士鼓吹提拔"有才之人",主要指的是提拔他们自己;而"志士"尽管在大部分情况下仍不能摆脱封建话语,但显然抱有他们计划的成功将会给他们带来不曾有过的地位的期望。因此,公武合体即"朝廷和幕府团结"和勤王即"服侍天皇"的失败,不但是某些特定的关于日本如何才能最好抵御外敌的观点的失败,而且还分别是社会保守主义改革模式和政治激进主义改革模式的失败。

3. 继改革藩主和不满武士之后攀升为领袖的那些人(大部分是在 1864 年以后),都是现实主义者、实用主义者和官僚型政客,他们的出身和扮演的角色正好吻合:即他们几乎都是中下级武士,在封建等级制度中,他们的地位并没有高到愿意去维护制度的地步,但也没有低到完全被排除在外而要不顾一切地将其摧毁的水平。再者,他们深信国家的防御需要国家的团结。因此,他们对协调的信念,一如对改革的信念一样强。为此,他们开始把能够构成一个社会和政治联盟的因素整合到一起。江户的顽固分子和反叛的农民是他们不愿容忍的,因为两者均以不同的方式阻碍了秩序和统一的形成。但是,其余的角色在他们统治的国家中,都有一席之地:朝廷公卿、封建藩主、武士、地主、有影响的商人,最后,甚至包括将军的陪臣。为了获得一席之地，只须拥护这个核心集团所定义的国家目标即可。

4. 对德川的胜利使这些人控制了政府，即负责在全国范围实行那些将使日本走向"富强"的政策。但是，他们此后的众多作为，仍然是沿着接受过儒家观念训练的武士—官僚的路子：操纵天皇，就像操纵他们的藩主一样；在不影响到国家的税收的前提下，关心人民的福祉；建立一个有助于良好的社会秩序形成和公民技能提高的教育系统。政府的概念及其功能，从德川到明治发生的变化，并没有对现代化的强调所促使我们想象的那么大。然而，有些变化是关键性的。封建主义必须废除，因为它对效率毫无贡献又阻碍军事力量成长。同样，由于地租是关键资源，而且对它的定义涉及到对乡村已经发生的事实的承认，于是地主的土地权利便得到了肯定。间接地，他们的经济机会也随之得到了扩展。实际上，尽管这么做的目标不是为了社会变革，而是对为使富国强兵——即一个军事强大且有足够财富维护它在世界上的独立地位的日本——成为可能所必须做的最低限度的社会调整的确认。但是，这些政策的实施所导致的一些结果，却与二十年前的日本非常不同。即使是最低限度的变化，一经确认，也被证明是重大的。对武士特权的打击是有意为之的政策行为；然而，这一打击最终使一个新的阶级——目前为止仅仅具有潜在权力的富有平民——崛起并获得有影响力的位置成为可能。

5. 多重因素共同决定明治维新后出现的社会是一个资本主义社会。德川时期的一些长期趋势已经在朝这个方向发展，为未来的发展奠定了基础。这些趋势又因与资本主义西方的接触得到刺激；首先是通过对外贸易的影响，然后是通过日本所得到的建议和它所学习的模式的性质。运用于日本问题的西方解决方法，必然是当时的工业国家所采用的方法。明治之后的日本的发展，还因为了提升国家力量而制定的政策——鼓励工业和商业的增长，佐之以政府对国家经济超乎寻常的干预——而导向了一个特定的路径。因此,日本从德川时代"集权的封建制"转向了一个同样集权的资本主义体制。这就消解了德川时代的一个矛盾,即通过把像地主那样的企业家带入统治阶级行列,并给予他们以合法实现其政治抱负的手段,消解了德川时代商人富有但政治上无权的矛盾。明治之后的发展使另一个德川时代的矛盾即农民暴动乏人问津。就短期而言,这第二个问题是通过武力加以解决的;但随着工业的增长,耕种者承受的压力越来越大,农民问题将以一种不同的形式,重新浮现为 20 世纪的问题。

所有这一切等于一场革命吗？或许,询问这个问题,就会引发一场关于词语意义的论证,因为读者可能会有自己的答案或使用自己的标准来寻找答案。然而,在这里对以上所述所做的最后的评论中,尚有几点可以指出。例如,幕府具有一些旧政权的经典特征:它有严重的财政问题;它曾尝试改革但均不成功;它在镇压反对派上,最终既不果断也无效果;出于各种原因,它失去了统治阶级中相当一部分人对自己的信心。另外,那些推翻它的人中包含了许多社会出身(但不包括最低的出身)的人;他们大都有一定的威望和经验;他们制造了一个或可称为"委员会独裁"的政权。我们甚至可以主张,维新政治在尝试过温和的和激进的方法后最终打造的不是"一个全新的统治阶级",而是"某种混合体,在这个混合体中,旧有的特权阶级中的一些有魅力、适应力强或者有运气的个人,为了最实用的目的,[而]与旧有的遭到压制的阶级中的某些人(他们可能通过具有同样的材质而能够脱颖而出)联起手来"。①

还有其他一些衡量标准。政治权力中心发生了以维新前的标准看是向下的转移。总的来说,如果我们把观察的时域拉得足够长

---

① Crane Brinton, *The Anatomy of Revolution* (New York, 1957), p.257.

的话,可以看到明治之后的日本,在社会的组织原则上,出现了从封建主义向资本主义的转变。在那里,为了实现这一转变,或者至少为了做出一些能够导致这一转变的特殊决定,在政治上使用暴力也在所不惜。

尽管有这些看法,我仍不愿意将维新称作完全意义上的革命。这部分是因为日本所发生的事情缺少公开的社会目标,而具有公开的社会目标正是历史上"伟大"革命的共同特征。但是,维新之所以不是完全意义上的革命,还因为它所产生的社会的性质;在这个社会里,"封建主义"和"资本主义"元素,在为国家富强而奋斗的旗号下共生共存。而催生这个社会的政治运动,无法合理地视作"资产阶级"运动。这是因为,在这场运动中,武士扮演了统治角色,而且在运动结束之后,政权仍保留在他们的手中。考虑到农民暴动的结局,这场运动当然也不是"农民的"。如果这两者意味着运动的最初刺激来自于对大众暴动的恐惧的话,它也不是"绝对主义"或"右翼分子"运动。那么,当这些标准的解释种类无一适用时,还剩下什么解释呢?或许只好把它称为一场民族主义革命。它不正是由民族主义的情感所推动的吗?

注释

ⅰ Toyama 注意到有 1,070 个"志士"或其他人,后来因他们的尊皇主义行为而受到嘉奖,其中大约有 2/3 属于这种或那种武士。(*Meiji ishin*,pp.37-39)甚至假定这些武士中的大多数来自于少数政治上活跃的藩国,他们所占的比例仍然不大:一项关于那些政治最为活跃的藩国(水户、萨摩、土佐和长州)真实情况的研究表明,各藩在任何时候参与"政治"的人都不会超过几百人。例如,在土佐,有一个武市瑞山的尊皇主义追随者名单,上面所记载的人名仅有 192 个。无论是保守主义者还是改革者人数都不会很多。相反,该藩国报告在 1869 年士族和卒的家庭超过 1 万户(《藩制一览》,1:152)。

ⅱ 板垣退助的政党在 1880 年代声称(回溯性地)维新"不仅仅是对天皇的政府权利的恢复,而且也是人民的自由的恢复"(《自由党史》,1:4)。按照这个说法,维新是一场天皇和人民反对武士特权的未完成的斗争。鉴于板垣几乎把"人民"这个词作为"富农和商人"的同义词使用的事实,如果这一声称指的是最终发生的事情(以及因此**潜存于**当时政治事件中的东西),那么它确有几分根据。但是,如果声称这就是在 1868 年前后的那些年人们所相信自己为之奋战的东西的话,我们将很难给它找到站得住脚的依据。

附录 A 日文术语词汇

ashigaru 【足轻】 步卒，走卒，隶属于封建阶级，最下级武士。

baishin 【陪臣】 陪臣，如诸侯之臣。

bunmei-kaika 【文明开化】 "文明开化"，通常指19世纪下半叶西方社会所达到的发展水平。

Daikan 【代官】 代表幕府将军或大名执掌政地方行政权的官员。

daimyo 【大名】 持有10,000石或更多领地、且并非陪臣的封建领主。参见【谱代大名】与【外样大名】。

Dajōkan 【太政官】 明治初期设置的最高官厅。

fu 【府】 城市，明治政府设立的城市地方政治统治单位。

fudai daimyo 【谱代大名】 德川家族世袭大名。

fukoku-kyōhei 【富国强兵】 "富国强兵"。对封建农业政策的古典描述，后转变为以西方方式增强日本以抵御西方的口号。

Gijō 【议定】 明治初年由皇族、公卿、诸侯中选任的官职。

gokenin 【御家人】 直属于将军的下级武士，在地位上低于旗本。

gōshi 【乡士】 "乡居武士"，地位低于平侍的武士，被允许居住于乡村而不必住进城下町。

goyōkin 【御用金】 "税款"，幕府和大名加之于商人（通常）和农民（有时）之上的税金。

gunken-seido 【郡县制度】 "郡县制"，一种由中央政府任命官员统治地方的行政制度（尤指存在于中国的地方行政制度），与封建制相对立。

haihan-chiken 【废藩置县】 废藩置县，明治政府于1871年实施的政策。

han 【藩】 大名持有的领地。在本书中译作"藩国"，也译作"领地"，有时则译为"封地"。

hanseki-hōkan 【版籍奉还】 将大名持有的土地和人口返还于天皇。明治政府于 1869 年实行。

hatamoto 【旗本】 德川陪臣,中上等武士,地位仅次于谱代大名,多依靠领地而非俸禄。

heimin 【平民】 平民。通常指地位低于武士之人。

hirazamurai 【平侍】 "中级武士",持有完全的武士身份;地位显著高于足轻,但不属于与大名亲近的一小群上层武士之列。

hōken-seido 【封建制度】 "封建制",即以领主制为基础的政体,与郡县制对立。

ishin 【维新】 "革新"。指明治维新后采取的各种革新政策。

hondaka 【本高】 见【石高】。

jōi 【攘夷】 见【尊王攘夷】。

kaikoku 【开国】 通常指在 1858 年前愿意与西方签订协议、建立关系的状态。

kamme 【贯目】 重量度量,等于 1,000 文目。标准化为一贯目等于 8.27 磅,或 3.75 公斤,一般用于测量大量的铜钱(文)。

kamon 【家门】 德川系的大名家,家族姓氏为松平氏。

Kampaku 【关白】 天皇宫廷高级官员,即便在天皇已经成人后仍具有摄政的权力。参看"摄政"。

Kanjō-bugyō 【勘定奉行】 幕府负责财政的官员。这个职位的最高层级向旗本开放,仅低于保留给谱代大名的职位。

Karō 【家老】 藩的高级官员,一般其在地方地位与老中相当。

kazoku 【华族】 在明治早期,指由朝臣(公家)和大名构成的贵族。后指(1884 年按西方规矩制定的)有爵位的家族。

ken 【县】 县,明治政府设立的地方政府。

kōbu-gattai 【公武合体】 "朝幕修睦,"1858 年后一些致力于寻求调和朝廷和幕府关系基础的人提出的口号。其倡导者曾力图也同西方达成协议。与【尊王攘夷】相对。

koku 【石】 对容量的度量衡,特别用于稻米。其标准化量度等于 4.96 蒲
式耳或 180 升。关于其在测量土地上的用法,见【石高】。

kokudaka 【石高】 土地测量度;用稻米石度量对粮作物年产量加以测量
的表示方法。可用于测量藩、村和武士或农户的个人财产。在藩的场合
下,有两类石高:(1) 由幕府为记录造册用做的官方测量,通常表示的 16
或 17 世纪的数据,称之为本高("本初的"测量,或表高即"公家的"测量);
(2) 税收官的测量,该测量考虑到本初测量后发生的变化(称之为实高,
"实际的"测量,内高,"私人的"测量,或草高,总的测量)。

kokugaku 【国学】 强调日本传统特别是神道的学问。

kokutai 【国体】 "国体",一个带有感情色彩指示日本政治的术语,含有把
日本固有的制度与输入的制度区别开来之意。在维新时期,这个词越来
越与由天皇统治的观念相连。

kuge 【公家】 天皇朝廷高级官员。

kusadaka 见【石高】。

Kyōto Shoshidai 【京都所司代】 幕府将军在京都的代表,或京都的行政长
官。该职通常由一个高级谱代大名担任。

Kyōto Shugo 【京都守护】 京都的军事长官。该职位于 1862 年设立;地位
高于京都所司代,由德川家族旁系担任。

Metsuke 【目付】 主要负责调查不端行政等行为的官员,因此又称监视
官。地位仅次于勘定奉行。

momme 【文目】 重量,通常用于作为钱使用的银的称重。标准化为每文
目等于3.75克。参看【贯目】。

naiyū-gaikan 【内忧外患】 "内忧外患",用于表示国内动荡和外国入侵的
同时发生。在中国被视作王朝之难。

Ometedaka 【表高】 重量衡。见【石高】。

ōsei-fukko 【王政复古】 "王政复古",指推翻幕府、国家治权还复天皇。

Rangaku 【兰学】 "兰学",通过荷兰的著作学习西方知识产生的学问。

Rōjū 【老中】 幕府总理政府高级官员,通常从谱代大名中任命。

rōnin 【浪人】 无地武士。在幕府末年,尤其指那些为从事尊王运动而放

弃其领地的武士。

ryō 【两】 金币。价值约相当于 60 文目银。维新后被元取代。

samurai 【武士】 大名之家臣。泛指任何封建阶级成员。

Sangi 【参议】 明治政府副大臣。替代以前的议定和参与。

sanke 【三系】 德川家族的最高三支—纪伊、尾张和水户。

sankin-kōtai 【参觐交代】 "交替参觐"。要求大名在江户生活相当长的时间(通常为隔年)的制度。用于增强幕府对封建领主的控制。

Sanyo 【参与】 早期明治政府阶位较低参事。

Sesshō 【摄政】 摄政;在天皇地位低时朝廷高级官员。参看【关白】。

shishi 【志士】 "志士"。用于指称 1860 年代尊王攘夷运动中的积极分子。

shizoku 【士族】 士族。明治早期用于取代"武士"一词的官方用语。

Shogun 【将军】 将军,征夷大将军之简称。天皇的军事助手。在这个称号下,德川家族为事实上的日本统治者。将军政府也被成为幕府。

Shosidai 【所司代】 见【京都所司代】。

shotai 【诸队】 军队单位。通常指 1863 年后长州藩筹备的非正规军。其中以奇兵队最著名。

Shōya 【庄屋】 村长(尤其用于西日本)。

sonnō-jōi 【尊王攘夷】 "尊王攘夷"。与尊王运动相连的口号,特别流行于 1858 年后的十年。

sotsu 【卒】 士兵。在明治早期,用于指原先的低级武士,即低于士族的武士。

tōbuku 【倒幕】 "推翻幕府"。1860 年代末代表反幕府政府运动政治目的的口号;使用它的人一般要求实现比尊王口号表示的政治含义更加明确、更加直接的政治目的。

tozama daimyo 【外样大名】 不属于德川家族陪臣的大名。常常称为"外部"公卿。参看【谱代大名】。

uchidaka 【内高】 参看【石高】。

yen 【元】 现代日本货币单位,首次启用于 1871 年,与美元价值相等(不过很快即告贬值)。取代"两"作为主要的征税记录单位。

附录 B　人名注释

以下为活跃于 1853 到 1878 年之间日本政治的人物小传。姓氏以大写方式表示，名（或相当于名）用小写表示。

ABE Masahiro，阿部正弘（1819 - 1857）

谱代大名（福山藩；10 万石；1835 - 1857）。老中，1843 - 1857。佩里谈判时期的幕府老中会首席成员。

AIZAWA Seishisai，会泽正志斋（1781 - 1863）。字伯民

水户武士，著名的尊王攘夷派。《新论》的作者。德川齐昭的顾问。水户中级武士党派领袖。

ARIMA Shinshichi，有马新七（1825 - 1862）

萨摩乡居武士之子，被一平侍武士收为养子。积极的尊王攘夷派；1862 年京都起事的阴谋制造者；在寺田屋被杀。

Asahiko，Prince，朝彦亲王（1824 - 1891）。又称久弥宫

皇室亲王；朝廷中公武合体政策的有力支持者。

DATE Muneki，伊达宗基（1819 - 1892）。又称宗诚

外样大名（宇和岛藩，10 万石，1844 - 1858）。改革藩主；一桥党、公武合体党成员。早期明治政府高级官员（议定）。

ENOMOTO Takeaki，榎本武扬（1836 - 1908）

乡居武士之子，其父花钱买到御家人地位。先后在长崎和荷兰（1862 年起）在荷兰教官指导下学习航海科学。1867 年担任幕府海军高官。1868 - 1869 年期间逃到北海道并在那里抵抗维新政府。1872 年得到大赦，并被任

命为明治政府官员;官至内阁。

ETŌ Shimpei,江藤新平(1834 - 1874)

肥前低级武士;1862 年因忠王行为遭到惩罚。早期明治政府成员。
1873 年朝鲜之争后在佐贺领导叛乱。后被处决。

FUJITA Tōko,藤田东湖(1806 - 1855)

水户平侍;德川齐昭的谋士;倡导尊王攘夷。

FUKUOKA Kōtei,福冈孝弟(1835 - 1919),又称孝弟

土佐平侍(56 石)。与吉田东洋和后藤象二郎同在藩政府任职。早期
明治政府高官。

GODAI Tomoatsu,五代友厚(1836 - 1885)

萨摩武士(当是平侍)。在长崎荷兰教官指导下学习航海科学,后成为
萨摩航海和船舰专家。倡导富国强兵。1865 - 1866 年间与寺岛宗则出访欧
洲。早期明治政府的参事(参与)。后成为企业家,经营运输、开矿和纺织。

GOTŌ Shōjiro,后藤象二郎(1838 - 1897)

土佐藩平侍(150 石)。吉田东洋姻亲。1864 年后为土佐领袖;升至家
老地位(1,500 石)。积极参与导致维新的密谋。早期明治政府的高官。后
参与政党政治和商业活动。

HASHIMOTO Sanai,桥本左内(1834 - 1859)

越前藩医(25 石)之子。专长于西学。因是松平春岳顾问而获得武士
地位。1858 年为松平春岳京都密谋之代理。被处决。

HIRANO Kuniomi,平野国臣(1828 - 1864)又称次郎

筑前武士(当是平侍)。尊王攘夷派;1862 - 1863 年逃离筑前藩国卷入
京都政治;真木和泉之友。1863 年末在但马反叛;被捕并处死。

HIROSAWA Saneomi,广泽真臣(1834 - 1864)曾用名真蕴

长州平侍。尊王攘夷派的同情者;1864 年后为木户孝允的同事;军事
改革家,早期民治政府的高级官员。被暗杀身亡。

HITOTSUBASHI Keiki,一桥庆喜,又见德川庆喜

HOTTA Masayoshi,堀田正睦(1810 - 1864)。又称正笃

谱代大名(佐贺;11 万石,1825 - 1859)。老居,1855 - 1858 年。1857 -

1858 年条约谈判时期的幕府老中首座。

Iemochi, Shogun, 家茂将军，见德川家茂

Iesada, Shogun, 家定将军，见德川家定

II Naosuke, 井伊直弼（1815－1860）

谱代大名（彦根藩；35 万石；1850－1860）。大老（摄政者），1858－1860。签署 1858 年条约，发动"安正大狱"。樱田门外之变遭暗杀。

IKEDA Nagaaki, 池田长发（1837－1879）。又称长发

旗本（1,200 石）。幕府官员；外国奉行，1863－1864 年。幕府赴法国特使，1864。

INOUE Kaoru, 井上馨（1836－1915）。又称闻多；幼名勇吉

长州旗本（出生于 100 石藩士家，过继 220 石家）。尊王攘夷派。1863－1864 在伦敦学习。1865 年与高杉晋作活跃于奇兵队。明治政府高官，后为财政专家，元老。与伊藤博文保持密切关系。

ITAGAKI Taisuke, 板垣退助（1837－1919）。早年名猪之助

土佐藩旗本出身（220 石）。尊王攘夷派和军事改革者。吉田东洋和后藤象二郎之友。早期明治政府参事（参与，后任参议）。1873 年因征韩问题辞职。后为政党（自由党）领袖。

ITAKURA Katsukiyo, 板仓胜静（1823－1889）

谱代大名（松山藩，5 万石，1849－1868）。老中，1862－1864，1865－1868。与德川庆喜过从甚密。

ITŌ Hirobumi, 伊藤博文（1841－1909）。又称俊辅

长州尊王攘夷派；出身于一个由农民转化而来的城下町商人之家。吉田松阴的学生。1863 年获得武士身份。与井上馨同游学于伦敦。1865 年与高杉晋作共同领导诸队。作为"西学"专家和木户孝允的同事，在明治政府中逐步升迁，直到总理和元老。

IWAKURA, Tomomi, 岩仓具视（1825－1883）。又称对岳

朝廷中级官员；1868 年任朝廷次要官职。公武合体的支持者。后与萨摩藩特别是大久保利通过从甚密。王政复古后为明治政府的关键官员；参议官（议定）；右大臣。1871－1873 年率团访问美洲和欧洲。

IWASE Tadanari,岩赖忠震(1818－1861)

旗本(700 石)。幕府官员；目付,1854－1858；外国奉行,1858。主张开港,开展外贸。

KATSU Awa,胜海舟(1823－1899)。又名海舟；麟太郎

旗本(40 石)。在长崎于荷兰教官指导下学习航海科学。1860 年代幕府首要海军专家。主张富国强兵。与西乡隆盛等尊王攘夷派过从。1868 年参与江户投降的谈判。自 1869 年起,被任命为明治政府海军等官职,最终官至内阁地位。

KATSURA Kogorō,桂小五郎,见木户孝允

Keiki，Shōgun,庆喜将军,见德川庆喜

KIDO Kōin,木户孝允(1833－1877)。又名:孝允。曾用名:桂小五郎

长州尊王攘夷派；藩医之子(20 石)；被旗本领养(150 石,后 90 石)。吉田松阴的学生。自 1862 年起任官于长州藩。自 1865 年起与高杉晋作一道为长州事实上的领袖。早期明治政府的主要官员。

KAMATSU Tatewaki,小松带刀(1835－1870)

萨摩藩高级武士。藩内政治斗争中为大久保利通的高官盟友。家老,1862。早期明治政府的高级官员。

Kōmei，Emperor,孝明天皇(1831－1867)

1846 年继位。公武合体的同情者。

KONOE Tadahiro,近卫忠熙(1808－1898)

朝廷资深贵族,与萨摩藩岛津过从甚密,关白,1862－1863。

KUJŌ，Naotada,九条尚忠(1798－1871)

朝廷资深贵族。关白,1856－1862。

KURIMOTO Joun,栗本锄云(1822－1897),又名:赖兵卫

幕府官医之子。幕府官员；外国奉行,1865－1868。幕府改革党的成员。与法国公使罗切斯(Léon Roches)相近。

KUSAKA，Genzui,久坂玄瑞(1840－1864),又名:通武

长州尊王攘夷派；藩医之子(25 石)。吉田松阴的学生。1862－1863 年间活跃于京都政治。1864 年死于长州攻占京都斗争之中。

MAEBARA Issei,前原一诚(1834－1876)。又称：SASE,佐世

长州尊王攘夷派；极可能为低级武士之子。吉田松阴的学生。晋升为官并获得武士地位。高杉晋作战友。在明治政府任高官,但于1871年隐退长州。领导了一次不成功的武士反叛,1876。

MAKI Izumi,真木和泉(1813－1864)

出身于久留米的尊王攘夷派。出身于具有中级武士地位的神官之家。主张尊王攘夷。1862－1863年间在京都的尊王攘夷派志士的领袖。1864年长州攻打京都失败后自杀。

MATSUDAIRA Katamori,松平容保(1836－1893)

家门大名(会津藩；23万石；1852－1869)。幕府公武合体派成员。京都守护职(卫戍司令),1862－1864,1864－1868。1868年抵抗王政复古但在内战中被击败。

MATSUDAIRA Sadaaki,松平定敬(1846－1908),又称真崎理

谱代大名(桑名藩；11万石；1859－1868)京都所司代(幕府驻京都大使),1864－1868。1868年1月抵抗王政复古。在鸟羽伏见被击败。

MATSUDAIRA Shungaku,松平春岳(1828－1890),讳庆永,号春岳

家门大名(越前藩,或福井藩；32万石；1838－1858)。一桥派领袖。后为公武合体领袖。早期明治政府高官；议定；大臣。

MATSUKATA Masayoshi,松方正义(1835－1924)

出生于萨摩乡士转化的商人之家(琉球贸易)。1868年前再在萨摩藩担任中低级官职,1863年升为旗本。1868年后,任职于地方和中央政府；财经专家；最终成为总理大臣；元老。

MATSUKI Kōan,松木弘安,见寺岛宗则

Meiji Emperor,明治天皇(1852－1912)又名：睦仁

孝明之子,1867年2月13日继位。

MIZUNO Tadanori,水野忠德(1810－1868)

旗本。幕府官员；勘定奉行,1855－1858；外国奉行,1858－1859,1861－1862。参与贸易条约的谈判者之一。

MŌRI Yoshichika,毛利敬亲(1819－1871)又名：庆亲

外样大名(长州藩;36.9万石)。

MUTSUHITO，Emperor，睦仁天皇，见明治天皇

NABESHIMA，Naomasa，锅岛直正(1814 - 1871)又名:闲叟

外样大名(肥前藩或佐贺藩;35.7万石;1830 - 1861)。科学发明的保护人。公武合体的支持者,但在1868年前,刻意与政治斗争保持距离。早期明治政府中担任高官;参议官(议定)

NAGAI Naomune，永井尚志(1816 - 1891)

谱代大名的幼子,被一旗本(3,000石)收为养子。幕府官员;目付,1853 - 1858;外国奉行,1858 - 1859,1865 - 1867。为幕府末年江户改革派成员。晋升为资历较浅的参议(小辈顾问),1867 - 1868。在榎本武扬领导下于北海道与讨幕军作战,被赦免,1871。被任命为明治政府官员。

NAGAI Uta，长井雅乐(1819 - 1863)

长州旗本(150石)。在长州藩官至高位;公武合体政策的塑造者,1862;因尊王攘夷派攻击而被解职。自杀。

NAKAOKA Shintarō，中冈慎太郎(1838 - 1867)

土佐藩尊王攘夷派;出身于乡士之家。1863年末逃往长州;与坂本龙马合作,是萨摩—长州结盟。1867年12月与坂本龙马一道被幕府特务刺杀。

NAKAYAMA，Tadayasu，中山忠能(1809 - 1888)

朝廷贵族。明治天皇的外公。王政复古政变的共谋者。早期明治政府议定。

NARIAKI of Mito，水户齐昭,见德川齐昭

NARIAKIRA of Satsuma，萨摩藩齐彬,见岛津齐彬

NIJŌ Nariaki，二条齐敬(1816 - 1878)

朝廷资深贵族。关白,1864 - 1867;摄政,1867 - 1868。

NISHI Amane，西周(1816 - 1878)

津和野藩医之子;兰学学者。为幕府番书调所雇佣。被派遣到莱顿学习,1862 - 1865;后任幕府参谋。晚年为明治政府官僚;西方法律军事行政、哲学等的专家。

OGASAWARA Nagamichi，小笠原长行(1822 - 1891)

谱代大名长男（唐津藩；6 万石；从未继位）。幕府官员；老中，1865 - 1866，1866 - 1868。与德川庆喜过从甚密。加入榎本武扬领导的北海道抵抗，1668 - 1669。

OGURI Tadamasa，小栗忠顺（1827 - 1868）

旗本（2,500 石）。幕府官员；外国奉行，1860 - 1861；勘定奉行，1863，1864 - 1865。幕府末年江户改革派成员，尤其作为军事和航海专家。1868 年王政复古后被处决。

ŌHARA Shigenori，大原重德（约 1810 - 1879）

朝廷贵族。与萨摩藩合作 1862 年任天皇驻江户使节。早期明治政府的参议（参与；议定）

ŌKI Takatō，大木乔任（1832 - 1899）

肥前武士（显然是旗本）；与大隈重信过从。尊王攘夷的同情者。在明治政府中官居显赫。

ŌKUBO Ichiō，大久保一翁（1817 - 1888），又名：忠宽

旗本、幕府官员；目付，勘定奉行，外国奉行。与岩濑忠震和胜海舟等改革者相交。与后者一起参与安排了 1868 年江户的投降。后为明治政府服务，特别是作为郡县官员。

ŌKUBO Toshimichi，大久保利通（1830 - 1878），又名：一藏

萨摩旗本。尊王攘夷派和萨摩藩官员；1864 年后与西乡隆盛一道基本控制了藩政。明治维新后在明治政府中担任要职；参议（参与；参议）；大臣。1873 年征韩之争后到 1878 年被刺杀之前具有压倒性的政治影响力。

ŌKUMA Shigenobu，大隈重信（1838 - 1922）

肥前旗本（400 石）。学习兰学，后学习英文。1868 年之前担任与财政和外贸相关的藩国官职。早期明治政府的肥前高官；主张现代化官员群体之领袖。后为政党领袖，总理大臣。

ŌMURA Masujirō，大村益次郎（1824 - 1869），又名：村田

出身于长州藩医之家。学习西方军事科学，任宇和岛藩主伊达宗基顾问。1856 年回到长州；实行军事改革；被授予旗本地位。维新后任职于战争部。1869 年遭刺杀。

SAGA Sanenaru,嵯峨实爱；又名：正亲町三条；实爱

朝廷贵族；尊王攘夷派同情者。1860－1868 年间在朝廷担任较重要官职。在早期明治政府内任参事（参与）。

SAIGŌ Takamori,西乡隆盛（1828－1877）

萨摩旗本。1858 年,岛津齐彬派驻江户代表。被流放,1862 年被召回；再度流放；1864 年被饶恕。此后,与大久保利通一道为萨摩的领袖。维新后任明治政府高官。1873 年在征韩之争中与其他领袖发生分歧。1877 年领导武士反叛。在战场上自杀。

SAITŌ Toshiyuki,斋藤利行（1822－1881）又名：渡边弥久马

土佐旗本（50 石）。高级藩官；与吉田东洋和后藤象二郎相交。早期明治政府参议。

SAKATOMO Ryōme,坂本龙马（1835－1867）

土佐藩乡士（商人的后裔）。尊王攘夷派。与武市瑞山交好。1862 年逃往萨摩；组织成立了海援队航运集团。萨长同盟的主要推手。与中冈慎太郎一道于 1867 年 12 月被幕府刺客暗杀。

SAKUMA Shōzan,佐久间象山（1811－1864）,讳：国忠

松代藩武士。研究兰学；精于西方军事科学；幕府顾问。主张开国和公武合体。被攘夷派刺客刺杀。

SANJŌ Sanetomi,三条实美（1837－1891）又称实美

朝廷贵族；山内容堂姻亲。1862－1863 年在朝廷担任较重要官职。尊王攘夷派的同情者；1862 年任天皇驻江户特使。1863 年逃往长州,后转到九洲。维新后复归在明治政府任高位大臣。

SASAKI Takayuki,佐佐木高行（1830－1863）又名：三四郎

土佐藩旗本（48 石）。尊王攘夷派的同情者；后藤象二郎的同僚。明治政府高级官员；参议。

SHIMAZU Hisamitsu,岛津久光（1817－1887）又名：又次郎

岛津齐彬同父异母兄弟；忠义之父,继承齐彬的萨摩藩主位置；以此地位在 1860 年代为萨摩之有能藩主。公武合体派的领袖；大久保利通和西乡隆盛的保护人。1868 年之后,为明治政府改革的保守主义反对派。

SHIMAZU Nariakira,岛津齐彬(1809－1858)又称：又三郎

外样大名(萨摩藩,即鹿儿岛；77 万石；1851－1858)。改革者,特别是在引进西方技术上。一桥派的领袖。

SOEJIMA Taneomi,副岛种臣(1828－1905)

肥前藩武士；家有国学渊源。与大隈重信一道先学兰学,后习英文。尊王攘夷派的同情者。作为肥前藩代表,在早期明治政府中任要职；外交家；晚年任大臣。

TAKASUGI Shinsaku,高杉晋作(1839－1867)

长州旗本(150 石)。吉田松阴的学生。活跃于尊王攘夷运动,1862－1863。组建奇兵队。1865 年初率领尊王攘夷派夺取长州政权。1867 年病逝。

TAKATSUKASA Masamichi,鹰司政通(1789－1868)

朝廷显赫贵族；德川齐昭的姐夫。关白,1823－1856。

TAKATSUKASA Sukehiro,鹰司辅熙(1807－1878)[i]

朝廷显赫贵族；政通之子,关白,1863－1864。

TAKECHI Zuizan,武市瑞山(1829－1865)又名：半平太

土佐藩乡士；1861－1863 年间土佐藩尊王攘夷派的领袖,1863 年末在前大名山内容堂的命令下被捕并关押；后被命自杀。

TERAJIMA Munenori,寺岛宗则(1832－1893)早期用名：松木弘安

出生于萨摩乡士之家；过继于旗本家。学习医学和兰学；岛津齐彬的医生和顾问。与五代友厚一道出访欧洲,1865－1866。明治政府高官,特别在外交事务上担任重要职务。

TOKUGAWA Iemochi,德川家茂(1846－1866)曾用名庆福

御三家家族之首(纪伊；55 万石；1849－1858)。1858 年在继位之争中被提名为将军。继承家定成为德川第十四代将军。

TOKUGAWA Iesada,德川家定(1824－1858)

将军,1853－1858；德川第十三代将军。

TOKUGAWA Keiki,德川庆喜(1837－1913)早年用名：一桥,曾用名一桥庆喜。

德川齐昭的第七子,被过继给一桥家(御三卿；10 万石；1847－1859,

1862－1867)。1858 年继位之争将军候选人之一,未果。1862 年幕府公武合体领袖。1867 年 1 月继任将军。德川第十五代也是最后一代将军。

TOKUGAWA Nariaki,德川齐昭(1800－1860)

御三家藩主(水户;35 万石;1829－1844)。主张军事改革和攘夷。1858 年之前为"改革藩主"之领袖。

YAMAGATA Aritomo,山县有朋(1838－1922)

长州足轻(下级武士)。续任骑兵队司令官。1865 年协助高杉晋作夺取长州藩政权。先后在长州藩和明治政府中任职;明治晚期成为杰出人物。总理大臣;元老。

YAMAUCHI Yōdō,山内容堂(1827－1872)又名:丰信

外样大名(土佐藩;24.2 万石;1849－1859)。一桥党成员,1858 年;然后为公武合体派成员。在早期明治政府中任高官。

YOKOI Shōnan,横井小楠(1809－1869)又名:平四郎

熊本藩旗本(150 石)次子。在桥本左内的操作下,受邀为越前藩松平春岳顾问。主张公武合体和幕府体制改革。对反幕府集团的思想产生了强烈的影响。早期明治政府参议(参与)。

YOSHIDA Shōin,吉田松阴(1830－1859)又名:虎次郎

长州低级武士。佐久间象山的学生,受水户学者的影响。尊王攘夷派和教师。1859 年因刺杀老居密谋而被处死。

YOSHIDA Tōyō,吉田东洋(1816－1862)又名:源吉

土佐藩旗本(200 石)。因山内容堂重用而升至高官的改革者;追随公武合体和温和政策。1862 年被尊王攘夷派暗杀。

YURI Kimimasa,由利公正(1829－1909)

越前藩旗本(100 石)。与桥本左内和横井小楠一道做松平春岳的顾问;财政专家;与反幕府领袖特别是来自萨摩的反幕领袖关系密切。早期明治政府高官,但在 1871 年后很少参与政治。

译注

i 原文鹰司辅熙卒年为 1867 年,有误,正确卒年为 1878 年。

注释性文献目录

　　本书几乎完全是基于已经发表了的资料完成的,这些资料中的大多数为日文资料。除了相当多的现代学者的历史著作、专著和论文外,这些资料包括了许多幕府末期、明治初期的人物就有关事件写就的著作。幕府记录的一部分已经出版了,特别是与外交事务相关的记录(参见《大日本古文书:幕末外国关系文书》)。早期明治档案的一部分也得出版(如《大日本外交文书》)。有少许藩国记录得以出版(如松平春岳的越前藩从《昨梦纪事》开始的记录)。众多维新政治的参与者的信件和文书都被印刷出来供使用,如大久保利通和木户孝允的日记(主要见于日本史籍协会系列)。此外,还有一两种被称之为"实记"(*jikki*)的古旧合集,在那里,相关文件被搜集在一起,并有最低限度的解说(如与岩仓具视和岛津久光相关的文献);还有一些"权威的"传记,尽管它们往往是对先辈表示崇敬的结果,但仍旧追随中国的传统给出了许多相关文献的完整记录。详细的地方史也为数众多:较早的有如关于长州的末松谦澄的(《防长开展史》);较近的有如记述萨摩的(《鹿儿岛县史》)。

　　所有这些资料总计多达几百册,从中我只能使用一部分。这些著作中的一小部分我做了完全的阅读。但是,对于其余的部分,我采取了抽样的方式加以利用:有时,我首先确认那些看来属于关键的话题或事件,然后尽可能地寻找与它们相关的史料和资料;在另一些时候,我追随日本学者的引证和参考文献寻找资料,这一作业的覆盖范围达到实际可能的地步。我之所以能够做到这一点,是因为可用的日文文献非常完备,且覆盖话题众多,它们提供了详细的记述(尤其是1939-1941年出版的"官修"六册巨著《维新史》),并给出了在学者那里经常可以看到的互相冲突的观点(如冈义武、远山茂树、坂田吉雄和田中彰)。

我知道还有许多资料未被我使用,或者使用不当。专家无疑将从以下所列的著作名单中发现遗漏。不过,这个名单仅仅意在提供本书注释中引用过的著作的详细信息,并佐之以最低限度的解释性评论,而非给出与维新史相关的参考文献。

本书文献参考目录使用如下所示的缩略语:

BGKM *Dai Nihon Komonjo*:*Bakumatsu Gaikoku Kankei Monjo*(《大日本古文书:幕末外国关系文书》)

BSOAS Bulletin of the School of Oriental and African Studies, University of London(伦敦大学《东方和非洲学院记录》)

JAS Journal of Asian Studies(《亚洲研究杂志》,原为《远东季刊》)

TASJ Transactions of the Asiatic Society of Japan(《日本亚洲学会会刊》)

F. O. *Foreign Office archives in the Public Record Office*,*London*(藏于公共记录办公室的《外交事务档案》,伦敦;在每一个F.O.引用中,均先给出相关的序列数——F.O.46,F.O.391或F.O.410——然后在竖划线后给出相关册数号,如F.O.46/82。)

Adams,F. O. *The History of Japan*. 2 vols., 2d ed. London,1875. Includes an account of events during the period of his own diplomatic service in Japan;especially useful for the early years of Meiji.

Akao Tōji. "Perry torai zengo ni okeru taigai kokumin shisō no kōsatsu,"

Shirin (2 parts), 22 (1937): 529 - 554, 753 - 782.

Akita, George. *Foundations of Constitutional Government in Modern Japan ,1868 - 1900* . Cambridge, Mass., 1967.

Alcock, Rutherford. *The Capital of the Tycoon. A Narrative of a Three Years' Residence in Japan*. 2 vols. London, 1863.

Altman, A. "Guido Verbeck and the Iwakura Embassy," *Japan Quarterly*, 13, 1(1966): 54 - 62.

Arima Seiho. *Takashima Shūhan* [biography]. Tokyo, 1958.

———. "The Western Influence on Japanese Military Science, Shipbuilding, and Navigation," *Monumenta Nipponica* , 19(1964): 352 - 379.

Asai Kiyoshi. *Meiji ishin to gunken shisō*. Tokyo, 1939.

Baba Bunei. *Genji Yume Monogatari*. 5 books. N. p.,[1864]. An account of events in Japan from 1853 to 1864, written from a loyalist and Kyōto viewpoint. Translated in 1905 by E. M. Satow under the title *Japan 1853 - 1864* (q. v.).

Beasley, W. G. "Councillors of Samurai Origin in the Early Meiji Government, 1868 - 1869," *BSOAS*, 20(1957): 89 - 103.

———. "Feudal Revenue in Japan at the Time of the Meiji Restoration," *JAS*, 19(1960): 255 - 272.

———. *Great Britain and the Opening of Japan , 1834 - 1858* . London, 1951.

———. "Political Groups in Tosa, 1858 - 1868," *BSOAS*, 30 (1967): 382 - 390.

———. "Politics and the Samurai Class in Satsuma, 1858 - 1868," *Modern Asian Studies*, 1(1967): 47 - 57.

———. *Select Documents on Japanese Foreign Policy, 1853 -1868* . London, 1955.

Beasley, W. G., and E. G. Pulleyblank, eds. *Historians of China and Japan*. London, 1961.

Beckmann, G. M. *The Making of the Meiji Constitution. The Oligarchs and the Constitutional Development of Japan, 1868 - 1891*. Lawrence, Kens., 1957.

Befu, Harumi. "Duty, Reward, Sanction, and Power: Four-Cornered Office of the Tokugawa Village Headman," in Silberman and Harootunian, eds., listed below, pp. 25 - 50.

——. "Village Autonomy and Articulation with the State: The Case of Tokugawa Japan," *JAS*, 25 (1965): 19 - 32. Reprinted in Hall and Jansen, eds., listed below, pp. 301 - 314.

Bellah, Robert N. *Tokugawa Religion. The Values of Pre-industrial Japan*. Glencoe, Ill., 1957.

Black, J. R. *Young Japan. Yohohama and Yedo. A Narrative of the Settlement and the City from the Signing of the Treaties in 1858 to the Close of the Year 1879*. 2 vols. London, 1880 - 1881.

Blacker, Carmen. *The Japanese Enlightenment. A Study of the Writings of Fukuzawa Yukichi*. Cambridge, Eng., 1964.

——. "Ōhashi Totsuan. A Study in Anti-Western Thought," *TASJ*, 3d Ser., vol 7 (1959): 147 - 168.

Borton, Hugh. "Peasant Uprisings in Japan of the Tokugawa Period," *TASJ*, 2d Ser., vol. 16 (1938): 1 - 219.

Brown, Delmer M. *Nationalism in Japan : An Introductory Historical Analysis*. Berkeley, Calif., 1955.

Brown, Sidney D. "Ōkubo Toshimichi and the First Home Ministry Bureaucracy: 1873 - 1878," in Silberman and Harootunian, eds., listed below, pp. 195 - 232.

Burks, Ardath W. "A 'Sub-leader' in the Emergence of the Diplomatic Function: Ikeda Chōhatsu (Chikugo no Kami), 1837 - 1879," in Silberman and Harootunian, eds., listed below, pp. 289 - 322.

Chambliss, W. J. *Chiaraijima Village : Land Tenure, Taxation, and Lo-*

cal Trade, 1818 - 1884 . Tucson, Ariz., 1965.

Chang, Richard T. *From Prejudice to Tolerance. A Study of the Japanese Image of the West, 1826 - 1864* . Tokyo, 1970.

Chihōshi kenkyū hikkei. Iwanami Zensho no. 171. Tokyo, 1968 [1952].

Conroy, Hilary. *The Japanese Seizure of Korea : 1868 - 1910 . A Study of Realism and Idealism in International Relations*. Philadelphia, 1960.

Craig, Albert. *Chōshū in the Meiji Restoration*. Cambridge, Mass., 1961.

——. "Kido Kōin and Ōkubo Toshimichi: A Psychohistorical Analysis," in Craig and Shively, eds., listed below, pp. 264 - 308.

——. "The Restoration Movement in Chōshū," in Hall and Jansen, eds., listed below, pp. 363 - 373.

——. "Science and Confucianism in Tokugawa Japan," in Jansen, ed., *Changing Japanese Attitudes*, listed below, pp. 133 - 160.

Craig, A., and D. Shively, eds. *Personality in Japanese History*. Berkeley, Calif., 1970.

Dai Nihon Gaikō Bunaho. Edited by Japanese Ministry of Foreign Affairs (Gaimushō); multivolume work, in progress. Tokyo, 1936 to date. A valuable, though selective, edition of documents on Japanese foreign policy, starting in 1868, drawn from the archives of the Gaimushō. Later parts appear under the title *Nihon Gaikō Bunsho*.

Dai Nihon Komonjo : Bakumatsu Gaikoku Kankei Monjo. Edited by Shiryō Hensanjo; multivolume work, in progress. Tokyo, 1911 to date. A very full collection of documents on Japanese foreign policy, drawn from various sources and starting from the Perry negotiations of 1853.

Dai Saigō zenshū. 3 vols. Tokyo, 1926 - 1927. The standard edition of the collected works of Saigō Takamori; includes both letters and memorials, but is by no means complete.

Date Muneki zaikyō nikki. Tokyo, 1916.

"Diary of an Official of the Bakufu," *TASJ*, 2d Ser., vol. 7 (1930): 98 -

119. Translation of a Japanese account of negotiations with Perry in 1854.

Dore, R. P. *Education in Tokugawa Japan*. London, 1965.

Earl, D. M. *Emperor and Nation in Japan : Political Thinkers of the Tokugawa Period*. Seattle, 1964.

Egashira Tsuneharu, "Saga-han ni okeru yōshiki kōgyō," in Honjō, ed., *Bakumatsu keizaishi kenkyū*, listed below, pp. 59 - 100.

Foreign Office, Great Britain. *Confidential Prints, Japan* (F. O. 410). Public Record Office, London. Foreign Office correspondence printed for the information of the Cabinet (chiefly from F. O. 46, below).

——. *General Correspondence, Japan* (F. O. 46). Public Record Office, London. Archive of the British Foreign Office, including correspondence with its representatives in Japan, starting from 1859.

——. *Hammond Papers* (F. O. 391). Public Record Office, London. Manuscript correspondence of Edmund Hammond, Permanent Under-Secretary at the British Foreign Office. Includes most of his semiprivate correspondence with British representatives in Japan (the rest being in F. O. 46, above).

Fox, Grace. *Britain and Japan, 1858 - 1883*. Oxford, Eng., 1969.

Fukaya Hakaji (Hiroharu). *Kashizoku chitsuroku shobun no kenkyū*. Tokyo, 1941.

Fukuchi Genichirō. *Bakufu suibō ron*. Tokyo, 1926 [1892].

Fukushima Masao. *Chiso kaisei no kenkyū*. Tokyo, 1962.

Fukushima Nariyuki. *Yoshida Tōyō* [biography]. Tokyo, 1926.

Fukuzawa Yukichi. *The Autobiography of Fukuzawa Yukichi*. Translated by E. Kiyooka. Tokyo, 1934.

Furushima Toshio. "Seiritsu-ki kisei jinushi-sei no seikaku," in *Meiji ishin to jinushi-sei*, listed below, pp. 3 - 27.

Godai Tomoatsu den [biography]. Edited by Godai Ryūsaku. Tokyo,

Goodman, G. K. *The Dutch Impact on Japan* (*1640 - 1853*). Leiden, 1967.

Gubbins, J. H. *The Progress of Japan*, *1853 -1871* . Oxford, Eng., 1911.

van Gulik, R. H. "*Kakkaron*, a Japanese Echo of the Opium War," *Monumenta Serica*, 4 (1939 - 1940): 478 - 545.

Hackett, Roger F. "The Meiji Leaders and Modernization: The Case of Yamagata Aritomo," in Jansen, ed., *Changing Japanese Attitudes*, listed below, pp. 243 - 273.

——. *Yamagata Aritomo in the Rise of Modern Japan*, *1838 -1922* . Cambridge, Mass., 1971.

Haga Noboru. *Bakumatsu shishi no seikatsu*. Tokyo, 1965.

Hall, John W. "The Castle Town and Japan's Modern Urbanization," *Far Eastern Quarterly*, 15 (1955): 37 - 56. Reprinted in Hall and Jansen, eds., listed below, pp. 169 - 188.

——. "Feudalism in Japan—a Reassessment," *Comparative Studies in Society and History*, 5, 1 (1962): 15 - 51. Reprinted in Hall and Jansen, eds., listed below, pp. 15 - 51.

——. *Government and Local Power in Japan*, *500 to 1700* . *A Study Based on Bizen Province*. Princeton, N. J., 1966.

——. "A Monarch for Modern Japan," in Robert Ward, ed., listed below, pp. 11 - 64.

Hall, J. W., and M. B. Jansen, eds. *Studies in the Institutional History of Early Modern Japan*. Princeton, N. J., 1968.

Hani Gorō. "Meiji ishin kaishaku no hensen," in *Meiji ishin-shi kenkyū*, listed below, pp. 772 - 792.

Hansei ichiran. 2 vols. Tokyo, 1928 - 1929. Returns of revenue, population, etc., made to the Meiji government, c. 1869.

Hara Heizō. "Tenchūgumi kyohei shimatsu-kō," *Shigaku zasshi* (2 parts),

48 (1937), 9: 1115 – 1151; and 10: 1223 – 1251.

Harootunian, Harry D. "*Jinsei*, *Jinzai*, and *Jitsugaku*: Social Values and Leadership in Late Tokugawa Thought," in Silberman and Harootunian, eds., listed below, pp. 83 – 119.

——. *Toward Restoration. The Growth of Political Consciousness in Tokugawa Japan*. Berkeley, Calif., 1970.

Harris, Townsend. *The Complete Journal of Townsend Harris, First American Consul General and Minister to Japan*. Edited by M. E. Cosenza. New York, 1930.

Havens, T. R. H. *Nishi Amane and Modern Japanese Thought*. Princeton, N. J., 1970.

Hawks, F. L. *Narrative of an Expedition of an American Squadron to the China Seas and Japan, Performed in the Years 1852, 1853, and 1854, Under the Command of Commodore M. C. Perry*. 3 vols., Washington, D. C., 1856.

Hayashi Yoshihiko. *Sappan no kyōiku to zaisei narabi gumbi*. Kagoshima, 1939.

Heusken, Henry. *Japan Journal: 1855 – 1861*. Edited by J. C. van der Corput and R. A. Wilson. New Brunswick, N. J., 1964.

Higo-han kokuji shiryō, 10 vols., Kumamoto, 1932. Records of the Kumamoto domain.

Hirano Yoshitarō. *Nihon shihonshugi shakai no kikō*. Rev. ed. Tokyo, 1950.

Hirao Michio. "Bakumatsu rōnin to sono hogo oyobi tōsei," in *Meiji ishin-shi kenkyū*, listed below, pp. 527 – 578.

——*Yamauchi Yōdō* [biography]. Tokyo, 1961.

——*Yoshida Tōyō* [biography]. Tokyo, 1959.

Honjō Eijirō, *Economic Theory and History of Japan in the Tokugawa Period*. Reprint. New York, 1965 [1943].

——. "Léon Roches to Bakumatsu no shosei kaikaku," in Honjō, ed., *Ba-kumatsu no shin-seisaku*, listed below, pp. 178 – 214.

——. *The Social and Economic History of Japan*. Kyoto, 1935.

——. "Tempō no kaikaku," in Honjō, ed., *Kinsei Nihon*, listed below, pp. 161 –186.

——, ed. *Bakumatsu keizaishi kenkyū*. Tokyo, 1935.

——. *Bakumatsu no shin-seisaku*. Tokyo, 1935.

——. *Kinsei Nihon no san dai-kaikaku*. Tokyo, 1944.

Horie Hideichi, ed. *Hansei kaikaku no kenkyū*. Tokyo, 1955.

Horie Yasuzō. "San dai-kaikaku to zaisei," in Honjō, ed., *Kinsei Nihon*, listed above, pp. 51 – 82.

——. *Waga kuni kinsei no sembai seido*. Tokyo, 1933.

——. "Yamaguchi-han ni okeru yōshiki kōgyō," in Honjō, ed., *Bakumat-su keizaishi kenkyū*, listed above, pp. 133 – 152.

Hsü, Immanuel C. Y. *China's Entrance into the Family of Nations. The Diplomatic Phase, 1858 –1880*. Cambridge, Mass., 1960.

Ienaga Saburō. *Gairai bunka sesshu shiron*. Tokyo, 1948.

Inada Masatsugu. *Meiji kempō seiritsu-shi*, 2 vols. Tokyo, 1960 – 1962.

Inobe Shigeo. "Ansei jōyaku chokkyo sōsei ni kansuru ichi-kōsatsu," *Shi-gaku zasshi*, 42 (1931): 469 – 490.

——. "Bakumatsu shishi no shisō-teki haikei," in *Bakumatsu kinnō shisō no kenkyū* (Tokyo, 1937), pp. 83 – 100.

——. "Mito gaku-ha no jōi-ron," *Shirin*, 5(1920): 125 – 153.

——. "Perry torai no sai ni okeru kokuron no kisū," *Shirin*, 13 (1928): 343 – 370.

——. "Sakuma Shōzan no taigai iken," *Kokugakuin zasshi* (2 parts), 30 (1924): 455 – 486, 608 – 637.

——. "Seijishi-jō yori mitaru Meiji ishin," in *Meiji ishin-shi kenkyū*, listed below, pp. 48 – 75.

Irimajiri Yoshinaga. *Hōkensei hōkai katei no kenkyū*. Tokyo, 1948.

Ishii Ryosuke. *Japanese Legislation in the Meiji Era*. Translated by W. J. Chambliss. Tokyo, 1958.

Ishii Takashi. *Bakumatsu bōeki shi no kenkyū*. Tokyo, 1942.

———. *Gakusetsu hihan Meiji ishin ron*. Tokyo, 1961.

———. [*Zōtei*] *Meiji ishin no kokusaiteki kankyō*. Tokyo, 1966.

Ishin-shi. Edited by Ishin Shiryō Hensan Jimukyoku. 6 vols. Tokyo, 1939 - 1941.

The standard political history; traditional in methodology.

Ishin shiryō kōyō. 10 vols. Tokyo, 1937 - 1939. A guide to historical materials, which are listed under events, arranged chronologically.

Itō Hirobumi den [biography]. Edited by Shumpo Kō Tsuishōkai. 3 vols. Tokyo, 1940.

Itō Kō zenshū. 3 vols. Tokyo, 1927. An early and very incomplete collection of the papers of Itō Hirobumi.

Iwakura Kō jikki. 3 vols. Tokyo, 1927. A valuable collection of Iwakura Tomomi's papers and materials concerned especially with the Court. First published in 2 vols. in 1906.

Iwakura Tomomi kankei monjo. Edited by Nihon Shiseki Kyōkai. 8 vols. Tokyo, 1927 - 1935. Iwakura's letters, memorials, and related papers.

Iwata Masakazu. *Ōkubo Toshimichi : The Bismarck of Japan*. Berkeley, Calif., 1964.

Jansen, Marius B. "Mutsu Munemitsu," in Craig and Shively, eds., listed above, pp. 309 - 334.

———. "New Materials for the Intellectual History of Nineteenth-Century Japan," *Harvard Journal of Asiatic Studies*, 20 (1957): 567 - 597.

———. *Sakamoto Ryōma and the Meiji Restoration*. Princeton, N. J., 1961.

———. "Takechi Zuizan and the Tosa Loyalist Party," *JAS*, 18 (1959): 199 - 212.

——. "Tosa During the Last Century of Tokugawa Rule" in Hall and Jans‑ 注释性
文献目录

en, eds., listed above, pp. 331‑347.

——, ed. *Changing Japanese Attitudes Toward Modernization*. Princeton, N.J., 1965.

Jiyūtō-shi. Edited by Uda Yūi and Wada Saburō. 2 vols. Tokyo, 1910. The party's "official" history, prepared under the direction of Itagaki Taisuke.

Junnan rokkō. Edited by Kunaishō. 3 vols. Tokyo, 1933. Collection of short biographies of loyalists "martyred" in the Restoration movement.

Kaeda Nobuyoshi. *Ishin zengo jitsu rekishi den* [autobiography]. 10 vols. Tokyo, 1891‑1892.

Kagoshima-ken shi. 5 vols. Kagoshima, 1939‑1943. Includes a detailed history of Satsuma for this period.

Kanai Madoka. *Hansei*. Tokyo, 1962.

Kanno Kazutarō. "Shōkō to gaikoku bōeki," in Honjō, ed., *Bakumatsu keizaishi kenkyū*, listed above, pp. 375‑419.

Katsuda Magoya. *Ōkubo Toshimichi den*. 3 vols. Tokyo, 1910‑1911. The standard biography, if old-fashioned. Gives the complete text of many relevant documents.

Kawabata Tahei. *Matsudaira Shungaku* [biography]. Tokyo, 1967.

Kawakatsu-ke monjo. Edited by Nihon Shiseki Kyōkai. Tokyo, 1930. The papers of a Bakufu official family.

Keene, Donald. *The Japanese Discovery of Europe : Honda Toshiaki and Other Discoverers, 1720 ‑1798*. London, 1952; also rev. ed., Stanford, Calif., 1969. The 1969 edition adds some new material but also omits some. Hence the pagination of the two editions differs.

Kido Kōin monjo. Edited by Nihon Shiseki Kyōkai. 8 vols. Tokyo, 1929‑1931. The only modern edition of Kido's papers.

Kido Kōin nikki [diary]. Edited by Nihon Shiseki Kyōkai. 3 vols. Tokyo,

1932 - 1933.

Kikuchi Dairoku. *Japanese Education*. London, 1909.

Kimura Motoi. "Hagi-han no baishin ni tsuite," *Rekishigaku kenkyū*, 220 (June 1958): 1 - 10.

Kimura Motoi and Sugimoto Toshio, eds. *Fudai hansei no tenkai to Meiji ishin : Shimōsa Sakura-han*. Tokyo, 1963.

Kinnō resshi den. Tokyo, 1906. A collection of short biographies of Restoration loyalists, arranged by provinces.

Kōchi-ken shiyō. Kōchi, 1924.

Lensen, George A. *The Russian Push Toward Japan*. *Russo-Japanese Relations, 1697 -1875* . Princeton, N.J., 1959.

Levenson, Joseph R. *Liang Ch'i-ch'ao and the Mind of Modern China*. Rev. ed. Berkeley, Calif., 1967.

Lockwood, William W., ed. *The State and Economic Enterprise in Modern Japan*. Princeton, N.J., 1965.

McEwan, J. R. *The Political Writings of Ogyū Sorai*. Cambridge, Eng., 1962.

McLaren, W. W. *A Political History of Japan During the Meiji Era : 1867 - 1912* . London, 1916.

——, ed. *Japanese Government Documents* (*TASJ* , vol. 42, Part 1), Tokyo, 1914.

Matsuyoshi Sadao. *Tosa-han keizaishi kenkyū*. Tokyo, 1930.

Mayo, Marlene. "Rationality in the Meiji Restoration: The Iwakura Embassy," in Silberman and Harootunian, eds., listed below, pp. 323 - 369.

Meiji ishin-shi kenkyū. Edited by Shigakkai. Tokyo, 1929. An important collection of articles.

Meiji ishin-shi kenkyū kōza. Edited by Rekishigaku Kenkyūkai. 6 vols. Tokyo, 1958 - 1959. Plus an additional volume, 1969.

Meiji ishin to jinushi-sei. Edited by Rekishigaku Kenkyūkai.

Tokyo, 1956.

Meiji zenki zaisei heizai shiryō shūsei. Edited by Ōuchi Hyōe and Tsuchiya

Takao. 21 vols. Tokyo, 1931 – 1936. A major collection of materials on

Meiji economic history.

Michie, A. *The Englishman in China During the Victorian Era as Illustra-*

ted in the Career of Sir Rutherford Alcock. 2 vols. Edinburgh and Lon-

don, 1900.

Miyamoto Matatsugu. "Mito-han ni okeru Bakumatsu no shin-jigyō," in

Honjō, ed., *Bakumatsu keizaishi kenkyū*, listed above, pp. 153 – 192.

——. "Tempō kaikaku to kabu-nakama," in Honjō, ed., *Kinsei Nihon*,

listed above, pp. 187 – 233.

Moore, Barrington. *Social Origins of Dictatorship and Democracy. Lord*

and Peasant in the Making of the Modern World. London, 1967.

Mounsey, A. H. *The Satsuma Rebellion, an Episode of Modern Japanese*

History. London, 1879.

Nagakura Tamotsu. "Aizu-han ni okeru hansei kaikaku," in Horie Hidei-

chi, ed., listed above, pp. 61 – 117.

Naitō Seichū. "Bakusei kaikaku no shakaiteki kiban: Ⅱ, Bitchū tenryō

Kurashiki-mura," in Horie Hideichi, ed., listed above, pp. 281 – 340.

Najita Tetsuo. "Ōshio Heihachirō (1793 – 1837)," in Craig and Shively,

eds. listed above, pp. 155 – 179.

Nakamura, James. *Agricultural Production and the Economic Development*

of Japan, 1873 – 1922. Princeton, N.J., 1966.

Nakamura Naomi. *Ōkuma Shigenobu* [biography]. Tokyo, 1961.

Naramoto Tatsuya. *Kinsei hōken shakai shiron*. Tokyo, 1952.

——, ed. *Meiji ishin jimbutsu jiten: Bakumatsu-hen*. Tokyo, 1966.

Nihon Gaikō Bunsho. See Dai Nihon Gaikō Bunsho.

Nihon kindaishi jiten. Edited by Kyōto Daigaku Kokushi Kenkyūshitsu.

Tokyo, 1958. Particularly useful for its statistical and other tables.

Niwa Kunio. "Jinushi-sei sōshutsu no seiji katei ni tsuite," in *Meiji ishin to jinushi-sei*, listed above, pp. 247 - 291.

——. *Meiji ishin no tochi henkaku : ryōshuteki tochi shoyū no kaitai wo megutte*. Tokyo, 1968 [1962].

Norman, E. H. *Andō Shōeki and the Anatomy of Japanese Feudalism* (*TASJ*, 3d Ser., vol. 2). 2 vols. Tokyo, 1949.

——. *Japan's Emergence as a Modern State*. New York, 1940.

——. *Soldier and Peasant in Japan : The Origins of Conscription*. New York, 1943.

Numata Jirō. *Bakumatsu yōgaku shi*. Tokyo, 1950.

Ōe Shinobu. "Kumamoto-han ni okeru hansei kaikaku," in Horie Hideichi, ed., listed above, pp. 15 - 60.

Oka Yoshitake. *Kindai Nihon no keisei*. Tokyo, 1947.

Ōkubo Toshimichi monjo. Edited by Nihon Shiseki Kyōkai. 10 vols. Tokyo, 1927 - 1929. The standard edition of Ōkubo's papers, supplementing the material in Katsuda's biography.

Ōkubo Toshimichi nikki [diary]. Edited by Nihon Shiseki Kyōkai. 2 vols. Tokyo, 1927.

Ōkuma Shigenobu kankei monjo. Edited by Nihon Shiseki Kyōkai. 6 vols. Tokyo, 1932 - 1935. This edition of Ōkuma's papers is now being superseded by a much fuller one (which I have not used).

Oliphant, Laurence. *Narrative of the Earl of Elgin's Mission to China and Japan in the Years 1857 , '58 , '59 .* 2 vols. Edinburgh and London, 1859.

Ono Takeo. *Gōshi seido no kenkyū*. Tokyo, 1925.

Osatake Takeshi. *Ishin zengo ni okeru rikken shisō*. Rev. ed. 2 vols. Tokyo, 1929 [1925].

Ōtsuka Takematsu. "Fukkoku kōshi Léon Roches no seisaku kōdō ni tsuite," *Shigaku zasshi* (2 parts), 46 (1935): 809 - 850, 982 - 1001.

Ōyama Shikitarō. "Bakumatsu ni okeru denso oyobi jōnōkin," in Honjō, ed., *Bakumatsu keizaishi kenkyū*, listed above, pp. 298 – 374.

Pittau, Joseph. *Political Thought in Early Meiji Japan , 1868 –1889* . Cambridge, Mass., 1967.

Pyle, Kenneth B. *The New Generation in Meiji Japan. Problems of Cultural Identity, 1885 –1895* , Stanford, Calif., 1969.

Redesdale, Lord [A. Mitford]. *Memories*. 2 vols. London, 1915.

Saimu kiji. Edited by Nihon Shiseki Kyōkai. Tokyo, 1922. The records of Matsudaira Shungaku of Echizen for the period May to Sept. 1862, with a brief narrative of events from Aug. 1858 to May 1862. Cf. *Sakumu kiji and Zoku saimu kiji*.

Sakai, Robert K. "Shimazu Nariakira and the Emergence of National Leadership in Satsuma," in Craig and Shively, eds., listed above, pp. 209 – 233.

Sakamaki, S. *Japan and the United States, 1790 –1853 (TASJ, 2d Ser., vol. 18)*. Tokyo, 1939.

Sakata Yoshio. *Meiji ishin shi*. Tokyo, 1960.

——, ed. *Meiji ishin-shi no mondai-ten*. Tokyo, 1962.

—— and John W. Hall. "The Motivation of Political Leadership in the Meiji Restoration," *JAS*, 16 (1956): 31 – 50.

Sakumu kiji. Edited by Nihon Shiseki Kyōkai. 4 vols. Tokyo, 1920 – 1921. The records of Matsudaira Shungaku of Echizen for the period July 1853 to Aug. 1858, Cf. *Saimu kiji* and *Zoku saimu kiji*.

Sansom, G. B. *The Western World and Japan. A Study in the Interaction of European and Asiatic Cultures*. New York, 1950.

Sappan seiyō roku (Kagoshima-ken shiryō-shū, vol. 1). Kagoshima, 1960. Reprint of the 1826 text.

Sasaki Takayuki. *Kinnō hishi : Sasaki rōkō sekijitsu dan*. Tokyo, 1915. Memoirs of one of the Tosa men; a useful commentary independent of the Satsuma-Chōshū viewpoint.

Satow, E. M. *A Diplomat in Japan*. *The Inner History of the Critical Years in the Evolution of Japan When the Ports Were Opened and the Monarchy Restored*. London, 1921.

——. "The Revival of Pure Shintau," *TASJ*, vol. 3 (1875), App. pp. 1 - 87.

——, trans. *Japan 1853 - 1864* , or *Genji Yume Monogatari*. Tokyo, 1905. A translation of Baba Bunei's work.

Segai Inoue Kō den. 5 vols. Tokyo, 1933 - 1934. The standard biography of Inoue Kaoru.

Seki Junya. *Hansei kaikaku to Meiji ishin : han taisei no kiki to nōmin bunka*. Tokyo, 1956.

——. *Meiji ishin to chiso kaisei*. Kyoto, 1967.

Sheldon, Charles D. *The Rise of the Merchant Class in Tokugawa Japan*, 1600 - 1868. *An Introductory Survey*. Locust Valley, N. Y., 1958.

Shibahara Takuji. *Meiji ishin no kenryoku kiban*. Tokyo, 1965.

Shibusawa Eiichi, *Tokugawa Keiki Kō den*. 8 vols. Tokyo, 1918. The standard biography, to which are appended some volumes of documents, including extracts from Keiki's memoirs.

Shimazu Hisamitsu Kō jikki. 8 vols. Tokyo, 1910. An important collection of Shimazu's papers, chiefly memorials and political correspondence.

Shimazu Nariakira genkōroku. Compiled by Ichiki Shirō. Tokyo, 1944 [1884]. A collection of Nariakira's "conversations," compiled after his death by one of his retainers.

Shimmi Kichiji. *Kakyū shizoku no kenkyū*. Tokyo, 1953.

Shimonaka Yasaburō. *Dai Saigō seiden*. 3 vols. Tokyo, 1939 - 1940. The fullest biography of Saigō Takamori, but a traditionalist and not very satisfactory one.

Shōkiku Kido Kō den. Edited by Kido Kō Denki Hensanjo. 2 vols. Tokyo, 注释性
文献目录

1927. The standard biography of Kido Kōin, including texts of many

useful documents.

Silberman, Bernard S. "Bureaucratic Development and the Structure of

Decision-making in Japan, 1868 – 1925," *JAS*, 29 (1970): 347 – 362.

——. "Elite Transformation in the Meiji Restoration: The Upper Civil

Service, 1868 – 1873," in Silberman and Harootunian, eds., listed be-

low, pp. 233 – 259.

——. *Ministers of Modernization. Elite Mobility in the Meiji Restoration,*

1868 – 1873 . Tucson, Ariz., 1964.

——, and Harry D. Harootunian, eds. *Modern Japanese Leadership:*

Transition and Change. Tucson, Ariz., 1966.

Sims, R. L. *French Policy Towards Japan, 1854 – 1894* . Unpublished Ph.

D. thesis. London, 1968.

Smith, Thomas C. *The Agrarian Origins of Modern Japan*. Stanford, Ca-

lif., 1959.

——. "The Japanese Village in the Seventeenth Century," reprinted

(from *Journal of Economic History*, 1952) in Hall and Jansen, eds., lis-

ted above, pp. 263 – 282.

——. "Land Tax in the Tokugawa Village," *JAS*, 18 (1958): 3 – 19. Re-

printed in Hall and Jansen, eds., listed above, pp. 283 – 299.

——. "Ōkura Nagatsune and the Technologists," in Craig and Shively,

eds., listed above, pp. 127 – 154.

——. *Political Change and Industrial Development in Japan : Government*

Enterprise, 1868 – 1880 . Stanford, Calif., 1955.

Steiner, Kurt. *Local Government in Japan*. Stanford, Calif., 1965.

Strayer, Joseph R. "The Tokugawa Period and Japanese Feudalism," in

Hall and Jansen, eds., listed above, pp. 3 – 14.

Suematsu Kenchō. *Bōchō kaiten shi*. 12 vols. Tokyo, 1911 – 1920. An ac-

count of the part played by Chōshū in Japanese politics from the 1830's
to 1871.

Sugitani Akira. *Etō Shimpei* [biography]. Tokyo, 1962.

Tabohashi Kiyoshi. *Kindai Nihon gaikoku kankei shi*. Rev. ed. Tokyo,
1943.

Taguchi Ukichi. *Nihon kaika shōshi*. Tokyo, 1934 [1877 - 1882].

Takahashi Kamekichi. "Keizaishi-jō ni okeru Meiji ishin," in *Meiji ishin-
shi kenkyū*, listed above, pp. 112 - 148.

Takechi Zuizan kankei monjo. Edited by Nihon Shiseki Kyōkai. 2 vols.
Tokyo, 1916. Takechi's letters, memorials, and related papers.

Tanaka Akira. *Meiji ishin seiji-shi kenkyū*. Tokyo, 1965 [1963].

Tanaka Sōgorō. *Kindai Nihon kanryō shi*. Tokyo, 1941.

———. *Meiji ishin taiseishi*. Tokyo, 1941.

Tanaka Tokihiko. "Meiji Government and the Introduction of Railways,"
Contemporary Japan (2 parts) 28 (1966 - 1967): 567 - 588, 750 - 788. A
fairly full summary in English of the author's 1963 book on this subject
(below).

———. *Meiji ishin no seikyoku to tetsudō kensetsu*. Tokyo, 1963.

Teng Ssu-yu and J. K. Fairbank, eds. *China's Response to the West : A
Docu-mentary Survey, 1839 - 1923* . Cambridge, Mass., 1954.

Tokushi biyō. Edited by Shiryō Hensanjo. Tokyo, 1933. A useful compil-
ation of factual data about Japanese history.

Tokutomi Iichirō, ed. *Kōshaku Matsukata Masayoshi den*. 2 vols. Tokyo,
1935. The standard biography of Matsukata.

———, ed. *Kōshaku Yamagata Aritomo den*. 3 vols. Tokyo, 1933. The
standard biography of Yamagata.

Tosa-han gōshi chōsha-sho (Tosa Shiryō Sōsho, no.3). Kōchi, 1958. Lists
of *gōshi* landholdings in Tosa in the late-Tokugawa period.

Totman, Conrad. "Political Reconciliation in the Tokugawa Bakufu: Abe

Masahiro and Tokugawa Nariaki, 1844 – 1852," in Craig and Shively, 注释性
文献目录
eds., listed above, pp. 180 – 208.

——. *Politics in the Tokugawa Bakufu, 1600 – 1843* . Cambridge,
Mass., 1967.

Tōyama Shigeki. *Meiji ishin*. Tokyo, 1951.

Tsuchiya Takao. "Bakumatsu dōranki no keizaiteki bunseki," *Chūō
Kōron* , 47, 11 (Oct. 1932): 75 – 91.

——. "Bakumatsu shishi no mita Shina mondai," *Kaizō* , 20, 7 (July
1938): 154 – 167.

——. *Hōken shakai hōkai katei no kenkyū*. Kyōto, 1927.

——. *Ishin keizai-shi*. Tokyo, 1942.

Tsukahira, T. G. *Feudal Control in Tokugawa Japan : The Sankin-Kōtai
System*. Cambridge, Mass., 1966.

Tsunoda Ryusaku et al. *Sources of Japanese Tradition*. New York, 1958.

Umetani Noboru. "Meiji ishin-shi ni okeru Chōshū-han no seiji-teki
dōkō," in Sakata, ed., *Meiji ishin-shi no mondai-ten* , listed above, pp.
307 – 354.

Ward, Robert, ed. *Political Development in Modern Japan*. Princeton,
N. J., 1968.

Webb, Herschel. "The Development of an Orthodox Attitude Toward the
Imperial Institution in the Nineteenth Century," in Jansen, ed., *Changing Japanese Attitudes*, listed above, pp. 167 – 191.

——. *The Japanese Imperial Institution in the Tokugawa Period*. New
York, 1968.

Wilson, George M. "The Bakumatsu Intellectual in Action: Hashimoto
Sanai in the Political Crisis of 1858," in Craig and Shively, eds., listed above, pp. 234 – 263.

Wilson, Robert A. *Genesis of the Meiji Government in Japan, 1868 – 1871* .
Berkeley, Calif., 1957.

Wright, Mary C. *The Last Stand of Chinese Conservatism. The T'ung-chih Restoration, 1862 -1874* . Stanford, Calif., 1957.

Yamaguchi Muneyuki. *Hashimoto Sanai* [biography]. Tokyo, 1962.

Yodo Inaba-ke monjo. Edited by Nihon Shiseki Kyōkai. Tokyo, 1926. The papers of a senior Bakufu official at the time of the Restoration.

Yoshida Tōyō ikō. Edited by Nihon Shiseki Kyōkai. Tokyo, 1929. Some memorials and other papers of Yoshida Tōyō.

Yoshida Tsunekichi. *Ii Naosuke* [biography]. Tokyo, 1963.

Zōi shoken den. 2 vols. Tokyo, 1927. A collection of short biographies of participants in the Restoration movement.

Zoku saimu kiji. Edited by Nihon Shiseki Kyōkai. 6 vols. Tokyo, 1921 - 1922. Records of Matsudaira Shungaku of Echizen for the period Sept. 1862 to Oct. 1867. Cf. *Sakumu kiji* and *Saimu kiji*.

Zoku Tosa ijin den. Kōchi, 1923. A collection of short biographies of Tosa men, mostly related to the Restoration.

译后记

　　在译后记里，让我简单地说说这部译著的翻译经历。应当是在 2009 年春天吧，南开大学日本研究院刘岳兵教授问我是否愿意翻译英国学者比斯利的《明治维新》一书，言该书将作为北京大学刘东教授主持的"西方日本研究丛书"的一部分，由江苏人民出版社出版。我个人一直对美国革命和日本明治维新很感兴趣，所以就不假思索地答应下来。当时，没想到整整过了三年，这本书的译稿才告完成。在翻译过程中，南开大学日本研究院研究生刘思南、周恩来政府管理学院本科生杨锋、陈冲、蒋依伶和吴鑫娜、厦门大学公共事务学院本科生汤金旭做出了不同程度的贡献。南开的同学参与了第一、二和三章的初稿翻译。他们大体上在 2010 年夏天之后就不再做本书的翻译工作。对于我来说，非常幸运的是金旭同学在 2010 年秋季后加入进来。金旭中英文俱佳，其语言的成熟感与他的年龄不尽相称。他对译稿的贡献完全配得上作为本书合译者的称号。参与本书翻译的南开同学，都在国内或境外攻读硕士研究生。金旭也将在今年 8 月远赴纽约大学政治系攻读硕士学位。他们的成长和发展让我欣慰。

　　翻译有关日本的英文著作的一个难点是人名和地名的翻译。我们借助维基百科和谷歌等搜索引擎，解决了不少困难。除此之外，日本历史学会编《明治维新人名辞典》（吉川弘文馆，1981 年第三次印刷版）是我们翻译过程中案头必备的参考用书。南开大学日本研究院青年教师尹晓亮副教授向我提供了这部辞典的拷贝。此外，在英文原书上有一两处引文是法文,厦门大学外文学院法语系丁志强教授翻译了这些引文。在此,向尹、丁两位教授表示谢意。

我还要向江苏人民出版社表示感谢,它对我们缓慢的翻译进展抱有足够的耐心。慢工出细活,希望我们的译稿也属于慢工做出来的细活。当然,这个评判得由读者来做。谢谢阅读本书的所有读者。

最后,给对本书感兴趣的读者一个小小的建议。日本 NHK 电视台 2008 年出品的长篇大河剧《笃姬》描写的故事所覆盖的年代大体与本书涉及的年代相当,本书谈论的大多数历史事件,在该剧中都有直观的展示。读者不妨在阅读本书的同时,观看一遍这部制作宏大精美的电视剧。

张　光

2012 年 6 月 11 日

于厦大成智楼 310 室

"西方日本研究丛书"书目